De voedselfuik

Chris van Tulleken

De voedselfuik

Waarom eten we zo ongezond... en kunnen we daar niet mee stoppen?

Vertaald door
Auke van den Berg

Ambo|Anthos
Amsterdam

MIX
Papier | Ondersteunt verantwoord bosbeheer
FSC® C083411

ISBN 978 90 263 5962 0

Oorspronkelijke titel *Ultra-Processed People*
Oorspronkelijke uitgever Penguin Random House
Omslagontwerp bij Barbara, gebaseerd op een ontwerp van Henry Petrides
Omslagillustratie © Shutterstock, Getty Images
Foto auteur © Jonny Storey

Verspreiding voor België:
Veen Bosch & Keuning uitgevers nv, Antwerpen

Voor Dinah, Lyra en Sasha

Inhoud

Inleiding

Elke woensdag hadden we in het laboratorium waar ik werkte een bijeenkomst die de 'journal club' werd genoemd. Door het woord 'club' klinkt het leuker dan het was. Het ritueel, dat overal ter wereld in laboratoria wordt opgevoerd, werkte aldus: een medewerker van het lab presenteerde een recente publicatie uit de wetenschappelijke literatuur die volgens hem of haar relevant was voor ons werk, en de rest maakte het stuk dan met de grond gelijk. Als het artikel niet van voldoende kwaliteit was, werd de ongelukkige die het had uitgekozen ook met de grond gelijkgemaakt.

Het laboratorium, dat wordt geleid door Greg Towers, bevindt zich nog steeds in University College London (UCL), in een omgebouwd victoriaans ziekenhuis dat werd gebouwd door de architect die ook het Natural History Museum ontwierp. Het is een prachtig oud gebouw, vol muizen en lekkages. Toen ik er in 2011 arriveerde om er een doctoraat te doen, leek het een onwaarschijnlijke locatie voor het moleculaire-virologieonderzoek van wereldniveau dat er wordt uitgevoerd.

Tijdens die journal clubs leerden Greg en andere meer ervaren medewerkers me dat wetenschap geen lijst van regels en feiten is maar een levend debat. Ik heb nooit iemand meegemaakt die er zozeer op gebrand was elk punt uit elk artikel te bediscussiëren als Greg. Niets bleef buiten beschouwing. Ik had me geen betere wetenschappelijke training kunnen wensen.

De specialiteit van het lab was de voortdurende concurrentiestrijd tussen virussen als hiv en de cellen die ze moeten infecteren om zich te kunnen vermenigvuldigen. Deze strijd lijkt op een militaire wapenwedloop. Alle cellen hebben een afweer tegen een virusaanval, en alle virussen hebben wapens om door die afweer heen te breken. De cellen ontwikkelen een steeds verfijndere afweer, maar de virussen ontwikkelen steeds betere wapens, wat de cellen dan weer dwingt tot een nog betere afweer, enzovoort.

De meesten van ons bestudeerden hiv en zijn virale verwanten om opwindende redenen als de ontwikkeling van nieuwe medicijnen en vaccins, maar er was ook een splintergroep in het lab die een ander type virus bestudeerde, een dat amper op een virus leek. De helft van het DNA in elke cel van je lichaam is gemaakt van oude, dode virusgenen. Dit stond lange tijd bekend als junk-DNA en werd van gering wetenschappelijk belang geacht, totdat in oktober 2014 een van de leden van die splintergroep de journal club een artikel voorlegde uit het tijdschrift *Nature* met een titel vol jargon: 'Een evolutionaire wapenwedloop tussen KRAB-zinkvingergenen ZNF91/93 en SVA/L1 retrotransposons'.[1]

Ik las het artikel voor de bijeenkomst vluchtig door en vond het onbegrijpelijk. Van elke tien artikelen die op de journal club werden gepresenteerd werden er zeven de grond in geboord, bleven er twee overeind en gaven nuttige nieuwe informatie en vertoonde er één sporen van regelrechte fraude. Het was me nog niet duidelijk in welke categorie dit artikel thuishoorde.

Toen we de data doornamen, merkte ik een verandering in de sfeer op. Iedereen spitste de oren toen in het artikel werd gesteld dat die oude, dode virussen die overal in het menselijk genoom worden aangetroffen helemaal niet dood zijn. Ze hebben functionerende genen die klaarstaan om meer virussen te maken. Elke cel in het menselijk lichaam is een potentiële virusfabriek, maar er is iets wat die virale genen rustig houdt. Het bleek dat ze worden onderdrukt door andere genen in de cel.

In het artikel werd beweerd dat een deel van ons genoom voortdurend in oorlog is met een ander deel.

De implicaties hiervan waren iedereen in een lab die bekend is met het karakter van wapenwedlopen onmiddellijk duidelijk. Of het nu gaat om concurrentie tussen virussen, burenruzies, sportteams, politieke campagnes of mondiale supermachten, alle wapenwedlopen moeten complexiteit genereren. Als zich een oproer ontwikkelt moet het tegenoproer dat ook doen. Spionage verwekt contraspionage, met dubbelagenten en driedubbelagenten. De ontwikkeling van steeds geavanceerdere wapens is de motor achter de ontwikkeling van een steeds geavanceerdere afweer.

Het menselijke genoom is verwikkeld in een innerlijke wapenwedloop waarbij het ene stuk DNA in oorlog is met het andere, en dat betekent dat het onverbiddelijk naar een grotere complexiteit wordt gedreven. Naarmate deze oude 'dode' virussen in de loop van duizenden generaties evolueren, moet de rest van het genoom ook evolueren om ze rustig te houden.

Deze wapenwedloop in onze genen is al aan de gang vanaf het moment dat het leven ontstond, en zou best eens de motor kunnen zijn achter de evolutie van complexiteit zelf. Het grootste verschil tussen het menselijke genoom en dat van chimpansees zit niet in de delen die coderen voor de eiwitten (die komen ongeveer voor 96 procent overeen) maar in de delen die afkomstig lijken van de oude, dode virussen.[2]

Door dit artikel ben ik heel anders naar mezelf gaan kijken, al moest ik wel even wennen aan het idee dat ik althans gedeeltelijk een verzameling oude virussen ben die oorlog voeren met mijn andere genen. Ook *jij* zou weleens anders naar jezelf kunnen gaan kijken. Je leeft niet simpelweg naast deze wapenwedloop tussen verschillende genen; je bent er het product van, een ongemakkelijke coalitie van concurrerende genetische elementen.

Deze coalitie en deze concurrentiestrijd strekken zich uit tot buiten onze genen. Het is allerminst duidelijk waar 'jij' eindigt en 'niet jij' begint. Je zit vol met microben die je in leven houden – ze maken evenzeer deel van je uit als je lever – maar diezelfde microben kunnen je doden als ze in het verkeerde deel van je lichaam terechtkomen. Ons lichaam lijkt veel meer op een samenleving dan op een mechanische entiteit en bevat miljarden bacteriën, virussen en andere microbiële levensvormen, maar slechts één leider. Het zit vol merkwaardige, uitonderhandelde compromissen en imperfecties. Wapenwedlopen doen grenzen vervagen.

Ik heb zes jaar in Gregs laboratorium gewerkt, waarna ik weer als arts ging werken, maar het idee van wapenwedlopen, de complexe systemen die ze creëren en de grenzen die ze doen vervagen gingen mijn kijk op de wereld mede bepalen. Ik bleef onderzoek doen, maar verlegde mijn focus van de studie van virussen naar het bestuderen van wetenschappelijk onderzoek dat vooringenomen of frauduleus was. Tegenwoordig bestudeer ik vooral de voedingsmiddelenindustrie en de invloed ervan op de menselijke gezondheid. Mijn scholing in het laboratorium bleek daarvoor van cruciaal belang: wapenwedlopen en hun effecten zullen in dit boek nog vaak terugkomen.

Om te beginnen is eten deelnemen aan een wapenwedloop die al miljarden jaren aan de gang is. De wereld om ons heen heeft een relatief vaste hoeveelheid beschikbare energie, en alle leven is verwikkeld in een concurrentiestrijd om die energie met andere levensvormen. Het leven is immers maar gericht op twee dingen: voortplanting en het onttrekken van energie om die voortplanting te voeden.

Jagers zijn niet alleen verwikkeld in een concurrentiestrijd met elkaar om prooi te veroveren, maar natuurlijk ook met de prooi zelf, die over het algemeen de energie wil behouden die in zijn vlees besloten ligt. Ook de 'prooidieren' beconcurreren om vegetatie zowel elkaar als de planten zelf, die gifstoffen, doornen en andere afweer ontwikkelen om niet opgegeten te worden. Planten beconcurreren elkaar om zonlicht, water en aarde. Microben, bacteriën, virussen en schimmels vallen voortdurend alle organismen in het ecosysteem aan om er alle energie aan te onttrekken die ze kunnen. En niemand houdt in een wapenwedloop een voorsprong lang vast: wolven zijn misschien goed aangepast om herten te doden, maar herten zijn voortreffelijk aangepast om niet door wolven opgegeten te worden en doden ze af en toe zelfs.*

We eten dus als onderdeel van een reeks onderling verbonden en verstrengelde wapenwedlopen die strijd leveren om de energie die

* Er bestaat een aanzienlijke hoeveelheid literatuur over wolven die door hun prooi zijn gedood. In één analyse had 40 procent van de wolvenschedels sporen van letsel door prooidieren, en er is uitgebreide documentatie over wolven die zijn gedood door elanden, muskusossen en herten.[3, 4]

tussen levensvormen stroomt. Zoals alle wapenwedlopen heeft deze competitiestrijd complexiteit gegenereerd en dus is alles wat met eten te maken heeft complex.

Onze zintuigen smaak en reuk, ons immuunsysteem, onze behendigheid, onze tanden en de anatomie van onze kaak, ons zicht: er valt amper een aspect van de menselijke biologie, fysiologie of cultuur te bedenken dat niet in de eerste plaats is gevormd door onze historische behoefte aan energie. Miljarden jaren lang heeft ons lichaam zich voortreffelijk aangepast aan het gebruik van een breed scala aan voedsel.

Maar de afgelopen 150 jaar is voedsel... niet-voedsel geworden.

We zijn begonnen stoffen te eten die zijn opgebouwd uit nieuwe moleculen en gebruik gaan maken van processen die in onze evolutionaire geschiedenis niet eerder zijn voorgekomen, stoffen die je niet eens echt 'voedsel' kunt noemen. Onze calorieën zijn steeds vaker afkomstig van gemodificeerd zetmeel, van invertsuiker, gehydrolyseerde eiwitisolaten en zaadoliën die zijn geraffineerd, gebleekt, ontgeurd, gehydrogeneerd – en veresterd. En uit die calorieën zijn brouwsels samengesteld met behulp van andere moleculen waaraan onze zintuigen ook nooit eerder zijn blootgesteld: synthetische emulgatoren, caloriearme zoetstoffen, stabilisatoren, bevochtigingsmiddelen, smaakstoffen, kleurstoffen, kleurstabilisatoren, carboneermiddelen, verstevigingsmiddelen en vulstoffen en anti-vulstoffen.

Aanvankelijk kwamen deze stoffen geleidelijk in het dieet terecht, aan het einde van de negentiende eeuw, maar vanaf de jaren vijftig ging deze infiltratie steeds sneller en tegenwoordig maken deze stoffen het merendeel uit van wat mensen eten in het VK en de VS, en vormen ze een belangrijk onderdeel van het dieet in zowat elke samenleving op aarde.

En in dezelfde tijd dat we deze onbekende voedselomgeving zijn binnengetreden, zijn we ook terechtgekomen in een nieuw, parallel ecosysteem, een systeem met zijn eigen wapenwedlopen die niet door energiestromen maar door geldstromen worden aangedreven. Dit is het nieuwe systeem van industriële voedselproductie. In dat systeem zijn wij de prooi, de bron van het geld waar het systeem op draait. De concurrentiestrijd om dat geld, die tot toenemende complexiteit en innovatie leidt, speelt zich af binnen een compleet ecosysteem van zich voortdurend ontwikkelende bedrijven, van gigantische transnationale groepen tot duizenden kleinere nationale bedrijven. En hun lokaas om dat geld af te troggelen wordt ultrabewerkt voedsel of UPF (ultra-processed food) genoemd. Deze voedingsmiddelen hebben tientallen jaren lang een evolutionair selectieproces doorgemaakt, waarbij de producten die in de grootste aantallen worden aangeschaft en opgegeten het best overleven in de markt. Om dit te bereiken hebben ze zich zo ontwikkeld dat ze de systemen van het lichaam ondermijnen die het gewicht en veel andere functies reguleren.*

UPF maakt vandaag de dag wel 60 procent uit van het gemiddelde dieet in het VK en de VS.[5-7] Veel kinderen, ook de mijne, krijgen het merendeel van hun calorieën via deze stoffen binnen. UPF is onze voedselcultuur, het materiaal waaruit we ons lichaam opbouwen. Als je dit in Australië, Canada, het VK of de VS leest, is dit jouw nationale dieet. Nederlanders eten het meeste UPF ter wereld, tot wel 61 procent van de calorieën komt uit deze stoffen.

UPF heeft een lange, formele wetenschappelijke definitie, maar het komt hierop neer: als het in plastic is verpakt en minstens één ingrediënt heeft dat je normaal gesproken niet in een standaardkeuken zou aantreffen, dan is het UPF. Veel ervan zul je wel kennen als 'junkfood', maar er is ook volop biologisch, vrije-uitloop, 'ethisch' UPF, dat waarschijnlijk wordt verkocht als gezond, voedzaam, milieuvriendelijk en goed om af te vallen (het is ook een vuistregel dat vrijwel elk voedingsproduct met een gezondheidsclaim op de verpakking UPF is).

Als we aan voedselbewerking denken, denken de meesten van ons aan fysieke dingen die met voedsel worden gedaan, zoals braden, persen, weken, mechanisch separeren enzovoort. Maar aan ultrabewerken komen ook andere, indirectere processen te pas – misleidende marketing, heimelijk lobbyen, frauduleus onderzoek – die allemaal van vitaal belang zijn voor bedrijven om dat geld binnen te halen.

* Een merkwaardige omkering van een standaard-ecosysteem, waarin de dingen die het minst worden gegeten het sterkst zijn.

De formele definitie van UPF werd voor het eerst in 2010 opgesteld door een Braziliaans team, maar sindsdien heeft een stortvloed aan data de hypothese bevestigd dat UPF schadelijk is voor het menselijk lichaam en de kans op kanker, stofwisselingsziekten en psychische aandoeningen vergroot, dat het schadelijk is voor menselijke samenlevingen omdat het de voedselcultuur verstoort, ongelijkheid, armoede en een vroegtijdige dood bevordert en schadelijk is voor de aarde. Het voedselsysteem dat voor de productie ervan noodzakelijk is en waarvan het het noodzakelijke product is, is de voornaamste oorzaak van de afnemende biodiversiteit en de op één na grootste bijdrager aan wereldwijde uitstoot. UPF veroorzaakt daarmee een synergetische pandemie van klimaatverandering, ondervoeding en obesitas. Het laatstgenoemde effect wordt het meest bestudeerd en is het moeilijkst om over te praten, omdat gesprekken over voedsel en gewicht, hoe goedbedoeld ook, veel mensen een heel slecht gevoel geven.*

Een groot deel van dit boek gaat over gewicht omdat een groot deel van het bewijsmateriaal rond UPF te maken heeft met het effect ervan op het gewicht, maar UPF is schadelijk op vele manieren die losstaan ven effecten op het gewicht. UPF veroorzaakt niet simpelweg hartkwalen en beroertes en een vroegtijdige dood omdat het obesitas veroorzaakt. De risico's nemen toe met de hoeveelheid geconsumeerd UPF, ongeacht de gewichtstoename. Bovendien lopen mensen die UPF eten en niet aankomen een groter risico op dementie en inflammatoire darmziekte, maar meestal verwijten we de patiënten deze problemen niet. Obesitas wordt dus speciaal vermeld omdat het onder dieetgerelateerde ziekten, sterker nog, onder zowat alle ziekten, een unieke plaats inneemt – omdat artsen de patiënten er de schuld van geven.

Laat ik trouwens even stilstaan bij obesitas. We zijn er nog steeds niet helemaal uit hoe we daarover moeten praten. Veel mensen ne-

* Veel gezondheidsresultaten in verband met obesitas zijn het directe resultaat van een stigma: uit onderzoek blijkt dat vooringenomenheid tegen vet er bij artsen en andere gezondheidszorgprofessionals veel dieper in zit dan vooroordelen tegen welke lichamelijke afwijking ook. Dat vormt een grote belemmering voor zorg.

men terecht aanstoot aan het woord en obesitas een ziekte noemen is stigmatiserend. Veel mensen leven niet met obesitas als een ziekte maar als een identiteit. Voor anderen is het gewoon een zijnswijze, en bovendien een steeds normalere. Gewichtstoename houdt niet onvermijdelijk verband met een hoger risico op gezondheidsproblemen en de kans op overlijden is bij veel mensen met overgewicht in feite lager dan bij mensen met een 'gezond' gewicht. Desondanks zal ik soms het woord 'obesitas' gebruiken en het soms ook als ziekte omschrijven, omdat voor ziekten financiering beschikbaar is voor onderzoek en behandeling, en soms vermindert het ziekte-etiket het stigma: een ziekte is niet een leefstijl of een keuze, en het woord kan ervoor zorgen dat de verantwoordelijkheid minder bij de betreffende persoon wordt gelegd.

Dit is belangrijk, omdat elk gesprek over gewichtstoename, of dat nou in de pers gevoerd wordt of in ons eigen hoofd, doortrokken is van verwijt, dat altijd is gericht op de mensen die ermee leven. Het idee dat het hun eigen schuld is heeft alle wetenschappelijke en morele toetsing overleefd omdat het zo simplistisch, bijna doorzichtig is. Het is gebaseerd op het beeld van een gebrek aan wilskracht – het onvermogen om meer te bewegen of minder te eten. Dit idee kan de toets der kritiek niet doorstaan, zoals ik herhaaldelijk zal aantonen. Zo geven de onderzoeken van de Amerikaanse National Health Service sinds 1960 een accuraat beeld van het gewicht van de natie. Ze laten zien dat er bij witte, zwarte én hispanic mannen én vrouwen van alle leeftijden sprake is van een dramatische toename in obesitas, die in de jaren zeventig is begonnen.[8] De gedachte dat tegelijkertijd zowel mannen als vrouwen van alle leeftijden en etniciteiten steeds minder persoonlijke verantwoordelijkheid nemen, is niet aannemelijk. Als je obesitas hebt, ligt dat niet aan gebrek aan wilskracht; het is niet je eigen schuld.

In feite zijn we heel wat minder verantwoordelijk voor ons gewicht dan een skiër voor het breken van zijn been, een voetballer voor een knieblessure of een vleermuizenonderzoeker voor het oplopen van een schimmelinfectie in de longen omdat hij in grotten werkt. Dieetgerelateerde ziekten zijn te wijten aan de botsing tussen bepaalde oude genen met een nieuw voedsel-ecosysteem dat erop is gericht om overmatige consumptie te bevorderen en dat we op dit moment niet kunnen, of misschien niet willen verbeteren.

De afgelopen dertig jaar is obesitas onder het wakend oog van beleidsmakers, wetenschappers, artsen en ouders in een verbluffend tempo toegenomen. Tijdens deze periode zijn er in Engeland veertien overheidsstrategieën gepubliceerd met 689 verstrekkende beleidsmaatregelen,[9] maar bij kinderen die van de basisschool komen is obesitas met meer dan 700 procent toegenomen, en ernstige obesitas met 1600 procent.[10]

Kinderen in het VK en de VS, de landen met de hoogste UPF-consumptie, zijn niet alleen zwaarder dan hun leeftijdsgenoten in bijna alle andere westerse landen met hoge inkomens, maar ook kleiner.[11, 12] Deze achterblijvende groei gaat overal ter wereld hand in hand met obesitas, wat doet vermoeden dat het eerder een vorm van ondervoeding is dan een aandoening die verband houdt met onmatigheid. In Nederland is het percentage mensen met obesitas lager, waarschijnlijk omdat Nederlanders nog niet zo lang zoveel UPF eten.

Tegen de tijd dat deze kinderen volwassen zijn zullen ze gezelschap hebben gekregen van zoveel leeftijdsgenoten dat het aandeel van de bevolking met obesitas zal stijgen naar één op de drie. De kans dat een volwassene met ernstige obesitas een gezond lichaamsgewicht kan bereiken en behouden zonder hulp van een specialist is minder dan één op duizend. Voor de meeste mensen die ermee kampen is ernstige obesitas daarmee zonder medicijnen of operaties een ongeneeslijke aandoening. Meer dan een kwart van de kinderen en de helft van de volwassen bevolking kampt momenteel met overgewicht.[13]

De overheid in het VK en zowat elk ander land is er niet in geslaagd obesitas op te lossen, omdat ze die niet als een 'commerciogene' ziekte behandelt, oftewel als een ziekte veroorzaakt door marketing en consumptie van verslavende stoffen. Een vergelijking met drugs en sigaretten leidt al snel tot nog meer stigmatisering, maar op de komende pagina's zal ik die, met de nodige voorzichtigheid, toch maken. Zoals elke dieetgerelateerde aandoening heeft obesitas dieperliggende oorzaken dan UPF, zoals genetische kwetsbaarheid, armoede, onrecht, ongelijkheid, trauma, vermoeidheid en stress. Zoals roken oorzaak nummer één is van longkanker, zo is armoede oorzaak nummer één van roken. Het aantal rokers is in het VK viermaal hoger onder de meest achtergestelden dan onder de rijksten, en de helft van het verschil in sterftecijfers tussen de rijken en de armen in het VK wordt verklaard door roken.[14]

Net als sigaretten is UPF een verzameling stoffen via welke deze dieperliggende maatschappelijke problemen het lichaam schaden. In UPF manifesteren deze misstanden zich op een tastbare manier. Het veroorzaakt trauma en armoede en brengt genen tot uitdrukking die anders misschien verborgen waren gebleven. Als je de armoede oplost, voorkom je daarmee heel wat longkanker en obesitas. Maar dat is iets voor een ander boek.

Dit is een boek over de systemen die voor ons voedsel zorgen en ons vertellen wat we moeten eten. Probeer je een wereld voor te stellen die anders is gestructureerd, een wereld die iedereen meer kansen en keuzes zou bieden. Dus geen voorstellen om dingen te belasten of te verbieden, enkel de eis dat de informatie over UPF verbetert en dat echt voedsel verkrijgbaar is.

Dit is geen afslankboek, want ten eerste heeft nog niemand een methode bedacht die mensen helpt veilig en duurzaam gewicht te verliezen, en ten tweede accepteer ik niet dat je gewicht móét verliezen. Ik heb geen 'correct' lichaam, en ik heb ook geen mening over hoe je eruit zou moeten zien. Ik heb geen mening over welk voedsel je zou moeten eten; dat moet je zelf beslissen. Ik maak de hele tijd keuzes die niet 'gezond' zijn, van gevaarlijke sporten tot junkfood. Maar ik ben ervan overtuigd dat we om keuzes te kunnen maken allemaal de juiste informatie moeten hebben over de mogelijke risico's van ons voedsel, en dat we minder blootgesteld moeten worden aan agressieve, vaak misleidende marketing.

Dus je zult in dit boek bijna geen advies aantreffen over hoe je moet leven of hoe je je kinderen moet voeden. Deels omdat het mij niet aangaat, maar vooral omdat ik denk dat advies geven weinig zin heeft. Wat we eten wordt bepaald door het voedsel dat ons omringt, de prijs ervan en hoe het wordt gemarket – en dat moet veranderen.

Maar ik heb wel een suggestie over hoe je dit boek moet lezen. Als je denkt dat je misschien wilt stoppen met het eten van UPF: niet doen. Gewoon dooreten.

Ik zal het uitleggen. Je doet mee aan een experiment waar je je niet voor hebt opgegeven. Er worden de hele tijd nieuwe stoffen op ons allen uitgeprobeerd om te kijken welke het meeste geld opbrengt. Kun je in plaats van een ei een synthetische emulgator gebruiken? Kan een zaadolie een zuivelvet vervangen? Kun je in plaats van een aardbei een beetje ethylmethylfenylglycidaat toevoegen? Door UPF te kopen stimuleren we voortdurend de ontwikkeling ervan. Wij zijn degenen die in dit experiment het risico nemen, terwijl de voordelen in handen komen van de eigenaren van de bedrijven die UPF produceren, en de resultaten worden grotendeels voor ons verborgen gehouden – en dan zijn er nog de effecten op onze gezondheid.

Ik stel voor dat je voor de duur van het lezen van dit boek het experiment van het eten van UPF voortzet, maar dat je dat voor jezelf doet, niet voor de bedrijven die het maken. Ik kan je dingen over UPF vertellen, maar het spul zelf zal je beste leraar zijn. Alleen door het te eten kun je de ware aard ervan begrijpen. Ik weet dat omdat ik het experiment zelf heb uitgevoerd.

Tijdens mijn onderzoek naar de impact van UPF heb ik samengewerkt met collega's van het University College London Hospital (UCLH). Ik was de eerste patiënt in deze studie. Het idee was dat dat data zou opleveren die ons zouden helpen financiering te krijgen voor een veel uitgebreidere studie (waar we nu mee bezig zijn). Het idee was simpel: ik zou een maand lang helemaal met UPF stoppen en vervolgens op elke denkbare manier worden gewogen en gemeten. De maand daarop zou ik een dieet aanhouden waarin 80 procent van mijn calorieën afkomstig was van UPF – hetzelfde dieet dat ongeveer één op de vijf mensen in het VK en de VS eten.

Tijdens die tweede maand heb ik niet opzettelijk te veel gegeten. Ik at gewoon zoals ik altijd eet, oftewel als ik er zin in had en wat er ook maar beschikbaar was. Al etend sprak ik met 's werelds meest vooraanstaande deskundigen op het gebied van voedsel, voedingswaarde, eten en ultrabewerking uit de academische wereld, de landbouw en, het allerbelangrijkste, de voedingsmiddelenindustrie zelf.

Dit dieet van UPF had smakelijk moeten zijn, want ik at voedsel dat ik me gewoonlijk ontzeg. Maar er gebeurde iets merkwaardigs. Hoe meer ik met deskundigen sprak, hoe meer het voedsel me ging tegenstaan. Ik moest denken aan Allen Carrs bestseller *The Easy Way to Stop Smoking*. Dit boek springt eruit in het zelfhulpgenre vanwege het feit dat het daadwerkelijk is bestudeerd en de ingreep die het aanbeveelt behoorlijk goed is. Het idee is dat je blijft roken terwijl je leest hoe slecht roken is. Uiteindelijk zullen de sigaretten je gaan tegenstaan.

Dus laat je gaan: onderga de volledige verschrikking van UPF. Ik zeg niet dat je moet gaan schrokken en schranzen, maar staak je verzet tegen UPF. Dat heb ik vier weken lang gedaan – als je dat ook wilt proberen, doe het dan totdat je het boek uit hebt. Dat ik je aanmoedig dit te doen is ethisch discutabel, maar daar heb ik geen problemen mee. Ten eerste word je toch al aangemoedigd om de hele dag UPF te eten. Ten tweede: als je een doorsnee-consument bent, haal je al ongeveer 60 procent van je calorieën uit UPF, dus het zal geen groot verschil maken als je dat tot 80 procent opvoert.

Ik hoop dat je tijdens het lezen van dit boek ook de lijsten van ingrediënten zult lezen die op de achterkant staan van de verpakkingen van de producten die je eet. Dan vind je veel meer stoffen dan ik in dit boek stuk voor stuk uit de doeken kan doen, maar ik hoop dat je uiteindelijk gaat begrijpen hoe alles, van de marketingcampagne tot het merkwaardige gebrek aan voldoening dat je na het eten voelt, bijdraagt aan een slechte gezondheid. Dan ontdek je misschien ook dat veel problemen in je leven die je wijt aan ouder worden of aan het hebben van kinderen of aan werkstress, in feite worden veroorzaakt door het voedsel dat je eet.

Ik kan niet beloven dat je UPF bizar en weerzinwekkend gaat vinden naarmate je verder leest, maar misschien gebeurt dat wel, en als je in staat bent het op te geven zijn er veel aanwijzingen dat dat goed is voor je lichaam, je hersenen en de aarde. Het is gebeurd bij een aantal mensen die bij de productie van dit boek en van de podcast die eraan voorafging betrokken waren, en ik hoor graag of het bij jou ook gebeurt.

I

Wacht even, wat zit ik te eten?

1

Waarom zit er bacterieel slijm in mijn ijs? De uitvinding van UPF

Het eerste weekend van mijn 80 procent-UPF-dieet was een van die merkwaardige herfstdagen dat de zomer eventjes terugkeert. We gingen naar het park en ik kocht ijs voor mezelf en de rest van het gezin. Dinah, mijn vrouw, nam een Freeze Pop, een buisje helderblauwe vloeistof van het merk Swizzels, en ik nam een Twister van Wall's (Ola). Onze driejarige dochter Lyra nam een enorme bol pistache-ijs van het merk 'Hackney Gelato'. Haar eenjarige zusje Sasha wist likjes van de andere ijsjes bijeen te scharrelen.

Lyra kwam twee vriendinnetjes tegen en zat met haar ijsje in de stralende zon te praten over de dingen waar driejarigen het over hebben; daarna ging ze op de schommels spelen. Ze overhandigde me haar kuipje ijs en rende weg. Het was min of meer onaangeroerd, een perfecte, glinsterende groene bol pistache. Het duurde eventjes voor ik besefte dat dat merkwaardig was. Hoe kon dat nog steeds een bolletje zijn? De buitenkant van het kuipje voelde echt warm aan. Waarom was het ijs niet gesmolten?

Ik probeerde een lepeltje. Het was lauw, ijsachtig schuim. Iets had ervoor gezorgd dat het ijs niet smolt.

Ik zocht online de ingrediënten op: 'verse melk, suiker, pistachepasta (Bronte-pistaches 4%, amandelen 2%, suiker, soja-eiwit, lecithine, kokosolie, chlorofyl, natuurlijke smaakstoffen waaronder citroen), dextrose, verse slagroom, glucose, magere-melkpoeder, stabilisatoren (johannesbroodpitmeel, guargom, carrageen), emulgator (mono- en diglyceriden van vetzuren), Maldon-zeezout'.

Stabilisatoren, emulgatoren, gommen, lecithine, glucose, een aantal verschillende oliën... dat zijn de kenmerken van UPF. De definitie (die lang is, en waar ik in het volgende hoofdstuk nader op in zal gaan) omvat veel meer dan de toevoeging van additieven, maar onthoud dat de aanwezigheid van ingrediënten die je niet in je keuken hebt een indicator is dat voedsel UPF is. Zoals we verderop zullen zien zijn andere aspecten van de bewerking even belangrijk, zo niet belangrijker dan additieven wat betreft effecten op het menselijk lichaam.

En Hackney Gelato is niet de enige die dit soort ingrediënten gebruikt; ze zitten in zowat al het ijs dat je in de winkel koopt, maar in de gemiddelde keuken zul je ze niet aantreffen. Ik snapte niet goed waarom die volgens de fabrikant allemaal noodzakelijk waren. Het zou toch zeker simpeler en goedkoper zijn om minder ingrediënten te gebruiken?

Om erachter te komen waarom UPF zo gemaakt wordt en waarom het zo alomtegenwoordig is, regelde ik een ontmoeting met een man genaamd Paul Hart. Paul is een insider in de voedingsmiddelenindustrie. Na zijn schooltijd ging hij meteen stage lopen bij Unilever, en hij is daar twintig jaar gebleven, eerst als biochemicus in opleiding en later als ontwerper van voedselproductiesystemen. Hij weet zo goed als alles over UPF en de industrie waardoor het wordt gemaakt. En hij is een aparte: 'Ik heb als jongen en als man in de "big food"-industrie gewerkt. Inmiddels te oud om jong te sterven!'

Ik ontmoette Paul en zijn vrouw Sharon in de McDonald's op Pentonville Road in Londen. Hij was net terug van de enorme Food Ingredients Europe-beurs in Frankfurt, en hij haalde hele pakken literatuur tevoorschijn van ingrediëntenbedrijven waar ik nog nooit van had gehoord en spreidde ze uit op de plakkerige plastic tafel: 'Bewijsstuk A. Hemeltjelief. Dit is afschuwelijk. Verdikkie! Kijk toch eens naar deze yoghurtfoto.'

Paul liet me een etiket zien met buitenissige claims over prebiotica, probiotica en omega 3, en legde uit dat de yoghurt louter een vehikel is om claims te kunnen maken over die andere ingrediënten. 'Je lokt de consument binnen met de bewering dat er een tekort in hun dieet wordt opgelost als ze een yoghurt vol additieven eten.'

Gesprekken met Paul kunnen heel duister worden, op een prettige, zij het onbegrijpelijke manier. Maar yoghurt leek me een goed bruggetje naar de vraag waarom Lyra's ijsje niet was gesmolten. 'Chris, we kunnen ijs als voorbeeld gebruiken om zowat alles over UPF uit te leggen,' zei hij tegen me.

Dat klonk ideaal. We verlieten de McDonald's en wandelden langs Regent's Canal naar het station, waar Sharon en Paul hun trein naar huis moesten nemen. Het was de perfecte setting om echt diep in te gaan op het onderwerp 'ijs'... dus Paul begon over een tortillacongres waar hij was geweest. 'Er was een bedrijf dat voor de grap beweerde dat hun product in feite gebalsemd was en een levensduur van jaren had,' zei hij. Ik moet ontsteld hebben gekeken, want hij verklaarde snel dat 'iedereen opgetogen was'.

We kuierden langs het kanaal, over en onder kleine bruggetjes, en ontweken fietsers. De stralende zon bood me de gelegenheid weer over ijs te beginnen. Terwijl ik Sharon en Paul door Londen loodste en op plaatselijke bezienswaardigheden wees, loodste Paul me door het onderwerp 'ijs'. Ik had naar de ijsjes bij mijn plaatselijke supermarkt gekeken, en in bijna alle zaten xanthaangom, guargom, emulgatoren en glycerine. Kon Paul me uitleggen waarom? 'Het is allemaal een kwestie van prijzen en kosten. Die ingrediënten sparen geld uit.'

Dit is belangrijk voor Britse consumenten, die in 2017, zelfs al voor de huidige crisis in de kosten van het levensonderhoud, slechts 8 procent van hun huishoudbudget aan eten uitgaven, minder dan enig ander land behalve de VS (waar de mensen 6 procent uitgeven). Onze Europese buren – Duitsland, Noorwegen, Frankrijk, Italië – geven allemaal 11 tot 14 procent van hun budget uit aan eten, en huishoudens in lagelonenlanden geven er 60 procent of meer aan uit.[1, 2]

In het VK (en in veel andere landen) zijn huisvesting, brandstof en vervoer extreem duur, en dat drukt op het voedselbudget. Voor ri-ke mensen is het geen probleem. Maar uit een analyse van de Food Foundation[3] blijkt dat de armste 50 procent van de huishoudens bijna 30 procent van hun beschikbare inkomen aan eten zou moeten besteden als ze een dieet wilden aanhouden dat overeenkomt met de landelijke richtlijnen voor gezond eten. De armste 10 procent van de huishoudens naar inkomen zou bijna 75 procent moeten uitgeven. UPF is bijna altijd goedkoper, sneller en zou even voedzaam zijn – of zelfs voedzamer – als voedingsmiddelen en maaltijden die je thuis moet klaarmaken. De combinatie van lage lonen, tijdverlies en de belofte van iets heerlijks draagt waarschijnlijk bij aan het grote aandeel van UPF in ons dieet; misschien is het geen verrassing dat UPF in landen als het VK en de VS, waar meer economische ongelijkheid heerst dan in andere landen met een hoog inkomensniveau, in grotere hoeveelheden wordt gegeten.

Hoe dan ook, Paul legde uit hoe ingrediënten als emulgatoren en stabilisatoren bijdragen aan de productie van UPF – en aan kostenbesparing. Ten eerste maken ze ijs tolerant voor warmte, wat het gemakkelijker maakt het ijs te verplaatsen. Op zijn tocht van fabriek naar vrachtwagen, van vrachtwagen naar supermarkt en van supermarkt naar jouw vriezer thuis gaat het ijs vele malen van -19 °C naar -5 °C en terug. De stabilisatoren, glycerine en emulgatoren voorkomen allemaal dat zich ijskristallen vormen, door water dicht bij zich te houden. Dit betekent dat ijs in grote hoeveelheden in één fabriek kan worden gemaakt en vervolgens door het hele land vervoerd. Daardoor wordt de toeleveringsketen in elk stadium minder haastwerk en vermindert de noodzaak om zeer lage temperaturen aan te houden. 'Consumenten houden van romigheid,' aldus Paul, 'niet van ijsscherven!' Met een gecentraliseerde productie kunnen de bedrijven ook een prijs overeenkomen met een detailhandelaar voor winkels in het hele land, wat hun kosten nog verder drukt.

Een van de eerste baantjes van Paul bij Unilever was bij een laboratorium waar ijs werd ontwikkeld. Hij beschreef welke ambitie dit lab had. Doel was om blokken schuim te maken die stabiel bleven bij kamertemperatuur, en die wereldwijd gedistribueerd zouden kunnen worden en dan ter plekke bevroren. Als dat lukte, zou dat enorm veel geld besparen. In feite zit veel ijs vandaag de dag niet ver bij dit doel vandaan, zoals ik in het park ontdekte. 'Het enige probleem dat overblijft,' zei Paul tegen me, 'zijn de insecten – insecten zijn dol op ijs. Dus het moet nog steeds allemaal worden bevroren.'

Paul gaf een voorbeeld van een ambachtelijk merk, Cream

O'Galloway, waarvan het vanille-ijs gemaakt lijkt te zijn van min of meer dezelfde ingrediënten die je ook thuis zou gebruiken: melk, room, suiker, magere-melkpoeder, eidooier, vanillearoma. Dat is geweldig, maar het resultaat is dat het product niet in het hele land te krijgen is, omdat hun ijs ietsje minder goed kan omgaan met al dat heen-en-weergesjouw. De keuze voor deze ingrediënten komt ook tot uiting in de prijs: 500 ml vanille-ijs van Cream O'Galloway kost 4 euro. Dat is ongeveer veertien maal zo duur als bijvoorbeeld Ms Molly's vanille-ijs, exclusief voor Tesco, dat 1,13 euro kost voor twee hele liters. Het zal niemand verbazen dat Ms Molly heel andere ingrediënten gebruikt: gereconstitueerd magere-melkconcentraat, gedeeltelijk gereconstitueerd weipoeder (melk), glucosesiroop, suiker, dextrose, palmstearine, palmolie, palmpitolie, emulgator (mono- en diglyceriden van vetzuren), stabilisatoren (guargom, natriumalginaat), smaakstoffen, kleurstoffen (caroteen).

Volgens Paul is een andere reden dat deze ingrediënten geld uitsparen dat veel ervan – palmstearine, palmpitolie, de gereconstitueerde melk, de emulgatoren – simpelweg een nabootsing is van echte en dure ingrediënten als melk, room en eieren.* Dit soort moleculaire vervanging is de sleutel voor alle UPF.

Traditioneel voedsel (of, hoe we het met meer recht zouden moeten noemen, kortweg 'voedsel') is gemaakt van drie brede categorieën moleculen die er de smaak, textuur en calorieën aan geven: vetten, eiwitten en koolhydraten.

Traditioneel ijs krijgt zijn textuur van een complex samenstel van kristallen, vloeibaar water (dat vloeibaar blijft omdat er opgeloste suiker in zit), melkeiwit en melkvetbolletjes, allemaal rond luchtcellen gewikkeld. Het is een schuim – meestal rond 50 procent lucht – en daarom is het niet te hard, zelfs niet als het koud is, en kun je het

* Bij de voedselproductie kunnen fabrikanten niet besparen op personeel, overheadkosten of energiekosten – vanwege de concurrentie met andere bedrijven zijn al deze factoren al zo ver uitgekleed als mogelijk. 'Het enige waar accountants nog op los kunnen gaan zijn de ingrediënten,' zei Paul tegen me. Dit maakt duidelijk hoe ingewikkeld het is om UPF terug te dringen: die lagere productie- en distributiekosten worden soms aan ons doorberekend.

ook niet gemakkelijk thuis maken, want je moet voortdurend kloppen terwijl je het bevriest.*

Net als bij alle UPF is het geheim van dat ultrabewerkte ijs dat het wordt gemaakt van de goedkoopst mogelijke versies van deze drie essentiële moleculen: vetten, eiwitten en koolhydraten.

Soms worden compleet nieuwe producten en texturen gecreëerd – dingen als gummisnoepjes of linzenchips – maar meestal is het doel van UPF om de ingrediënten van een traditioneel en geliefd voedingsmiddel te vervangen door goedkopere alternatieven en toevoegingen die de levensduur verlengen, gecentraliseerde distributie mogelijk maken en, zoals blijkt, overmatige consumptie bevorderen.

Pasteien, gefrituurde kip, boter, pannenkoekenmix, gebak, jus, mayonaise – allemaal zijn ze als echt voedsel begonnen. Maar de niet-UPF-versies zijn duur, en dus worden hun traditionele ingrediënten vaak vervangen door goedkope, soms compleet synthetische alternatieven. Die alternatieven zijn over het algemeen moleculen die worden gewonnen uit gewassen die worden gekweekt als dierenvoer, dat in sommige landen stevig wordt gesubsidieerd. De moleculen worden geraffineerd en gemodificeerd tot ze, zo vertelde Paul me, kunnen worden gebruikt om praktisch alles te maken.

'We kunnen zowat elk ingrediënt vervangen door een goedkoop gemodificeerd alternatief,' zei hij. 'Laat me je over zetmeel en boter vertellen, het is best simpel.'

Het was niet simpel. Toen we even stilstonden bij de ingang van de lange Islington Canal-tunnel en een stel parende waterjuffers neerstreek op een paar biezen, begon Paul aan een meeslepende maar

* Het vervaardigen van door de fabriek bewerkt ijs nam in de VS een hoge vlucht vanaf de jaren vijftig van de negentiende eeuw als een toepassing voor afvalmelk die anders zou worden weggegooid. Er zit tenslotte een grens aan wat mensen aan verse melk op kunnen, en hij wordt snel zuur. Als je ijs maakt van afvalmelk verlengt dat niet alleen de levensduur, er blijkt ook uit dat bewerken toegevoegde waarde geeft. Zoals we meermalen zullen zien is het hergebruik van afval een cruciaal onderdeel van UPF, en naast de lage kosten nog een reden waarom de komst van UPF ook als een positieve ontwikkeling wordt gezien, en niet alleen als een probleem.

ingewikkelde uitleg over de chemie van synthetische koolhydraten.

Allereerst had hij het over zetmeel. Planten slaan energie op in de vorm van zetmeel: als brandstof in een zaadje voor de groeiende zaailing, of in hun wortels ten bate van het opnieuw ontkiemen van een knol. Als je een zaadje of aardappel in de grond stopt, eet die in feite zichzelf op om wortels en bladeren te produceren.

Zetmeel bestaat uit microscopisch kleine korrels gemaakt van ketens van glucose-suikermoleculen. De manier waarop die ketens zijn opgebouwd en verstrengeld heeft invloed op de eigenschappen van het zetmeel als er sprake is van verhitting, afkoeling en hoe ze in de mond aanvoelen. Het is een complexe chemie. Zelfs zonder precies te begrijpen hoe die moleculen in elkaar zitten, heeft de mens de afgelopen tienduizend jaar de zetmeelwetenschap via koken en de domesticatie van gewassen een heel eind geperfectioneerd.

Neem de aardappel. Vastkokende aardappelen zoals nicola hebben stevige zetmeelkorrels, wat betekent dat ze vast blijven als je ze kookt en hun structuur behouden in een aardappelsalade. Kruimige aardappelen zoals bintje daarentegen bevatten suikermolecuulketens die niet zo goed aan elkaar vastzitten. Dat is de reden dat je ze weliswaar prima kunt bakken, maar dat ze een zekere meligheid hebben waardoor ze in een aardappelsalade uit elkaar vallen, en die een mayonaisebrij wordt. Dan heb je nog aardappelen zoals de maris piper, waarvan het zetmeel mooi het midden houdt tussen de andere twee, wat betekent dat je ze voor zo goed als alles kunt gebruiken – ze zijn niet voor niets de populairste aardappelen van het VK.

Als je de verschillende soorten zetmeel die door de verschillende planten worden gemaakt uit de planten haalt, zul je merken dat ze contrasterende eigenschappen hebben. Je kunt ze met water mengen tot allerlei gels en pasta's met verschillende texturen bij verschillende temperaturen. In de negentiende eeuw realiseerden scheikundigen zich dat ze door zetmeel chemisch te modificeren precies de gewenste eigenschappen konden creëren. Gemodificeerd zetmeel, dat je in zoveel ingrediëntenlijsten van UPF zult tegenkomen, kan vetten en zuivel vervangen, water vloeibaar houden bij bevriezing en elke saus dikker maken. Met het temmen van zetmeel kwam de mogelijkheid om met heel goedkope gewassen onvoorstelbaar veel geld te verdienen.

In de jaren dertig van de twintigste eeuw begon Kraft bij de productie van mayonaise een pasta van maïs- en pijlwortelzetmeel te gebruiken, ingrediënten die veel goedkoper waren dan eieren of olie, maar wel hetzelfde romige mondgevoel gaven. In de jaren vijftig kwam dankzij wetenschappers met bijzondere industriële namen als Carlyle 'Corky' Caldwell, Moses Koningsberg en Otto Wurzburg het gebruik van gemodificeerd zetmeel pas echt van de grond.[4]

Als je een zetmeel eenmaal heel precies kunt modificeren, is er maar weinig wat je er niet mee kunt doen.* Als je zetmeel met zuur verdunt kun je het voor textiel en wasgoed gebruiken. Als je het met propyleenoxide behandelt, krijg je het stroperige karakter van sladressings. Als je het met fosforzuur mengt, kun je stabiliteit bevorderen via meerdere cycli van bevriezen en ontdooien: perfect voor vlaaivullingen. En maltodextrines (korte glucosepolymeren – een vorm van gemodificeerd zetmeel) kunnen bijvoorbeeld een oppervlak glans en romigheid geven bij wat mensen een 'milkshake' noemen. Geen zuivelvetten meer nodig: dit zetmeel is afkomstig van gewassen die je op grote schaal kunt kweken tegen een fractie van de kosten.

Toen ging Paul naadloos over op de stabilisatoren die ik bij de ingrediënten van Lyra's ijsje had zien staan.

Sommige namen zul je wellicht herkennen: guargom, johannesbroodpitmeel, alginaat, carrageen en het vrijwel alomtegenwoordige xanthaangom. Die laatste is weerzinwekkend genoeg een bacteriële afscheiding: slijm dat door bacteriën wordt geproduceerd zodat ze zich aan oppervlakken kunnen hechten. Denk maar eens aan xanthaangom als je weer eens de opgehoopte smurrie van het filter van je vaatwasser schraapt.

Net als bij gemodificeerd zetmeel kun je met deze stabilisatoren duurdere moleculen vervangen en voedingsmiddelen een langere levensduur geven. Paul heeft met name ervaring met stabilisatoren.

* Gemodificeerd zetmeel werd in het eerste UPF in de jaren vijftig een bijna universeel ingrediënt, maar het kwam ook van pas in de mijnbouw en de oliewinning, waar zetmeel wordt gebruikt om de viscositeit van boorspoeling aan te passen, zodat die niet te dik of te dun is om naar de oppervlakte te worden gepompt of geschroefd.

In de jaren tachtig ging hij bij Unilever werken in een team van wereldklasse dat met zijn werk aan deze stabilisatoren de textuur van vetarme en zelfs vetloze producten, waaronder dressings en spreads, enorm heeft verbeterd. Je hebt de moleculen waaraan hij heeft gewerkt waarschijnlijk vaak gegeten.

Deze vetarme producten sloten perfect aan bij de richtlijnen in de jaren zeventig waarin mensen het advies kregen minder vet te eten. Ook vandaag de dag nog zijn vetarme dressings big business, al hebben voor velen de koolhydraten inmiddels de vetten verdrongen als de voornaamste probleem-molecule.

Het Centre for Industrial Rheology (reologie ofwel stromingsleer is de wetenschap van hoe materialen vervormen, wat de eigenschap is die ze textuur geeft in de mond) vergeleek de strategieën van vetvervanging in de vetarme producten van twee grote mayonaisefabrikanten: Hellmann's en Heinz.[5] Het is geen eenvoudige klus om vet te verwijderen uit een product dat vrijwel geheel uit vet bestaat. Het vet beïnvloedt de smaak en de zeer specifieke textuur van traditionele mayonaise, dat zich als een vaste stof gedraagt als je ervan afblijft, en als een 'gestructureerde' vloeistof als je dat niet doet.

De beide fabrikanten kozen verschillende oplossingen: Hellmann's gebruikt stabilisatoren en zetmeel voor de verdikking en Heinz alleen gemodificeerd zetmeel. Die verschillen zijn zichtbaar in de textuur. De vetarme mayonaise van Heinz gedroeg zich grotendeels als de vette versie in de manier waarop hij vloeide, terwijl die van Hellmann's een stuk dikker is dan zijn vette tegenhanger. Die stabilisatoren brengen het risico van draderigheid met zich mee, zoals slijm, en snotterige mayonaise is niet aantrekkelijk. Maar bij een juist gebruik geven de stabilisatoren meer smering, wat heel wenselijk is, omdat het als olie aanvoelt in de mond. In beide gevallen bieden het zetmeel en de stabilisatoren de fabrikanten de kans hun kosten te drukken en toch te kunnen beweren dat ze de gezondheid van de consument verbeteren.

Ik zeg niet dat iedereen zijn eigen mayonaise moet maken, maar wel dat de vetarme versies waarschijnlijk geen gezondheidsvoordelen bieden. In feite is over die vetarme alternatieven het vonnis wel geveld. Zoals kunstmatige zoetstoffen de algehele inname van calorieën niet lijken te verminderen of bescherming bieden tegen ziekten (ik kom daar nog op terug), lijkt ook het gebruik van nieuwe synthetische moleculen om die nieuwe vetarme versies van mayonaise te maken niet te werken. Het beste onafhankelijke bewijs laat zien dat UPF-producten als deze een sterk verband vertonen met gewichtstoename en andere dieetgerelateerde aandoeningen (zoals we in het volgende hoofdstuk zullen zien). Bovendien zijn de obesitascijfers sinds de introductie van het wijdverbreide gebruik van zulke vetarme producten blijven stijgen. Dat kan komen doordat we meer van die producten eten (omdat we niet zoveel vet binnenkrijgen als we willen), of doordat sommige moleculen die het vet vervangen een reeks direct schadelijke effecten hebben (waar ik ook later nog vaak op terug zal komen).

Met het verhaal over de mayonaise besloot Paul zijn uitleg over zetmeel en stabilisatoren. Maar over vet wilde hij verder praten. Terwijl we daar in de vroege avondzon stonden en het kanaal het licht weerkaatste op een mooie oever vol bloemen, begon Paul me te vertellen over smeltpuntprofielen en koolstofketenverzadiging.

Bijna alle aromatische moleculen die voedsel smaak geven in de mond, die welke vanaf de tong verdampen en naar de achterkant van de neus gaan, zijn vetoplosbaar. Dat maakt vet behoorlijk belangrijk, want boter maakt brood lekker en olieachtige dressings maken salades eetbaar. Sterker nog, er valt amper eten te bedenken dat er niet op vooruitgaat met een romige dip of vetrijk beleg. En er zijn heel precieze mengsels van vet en suiker die van zichzelf al lekker smaken.

Maar vetten zijn niet alleen smakelijk en een bron van calorieën, ze brengen ook structuur in voedsel. Vooral vet in vaste vorm is nuttig voor dit tweede doel, zoals elke bakker weet. Met name boter heeft een perfect smeltprofiel voor heel veel gerechten. Boter maak je door melk te karnen, waardoor het vet geschieden wordt tot klompen waarin alle vetoplosbare vitaminen behouden blijven terwijl je de suiker en de eiwitten kwijtraakt.

Paul legde de waarde uit van boter ten opzichte van melk, dat een vloeibare emulsie is (wat betekent dat de vetten, suikers en eiwitten allemaal in water worden verspreid): 'een insect kan gemakkelijk in [melk] ronddrijven en eten en zich voortplanten. Het is een bijna perfect medium voor bacterieculturen. Maar boter...' – hij pauzeerde even om er zeker van te zijn dat ik goed luisterde – 'boter is een omgekeerde emulsie.'

Dit betekent dat boter voornamelijk vet is met wat verspreid water. Aangezien boter geen vloeistof is, kunnen bacteriën zich er niet doorheen bewegen, en daarom is het lang houdbaar zonder koelen. Het zit vol vetoplosbare vitaminen en essentiële vetzuren. 'Het is fantastisch voedsel,' aldus Paul. 'Het zou de vroegste menselijke samenlevingen hebben getransformeerd.' Paul had gelijk: dat is ook gebeurd.

* * *

Een van de vroegste bewijzen van boterproductie is te vinden op een onwaarschijnlijke plek: een enorme zandstenen helling waar de grenzen van Libië, Algerije en Niger midden in de Sahara bij elkaar komen. Zoek online Messak Mellet op, dan krijg je het donkergele gesteente te zien van het Tadrart Acacus-gebergte, aan alle kanten omringd door geweldige zeeën van geel zand. Afgaande op satellietbeelden zou je niet verwachten dat je hier grotten met schilderingen en tekeningen zou aantreffen van krokodillen, olifanten en giraffen.[6] Toch zijn die er. En er zijn andere, nog verrassender beelden, onder andere van runderen, waarvan er een paar worden gemolken.* De afbeeldingen zijn lastig te dateren, maar uit in de buurt gevonden beenderen blijkt dat er vanaf achtduizend jaar geleden rundvee, schapen en geiten aanwezig waren in het gebied en dat die rond zevenduizend jaar geleden al heel gewoon waren. Het onweerlegbare bewijs van het houden van melkvee kwam in 2012, toen een team van Bristol University melkresten vond op potscherven in een rotswoning in Takarkori die werd gedateerd op 5000 v.Chr.[8] Uit analyses kwam naar voren dat de melk was bewerkt tot kaas of een boterachtig product.

Destijds hadden volwassen mensen net als andere zoogdieren na

* Twaalfduizend jaar geleden was de Sahara na het einde van de laatste ijstijd groen en weelderig. Er was een bevolking van sedentaire jagers, vissers en verzamelaars die rond tienduizend jaar geleden overging naar een levenswijze van seminomadische rundvee-, schapen- en geitenhoeders.[7]

het spenen nooit melk gedronken, en ze produceerden dus ook geen lactase, het enzym dat velen van ons in staat stelt lactose (de voornaamste koolhydraat in melk) te verteren. Maar uit recent onderzoek blijkt dat het onvermogen om lactase te produceren opmerkelijk weinig verschil maakte voor ons vermogen om van melk te genieten.[9] Aanvankelijk was de belangrijkste drijfveer voor het bewerken ervan wellicht conservering: yoghurt (dat verkregen wordt als de lactosesuiker wordt opgegeten door de *lactobacillus*-bacterie, waardoor het natuurlijke conserveermiddel melkzuur wordt geproduceerd) en boter zijn veel langer houdbaar dan melk. De volgende paar millennia kreeg boter een centrale plek in de voedselculturen over de hele wereld.

Het probleem met boter is dat die altijd duur is geweest. Je moet tenslotte een dier fokken en vervolgens melken om boter te krijgen. Plantaardig vet is veel goedkoper, maar dat bestaat voornamelijk uit vloeibare olie, wat veel lastiger te bewaren is en minder bijdraagt aan de textuur van voedsel. Het is gewoon geen boter. Het wekt dan ook geen verbazing dat de zoektocht naar een goedkoop, kunstmatig, uit vast vet bestaand alternatief voor boter al in 1869 begon.

In dat jaar loofde Napoleon III – neef van de beroemdste Napoleon* – een prijs uit voor iedereen die deze vet-alchemie tot een goed einde bracht. De winnaar was een Franse scheikundige en apotheker genaamd Hippolyte Mège-Mouriès, die al het legioen van eer had gewonnen voor verbeteringen in de baktechnologie. Zijn beschrijving van zijn productiemethode voor zijn botervervanger is misschien wel de eerste van een *ultra*-proces.[10-13]

* Napoleon III was de neef van Napoleon I (die met zijn arm in zijn vest gestoken naar Elba werd verbannen, ontsnapte en vervolgens werd verslagen in de Slag bij Waterloo). Over het algemeen was hij populair, en gedurende zijn gehele regeerperiode stimuleerde hij projecten gericht op verbetering van het leven van de werkende klasse; zo verleende hij Franse arbeiders het recht om te staken en zich te organiseren, en vrouwen het recht om op een universiteit toegelaten te worden. Hij stak nooit zijn hand in zijn vest, maar hij volgde zijn oom in twee opzichten na: hij verloor een slag (bij Sedan) en hij stierf in ballingschap (in Engeland, niet op Elba).

Mège-Mouriès nam goedkoop vast vet van een koe (niervet), liet het smelten (verhitte het met wat water), bewerkte het met enkele enzymen uit een schapenmaag om het celweefsel af te breken dat het vet bijeenhield; vervolgens zeefde hij het, liet het opstijven, extrudeerde het tussen twee platen, bleekte het met zuur, waste het met water, verwarmde het en mengde het ten slotte met bicarbonaat, melkeiwit, koeienuierweefsel en anatto (een gele kleurstof afkomstig van het zaad van de orleaanboom).[14] Het resultaat was een smeerbaar, aanvaardbaar alternatief voor boter.

Mège-Mouriès doopte zijn creatie Oleomargarine, maar er was een probleempje, zoals je wellicht al hebt gesignaleerd: voor het oorspronkelijke margarinerecept was nog altijd dierlijk vet nodig.*

Om dit op te lossen moest er een manier gevonden worden om plantaardige oliën 'vast' te maken, wat aan het begin van de twintigste eeuw lukte via een proces dat hydrogenatie werd genoemd. Er werd ontdekt dat als je olie verhit in de aanwezigheid van waterstofgas, je de chemische structuur ervan kunt aanpassen en de smelteigenschappen kunt veranderen. Als je de olie helemaal hydrogeneert, krijg je vet dat hard is als ijs. Maar als je slechts gedeeltelijk hydrogeneert, kun je elk smeltprofiel maken dat je wilt, waardoor het mogelijk wordt een vet te produceren dat vast is bij kamertemperatuur maar nog steeds gemakkelijk smeert als het net uit de koelkast komt.**

* In 1930 was het inmiddels mogelijk om van vloeibare walvisolie een vaste margarine te maken. Dit smeersel smolt bij 30 °C en zou dus in de mond smelten. In 1960 vormde walvisolie 17 procent van het totaal aan in de margarine gebruikte vetten.

** Er is wel een ongelukkig bijeffect, namelijk dat het proces transvetzuren creëert, die in verband zijn gebracht met hartkwalen en andere gezondheidsproblemen. Tegenwoordig wordt het hydrogenatieproces vaak vervangen door het mengen van verschillende oliën, waarbij met behulp van hitte uiteenlopende moleculegrootten worden gescheiden (fractionatie) en met enzymen ketens van koolwaterstoffen tussen de verschillende vetten worden uitgewisseld (enzymatische interestificatie). Maar ondanks de brede bezorgdheid dat transvetzuren schadelijk zijn, blijven sommige voedselproducenten toch gebruikmaken van hydrogenatie. In het VK verwierp de toenmalige minister van Volksgezondheid Andrew Lansley in 2010 een regelrecht verbod op transvetzuren. Zowel Lansley als zijn speciale

De volgende stap was het vinden van een zo goedkoop mogelijke olie. Katoenzaden waren een waardeloos nevenproduct van de katoenindustrie en werden tot 1860 als afval beschouwd. Er werden ontkorrelmachines gebouwd op rivieroevers, zodat de zaden gewoon weggespoeld werden. Maar in 1907 had het jonge bedrijf Procter & Gamble (dat later Pringles zou gaan maken) ontdekt hoe van katoenzaadolie een vast vet kon worden gemaakt.* Een probleem was dat de olie een gifstof bevatte, gossypol, die de plant beschermt tegen insecten maar ook bij mannen zorgt voor verminderde vruchtbaarheid, en nog een aantal andere onzuiverheden die er een onaangename smaak aan gaven.[16] De oplossing voor deze problemen was een proces dat bekendstaat als RBD, waarbij oliën worden geraffineerd, gebleekt en ontgeurd.

Neem palmolie. Versgeperst heeft dit een bijna lichtgevend karmijnrode kleur, is zeer aromatisch, kruidig en vol van smaak, en zit het vol antioxidanten zoals tocotriënol. Maar voor UPF-producenten zijn al die smaak en kleur eerder een probleem dan een voordeel. Je kunt geen Nutella maken met kruidige rode olie. Voor UPF moet olie flauw, vlak en smaakloos zijn, zodat die kan worden gebruikt om een eetbaar product te maken – vandaar het gebruik van RBD. De fabrikanten raffineren de olie daarom door hem te verhitten, verwijderen met behulp van fosforzuur eventuele gommen en wassen, neu-

---

adviseur had eerder voor bedrijven gewerkt die veel van de bedrijven adviseerden die door een verbod zouden worden geraakt, zoals Pizza Hut, Kraft en Tesco. Je zou daar belangenverstrengeling in kunnen zien.

* In *Life on the Mississippi*, gepubliceerd in 1883, geeft Mark Twain een prachtige beschrijving van de opkomende wetenschap: 'Zie je, er zit in een liter katoenzaadolie maar één piepklein deeltje, of essentie, of wat het ook is dat er zijn geur, of smaak, of wat ook aan geeft – haal dat eruit, en je zit goed – en vervolgens is het doodsimpel om de olie te veranderen in wat voor olie je maar wilt, en geen mens die echt van onecht kan onderscheiden. Nou, we weten hoe we dat ene kleine deeltje eruit moeten krijgen – en we zijn het enige bedrijf dat dat doet. En we produceren een olijfolie die gewoon perfect is – niet detecteerbaar! En we doen prima zaken – kijk maar naar mijn orderboek voor deze trip, dan zie je het zo. Misschien bezorg jij iedereen binnenkort boter op het brood, maar wij voorzien elke salade van katoenzaadolie van de Golf van Mexico tot aan Canada, dat is een ding dat zeker is.'

traliseren de olie met caustische soda, bleken hem met bentonietklei en ontgeuren hem ten slotte met hogedrukstoom.* Dit is het proces waarmee sojaolie, palmolie, canola- (koolzaad)olie en zonnebloemolie – vier oliën die 90 procent van de mondiale markt vormen – en elke andere 'vierge' of 'koudgeperste' olie worden gemaakt.

Toen het de problemen van de katoenzaadolie eenmaal had opgelost, begon P&G een grote campagne waarin ontgifte olie op de markt werd gezet als Crisco, een acroniem voor gekristalliseerde katoenzaadolie. (Ze overwogen maar verwierpen de naam 'Cryst' vanwege de potentiële religieuze connotaties.) In 1920 was het gebruik van het product inmiddels wijdverbreid. Crisco-vet, in feite een namaakreuzel, was mogelijk het eerste massageproduceerde UPF.**

De lange lijst vetten (waarvan er veel nooit eerder deel hebben uitgemaakt van een menselijk dieet) die je zal gaan opvallen op alles tot ijs aan toe, is de erfenis van deze vetbewerkingstechnologie: karitéboter, palmvet, mangopitolie, palmstearine, kokosolie. Als die eenmaal de RBD-behandeling hebben ondergaan zijn ze praktisch inwisselbaar.

Het zonlicht speelde door de bomen en Sharon keek op haar horloge, terwijl Paul het voordeel van dit alles voor alle producenten van

* Weliswaar wordt de antioxidant palm-tocotriënol tijdens het RBD-proces verwijderd, maar vervolgens wordt hij weer toegevoegd om ranzigheid te voorkomen. Zoals Paul zei: 'Zoiets verzin je niet!'

** Aanvankelijk hadden de mensen een hekel aan margarine en de nieuwe nepboters. Toen de import en de productie in de VS op gang kwam, braken er margarineoorlogen uit. Onder meer Maine, Michigan en Minnesota verboden margarine. Andere staten legden er enorme heffingen aan op. Lucius Hubbard, de gouverneur van Minnesota, een zuivelstaat, verklaarde dat 'de vindingrijkheid van het verdorven menselijk vernuft is uitgemond in de productie van eleomargarine en aanverwante gruwelen'. Senator Joseph Quarles (van Wisconsin, ook een staat met een aanzienlijke zuivelproductie) zei: 'Ik wil boter die het natuurlijke aroma van leven en dood heeft. Ik weiger als alternatief nepvet te accepteren, gerijpt onder de kilte van de dood, vermengd met plantaardige oliën, en gearomatiseerd met chemische trucjes.' *Harper's Weekly* gaf als commentaar: 'Lekkerbekken moeten weten, tot hun ontsteltenis, dat ze de stompjes van hun kaarsen en vetkaarsen eten onder het mom van boter.'

UPF uitlegde: 'Ze kunnen gewoon het product met de laagste marktprijs gebruiken. En om de kosten van het herschrijven van de verpakking uit te sparen kunnen ze er van die Uncle Tom Cobley-etiketten* op plakken waarop al de verschillende vetten staan opgesomd.'

Als je van zulke vetten op een etiket ziet, vetten die je thuis niet zou gebruiken (zoals bijvoorbeeld gemodificeerde palmvetten), dan is het product UPF. De fluctuerende marktprijzen zouden uiteindelijk kunnen leiden tot zelfs nog meer ongebruikelijke ingrediënten in ons eten. De oorlog in Oekraïne veroorzaakte een piek in de prijzen van zonnebloemolie, en Indonesië verbood in dezelfde periode tijdelijk de export van palmolie in een poging de omhoogschietende voedselprijzen in eigen land een halt toe te roepen. Dat zou het effect kunnen hebben dat sommige plantaardige vetten bijna even duur worden als boter. 'Ze zitten al op ongeveer hetzelfde niveau als talgvet en reuzel, ofwel kippenvet,' aldus Paul. 'Dus binnenkort zit er misschien wel kippenvet in ons ijs. Stel je voor!'

En met die laatste weerzinwekkende gedachte stapten Paul en Sharon op om hun trein te halen.

* Ik had die uitdrukking nog nooit gehoord, en eerst dacht ik dat Uncle Tom Cobley een ingrediëntenbedrijf was. De frase komt uit een volksliedje waarin het koor eindigt met een lange lijst personen, onder wie 'Old Uncle Tom Cobley enzovoort'. Ik ben die uitdrukking veel gaan gebruiken.

2

Doe mij maar vijf schaaltjes Coco Pops: de ontdekking van UPF

Precies zeven dagen voor het niet-smeltende ijsje van Lyra was ik aan mijn UPF-dieet begonnen met Coco Pops voor ontbijt.

'Is dat voor mij?' vroeg Lyra. Nee, zei ik. Zij had al pap.

'Ik wil de Mickey Mouse-cornflakes!' zei Lyra terwijl ze naar Coco Monkey* wees.

Omdat ze nooit eerder Coco Pops gegeten had, was ik ervan uitgegaan dat ze er geen interesse in zou hebben. Maar voordat ze er ook maar een hap van gegeten had, had Kellogg's haar al te pakken. Ze wíst gewoon dat dit product speciaal voor een driejarige gemaakt was. Weer zei ik nee, waarop ze zo hard op de grond ging liggen huilen en krijsen van woede dat Sasha kwam kijken wat er aan de hand was (op de arm bij Dinah).

Ik had pap voor Lyra gemaakt omdat ik instinctief wist dat Coco Pops geen gezond ontbijt is voor een driejarige, al leek alles op de verpakking op het tegendeel te wijzen. Het pak stond vol geruststellende informatie: '50% van de aanbevolen dagelijkse hoeveelheid

* Deze mascotte stond al voordat ik geboren was in het VK op de verpakking van Coco Pops en (volgens Gabe Fonseca, geschiedenis-aficionado van ontbijtgranenmascottes op YouTube) ook in landen waar dit type ontbijtgranen bekendstaat onder de naam Coco/Choco Pops of Choco Krispies. In de VS en Canada, waar ze het Cocoa Krispies noemen, waren het eerst aapjes en olifanten, maar de huidige mascottes zijn Snap, Crackle en Pop.

vitamine D', '30% minder suiker'*. In het VK gebruiken we het 'verkeerslicht' om aan te geven of voedsel al dan niet gezond is, vergelijkbaar met de 'Nutri-Score' in Nederland. De voedingswaarde van Coco Pops krijgt twee groene (voor vetten en verzadigde vetzuren) en twee oranje vinkjes (voor zout en suikers). En dan was er nog dat aapje op het pak, dat niet alleen leek te zeggen dat de inhoud niet enkel veilig was voor kinderen, maar zelfs speciaal voor hen bedoeld was. Het viel vast wel mee.

Mijn knagende twijfels hadden trouwens toch geen zin. Terwijl ik hierover zat te denken, was Lyra onder de tafel vandaan gekropen, had een schaaltje gevuld en at nu handenvol droge Coco Pops, in extase en met haar ogen wijd open. Ik gaf me gewonnen, schonk melk in de kom en las de ingrediënten op de verpakking: rijst, glucosesiroop, suiker, vetarm cacaopoeder, cacaomassa, zout, gerstemoutextract en smaakstoffen.

Coco Pops voldoen aan de definitie van UPF vanwege de glucosesiroop, de cacaomassa en de smaakstoffen. Ze zijn een technisch hoogstandje.

Als je elke dag gepofte rijstgranen eet, hoor je het knappen, het knisperen en het poppen niet meer, maar die ochtend zag ik mezelf weer als kind aan het ontbijt zitten. Lyra legde haar oor tegen de kom en sloot haar ogen. Ze was als betoverd. Daarna at ze verder.

En ze bleef maar eten. Terwijl ik naar haar keek, leek ze zichzelf niet volledig in de hand te hebben. Op het pak stond dat de aanbevolen hoeveelheid voor een volwassene dertig gram is (ongeveer een handvol), maar na dertig gram was Lyra nog niet eens begonnen. Normaal moet ik haar best een beetje aansporen tijdens het eten, maar deze eerste kom Coco Pops was leeg voor ik er erg in had. En toen ik opperde dat één schaaltje wel genoeg was, werd dat idee onmiddellijk van tafel geveegd; alsof je een roker adviseert het bij één sigaret te laten. Ze at niet alleen zonder erbij na te denken, ze leek wel in trance.

* Ik heb een asterisk bij die 30 procent minder suiker geplaatst, omdat bleek dat Coco Pops gemiddeld 30 procent minder suiker bevat dan andere gepofte rijstontbijtgranen met chocoladesmaak – dat zegt dus niets.

* * *

Als je nu denkt dat Coco Pops niet bepaald passen bij een dieet, dan moet ik erbij vertellen dat ik met hulp van mijn collega's van het UCLH begonnen was aan een dieetexperiment van een maand. Het idee werd geboren na het lezen van twee artikelen die een andere collega, televisieproducent Lizzie Bolton, me met klem had aangeraden. Ze lagen al een aantal weken in een stapel op mijn bureau te verstoffen voordat ik eraan toekwam. Op het eerste gezicht zagen ze er niet erg interessant uit, maar uiteindelijk bleken het de twee belangrijkste artikelen die ik ooit las.

Het eerste was meer dan tien jaar geleden gepubliceerd in het Portugees, in een vrij obscuur Braziliaans medisch tijdschrift. Het had een bescheiden en nogal specifieke titel: 'Een nieuwe classificatie van voedingsmiddelen op basis van de omvang en het doel van hun bewerking'. De hoofdauteur was Carlos Monteiro, hoogleraar voeding in São Paulo.

Het tweede artikel klonk nog minder aanlokkelijk. Het was een dieetexperiment voor gewichtstoename en propageerde waarschijnlijk de zoveelste dieetrage: 'Ultrabewerkte voedingsmiddelen veroorzaken overmatige calorie-inname en gewichtstoename: een klinisch gerandomiseerd en gecontroleerd onderzoek naar onbeperkte voedselinname' (hoofdauteur: Kevin Hall).

In het eerste artikel poneerde Monteiro een theorie; in het tweede beschreef Hall een experiment dat deze theorie testte en, op het eerste gezicht, leek te bevestigen. Dit is de theorie: de belangrijkste reden voor de snelle wereldwijde toename van overgewicht en obesitas, vooral sinds de jaren tachtig, is de evenredig snelle groei van productie en consumptie van ultrabewerkte voedingsmiddelen en dranken.

Ik had nog nooit van UPF gehoord en was sceptisch over de bewering dat er een allesomvattende verklaring zou bestaan voor de obesitaspandemie, die bekendstaat als complex en afhankelijk van vele factoren. Maar het classificatiesysteem dat Monteiro voorstelde, had ook iets fris en interessants.

Dit classificatiesysteem heet tegenwoordig de NOVA-classificatie en verdeelt voedingsmiddelen onder in vier groepen.[1] De eerste groep is 'onbewerkte of minimaal bewerkte voedingsmiddelen' – voedingsmiddelen die in de natuur voorkomen zoals vlees, fruit en groenten, maar ook bijvoorbeeld bloem en pasta. Groep 2 is 'bewerkte culinaire ingrediënten', waaronder oliën, vetten, boter, zout, azijn, honing, zetmeel – traditionele voedingsmiddelen die bereid zouden kunnen zijn met behulp van industriële technologieën. Het zijn geen producten waarop we kunnen overleven, omdat ze vaak arm aan voedingsstoffen en energierijk zijn. Als je ze echter mixt met de producten uit de eerste groep, heb je de basis voor geweldig lekker eten. Groep 3 is 'bewerkte voedingsmiddelen', kant-en-klare mengsels van groep 1 en 2, vooral bewerkt met het oog op de houdbaarheid: denk aan bonen in blik, gezouten noten, gerookt vlees, ingeblikte vis, stukjes fruit op siroop en echt versgebakken brood.

Dan zijn we aangekomen bij groep 4, 'ultrabewerkte voedingsmiddelen'. Het is een lange, misschien wel de langste, definitie van een wetenschappelijke categorie die ik ooit heb gezien: 'Samenstellingen van ingrediënten, meestal uitsluitend voor industrieel gebruik, geproduceerd in een reeks industriële processen waar veel geavanceerde apparatuur en technologie aan te pas komt.'

En dat is nog maar het begin. Het gaat verder: 'Processen om ultrabewerkt voedsel te produceren zijn, onder andere, het afbreken van voedsel in kleine deeltjes, chemische modificatie van deze deeltjes...'

Precies zoals Paul had beschreven, worden gewassen zoals maïs en soja verwerkt tot oliën*, eiwitten en zetmeel en vervolgens verder gemodificeerd. De oliën worden geraffineerd, gebleekt, van geur

* Paul Hart geeft aan dat de meeste oliën van tegenwoordig geraffineerd, gebleekt en van geur ontdaan zijn en daarom in groep 4 thuishoren. Daar heeft hij een punt, maar de classificatie is gebaseerd op de Braziliaanse data van Monteiro, waarin het gebruik van deze oliën wordt geassocieerd met het eigenhandig bereiden van voedsel, zodat het, net als de suiker op tafel, juist een teken van gezond eten is. Er is steeds meer overtuigend bewijs dat deze zaadoliën in veel opzichten schadelijk zijn in de doses waarin we ze consumeren, maar er is een wereld van verschil tussen koken met zonnebloemolie en het eten van een industrieel geproduceerd product waarin zonnebloemolie een van de vele ingrediënten is. Deze discussie over wat wel en wat niet in welke NOVA-groep thuishoort, zal nog vaak terugkomen.

ontdaan, gehydrogeneerd en intermoleculair veresterd, de eiwitten worden soms gehydrolyseerd, het zetmeel gemodificeerd. Aan deze gemodificeerde voedseldeeltjes worden additieven toegevoegd en vervolgens worden ze geassembleerd met behulp van industriële technieken zoals gieten, extrusie en drukverschillen. Dit is een patroon dat ik tijdens mijn gehele dieet bleef tegenkomen: van pizza tot fruitrepen, alle ingrediëntenlijsten begonnen er hetzelfde uit te zien.

De definitie van UPF gaat nog een tijdje door, totdat tegen het eind er plotseling een belletje gaat rinkelen: 'De processen en ingrediënten die worden gebruikt voor de vervaardiging van ultrabewerkt voedsel zijn ontwikkeld om zeer winstgevende (goedkope ingrediënten, lange houdbaarheid, nadrukkelijke reclame), handige (kant-en-klare) en hypersmakelijke producten te creëren die vers bereide gerechten en maaltijden op basis van alle andere NOVA-voedselgroepen kunnen vervangen.'

Het idee dat het doel van een voedingsmiddel belangrijk kan zijn, drong nauwelijks door toen ik voor het eerst in aanraking kwam met het werk van Monteiro. Maar nu werd er een wereld aan ideeën geactiveerd die al jaren door mijn hoofd spookten. Ik begrijp best dat, althans in theorie, fysische en chemische processen van invloed kunnen zijn op de wisselwerking tussen voeding en het lichaam. Maar om als onderdeel van de definitie het *doel* van het bewerken op te nemen, namelijk 'het creëren van zeer winstgevende producten', dat was compleet nieuw voor me.

In wetenschappelijke en beleidsdiscussies over voedsel en voeding werd eigenlijk bijna nooit gesproken over de vraag of traditioneel voedsel een ander *doel* zou kunnen hebben dan de stoffen die geproduceerd worden door transnationale bedrijven met een omzet van honderden miljarden. Het was dan ook maar een kleine stap naar het idee dat producten die de door het lichaam opgebouwde mechanismen die je waarschuwen wanneer je moet stoppen met eten ondergraven, lekkerder in de markt liggen.

Nadat ik het werk van Monteiro had gelezen, vond ik het NOVA-systeem en UPF op zich interessant als ideeën, maar het bleven hypothesen. Dus toen las ik het onderzoek van Hall, die het idee aan de praktijk toetste.

Het werd gepubliceerd in *Cell Metabolism*, een gerenommeerd vaktijdschrift. Het experiment zelf was heel eenvoudig. Vrijwilligers kregen ofwel een ultrabewerkt dieet voorgeschoteld of een dieet dat dezelfde hoeveelheden vetten, zout, suikers en vezels bevatte maar helemaal geen UPF. Na twee weken wisselden de twee groepen van dieet. In beide perioden mochten de deelnemers zoveel eten als ze wilden. Bij het ultrabewerkte dieet aten de deelnemers meer en kwamen aan, terwijl ze bij het onbewerkte dieet juist afvielen, ook al konden ze zoveel eten als ze wilden. Destijds had ik nog weinig ervaring met dit soort experimenten, dus ik kon er geen echt oordeel over vellen, maar het rapport had wel gewicht en de gegevens leken betrouwbaar.

Toch was ik nog niet overtuigd. Zelfs de meest prestigieuze vaktijdschriften, misschien wel *met name* de prestigieuze tijdschriften, staan vol interessante ideeën, goed gepresenteerd en schijnbaar ondersteund door veelbelovende data, die uiteindelijk volstrekt onjuist blijken te zijn. Sterker nog, volgens betrouwbare schattingen zouden de *meeste* wetenschappelijke artikelen het bij het verkeerde eind hebben.[2] Twee artikelen zijn niet genoeg om een heel vakgebied op zijn kop te zetten, en wat ik ook vreemd vond was dat geen van de tientallen voedingsexperts in het VK die ik in mijn onderzoek naar andere artikelen en documentaires had gesproken, het ooit hadden gehad over Carlos Monteiro, Kevin Hall of UPF. In de nationale voedingswijzers van het VK en de VS wordt het bewerken van voedsel niet genoemd, en op de verpakkingen van levensmiddelen staat niet of voedsel ultrabewerkt is.

Niettemin herinner ik me mijn gevoel van voorzichtige opwinding bij het lezen van deze artikelen nadat ik Lyra en Sasha die avond naar bed had gebracht. De traditionele ideeën over voedsel hadden een oplossing van het groeiende probleem van dieetgerelateerde ziekten niet dichterbij gebracht.

De volgende dag ging ik langs bij Rachel Batterham, een vriendin en collega van het UCLH. Ze is hoogleraar obesitas, diabetes en endocrinologie en staat internationaal bekend om haar onderzoek naar obesitas. Enkele van de belangrijkste wetenschappelijke artikelen over eetlustregulatie en eetgedrag zijn van haar hand, waaronder een baanbrekend artikel in *Nature*. Ze is slim en geestig, en ze heeft mijn denken over obesitas en de mensen die ermee leven voorgoed veranderd.*

Ik liet Rachel de artikelen zien. Ook zij had nauwelijks van UPF gehoord, maar ze was in grote lijnen op de hoogte van het werk van Kevin Hall en zag onmiddellijk het verband tussen de fysieke bewerking van voedsel en de hoeveelheid voedsel die je kunt eten voordat het lichaam 'stop' zegt. En omdat ze altijd in is voor moeilijke vraagstukken op wetenschappelijk gebied, begon ze onmiddellijk een plan uit te werken om de hypothesen te testen.

We besloten een experiment te doen. Ik ging op een UPF-dieet van een maand en het team van Rachel zou ieder aspect van mijn brein en mijn lichaam monitoren. Als daar interessante resultaten uit zouden komen, zouden we die gebruiken als pilotdata om een uitgebreider onderzoek gefinancierd te krijgen.** Op dat moment was het artikel van Hall het enige waarin de reactie van het lichaam op een dieet van UPF werd onderzocht, en dat was uitgevoerd in een laboratoriumsetting. Wij gingen met het experiment de boer op.

De voorwaarden van mijn dieet waren simpel. Ik ging eten als een kind. In het VK haalt één op de vijf mensen ten minste 80 procent van zijn calorieën uit UPF. Dit geldt zeker ook voor kinderen en adolescenten.[3] In de bevolking als geheel is dat gemiddeld 60 procent.[4-7]

Ik ging dus voor 80 procent UPF, maar ik was niet van plan me te overeten; het was tenslotte geen *Super Size Me* (documentaire die gaat over de schadelijke gevolgen van fastfood, vert.). Ik zou eten wanneer ik daar zin in had. Eerlijk gezegd verwachtte Rachel noch ik dat er

* Een van de belangrijkste veranderingen is dat ik obesitas niet langer als omschrijving gebruik. Mensen 'hebben' overgewicht en obesitas, net zoals ze kanker of diabetes hebben. Het is niet hun identiteit. Over het algemeen gaat het wat dit betreft de goede kant op in de medische wereld. Mensen leven met ziektes, ze zijn het niet.

** Kleine, goed uitgevoerde onderzoeken kunnen heel informatief zijn, hoewel de conclusies wel zorgvuldig op grotere schaal moeten worden getest. Historisch gezien zijn veel, zeer veel ontdekkingen, van de effecten van sildenafil (Viagra) tot de effectiviteit van vaccins, aanvankelijk ontdekt in studies met een gering aantal patiënten.

veel zou gebeuren in één maand tijd, maar misschien zouden we iets vinden wat verder onderzoek rechtvaardigde.

De eerste stap was om als voorbereiding vier weken lang geen UPF meer te eten. Ik was nog steeds in de veronderstelling dat UPF een synoniem was voor 'junkfood', dus ik was verbaasd toen ik, door het bijhouden van een voedingsdagboek tijdens een normale week, ontdekte dat ik gemiddeld ongeveer 30 procent van mijn calorieën uit UPF haalde.

Na jaren van schrijven en uitzendingen maken over voeding – en een langzame maar gestage gewichtstoename – zag mijn gemiddelde dieet er ongeveer zo uit: zwarte koffie voor ontbijt, een belegd broodje en chips als lunch en een redelijk gezonde, zelfbereide avondmaaltijd (kip, rijst en broccoli is favoriet), gevolgd door een toetje uit de supermarkt. Om de zoveel dagen koken we niet zelf maar warmen we een UPF-lasagne op in de magnetron of schuiven we een UPF-pizza in de oven. Ongeveer eens per week haal ik een afhaalmaaltijd, meestal UPF dankzij de royale hoeveelheid gemodificeerd zetmeel en smaakversterkers.

Stoppen met UPF was nog verrassend moeilijk. Ik hunkerde naar die magnetronmaaltijden, snackrepen en afhaalmaaltijden, maar toen ik de etiketten en de ingrediënten op de verpakkingen ging bekijken, ontdekte ik ook dat het meeste voedsel uit de broodjeszaken en de ziekenhuiskantine niet in aanmerking kwam. Vanwege de emulgatoren in het brood en de maltodextrine en conserveermiddelen in het beleg kon ik geen broodje kopen voor de lunch. Dus moest ik mijn eigen boterhammen maken met voornamelijk kaas, boter en echt zuurdesembrood van de plaatselijke bakker. Ik kon er niet eens mijn favoriete Hellmann's-mayonaise* op smeren.

Mijn riem ging inderdaad wat losser zitten, maar ik begon echt uit te kijken naar mijn UPF-dieet. Het eten dat nu verboden was, werd enorm aanlokkelijk. Ik raakte geobsedeerd door dingen waar ik normaal gesproken niet aan dacht, en ik werd gevoeliger dan normaal

* Hellmann's: raapzaadolie (78%), water, ei en eigeel, azijn, zout, suiker, aroma's, geconcentreerd citroensap, antioxidant (ethyleendiaminetetra-azijnzuur), paprika-extract.

voor alle verleidingen om me heen, met name de McDonald's en de KFC tegenover het ziekenhuis.

De dag voordat het dieet zou beginnen bracht ik een bezoek aan het lab van het UCL om me een halve dag lang te laten wegen en meten. Ik ging op de lichaamsanalyse-weegschaal staan. Gewicht: 82 kg. Lengte: 185 centimeter. BMI: 24,2. Lichaamsvet: 17 procent. Al met al was ik in een deprimerend gemiddelde conditie voor een man van mijn leeftijd. Het team van Rachel nam wat bloed af om mijn ontstekingswaarden te meten en na te gaan hoe mijn lichaam reageerde op voedsel. Ik had sinds de avond ervoor niet meer gegeten, dus gaven ze me een heerlijke bananenmilkshake waarvan de hoeveelheden vet, eiwit en suiker precies waren afgesteld, en keken vervolgens naar de toename van de verzadigingshormonen en mijn insulinerespons. Ik deed ook een aantal psychometrische tests en vulde stemmings- en eetlustvragenlijsten in.

Ten slotte kreeg ik een MRI-scan om in kaart te brengen hoe de verschillende delen van mijn hersenen met elkaar verbonden waren. Ik herinner me dat ik bedacht hoe absurd deze test was toen ik in de scanner lag. Na een dieet van vier weken dat voor miljoenen mensen in het hele land volkomen normaal is, zouden we heus geen opvallende veranderingen vinden op een MRI-scan.

Terwijl ik Lyra haar eerste schaaltje Coco Pops zag opeten en onhandig een tweede zag inschenken, begon ik me af te vragen wanneer ze zou ophouden. Terwijl we aten, dacht ik verder na over de vergelijking met roken. De eerste hap was voor ons allebei fantastisch. Het ontbijtgraan is rijk van smaak, complex en heeft een intense chocoladesmaak, veel sterker dan ik me herinnerde. De textuur is uitzonderlijk, sommige 'pops' worden bijna meteen kauwbaar terwijl andere bros blijven en knisperen op de tong.

Maar na drie lepels was de pret eraf; wat overbleef was een bruine smurrie die je alleen opat om een verlangen te stillen. Lyra en ik werden net zo tot de volgende hap aangetrokken als een roker tot de volgende haal. De ervaring van de eerste trek liet zich niet herhalen, maar toch was er iets in het ontbijtgraan waardoor we het bleven proberen.

Lyra was niet in de stemming voor een praatje, dus keek ik op de doos, die heel duidelijk leek te illustreren hoe we in het VK en de VS over voeding denken – in termen van het 'voedingsprofiel' ervan. Voedsel bevat 'goede' en 'slechte' voedingsstoffen en het voedingsprofiel specificeert de hoeveelheden. Om te weten of eten gezond is vragen de meesten van ons hoeveel verzadigd vet, zout, suiker, vezels, vitaminen en mineralen erin zitten. Hoeveel calorieën zitten er in een portie? Zit er vitamine C in? Het zit er zo ingebakken dat het moeilijk is om nog op een andere manier over voeding te denken.

Deze benadering van voeding werd enigszins laatdunkend 'nutritionisme' genoemd door Gyorgy Scrinis, universitair hoofddocent voedingspolitiek en -beleid aan de University of Melbourne (en een van de eersten die het idee opperde dat voeding wellicht meer is dan de som van de samenstellende delen). Maar nutritionisme lost wel een belangrijk probleem op. Als je besluit iets te bestuderen, moet je het 'operationaliseren'. Dat vormt de kern van de meeste moderne wetenschap: we moeten vaak dingen die we niet kunnen meten definiëren in termen van dingen die we wel kunnen meten. Rijkdom en gezondheid zijn goede voorbeelden. Rijkdom is gemakkelijk: je kunt het direct meten en er een getal aan geven. Gezondheid is minder grijpbaar: die bestaat, maar er is geen specifieke eenheid om haar te kwantificeren, en daarom definiëren we haar in termen van de 'frailty index', BMI, bloeddruk, de aanwezigheid van chronische medische aandoeningen, ijzergehalte, enzovoort.

Voeding is net zoiets als gezondheid in de zin dat ze geen meetbare dimensie heeft. Om voeding wetenschappelijk te bestuderen moet je die onderverdelen in meetbare eenheden zoals voedingscomponenten, die wel dimensies hebben – calorieën, grammen vitamine C enzovoort. Toen dieetgerelateerde ziekten overal ter wereld explosief stegen, hebben we de effecten van deze voedingsstoffen uitputtend gedocumenteerd op vrijwel elk aspect van onze fysiologie. Maar vóór Carlos Monteiro had niemand die zich met gezondheid en voeding bezighield zich echt afgevraagd hoe ze een dieet op een andere manier konden beschrijven.

Terwijl Lyra haar tweede schaaltje oppakte om de bruine melkdrab zorgeloos op te slurpen, begon ik te denken dat je niet veel aan nutritionisme hebt als je erachter wilt komen hoeveel of wat ze moest eten. Had ze bijvoorbeeld te veel suiker gegeten voor een kind van haar leeftijd? Ik wist bijna zeker van wel, maar aan ingrijpen viel niet te denken. Het pak had een kleine datatabel met de hoeveelheid suiker en zout per gram, maar ik wist niet hoeveel gram ze had gegeten. En het pak vertelde niet hoeveel gram Coco Pops oké waren voor een driejarige, wat merkwaardig leek als je zag hoeveel ruimte op het pak werd ingenomen door een cartoonaap die het product direct bij kinderen aanprijst.

Toen keek ik naar het zoutgehalte. Coco Pops bestaat voor 0,65 procent uit zout, maar ik had geen idee wat dat betekende. Voor wat context zocht ik het zoutgehalte van andere voedingsmiddelen op. Een zinvollere manier om het zoutgehalte van Coco Pops toe te lichten zou misschien kunnen zijn: dit ontbijtgraan bevat 20 procent meer zout per gram dan de gemiddelde magnetronlasagne. Dit ongelooflijk hoge zoutgehalte geldt voor de meeste ontbijtgranen: ze gaan er fantastisch door smaken. Dus waarom staat er geen zoutwaarschuwing op?

Ik denk dat dat is omdat de aanbevolen portiegrootte voor een volwassene 30 gram is, oftewel vier volle eetlepels. Als je volwassen bent en die hoeveelheid eet, zul je niet te veel zout binnenkrijgen, maar ik was er vrij zeker van dat Lyra meer dan 30 gram ontbijtgranen had gegeten terwijl ik de voedingstabellen op de lasagneverpakking bekeek.

Terwijl ik naar haar zat te kijken, kwamen deze 'verkeerslichten' voor de voeding (twee groen, twee oranje) me steeds absurder voor. In het VK is dit systeem om het vet-, verzadigd vet-, zout- en suikergehalte aan te geven volledig vrijwillig. Maar stel je voor dat je een auto bestuurt met een driejarige op de achterbank en je wordt geconfronteerd met vier lichten, waarvan twee groen en twee oranje. Rijd je door of niet?

Naast het verkeerslichtensysteem is er in de VK nog wel een andere manier om tegen voeding aan te kijken, en die duikt vaak op in de Britse pers: de aanduiding 'bevat veel (verzadigd) vet, zout en suiker', oftewel HFSS. Om marketingredenen wordt verpakt voedsel in het VK formeel gecategoriseerd als HFSS (of niet) met iets wat de vage aanduiding Nutrient Profile Model (of NPM 2004/5) meekrijgt en werd ontwikkeld als hulpmiddel om op kinderen gerichte voedingsreclame te reguleren.*

Als je moeite hebt om de voedingsstoffendatatabel op het pak als richtlijn voor gezond eten voor je kind te begrijpen, dan zul je van het NPM 2004/5 helemaal versteld staan. Je kunt de NPM-score van een voedingsmiddel niet gemakkelijk opzoeken – je moet die berekenen aan de hand van de volgende drie stappen, die ik alleen maar uitschrijf om de complexiteit ervan te illustreren.

Ten eerste ken je een score toe aan de slechte dingen: calorieën, verzadigd vet, suikers en natrium. Dit worden 'A'-punten genoemd. Ten tweede tel je de punten op voor de goede dingen: fruit, groenten, noten, vezels en eiwit. Dit worden 'C'-punten genoemd. (Overigens moet je misschien betalen voor toegang tot zoiets als de NielsenIQ Brandbank-voedingsdatabase om al deze informatie te krijgen.) Als je de A- en C-punten hebt berekend moeten er andere regels in aanmerking worden genomen, zoals: 'Als een voedingsmiddel of drank 11 A-punten of meer scoort, kan het geen punten scoren voor eiwit, tenzij het ook 5 punten scoort voor fruit, groenten en noten.'

Tot zover duidelijk? Nou, trek dan nu de C-punten af van de A-punten om een score te berekenen uit een maximum van dertig. Elk voedingsmiddel dat meer dan vier punten scoort wordt geclassificeerd als HFSS. Maar zelfs als je dat allemaal doet is nog niet duidelijk of kinderen dit HFSS-voedsel moeten eten, en in welke hoeveelheden. De aanduiding bepaalt alleen of een voedingsmiddel mag worden *aangeboden* aan kinderen op specifieke momenten en op specifieke manieren.

* Het NPM 2004/5 werd ontwikkeld door de Food Standards Agency om Ofcom, de regulerende instantie voor radio- en televisie-uitzendingen, een instrument te geven om voedingsmiddelen te onderscheiden op basis van hun voedingssamenstelling, in de context van op kinderen gerichte televisiereclame voor voedingsmiddelen. HFFS is een van de categorieën in het NPM 2004/5. Op het moment is het zo dat als een voedingsmiddel als HFFS wordt gecategoriseerd, de reclame voor dat specifieke product voor kinderen op tv en online wordt beperkt. Maar de kinderen kunnen een advertentie voor dat merk (McDonald's of Coca-Cola bijvoorbeeld) nog steeds zien, en dat merk kan ze worden aangeprezen met een stuk speelgoed en een cartoonpersonage in een winkel.

Volgens een beoordeling van de NPM-2004/5 calculator 'is er niet één enkele, eenvoudige meting die deze voedingsmiddelen definieert als "gezonder" of "minder gezond'.[8] Maar toen ik Lyra gemorste chocolademelk van haar pyjama zag deppen, leek het me dat Carlos Monteiro's definitie van UPF misschien ietsje simpeler was – op voorwaarde natuurlijk dat het bewijsmateriaal zijn definitie en het verband met de gezondheid ondersteunt.

De verkeerslichten, voedingsdatatabellen en HFSS-aanduiding lijken allemaal uitingen van een misvatting over de manier waarop mensen voedsel kiezen en eten. Niet alleen dat geen normaal mens de informatie kan begrijpen die tussen de claims van de fabrikant door gestrooid wordt. De misvatting is het idee dat we kunnen eten aan de hand van cijfers in plaats van uit eetlust.

Mensen hebben net als alle dieren systemen ontwikkeld die de inname van voedsel controleren. Hoe meer ik erover las, hoe sterker ik me afvroeg of het de normale regulering van de eetlust is die door UPF wordt verstoord, zodat we blijven dooreten, ongeacht wat er op de verpakking staat.

Het oorspronkelijke artikel waarin Monteiro's hypothese wordt uiteengezet leek potentieel even belangrijk als bepaalde artikelen in de 'journal club' in het lab, de artikelen die mijn kijk op de wereld voorgoed hadden veranderd. Maar hoe was hij op het idee gekomen om voedsel te categoriseren op basis van de mate van bewerking?

Ik begon Monteiro's gepubliceerde artikelen weer door te nemen. Dat is een reis door de geschiedenis van voeding en obesitas.

Hij werd in 1948 geboren in een familie die een heel specifieke positie innam in de Braziliaanse maatschappelijke hiërarchie, aan de bovengrens van de armoede en de ondergrens van de welgesteldheid. Carlos kon beide kanten op kijken. Misschien werd zijn belangstelling voor maatschappelijke rechtvaardigheid geboren uit het idee dat hij heel gemakkelijk zou kunnen vervallen in de wanhopige armoede die om hem heen zo zichtbaar was, dat dat misschien meer een kwestie van geluk was dan wat dan ook.

Hij was de eerste uit zijn familie die naar de universiteit ging en werd in 1966 tot de medische faculteit toegelaten, vlak na de door de VS gesteunde militaire staatsgreep. Zijn medische loopbaan begon tegen een achtergrond van opeenvolgende militaire regimes en staatsgeweld, en zijn belangstelling voor de gezondheid van de meest gemarginaliseerde gemeenschappen groeide.

Zijn loopbaan als onderzoeker begon in een van de meest verarmde streken nabij São Paulo, de Ribeiravallei. Hij bestudeerde welke invloed maatschappelijke klasse – in tegenstelling tot onderwijs of inkomen – had op de voedingssituatie van de plantagearbeiders. Het was een project met een aantal vage grenzen: 'maatschappelijke klasse' en 'voedingssituatie' laten zich niet eenvoudig definiëren. Monteiro ordende met behulp van zijn kwaliteiten in de wiskunde, de medicijnen, de antropologie en de economie diverse verzamelingen data. Hij begon zich de vaardigheden eigen te maken die hij later zou toepassen bij het creëren van de categorie UPF.

Zijn eerste artikelen, vanaf 1977, gingen vooral over ondervoeding, destijds een enorm probleem in Brazilië. Er is werk over borstvoeding, over achterblijvende groei en over ijzersuppletie bij kinderen. Een crisis van overgewicht was zo goed als onvoorstelbaar.

Zo kwam de voedingswetenschap wereldwijd op gang: als onderzoek naar deficiëntieziekten. Scheurbuik bij zeevaarders die op zoek waren naar de noordwestelijke doorgang. De 'krop' bij jodiumtekort. Beriberi, pellagra, rachitis: bekende namen voor ziekten die verband houden met vitaminetekort. De voedingswetenschap kwam tot stand in een wereld waar de meest dringende kwestie de minimumvereisten waren voor een gezond lichaam en waar intens lijden kon worden verlicht met de toevoeging van een enkele voedingsstof. Dat heeft waarschijnlijk veel te maken met de opkomst van het idee dat een gezond dieet kan worden onderverdeeld in afzonderlijke chemicaliën, met elk een eigen exacte dosering.

Ons inzicht in de manier waarop het lichaam reageert op overmaat staat nog in de kinderschoenen. En overmaat is wat Monteiro vanaf het midden van de jaren negentig begon waar te nemen. De ooit onmogelijke crisis van overgewicht was plotseling niet alleen plausibel geworden, maar overal waar hij keek ook duidelijk zichtbaar. Hij zag wat hij een 'voedingstransformatie' noemde, een verwarrende stijging van obesitas onder de armste gemeenschappen, terwijl de obesitascijfers in meer welgestelde gebieden juist afnamen.

Zijn artikelen staan vol complexe vergelijkingen, maar toch doet de inhoud alledaags aan. Het voelt niet aan als kanker genezen of genoomsequentie – er wordt naar kassabonnen gekeken, zij het met behulp van meervoudige lineaire regressiemodellen enzovoort. Zelfs met mijn wetenschappelijke opleiding kreeg ik bij een oppervlakkige beschouwing van Monteiro's werk het gevoel dat het gehinderd werd door hetzelfde probleem waar zoveel belangrijke ideeën last van hebben: dat het ingewikkeld en saai was. Maar toen ik het deel over statistische methoden even liet voor wat het was en het totale werk bekeek, zag ik dat hij nauwgezet iets heel bijzonders documenteerde: de transformatie van Brazilië van een land waar obesitas slechts van academisch belang was naar een land waar het misschien wel het dominante volksgezondheidsprobleem is.

Dit was zulk opwindend nieuws omdat we in landen als het VK en de VS echt het moment hebben gemist dat ons dieet veranderde van grotendeels onbewerkt voedsel in UPF. Buiten data over de landelijke huishoudconsumptie hebben we vrijwel geen direct verzamelde individuele dieetgegevens over wat mensen in de jaren vijftig, zestig of zeventig aten. Maar Monteiro wist wat er in de VS en het VK was gebeurd en hij zag zich dit in versneld tempo in Brazilië afspelen.

Ongeveer vanaf 2003 begon hij meer artikelen te schrijven over de hoeveelheid vet en suiker die mensen aten, waarbij op een ongebruikelijke manier naar de data werd gekeken. Sterker nog: zijn artikelen over overgewicht, obesitas, suiker en vet brachten een merkwaardige paradox aan het licht.

Traditioneel wordt een dieet aanbevolen gebaseerd op koolhydraten, zoals granen, brood, rijst, pasta, aardappelen plus groenten en fruit. Oliën, vetten, zout en geraffineerde suiker daarentegen mogen slechts spaarzaam worden genuttigd. Toch ontdekte Carlos dat tussen het midden van de jaren tachtig en de jaren tien van deze eeuw, de periode waarin de obesitascijfers in Brazilië waren geëxplodeerd, de verkoop van de als gezond bestempelde dingen – granen, pasta, brood – was toegenomen, terwijl de kennelijk ongezonde aankoop van olie en suiker als ingrediënten was afgenomen.[9] Naar conventionele maatstaven gemeten was er een verschuiving naar een beter, niet een slechter dieet.

In een poging deze kennelijke paradox op te lossen besloot Carlos dat hij niet naar afzonderlijke voedingsstoffen of voedingsmiddelen zou kijken maar naar het algehele dieetpatroon. Hij en zijn team zouden de taak om een grens te trekken rond 'slecht eten' op een andere manier benaderen. In plaats van bij het begin te beginnen, op microscopisch niveau, begonnen zij aan het einde. Ze zouden vaststellen welke voedingsmiddelen de problemen veroorzaakten en dan terugwerken om te kijken wat die allemaal met elkaar gemeen hadden.

Daar waren statistische methoden voor nodig die niet eerder voor voeding waren gebruikt. Op basis van de berekeningen tekenden zich twee afzonderlijke eetpatronen af in Brazilië: een dat voornamelijk uit traditioneel voedsel bestond zoals rijst en bonen, en een dat voornamelijk bestond uit voedingsmiddelen als frisdrank, koekjes, kant-en-klare desserts, intstantnoedels en -granen. Het tweede patroon begon het over te nemen en verdrong de traditionele voeding. De consumptie van koekjes was in Brazilië tussen 1974 en 2003 met 400 procent gegroeid, en de consumptie van frisdrank ook. Het verband tussen de populaire producten die het probleem veroorzaakten was duidelijk: ze waren allemaal gemaakt van gedeconstrueerde, gemodificeerde ingrediënten die waren vermengd met additieven en vaak agressief werden vermarkt.

Toen Monteiro en zijn team de voedselaankopen analyseerden die werden geassocieerd met gezondheid, ontdekten ze dat daartoe suiker en olie behoorden. Niet dat suiker en olie gezond waren, maar ze duidden op een huishouden dat nog steeds rijst en bonen kookte.

Daarmee kwamen Monteiro en zijn team bij een al lang bestaande kwestie uit. Als het om obesitas gaat, ís voeding het probleem. Het probleem sinds 1980 – of eigenlijk al sinds 1890 – is de vraag welke voeding precies.

Het is duidelijk dat er slechte voeding bestaat, maar hoe definieer je die?

Je hebt misschien het gevoel dat je dit allemaal al eens gehoord hebt. Heel veel slimme mensen uiten al heel lang zorgen over 'bewerkt voedsel', maar hebben ontdekt dat dat een begrip is dat zich niet eenvoudig laat vastpinnen – mijn moeder bijvoorbeeld.

In de tijd dat Monteiro de plantagearbeiders in de Ribeiravallei bestudeerde, was mijn moeder redacteur bij Time Life. Ze werkte aan een heleboel verschillende boeken, maar haar passie ging vooral uit naar een project getiteld *De goede kok*, geschreven door een voedingspurist genaamd Richard Olney. Hij was het soort kok dat tarwe teelde om zijn eigen bloem te maken. Mensen zoals hij en mijn moeder spraken van 'junkfood'.

Toen mijn broers en ik wetenschappelijk onderlegd begonnen te raken, verweten we mijn moeder dat ze snobistisch was. We herinnerden haar eraan dat haar eigen (heerlijke) maaltijden even vol zaten met zout en vet als die van de McDonald's, waar we bijna nooit heen mochten. In het denken over voeding dat we op de medische faculteit hebben geleerd wordt geen onderscheid gemaakt tussen het zoute, vette eten dat mijn moeder klaarmaakte en de industriële equivalenten daarvan. Maar de data van Carlos Monteiro maakten dat onderscheid wel, en sindsdien is dat onderscheid ook duidelijk.

Neem een pizza. In voedingstermen is een pizza een pizza. Bloem, tomaten, kaas. Bij het pizzarestaurant Sweet Thursday bij mij op de hoek kun je er voor ongeveer 10 pond een kopen. Hij is gemaakt van ongeveer zes ingrediënten en is geen UPF. Maar hij heeft bij benadering hetzelfde voedingsprofiel als een UPF-pizza van 1 pond uit de supermarkt ernaast, waar conserveermiddelen, stabilisatoren en antioxidanten in zitten. Beide pizza's bevatten ongeveer hetzelfde aantal calorieën, vet, zout en suiker. Maar de ene is traditioneel voedsel dat niet in verband wordt gebracht met obesitas of dieetgerelateerde ziekten, en de andere niet.

Een discussie over voeding raakt al snel verzeild in een moeras van snobisme, omdat mensen met meer geld om aan voedsel te besteden doorgaans andere soorten en een grotere verscheidenheid aan voedsel eten dan mensen met een lager besteedbaar inkomen. En zoals we zullen zien, draagt dit bij aan het feit dat obesitas over het algemeen meer voorkomt bij mensen met minder geld. En dat ondersteunt ook het veelgehoorde argument dat obesitas en andere dieetgerelateerde ziekten geen keuze zijn.

En de generatie van mijn moeder was ook zeker niet de eerste die zich zorgen maakte over 'junkfood' of 'bewerkt' voedsel. Al voor bewerkt voedsel met armoede werd geassocieerd waren er zorgen. Hugh

MacDonald Sinclair, die aan de wieg staat van veel van onze inzichten over vet en het metabolisme ervan in het lichaam, maakte zich al jaren voordat mijn moeder kookboeken redigeerde of Monteiro ten tonele verscheen zorgen over het bewerken van voedsel. Sinclair, een charismatische en excentrieke biochemicus uit Oxford, schreef in 1956 een brief aan *The Lancet*, (door Sinclair zelf) beschreven als 'de langste en meest onbeschofte brief die *The Lancet* ooit heeft gepubliceerd'.

In de brief bracht hij chronisch tekort aan essentiële vetzuren in verband met longkanker, coronaire trombose en leukemie. Het tekort, stelde hij vast, was te wijten aan de hoge bewerkingsniveaus van tarwe en aan het fabricageproces van margarine: 'Zonder enige sympathie voor langharig naturalisme pleit ik er nederig voor dat we meer nadenken en meer onderzoek doen voordat we tarwe extraheren en "verbeteren" en margarine fabriceren, voordat we het publiek uitgekiend voer aansmeren dat het verrassend genoeg nog accepteert ook.'

Nog eerder dan Sinclair was er een kinderarts uit Chicago genaamd Clara Davis. Ze was een grootse, zij het mysterieuze figuur in de menselijke voeding, op wie we later uitgebreid ingaan, die zich al in de jaren twintig van de twintigste eeuw zorgen maakte over witte bloem en bakwaren en suiker. En al vóór Davis werd in de jaren twintig van de negentiende eeuw het eerste academische geschrift over de schade van het aanlengen en bewerken van voedsel gepubliceerd: *Death in the Pot: A Treatise on Adulterations of Food, and Culinary Poisons, and Methods of Detecting Them*, van Frederick Accum.

En ik denk dat we wel kunnen aannemen dat toen ongeveer zesduizend jaar geleden een Noord-Afrikaanse veehouder besloot melk te bewaren in een dierenmaag en daarmee uiteindelijk per ongeluk kaas uitvond, niet iedereen blij zal zijn geweest met deze nieuwe vorm van bewerken, ondanks de toegenomen houdbaarheid.

Voedsel onderverdelen in bewerkt en onbewerkt is een onmogelijke taak. Probeer maar eens een voedingsmiddel te bedenken dat echt onbewerkt is, dat je in zijn geheel en rauw kunt eten en dat nooit selectief is gekweekt. Een paar wilde bessen, oesters, rauwe melk, een paar paddenstoelen en dat is het wel zo'n beetje. Bewerken is een kleine miljoen jaar nadat we ons afscheidden van de apen begonnen. Een stuk vlees van het karkas van een mammoet hakken? Dat is voedselbewerking. Koken met vuur? Ook bewerking. Gewassen en dieren genetisch modificeren door ze selectief te kweken en fokken, een methode die er al eerder was dan het schrift? Bewerking.

Dat bijna al ons voedsel in enige mate is bewerkt is waarschijnlijk een van de redenen dat voedingsrichtlijnen zich nooit zorgen hebben gemaakt over bewerking met betrekking tot gezondheid. 'Junkfood' werd als schadelijk beschouwd simpelweg omdat er te veel 'slechte' dingen in zaten – zout, verzadigd vet en suiker – en te weinig goede.

In 2007, terwijl Monteiro met dit probleem worstelde, werden er een paar artikelen gepubliceerd die grote invloed hadden op hem en zijn team. Het eerste, van de hand van Michael Pollan, werd gepubliceerd in *The New York Times* en begon met de bekende regels: 'Eet voedsel. Niet te veel. Voornamelijk planten.'[10] Pollan onderstreepte het punt dat bijna elk soort traditioneel dieet in verband werd gebracht met de gezondheid, ongeacht wat het bevatte – bij de Fransen bijvoorbeeld grote hoeveelheden alcohol en verzadigd vet en bij de Italianen veel pizza en pasta.

Het tweede artikel, geschreven door David Jacobs, een epidemioloog van de University of Minnesota, en Linda Tapsell, van de University of Wollongong in Australië, werd gepubliceerd in het minder bekende tijdschrift *Nutrition Reviews.* De titel was 'Niet voedingsstoffen, maar voedsel is de fundamentele eenheid in voeding', en er werd in gewezen op een nog onverklaard verschijnsel: dat bij een aantal goede onderzoeken voedingsmiddelen waren geïdentificeerd zoals volle granen, noten, olijven en vette vis, die de kans op chronische ziekten leken te verminderen, maar dat de gunstige werking van de relevante voedingsstof – bètacaroteen, visolie, vitamine B et cetera – verdween zodra dat uit het voedsel werd gehaald en in plaats daarvan als supplement werd ingenomen.

Kortom, er zijn geen supplementen die werken voor gezonde mensen. Heilzame voedingsstoffen lijken ons alleen te helpen als we ze in context tot ons nemen. Aan visolie hebben we niets, maar aan vette vis wel. Ik weet dat dit ongelooflijk klinkt. Er is geen enkel supplement, vitamine of antioxidant die het risico van overlijden, of zelfs van wat voor ziekte dan ook bij gezonde mensen vermindert. Bijna alle grootschalige onafhankelijke onderzoeken van multivitamine- en antioxidantensupplementen hebben aangetoond dat ze eerder de kans op overlijden vergroten. Dat geldt met name voor vitamine E, bètacaroteen en vitamine C in hoge doses.[11-13] Als je kunt begrijpen dat buiten de context van een mogelijk tekort vitaminesupplementen niet werken, dan begin je ook te begrijpen dat voedsel en voedingsextracten niet hetzelfde zijn. Denk aan het effect van wapenwedlopen: voedsel is complex.

Deze twee artikelen legden het intellectuele fundament voor Monteiro's volgende stap: het slechte voedsel formeel beschrijven zodat het bestudeerd kon worden. Het was een taak waarop zijn verblijf op de plantages hem had voorbereid. Hij en zijn team bestudeerden de voedingsmiddelen die in hun data met slechte resultaten voor de gezondheid werden geassocieerd en begonnen te proberen ze te beschrijven. In 2010 kwamen ze ten slotte met de NOVA-classificatie. Monteiro zelf ontkent dat het zijn idee was en houdt vol dat het een collectieve inspanning was. Ook ontkent hij dat er sprake was van een 'eureka'-moment. In plaats daarvan zegt hij dat de definitie het resultaat is van vele jaren nauwgezet analyseren van de data. Niemand uit Monteiro's team kon me vertellen hoe of zelfs wanneer ze tot de definitie kwamen, alleen dat Jean-Claude Moubarac op een dag in de universiteitskantine met de naam 'NOVA' kwam.

* * *

Ik merkte dat ik bij het ontbijt de jingle van de oude televisiereclame zat te neuriën: 'Doe mij maar een schaaltje Coco Pops!' Lyra bleek liever een schaaltje Coco Pops te hebben dan wat dan ook. Ze at totdat haar buik strak stond. Tegen de tijd dat ze stopte had ze twee volwassen porties op met volle melk; bijna net zoveel als haar gemiddelde dagelijkse hoeveelheid calorieën. Toen we klaar waren pakte ik mijn digitale weegschaal, deed haar schaaltje weer vol en controleerde alle gewichten van wat we hadden gegeten. Ik heb een digitale weegschaal omdat veel van mijn beste recepten afkomstig zijn van collega's van het lab die ze uitschrijven als experimentele protocollen met gewichten tot op de gram nauwkeurig. Een collega woog specerijen zelfs op een microweegschaal af, zodat er in haar recepten dingen stonden als '100 mg gemalen kruidnagel'. Een microweegschaal heb ik niet gekocht. Intussen had ik wel vijf porties gegeten, een passend eerste maal van mijn UPF-dieet. Coco Pops, eind jaren vijftig uitgevonden, waren een vast onderdeel van het ontbijt van de generatie van mijn ouders en verreweg het populairste ontbijtgraan in mijn vroege jeugd. Ze voelen inmiddels bijna aan als 'traditioneel' eten, en zeker niet als iets om je zorgen over te maken.

Sinds de publicatie van Monteiro's NOVA-classificatiesysteem is er een aanzienlijk aantal kritische reacties geweest. Hoe kon een groep processen die geen calorieën toevoegen of de chemische samenstelling van een voedingsmiddel veranderen, toch gewichtstoename of een slechte gezondheid veroorzaken, vroegen critici zich af. Ook over iets anders krijg je misschien een ongemakkelijk gevoel: de definitie UPF voelt een beetje... willekeurig?

De tegendraadse journalist Christopher Snowdon stelde in januari 2022 precies dit punt aan de orde in een blogpost getiteld 'Wat is "ultrabewerkt voedsel"?'[14] Snowdon zei dat het stuk was geïnspireerd door een 'krankzinnige' column over UPF in het *British Medical Journal*. Zijn samenvatting van de 'willekeurigheid' van de definitie is fraai: '"Junkfood" is te beperkt, omdat de meeste mensen dat interpreteren als "fastfood" van een handvol restaurantketens. En dus verlegt de "volksgezondheidslobby" bij gebrek aan een duidelijke dieetboosdoener het vizier naar een kruistocht tegen "ultrabewerkt voedsel".'

Snowdon had vooral problemen met een van de vuistregels in de column voor het identificeren van UPF: dat UPF meestal meer dan vijf ingrediënten bevat. 'Wat is dat voor een belachelijke, willekeurige drempel?' schreef hij. 'Niets daarvan heeft ook maar enige wetenschappelijke status!'

Het is duidelijk wat hij bedoelt. Waarom niet zes ingrediënten? Waarom niet vier? Maar willekeurigheid doet er niet toe als je wetenschapper bent.

Laten we ons voorstellen dat Monteiro's team was begonnen met iets expliciet willekeurigs, zoals sterrenbeelden. In plaats van UPF hadden ze kunnen stellen dat het feit dat je een leeuw bent de oorzaak is van obesitas – in wetenschappelijke termen doet het er gewoon niet toe, *zolang je het maar met bewijs kunt staven.*

Laten we ons voorstellen dat iemand had geconstateerd dat obesitas inderdaad meer voorkomt bij mensen met het sterrenbeeld leeuw. Dan hadden de onderzoekers een intellectueel model moeten bouwen om te verklaren waarom dat het geval was: de seizoenen, het weer ten tijde van de conceptie, het dieet van de moeder, circulerende virussen bij de geboorte enzovoort. Ze hadden dierproeven kunnen doen, muizen kunnen fokken die tussen 23 juli en 22 augustus werden geboren, en ze dan kunnen vergelijken met muizen geboren op andere data. Stel je vervolgens voor dat ze, na het model uit en te na getest te hebben, hadden geconstateerd dat geboren worden als de zon de 120ste tot 150ste lengtegraad passeert, het sterrenbeeld leeuw, het grote verschil maakte en dat niets anders ertoe deed. Daar zouden we dan mee moeten leven. Het zou raar zijn, maar daardoor niet minder waar, al was het uitgangspunt volslagen willekeurig geweest.

Wetenschapsfilosofen zijn het niet helemaal met elkaar eens waar kennis vandaan komt, maar de meesten gaan er wel van uit dat wetenschap begint met een observatie, gevolgd door het bouwen van een model en het testen van de observatie. Soms voelen de data van de observatie heel wetenschappelijk aan: metingen van de bewegingen van hemellichamen, of getallen die worden afgelezen van een chic apparaat als een lineaire botsingsmachine. Maar op een ander moment vindt iemand die zijn hond uitlaat een dode gans in een park en is dat het eerste datapunt in een pandemie van vogelgriep.

Natuurlijk zou in werkelijkheid de willekeurige astrologische stelling door geen van de data worden ondersteund en zou het model in elkaar storten. De onderzoekers zouden op zoek moeten naar een andere oorzaak, bijvoorbeeld een voedingssysteem dat mensen dwingt om een heleboel industrieel geproduceerd voedsel te eten, of in het sterrenbeeld boogschutter geboren zijn. De kracht van goede wetenschap is dat die om kan gaan met een slechte, verkeerde of willekeurige hypothese. Dat is in werkelijkheid het bepalende kenmerk van wetenschap.

Wetenschap in de echte wereld gaat vaak uit van iets willekeurigs. Dingen in hokjes stoppen. Dingen groeperen. Ze een naam geven.

We moeten ergens een lijn trekken en het betreffende object beschrijven. In de natuurwetenschappen zijn de grenzen vaak duidelijker. In de natuurkunde worden deeltjes gegroepeerd en beschreven naar hoe ze zich gedragen in zwaartekracht- of elektromagnetische velden. In de scheikunde worden elementen geordend in de periodieke tabel volgens hun subatomaire samenstelling en chemische gedrag. De systemen zijn objectief en staan op zichzelf.

Soms hebben we in de biowetenschappen ook goed gedefinieerde categorieën. Hiv is tegenwoordig een binaire diagnose: je hebt het of je hebt het niet. Maar veel van de meest urgente problemen zijn veel onbepaalder. Obesitas bij volwassenen wordt op arbitraire wijze gedefinieerd als het hebben van een BMI van 30 of meer. Het zou niet uitmaken als de drempel in plaats daar van 29 of 31 was.* Er vindt niet bij exact 30 een plotselinge verandering in de gezondheid plaats – de risico's nemen slechts geleidelijk toe. Bijna alle biologische metingen – bloeddruk, hemoglobine, longcapaciteit – vallen langs een continuüm. Op enig punt trekken we een lijn, enigszins willekeurig, en zeggen we dat de mensen aan de ene kant van die lijn een hoge bloeddruk of bloedarmoede of obesitas hebben en de mensen aan de andere kant niet.

Dat was het geniale van Monteiro's team: ze trokken een lijn. Of misschien was het geniale dat ze besloten dat er überhaupt een lijn kon worden getrokken – dat er echt schadelijk voedsel bestaat en dat dat kan worden gedefinieerd. En hoewel de exacte plaats waar je de lijn trekt arbitrair is, is het idee dat er dieetpatronen zijn die ziekten veroorzaken en andere patronen die dat niet doen niet arbitrair. Dat idee komt voort uit een enorme hoeveelheid zorgvuldig verzamelde en geanalyseerde data. En het is ook niet arbitrair om te stellen dat voedsel dat voor de winst wordt geproduceerd al of niet opzettelijk is bedoeld om het ons in buitensporige mate te laten consumeren.

De NOVA-classificatie was een hypothese, een model dat voedsel

* Er zitten te veel problemen vast aan de beperkingen van het gebruik van BMI om hierop in te gaan. Voorlopig is het het beste instrument dat we hebben om populaties te bestuderen. Voor een ontleding van de problemen met BMI beveel ik 'The bizarre and racist history of the BMI' van Aubrey Gordon aan.[15]

indeelde in categorieën zodat het rigoureus kon worden getest door Kevin Hall en anderen. En deze classificatie omzeilt althans gedeeltelijk het maatschappelijke mijnenveld van de studie van voedsel. Of een bepaalde pizza tot bovenmatige consumptie aanzet heeft niets te maken met hoeveel hij kost of wie hem eet. De enige vraag is of het UPF is.

Nadat er in 2010 een definitie was vastgesteld, werd UPF geoperationaliseerd voor onderzoek. Maar zou de hypothese bij onderzoek overeind blijven?

3

Natuurlijk, 'ultrabewerkt voedsel' klinkt slecht, maar is het echt een probleem?

In het tweede weekend van mijn dieet ging ik kamperen met mijn broer Xand en mijn twee zwagers Chid (Richard) en Ryan. We reden vanuit Londen westwaarts richting Wales en stopten bij Leigh Delamere Services, waar je UPF in overvloed vindt. Ik kocht tortillachips, twee blikjes Red Bull en pakjes Skittles en Haribo Supermix voor de rest van de tocht.

We overnachtten op een mooie plek bij een waterval in Brecon Beacons National Park, maar ik sliep slecht door mijn knagende zorgen over eten en mijn lichaam. Ik verbeeldde me dat mijn bloed dik en stroperig was geworden, alsof het door alle zout en suiker te sterk geconcentreerd was. Ik werd vroeg wakker en voelde me beroerd en triest.

Ik lengde mezelf aan met wat water en tijdens het ontbijt met uitzicht op de bergketen verbeterde mijn stemming. We aten Kellogg's Crunchy Nut Clusters (volkoren zonder kleur- en smaakstoffen en met reclame voor volwassenen voor een gratis bezoek aan Legoland) en 'natuurlijke, gezonde muesli' van Alpen.

Ryan, een internationaal gerenommeerde hoogleraar psychologie uit Australië, stond ervan te kijken dat Alpen deel uitmaakte van mijn UPF-dieet. 'Wat is er mis met Alpen? Dat is toch natuurlijk en gezond.' Ik vertelde hem dat het technisch als UPF gold omdat er melkweipoeder in zit, een ingrediënt dat thuis in de keuken niet gangbaar is.

Hij leek oprecht verbijsterd. 'Maar de bergen op de verpakking zien er ongerept uit!' Ik antwoordde dat het toch UPF was. Chid en Xand gaven me gelijk. 'Nou, het smaakt lekker,' hield hij vol. Als de verpakking Ryan kan overtuigen, kan hij iedereen overtuigen.

Toen we naar huis reden werd ik gebeld door een producent van de BBC-radio. Ze wilden dat ik een korte radiodocumentaire maakte waarin ik de mensen kennis liet maken met het idee van UPF. Misschien leverde mijn dieet van 80 procent UPF een interessante ontdekking op, en kon deze documentaire ons helpen aan financiering te komen voor ons onderzoek (financiers horen graag dat het onderzoek dat ze hebben gesponsord brede publiciteit krijgt). Het was ook een kans om relaties op te bouwen met mogelijke medewerkers aan het onderzoek. Dus ik nam contact op met Kevin Hall, de schrijver van het artikel waarin Monteiro's hypothese dat UPF tot gewichtstoename leidt wordt getoetst.

Ik belde Hall vanuit een geluiddichte radiostudio in Broadcasting House en informeerde naar zijn experiment. 'Toen ik voor het eerst op dit idee stuitte – dat we ons geen zorgen moeten maken over de voedingsstoffen in ons eten, maar over de mate en het doel van de bewerking – leek me dat absolute onzin,' vertelde hij me. Dat was een onverwacht begin.

Hall was in zijn kantoor in Bethesda in Maryland, waar hij hoofdonderzoeker is bij het Amerikaanse National Institute of Diabetes and Digestive and Kidney Diseases. Aan zijn nogal bureaucratische functieomschrijving – 'sectiehoofd: sectie integratieve fysiologie, laboratorium voor biologische modellering' – valt niet af te lezen dat hij een van de belangrijkste figuren is van de eenentwintigste-eeuwse voedingswetenschap, al is hij niet als voedingsdeskundige opgeleid. Hij is natuurkundige met een graad in de wiskundige modellering – iets wat non-lineaire dynamiek wordt genoemd.

Hall, in Canada geboren in een arbeidersgezin – zijn vader was een vakbekwame machinewerker die turbines bouwde voor enkele van de eerste kerncentrales en zijn moeder was secretaresse in het kantoor van een fysiotherapeut –, was net als Carlos Monteiro de eerste in zijn familie die naar de universiteit ging. Hall blonk uit tijdens zijn bachelorstudie aan McMaster University; in hoogenergetische deeltjesfysica behoorde hij tot de besten. Hij toont een karakteristieke bescheidenheid als hij het over zijn prestaties daar heeft: 'Het kostte de allergrootste uitblinkers allemaal zo weinig moeite dat ik besefte dat ik iets moest vinden waar ik beter in was.'

Hij kreeg een vakantiebaan in een elektrofysiologisch lab en bestudeerde daar hoe hondendarmen hun contracties regelen. Daar begon hij met het bouwen van wiskundige modellen van biologische processen, waardoor hij terechtkwam op het terrein van het voedingsonderzoek, dat hij vervolgens transformeerde. 'Afhankelijk van wie je tegenkomt sta ik bekend om drie dingen,' vertelde Hall me. Hij somde die netjes op.

Ten eerste is er het wiskundige model van de stofwisseling van de volwassen mens.[1] Naar aanleiding van dit soort modellen voorspelde Hall enkele jaren geleden dat een koolhydraatarm dieet geen significant effect op het gewicht zou hebben.

Zijn volgende wapenfeit was dat hij dit model toetste aan het idee dat sinds de millenniumwisseling aan invloed heeft gewonnen, dat suiker het voornaamste probleem was in verband met obesitas. Hij droeg cruciale inzichten bij over de invloed van suiker op onze stofwisseling. Hier gaan we later op in.

Dan was er het 'Biggest Loser'-onderzoek.[2] Hiervoor volgde Hall zes jaar lang de deelnemers aan de uiterst succesvolle Amerikaanse tv-serie *The Biggest Loser*. Alle deelnemers hadden aan het begin van de serie een BMI hoger dan 40 – obesitas klasse 3 (of 'morbide' obesitas, zoals het ook onheilspellend wordt genoemd) – en werden vervolgens een paar maanden geïsoleerd op een ranch waar ze werden onderworpen aan een programma van extreme caloriebeperking en lichaamsbeweging. Aan het einde van de wedstrijd was het gemiddelde gewicht rond de 60 kilo. Zes jaar later was daar gemiddeld weer 41 kilo bij gekomen, ook al bleven de deelnemers veel aan lichaamsbeweging doen. Halls onderzoek onderstreepte hoe enorm moeilijk het is om gewichtsverlies te behouden.

'En tot slot mijn werk aan ultrabewerkt voedsel... ik geloof dat het eigenlijk vier dingen zijn,' aldus Hall. Dit laatste onderzoek was de reden dat ik hem sprak. Ik had zeker niet verwacht dat hij zou beginnen met te zeggen dat hij Monteiro's theorie over UPF oorspronkelijk onzinnig had gevonden. Hij vertelde dat hij op een congres was en naast een leidinggevende van Pepsi zat toen hij voor het eerst over UPF hoorde. Dat was in 2017, toen er hier en daar artikelen over UPF begonnen te verschijnen: '[Die Pepsi-man] zei dat er nieuwe ideeën over voeding waren waar zij zich zorgen over maakten en dat ze mijn mening daarover wilden weten. Mijn eerste reactie was: hoe kan iemand dat serieus nemen?'

Volgens Hall werden er al tientallen jaren belangrijke vorderingen gemaakt in de inzichten welke voedingsstoffen goed zijn voor ons (en welke slecht) en hoe je deficiëntieziekten kunt genezen. 'Voedingswetenschap,' vervolgde hij, 'wordt zo genoemd omdat die over voedingsstoffen gaat, toch? En dan komt die club van Monteiro aanzetten met "Nee, nee, nee, jullie hebben het helemaal mis."'

Hij stond vooral niet achter de manier waarop Monteiro UPF beschreef, als 'formuleringen van vooral goedkope industriële bronnen van voedingsenergie en voedingsstoffen, plus toevoegingen, met behulp van een reeks processen en met minimale voedingswaarde'. Hij vond dat een vage, onbevredigende definitie die helemaal niet duidelijk maakte wat het probleem met deze voedingsstoffen eigenlijk was.

Hall had een paar vragen die volgens hem gesteld moesten worden:

1 Is dat 'UPF' slecht voor je omdat het van zout, vet en suiker is gemaakt en weinig vezels bevat? Als dat zo is, is UPF dan niet gewoon een andere manier om 'hoog gehalte aan vet, zout en suiker' te zeggen?
2 Of zeiden deze mensen dat het slecht was omdat het in de plaats kwam van goed eten in het dieet?
3 Of stond het eigenlijk voor andere dingen, zoals roken en armoede?
4 Of was het een combinatie van al die dingen?
5 Of beweerden Monteiro en zijn collega's dat iets anders het probleem was? Iets met het bewerken zelf – de chemicaliën, de fysieke processen, de toevoegingen, de marketing enzovoort?

Hij vroeg de mensen die hem het eerst over UPF hadden verteld (en die niet tot Monteiro's team behoorden) om antwoorden. Zij zeiden dat het hoge gehalte aan zout, suiker en vet het probleem was, gecombineerd met een gebrek aan vezels. Op dit punt van ons gesprek begon Hall zich op te winden. 'Ik zei: "Wacht even, jongens, het is het een of het ander! Je kunt niet zeggen dat het niet om de voedingsstoffen gaat en als ik dan om een mechanisme vraag, zeggen dat het toch om de voedingsstoffen gaat: suiker, vet en vezels!"'

Het scheen Hall toe dat het hele idee van UPF warrig was, dus hij besloot een experiment uit te voeren om de hypothese over UPF te weerleggen. Hij wilde aantonen dat niets wat met de verwerking te maken had enig verschil maakte – dat het enige wat ertoe doet de chemische, nutritionele samenstelling van voedsel is.

Het experiment dat hij bedacht was aanlokkelijk eenvoudig: hij zette twee diëten tegenover elkaar.[3] Het ene bevatte voor 80 procent levensmiddelen uit NOVA-groep 1 (bijvoorbeeld melk, fruit, groenten enzovoort) en een paar uit NOVA-groep 2 (keukeningrediënten als olie en azijn) en 3 (bewerkt voedsel waaronder eten uit blik, boter en kaas), maar geen UPF (NOVA-groep 4). Het andere dieet bestond voor minstens 80 procent uit levensmiddelen uit NOVA-groep 4, dat wil zeggen 80 procent UPF.

Een cruciaal punt was dat de beide diëten precies overeen zouden komen qua zout-, suiker- en vetgehalte, en dat de deelnemers zoveel van het voedsel zouden kunnen eten als ze wilden. Alle deelnemers droegen ruimzittende kleding, zodat ze niet gemakkelijk zouden merken dat ze aankwamen.

Twintig mannen en vrouwen van uiteenlopend postuur en uiteenlopende afmetingen met een relatief stabiel gewicht deden aan het onderzoek mee. De gemiddelde leeftijd was rond de dertig jaar. Deze vrijwilligers verbleven vier weken lang onafgebroken – vierentwintig uur per dag, zeven dagen per week – in het Clinical Center van de National Institutes of Health. De ene helft begon aan het UPF-dieet, de andere aan wat Hall het 'onbewerkte dieet' noemde.* Na twee weken ruilden ze, zodat iedereen elk dieet twee weken lang at. Het UPF

* Dit dieet bevatte wel wat 'bewerkt voedsel', zoals kaas, pasta enzovoort, maar geen UPF.

werd in winkels gekocht, een typisch Amerikaans dieet. Het andere dieet werd uitsluitend samengesteld uit volwaardige ingrediënten, door de begaafde diëtisten en chef-koks van het onderzoekscentrum.

'Ze keken me aan of ik gek was toen ik zei dat ik wilde dat ze in het ultrabewerkte dieet dezelfde ingrediënten gebruikten,' herinnerde Hall zich. De aanvullende informatie bij het artikel over het experiment bevat een gedetailleerde lijst van de maaltijden met een foto van elk maal. Op de foto's ziet het onbewerkte dieet er smakelijk uit, terwijl het ultrabewerkte dieet me eerlijk gezegd weerzinwekkend voorkomt.*

Neem de lunch op dag 5 van het UPF-dieet: die bestond uit een sandwich met smac (vlees uit blik) en lightfrisdrank erbij. De sandwich was in driehoekjes gesneden en gemangelde stukjes vlees vielen ertussenuit op het bord. Zelfs de frisdrank ziet er grijs en triest uit, als afwaswater. En het avondeten was niet beter: twee van de meest trieste, verschrompeld uitziende burgers, grijsgroene bonen uit blik, maïs uit blik, macaroni met kaas die eruitziet als een soort wondvocht – een eindeloze parade van droog beige en bruin, aangedikt door de placemat met bloemmotief waarop de schotels zijn gefotografeerd. Ik voel me opgeblazen door er alleen maar naar te kijken. Vanwege het lage vezelgehalte van UPF waren aan de meeste maaltijden Nutri-Source-vezels toegevoegd.

Daarmee vergeleken ziet het onbewerkte eten eruit als een advertentie voor een geweldig nieuw restaurant. De lunch op dag 1 was een spinaziesalade met kippenborst, schijfjes appel, bulgur, zonnebloempitten en druiven. Er is een vinaigrettedressing aangemaakt met olijfolie, versgeperst citroensap, appelciderazijn, gemalen mosterdzaad, zwarte peper en zout. Het avondeten bestaat uit rosbief met basmatirijst, gestoomde broccoli, tomatensalade, balsamicovinaigrette, een paar schijfjes sinaasappel en strooisel van pecannoten. Alles wordt gepresenteerd alsof de talenten van het kookteam door de etensbereiding niet volledig waren uitgeput, dus op het bord liggen plakjes vlees uitgewaaierd met wat garnering.

* Ik vroeg Hall hiernaar en hij zei dat veel mensen liever het UPF-dieet zagen.

Wat de foto's ook laten zien, de deelnemers beoordeelden de maaltijden bijna identiek in termen van vertrouwdheid en aantrekkelijkheid. Niemand kreeg zijn eten ooit helemaal op. Dat is belangrijk. De test leek veel op 'het normale leven' in de VS, waar de meeste mensen toegang hebben tot zoveel calorieën als ze willen.

Toen de resultaten binnenkwamen, was Hall geschokt. Hij bleek ongelijk te hebben gehad, en Monteiro had het bij het rechte eind. Bij het grijze, uit blik afkomstige, ultrabewerkte dieet aten mensen gemiddeld vijfhonderd calorieën meer per dag dan de mensen die het onbewerkte dieet volgden, en dienovereenkomstig kwamen ze aan. Wat misschien nog verrassender was, was dat deelnemers zelfs afvielen als ze het onbewerkte dieet volgden, ook al konden ze er zoveel van eten als ze wilden. Zoals reeds vermeld was het ook niet zo dat het UPF lekkerder was. Er was buiten 'smakelijkheid' nog een andere eigenschap die de UPF-groep ertoe bracht te veel te eten.

Als dit onderzoek iets doet, is het de effecten van UPF onderschatten. Het UPF-eten werd tenslotte tijdens het onderzoek niet aan de deelnemers aangeprezen. Er waren geen posters of gezondheidsclaims, en het voedsel was uit de met aanlokkelijke foto's gesierde verpakking gehaald. In de echte wereld zijn de verpakking en de reclame onderdeel van het bewerken, en die zijn bijna universeel op UPF gericht. Je ziet bijna nooit reclame voor rundvlees of champignons of melk en er staan geen gezondheidsclaims op de verpakking. Maar op de verpakking van UPF word je doodgegooid met cartoonfiguren en claims over verrijking met vitaminen. Ik zal later ingaan op de sterke aanwijzingen dat marketing in al zijn vormen leidt tot overconsumptie.

Bovendien hoefden de deelnemers aan het onderzoek niet voor hun eten te betalen of het klaar te maken. Het kostte Halls team ongeveer honderd dollar per week om te zorgen voor tweeduizend calorieën UPF per dag; voor het onbewerkte dieet lagen de equivalente kosten meer in de buurt van honderdvijftig dollar. Je bespaart dus een hoop met UPF. En je bespaart ook tijd. Hall benadrukte de kwaliteiten van de koks van het centrum. Ze kunnen elk eten maken, op elke mogelijke manier, maar veel mensen hebben de tijd niet om verse granola te maken en vier verschillende vruchten en groenten te snijden, of om kleine schaaltjes dressing en noten klaar te maken. Het zou waarschijnlijk een eerlijker test zijn geweest als UPF was geplaatst tegenover het soort onbewerkte maal dat de meesten van ons thuis snel kunnen klaarmaken. Als ik probeer zelf een pizza te maken, draait het er meestal op uit dat ik kaas en tomaten op toast in de magnetron opwarm (geen wonder dat Lyra de voorkeur geeft aan de ultrabewerkte optie uit de diepvries).

Het feit dat Kevin ondanks deze factoren zijn eigen ongelijk bewees, maakt zijn bevindingen er alleen maar overtuigender op. De impact van het experiment kan niet worden overdreven. Het onderzoek werd, hoewel klein, zo goed uitgevoerd dat het prikkelend bewijs leverde dat Monteiro's theorie wellicht daadwerkelijk de toename van obesitas bij de verschillende bevolkingsgroepen verklaart. Halls werk gaf wetenschappelijk gewicht aan het NOVA-classificatiesysteem, en veel wetenschappers begonnen er een legitieme manier in te zien om de voedingscategorie mee te beschrijven die wordt geassocieerd met obesitas. Het zou zelfs de oplossing kunnen bieden voor de tegenstrijdige observaties die het voedingsonderzoek al zo lang plaagden: de verwarring over vet en suiker, het onvermogen van dieetproducten om bij te dragen aan gewichtsverlies, de onophoudelijke toename van obesitas over de hele wereld. Halls bevindingen vormden de katalysator voor uitgebreid nieuw onderzoek en zijn geciteerd in honderden andere wetenschappelijke artikelen en tientallen beleidsdocumenten.

Klinische studies als die van Hall kosten miljoenen dollars en kunnen alleen worden uitgevoerd in een paar gespecialiseerde centra verspreid over de wereld. Maar het epidemiologische bewijsmateriaal uit de 'echte wereld' dat Halls experiment ondersteunt blijft zich opstapelen. Sinds 2010 komen er steeds meer aanwijzingen dat UPF naar alle waarschijnlijkheid de primaire oorzaak is van niet alleen de snelle wereldwijde toename van obesitas, maar mogelijk ook van allerlei andere gezondheidsproblemen. Wat ooit een smal stroompje van bewijs was, is sinds Halls onderzoek in 2019 werd gepubliceerd een stortvloed geworden.

Ik was mijn dieet nog aan het volgen toen Rachel Batterham besloot iemand in haar onderzoeksgroep op te nemen speciaal om naar deze uitgebreide en uitdijende literatuur over UPF te kijken, de jonge wetenschapper Sam Dicken. Dicken was opgeleid in Cambridge en krijgt nu financiering van het prestigieuze Medical Research Council.

Ik ontmoette hem in Rachels kantoor in het UCL, dat toevallig over een binnenplaats heen direct uitkijkt op de kliniekruimte waar ik elke week patiënten behandel. Dicken had voor mij een presentatie van zijn onderzoek voorbereid, en na de projectie van zijn eerste dia begon hij te praten. In totaal had hij zo'n 250 artikelen doorgenomen – in dit soort studies ligt Dickens specifieke expertise. Hij ging systematisch in op alle vragen die Hall had gesteld en die waarschijnlijk ook bij jou zijn opgekomen. Hij kwam op gang en begon steeds sneller te praten, zonder pauzes, alsof hij geen zuurstof nodig had.

Een van de belangrijkste kritiekpunten op de NOVA-classificatie is dat UPF gewoon voedsel met weinig voedingswaarde en met een hoog gehalte aan verzadigd vet, natrium en toegevoegde suiker is, en daarom slecht is voor de gezondheid. Een ander kritiekpunt is dat, aangezien mensen die veel UPF eten minder minimaal bewerkt voedsel eten als fruit, groenten, granen, bonen, peulvruchten en zeevruchten,[4] het verband tussen een hoge inname van UPF en een slechte gezondheid zou kunnen zitten in het feit dat UPF de goede voeding in het dieet vervangt. Zouden de effecten misschien verdwijnen als mensen gewoon UPF aten met veel linzen en broccoli? Of misschien kon UPF volgens een nieuwe formule worden gemaakt, met minder suiker en vet en met vitaminen en mineralen eraan toegevoegd?

Ook is er het argument dat omdat UPF over het geheel genomen goedkoop is, er een grotere kans is dat mensen die het in grote hoeveelheden eten een lager inkomen hebben, wat tragisch genoeg sterk wordt geassocieerd met een zwakke gezondheid. Bij volwassenen en kinderen in de meest achtergestelde gebieden in het VK komt obesitas bijna dubbel zoveel voor als in de minst achtergestelde gebieden.[5] Zou het werkelijke belang van UPF-consumptie kunnen zijn dat het een indicator is voor armoede?

Of zou het zo kunnen zijn dat een hogere UPF-consumptie een indicatie is van een algeheel ongezond dieet of ongezonde leefstijl? Tenslotte gaan verschillende vormen van ongezond gedrag vaak hand in hand. Oftewel: zouden mensen die veel UPF eten meer drinken of roken? In dat geval kan het lijken alsof UPF het probleem is, terwijl in werkelijkheid roken en drinken de boosdoener zijn.

Maar epidemiologen als Dicken zijn zich sterk bewust van die problemen. Hun werk is nu juist om die op te lossen. En Dicken wees erop dat er veel werk is verricht om vast te stellen dat er echt een verband bestaat tussen UPF en de medische problemen die het lijkt te veroorzaken.

Neem het grote onderzoek van meer dan honderdduizend mensen dat werd gepubliceerd in het *British Medical Journal*, en waaruit een verband tussen UPF en kanker naar voren kwam.[6] De teams uit Frankrijk en Brazilië keken naar het risico van borst-, prostaat- en darmkanker en kanker in het algemeen en concludeerden dat bij een toename van 10 procent van het aandeel UPF in het dieet er ruwweg een toename van 10 procent was in het algehele risico op kanker en borstkanker. Dit 'van de dosis afhankelijke effect' is een factor die het bewijsmateriaal kracht bijzet.

Maar dat was niet alles. Omdat de wetenschappers toegang hadden tot data over de exacte voedingssamenstelling van het dieet van de deelnemers, konden ze ook kijken of het verhoogde risico op kanker alleen te wijten was aan het feit dat UPF vaak een hoog suiker-, zout- en vetgehalte heeft en weinig vezels. Ze keken ook of UPF gewoon deel uitmaakte van een dieetpatroon dat in zijn algemeenheid ongezond was. In zekere zin gaven ze antwoord op dezelfde vragen die Kevin Hall had gesteld, maar dan op gigantische schaal. Hun conclusie was dat zelfs na correctie voor voedingsgehalte, het resultaat statistisch significant bleef. Opnieuw leek het erop dat de voedingsstoffen minder het probleem waren dan de bewerking.

'En het bleek niet alleen uit deze studie,' vertelde Dicken me terwijl hij nog een artikel tevoorschijn haalde, ditmaal van een Chinese groep die data had geanalyseerd van 92.000 Amerikanen.[7] Toen de onderzoekers controleerden op de gebruikelijke zaken – leeftijd, geslacht enzovoort (wat betekent dat ze daar ook naar keken om er zeker van te zijn dat het effect van UPF niet simpelweg is dat het door oudere mensen wordt gegeten, bijvoorbeeld) – kwamen ze tot de conclusie dat een toegenomen consumptie van UPF verband houdt met een toegenomen sterfte aan hart- en vaatziekten. Ze voegden controles op vet, zout en suiker toe en het effect bleef. Toen de onderzoekers nog meer controles toevoegden om te zien of UPF niet simpelweg een indicatie was van een algeheel slecht dieet, afgezien van het vet en de suiker, bleef het effect nog steeds hetzelfde.

Dicken begon inmiddels op stoom te komen. De ene dia na de andere lichtte op, volgekrabbeld met een overweldigende hoeveelheid getallen en data. Ze lieten allemaal hetzelfde zien, en bevestigden Halls onderzoek: dat UPF niet alleen schadelijk is omdat er zoveel vet, zout en suiker in zit.

Rachel nam het woord om het punt te onderstrepen en Dicken gelegenheid te geven op adem te komen: 'Sommige mensen denken dat UPF gewoon slecht eten is in termen van voedingswaarde en dat het wordt gegeten door mensen die sowieso slecht eten. Maar als je voor dat alles corrigeert, blijven de effecten op dood en depressie en gewicht en hartaanvallen hetzelfde.' Het ultrabewerken, niet de nutritionele inhoud is het probleem.

Dicken presenteerde in detail tientallen onderzoeken waarin naar meer dan vijftig gezondheidsgerelateerde resultaten werd gekeken. Zelfs in zijn tempo duurde dat bijna twee uur.* Hij ging nauwkeurig na hoe in elk onderzoek zorgvuldig stappen werden genomen om ervoor te zorgen dat hun bevindingen over UPF niet konden worden toegeschreven aan verzadigd vet, suiker of dieetpatroon.

En de data zijn op een groot aantal manieren getoetst. Onvermijdelijk ligt in de meeste onderzoeken de focus op obesitas, maar er zijn ook aanwijzingen dat een toegenomen inname van UPF sterk verband houdt met een toegenomen risico op:

- Dood – zogeheten mortaliteit ongeacht de oorzaak[8-12]
- Hart- en vaatziekten (beroerten en hartaanvallen)[13-15]
- Kanker (elk soort kanker, en specifiek borstkanker)[16]
- Diabetes type 2[17, 18]

* Dit was ter voorbereiding van het schrijven van wat de definitieve evaluatie van UPF zou worden en die ongeveer een maand later werd gepubliceerd.

- Hoge bloeddruk[19-21]
- Vette leverziekte[22]
- Inflammatoire darmziekten (colitis ulcerosa en ziekte van Crohn)[23, 24]
- Depressie[25]
- Slechter bloedvetprofiel[26]
- Zwakheid (gemeten naar grijpkracht)[27]
- Prikkelbaredarmsyndroom en dyspepsie (indigestie)[28]
- Dementie[29]

Die laatste is wellicht het meest verontrustend voor mensen met een familiegeschiedenis van dementie. In 2022 werd in een in het tijdschrift *Neurology* gepubliceerd onderzoek gekeken naar data van meer van 72.000 mensen.[30] Een toename van 10 procent in de inname van UPF werd in verband gebracht met een 25 procent hogere kans op dementie en een 14 procent hogere kans op alzheimer.

Deze effecten op zoveel verschillende gezondheidsresultaten zijn niet gering. In een groot Italiaans onderzoek had het kwart van de deelnemers dat het meeste UPF at zelfs na correctie voor dieetpatroon een 26 procent grotere kans op overlijden dan het kwart dat het minste at.[31] Een Amerikaans onderzoek met vergelijkbare correcties meldde soortgelijke bevindingen. In een onderzoek onder 60.000 Britse patiënten nam het risico op mortaliteit ongeacht de oorzaak 22 procent toe.[33] In een Spaans onderzoek nam het risico op mortaliteit ongeacht de oorzaak met 62 procent toe.[34] In alle onderzoeken waren effecten van deze omvang terug te vinden.

Dicken wees op nog iets anders belangrijks: omdat bewerken niet wordt meegenomen in onze landelijke richtlijnen, is het heel goed mogelijk dat iemand een dieet met een hoog UPF-gehalte eet dat relatief weinig vet, zout en suiker bevat. Het dieet van zo iemand zou volgens de richtlijnen gezond zijn, maar volgens het bewijsmateriaal zou het waarschijnlijk gezondheidsproblemen veroorzaken.

Neem het Nutri-Score-systeem. Dat rangschikt voeding van hoge naar lage voedingswaarde, maar zeker een kwart van de zogenaamd 'hoogwaardige voedingsmiddelen' zijn UPF;[35] ze zijn vaak plantaardig en geherformuleerd om weinig vet, suiker en zout te bevatten.

Dus ook al eet je volgens de verpakking gezond, je kunt toch grote hoeveelheden UPF consumeren. Dit zal gelden voor veel mensen die dieetshakes en drankjes nemen die beweren gewichtsverlies te bevorderen.

Uit de stortvloed van studies die Dicken presenteerde, in combinatie met Halls klinische studie, maakte ik op dat het NOVA-systeem gezondheidseffecten verklaart op een manier waartoe de traditionele classificatie naar voedingswaarde niet in staat is. Maar het is van belang op te merken dat het NOVA-systeem niet algemeen is geaccepteerd.

Een handvol artikelen is kritisch. Een bekend artikel met de titel 'Ultrabewerkt voedsel in de menselijke gezondheid: een kritische beoordeling' werd in 2017 gepubliceerd door het *American Journal of Clinical Nutrition*.[36] Het voornaamste bezwaar van de auteur is dat NOVA grof en simpel is. Dat kan waar zijn, al zou ik stellen dat voedsel beschrijven in termen van drie macronutriënten en zout, wat we momenteel doen, ook behoorlijk simplistisch is.

In het artikel wordt om te beginnen gesteld dat 'de volksgezondheid op het gebied van voeding de afgelopen halve eeuw heeft geprofiteerd van de identificatie van potentiële bijdragen van het dieet aan niet-overdraagbare chronische ziekten'. Ik weet niet of dat wel waar is. Tenslotte blijven obesitas en stofwisselingsziekten toenemen en heeft de standaardbenadering van voeding weinig verandering in deze situatie gebracht. Het verminderen van vet en suiker heeft het probleem niet opgelost.

Al snel richten de auteurs hun pijlen direct op het NOVA-systeem met de bewering dat 'er geen argumenten naar voren zijn gebracht hoe en of het bewerken van voedsel op wat voor manier dan ook een risico vormt voor de gezondheid van de consument door de nadelige inname van voedingsstoffen of door chemische of microbiologische gevaren'. Ook dat lijkt me niet waar. Ik heb verschillende latere hoofdstukken van dit boek weten te vullen met bewijsmateriaal voor de negatieve effecten van voedselbewerking op de gezondheid. En er zijn voor 2017 al tientallen artikelen gepubliceerd over dit onderwerp, die in een overzichtsartikel bijeen zijn gebracht.[37]

In feite komt in de kritiek op het NOVA-systeem de epidemiologische literatuur helemaal niet aan de orde. Het artikel is een commentaar, geen formele evaluatie van het soort wetenschap dat Dicken schreef. De auteurs wisten echter wel het enige artikel op te diepen dat geen duidelijke link tussen UPF en obesitas kon aantonen.

Waarom bespreek ik dit commentaar eigenlijk? Vanwege het gedeelte over 'belangenverstrengeling' – het gedeelte van een wetenschappelijk artikel waarin de auteurs relaties onthullen die de resultaten kunnen beïnvloeden. Er wordt erkend dat een van de auteurs, Mike J. Gibney, 'zitting heeft in wetenschappelijke commissies voor Nestlé en Cereal Partners Worldwide', maar de andere auteurs verklaren dat er geen sprake is van belangenverstrengeling. Wat merkwaardig is, want een van de auteurs, Ciarán Forde, had eerder vele jaren uiteenlopende rollen vervuld in de voedingsmiddelenindustrie, het meest recent vijf jaar als senior onderzoeker in het onderzoekscentrum van Nestlé. Een deel van zijn onderzoek naar eetgedrag bij kinderen was medegefinancierd door Nestlé en hij zit in de wetenschappelijke adviesraad voor de Kerry Group PLC, een voedselbedrijf met een omzet van bijna negen miljard euro dat veel UPF maakt zoals Wall's-worstjes en lolly's gemaakt van dikke yoghurt die Yollies heten.* Forde plaatste ongeveer vier maanden na publicatie van het artikel vervolgens wel een correctie waarin hij zei dat hij tot 2014 'werknemer was geweest van het onderzoekscentrum van Nestlé' en dat hij 'reiskostenvergoeding had ontvangen van Kerry Taste and Nutrition, en [dat] een deel van zijn onderzoek naar eetgedrag bij kinderen mede is gefinancierd door het onderzoekscentrum van Nestlé'.[38]

In feite stelt dat niet veel voor. Je hoeft niet erg je best te doen om

* Wall's-worstjes: varkensvlees, water, beschuit (tarwe), plantaardig eiwit (soja), aardappelzetmeel, zout, dextrose, smaakstoffen, stabilisatoren (difosfaten), specerijen, kruiden, gistextract, uienpoeder, kruidenextract (salie), conserveermiddel (natriummetabisulfiet), antioxidanten (ascorbinezuur, alfa-tocoferol), omhulsel (rundercollageen). Yollies: room, yoghurt, wei-eiwitconcentraat (melk), gedroogde glucosesiroop, suiker, aardbeienpuree uit concentraat, zetmeel, inuline, stabilisatoren (agar, johannesbroodpitmeel, guargom), calciumfosfaat, kleurstof (karmijn), vitamine D.

erachter te komen dat Forde bij Nestlé heeft gewerkt. Maar een heldere en transparante verklaring van alle belangen is wel een minimumvereiste voor geloofwaardigheid, en het is van cruciaal belang om te weten of de industrie de uitkomsten van onderzoek beïnvloedt (spoiler: dat is het geval).

Dit soort invloed is heel gangbaar. In een ander artikel[39] waarin het idee van UPF wordt tegengesproken, wordt beweerd dat 'NOVA niet de vereiste criteria geeft voor dieetbegeleiding: begrijpelijkheid, betaalbaarheid, werkbaarheid en uitvoerbaarheid'. Het artikel wordt officieel toegeschreven aan Julie Miller Jones, maar aan het eind is een verklaring toegevoegd over hoe het artikel in feite geschreven is: 'Het concept en veel achtergrond voor dit artikel vloeien voort uit werk voor de Ad Hoc Joint Food and Nutrition Science Solutions Task Force.'

Deze 'taskforce' blijkt de Academy of Nutrition and Dietetics (die wordt gesponsord door grote voedingsbedrijven als Abbott en BENEO, een dochterbedrijf van de grootste suikerproducent ter wereld), de American Society for Nutrition (met 'ondersteunende partners' als Abbott, Danone, Mars, Mondelēz, Nestlé, PepsiCo en General Mills) en nog veel meer instellingen die geld krijgen van bedrijven die UPF maken.

En zelfs al was Jones de enige auteur geweest, dan nog zou het artikel niet boven alle kritiek verheven zijn. Zij is wetenschappelijk adviseur van bedrijven als de Quaker Oats en de Campbell Soup Company en heeft artikelen geschreven of lezingen gehouden voor *CIMMYT* (het International Maize and Wheat Improvement Center in Mexico) en Tate & Lyle, de suikergigant.

Nog een ander artikel dat kritisch is op UPF en de definitie van NOVA, waarin wordt gesteld dat termen als UPF eerder misleidend dan verklarend zijn, is geschreven door Heribert Watzke, die bij Nestlé in Zwitserland de afdeling levensmiddelentechnologie opzette.[40] Een artikel waarin werd gesuggereerd dat een dieet zonder UPF ook het aanbevolen aantal calorieën te boven kon gaan werd geschreven door Christina Sadler en collega's.[41] Sadler en een van de andere auteurs zijn in dienst bij de European Food Information Council, die een derde van zijn financiering ontvangt van de voedsel- en drankindustrie. Sadlers onderzoek wordt deels gefinancierd door Mondelēz en McCain Foods.

Het is geen verrassing dat UPF-bedrijven betrokken zijn bij pogingen het verband tussen UPF en slechte gezondheid te weerleggen. Maar er zijn een hoop data over de farmaceutische industrie en andere industrieën waaruit blijkt dat wanneer een industrie wetenschap financiert, dit de resultaten ten gunste van die industrie beïnvloedt.[42-47]

Natuurlijk heeft niet elk artikel dat kritisch is op NOVA aanwijsbare belangenconflicten. Maar alle kritische artikelen citeren bewijsmateriaal uit artikelen die zijn geschreven door auteurs die belangenconflicten hebben, en geen van hen komt met een verklaring die de sterke aanwijzingen dat UPF verband houdt met slechte gezondheid ook maar enigszins ondermijnt.

Ik was een week bezig met mijn dieet toen ik sprak met Rachel en Sam, en het leek me al duidelijk dat er een categorie voeding is – het gaat me niet om de afzonderlijke items; ik geef grif toe dat er rond de marge een enorm grijs gebied is – die door drie sterke bronnen van bewijsmateriaal aan slechte gezondheid wordt gelinkt.

Ten eerste is er fundamenteel biologisch bewijs dat het verband aannemelijk maakt. Een groeiende hoeveelheid bewijsmateriaal suggereert dat bepaalde specifieke ingrediënten die routinematig worden gebruikt om UPF te maken schadelijk kunnen zijn, en dat bepaalde merkwaardige kenmerken van UPF (zoals de zachtheid en de energiedichtheid ervan) verband houden met gewichtstoename en een slechte gezondheid. Hierop komen we nog terug.

Dan is er het onderzoek van Kevin Hall – klein maar waterdicht, en uitgevoerd door een scepticus die bekendstaat om zijn nauwkeurigheid. Ten slotte is er al het epidemiologische bewijsmateriaal: tientallen degelijke en onafhankelijk van geld van de industrie uitgevoerde onderzoeken tonen een overtuigend verband tussen UPF en een hele reeks gezondheidsaandoeningen, waaronder een voortijdige dood.

Ik had het bewijsmateriaal voor de schadelijkheid van UPF tot me laten doordringen, en na mijn gesprek met Paul Hart begreep ik ook waarom het logisch is dat het ons voedselsysteem heeft overgenomen. Maar iets wat Paul had gezegd over de geschiedenis van de vervaardiging van synthetisch vet leek me een omweg waar ik de lezer ook op wil meevoeren. Ik was op zoek naar wat het definitieve UPF zou blijken te zijn, een substantie die me geheel nieuwe inzichten gaf over het universum van de producten in onze provisiekasten. Ik zal het verhaal in omgekeerde volgorde vertellen.

4

(Ik kan niet geloven dat het geen) steenkoolboter is: het ultieme UPF

Als je in 1989 *The New York Times* had ingekeken, was je daar op een van de interessantste koppen in de geschiedenis van de economische verslaggeving gestuit: 'Een West-Duits bedrijf verdacht van een sleutelrol in de bouw van een gifgasfabriek in Libië bevestigde vandaag dat het een illegale drug heeft geproduceerd en verzonden die in de Verenigde Staten als ecstasy bekendstaat.'

Het bedrijf in kwestie was een Duits bedrijf met de naam Imhausen-Chemie. Een woordvoerder bevestigde dat ze de drug inderdaad vervaardigd en verzonden hadden, maar dat ze niet hadden geweten dat deze stof onder de West-Duitse drugswetgeving viel.

Natuurlijk maken chemische bedrijven een hele reeks moleculen voor andere bedrijven zonder noodzakelijkerwijs op de hoogte te zijn van het bedoelde gebruik, en ecstasy kreeg pas halverwege de jaren negentig bekendheid als een gevaarlijke drug, dus je zou Imhausen-Chemie het voordeel van de twijfel kunnen gunnen. Maar de vermelding van het feit dat het hier om een gifgasfabriek ging was toch wel verontrustend.

Slechts een maand eerder had in dezelfde krant een artikel gestaan over hetzelfde bedrijf, met deze kop: 'Duitsers beschuldigd van hulp aan Libië bij bouw zenuwgasfabriek'. De directeur van Imhausen-Chemie, Jürgen Hippenstiel-Imhausen (bekend als Hippi bij vrienden en collega's), gaf in een interview over die controverse toe dat het bedrijf een contract met Libië had willen sluiten over de vervaardiging van plastic zakken, maar hij ontkende elk verband met wat hij aanduidde als 'de fabriek die chemische wapens in Libië zou vervaardigen'. (Het bleek een van de grootste fabrieken van chemische wapens ter wereld te zijn, met een geschatte dagelijkse productie van tussen 10.000 en 38.000 kilo mosterd- en zenuwgas.)

Hippi was er de man niet naar om terug te krabbelen, en zeker niet het type dat het gemakkelijk maakte voor zijn communicatieteam. Hij verklaarde dat de bedrijfsnaam was misbruikt: 'Alles is gebaseerd op vermoedens en geruchten. Libiërs hebben het geld niet om dat soort dingen te betalen. Wij ontkennen ten stelligste elke betrokkenheid. De Libiërs zijn veel te stom om een dergelijke fabriek te runnen. Alle Arabieren zijn lui en ze schakelen buitenlandse slaven in om het werk te doen.'[1] Het jaar daarop werd hij veroordeeld tot vijf jaar gevangenisstraf. De aanklager typeerde Hippi als 'de ultieme handelsreiziger van de dood'.

Opmerkelijk genoeg was deze episode niet eens de kwalijkste in de geschiedenis van het bedrijf. Bij lange na niet. Daarvoor moeten we terug naar 1912, toen de grootvader van Hippi's vrouw, Arthur Imhausen, een zeepfabriek overnam en tijdens de Eerste Wereldoorlog chemicaliën begon te maken,[2] waaronder explosieven. Na de oorlog werd de nieuwe zeep van het bedrijf, met de onwaarschijnlijke naam Warta, populair in heel Duitsland.

In dezelfde tijd dat Warta de winkels uit vloog, werkten twee wetenschappers van het Kaiser Wilhelm-Instituut, Franz Fischer en Hans Tropsch, aan een proces om Duitsland te bevrijden van zijn afhankelijkheid van buitenlandse olie, die het nodig had voor tanks, vliegtuigen en auto's.[3] Duitsland had zelf geen olie, maar wel grote voorraden steenkool van slechte kwaliteit – spul dat bruinkool wordt genoemd en slechts voor 30 procent uit koolstof bestaat.

Het idee van Fischer en Tropsch was heel simpel: ze vermorzelden steenkool met stoom en zuurstof en maakten er koolstofmonoxide en waterstof van, want dat zijn de basisingrediënten die je nodig hebt om een bijna onbeperkte reeks nuttige moleculen te maken. Vervolgens haalden ze de gassen door een katalysator die de koolstof, waterstof en zuurstof liet recombineren tot vloeibare brandstof. Geleidelijk perfectioneerden ze de methode* en begin jaren veertig produceerden negen productielocaties inmiddels 600.000 ton brandstof per jaar uit steenkool. Bij dit proces bleef een restproduct over, iets wat 'slack wax' of 'Gatsch' werd genoemd, de stof die wij als paraffine kennen.[4]

Arthur Imhausen, die nog steeds goede zaken deed met Warta, hoorde van het paraffine-afval en bedacht dat hij dat misschien goed zou kunnen gebruiken voor de NSDAP, waarvan hij lid was. Zijn idee was gebaseerd op het feit dat Duitsland naast een tekort aan brandstof ook een tekort aan eetbaar vet had. In de jaren dertig consumeerde het land rond 1,5 miljoen ton vet per jaar, maar slechts ongeveer de helft daarvan kon in eigen land worden geproduceerd. Lijnzaad moest worden geïmporteerd uit Zuid-Amerika, sojabonen uit Oost-Azië en walvisolie uit het Antarctisch gebied.[5, 6] Imhausen werkte aan technieken om van paraffine zeep te maken; hij realiseerde zich dat zeep chemisch veel op vet lijkt, dus als hij het een kon maken, kon hij ook het ander maken.**

Hij nam contact op met Wilhelm Keppler, een politicus en een sleutelfiguur tussen het Duitse bedrijfsleven en het naziregime.[7] Keppler was verantwoordelijk voor een specifiek aspect van het plan om Duitsland zelfvoorzienend te maken: zelfvoorziening creëren in industriële vetten en oliën. Hij luisterde gretig naar Imhausens voorstel om eetbaar vet te maken van het nevenproduct van paraffine: vloeibare brandstof, gemaakt uit steenkool.[8]

Imhausen ging een samenwerking aan met Hugo Henkel, de uitvinder van Persil, en ze richtten in 1937 de Deutsche Fettsäure Werke op. Die fuseerde met IG Farben, een Duitse chemiegigant, en vanaf 1938 maakten ze hoogwaardige vetzuren. Van daaruit was het een

* In 1925 hadden ze een doorbraak. Met behulp van zinkoxide (dezelfde stof die in zonnebrand en luieruitslagcrème zit) maakten ze methanol, de simpelste alcohol. En door wat ijzer en kobalt toe te voegen konden er complexere moleculen worden gemaakt.

** Beide zijn gebaseerd op een molecule die vetzuur wordt genoemd, een lange keten van koolstof en waterstof met aan het eind een paar zuurstofmoleculen. Als je het vetzuur laat reageren met alkali krijg je zeep. Combineer het met glycerine en je krijgt triglyceride – het vet in dieren en planten.

kleine stap om glycerine toe te voegen en zo 'Speisefett', eetbaar vet, te produceren.

Het Speisefett was wit, smaakloos en wasachtig, en stond nog ver van boter af. Maar dat was een onbeduidend probleem voor een chemicus als Imhausen. Een boterachtige smaak is afkomstig van een chemische stof die diacetyl wordt genoemd, en die nog altijd wordt gebruikt als smaakstof in magnetronpopcorn.* Door het vet te mengen met diacetyl, water, zuur en een beetje bètacaroteen voor de kleur kon Imhausen de transformatie van Duitse steenkool naar 'steenkoolboter' voltooien: het eerste volledig synthetische voedsel.

Keppler was opgetogen en wilde deze prestatie ombuigen tot propaganda om het Duitse zelfvertrouwen op te krikken. Maar er waren twee problemen. Ten eerste was Imhausens moeder Joods. In 1937, toen de Deutsche Fettsäure Werke in bedrijf werden gesteld, had Keppler naar het nazikopstuk Hermann Göring geschreven met de vraag of hij zeker wist dat hij deel wilde nemen aan de opening, gezien het feit dat Imhausen van 'niet-arische afkomst' was. Göring informeerde bij Hitler, die zou hebben geantwoord: 'Als die man dat spul echt heeft gemaakt, maken we wel een ariër van hem.'[10, 11]

En dus schreef Göring Imhausen het volgende: 'Gezien uw grote verdiensten bij de ontwikkeling van synthetische zeep en synthetisch bakvet uit steenkool, heeft de Führer op mijn aanraden uw erkenning als volbloed ariër goedgekeurd.'[12-15]

Daarmee was het eerste probleem uit de wereld. Het tweede probleem was de veiligheid van de steenkoolboter: als het als voedsel voor de troepen bedoeld was, mocht het hun prestaties niet aantasten.

In 1943 schreef Imhausen een artikel in *Colloid and Polymer Science* met de titel 'De synthese van vetzuur en het belang ervan voor het zeker stellen van de Duitse vetvoorraad'.[16] In het artikel werd het proces voor het vervaardigen van synthetisch vet in detail beschreven,

* Werknemers in fabrieken die popcorn maken krijgen een ziekte die hun longen verwoest en die officieel bronchiolitis oliterans wordt genoemd, maar ook bekend staat als 'popcornlong'. Diacetyl is in zeer kleine hoeveelheden ook aangetroffen in bepaalde vape-vloeistoffen.[9]

en werd een dubbelzinnige verwijzing gemaakt naar het testen van de veiligheid: 'Duizenden tests onder leiding van directeur prof. dr. Flössner hebben de hoge kwaliteit van synthetisch bakvet bevestigd en het tot het eerste synthetische voedsel ter wereld gemaakt dat is goedgekeurd voor menselijke consumptie.'

Otto Flössner was het hoofd van de fysiologische afdeling van de Rijkswerkgroep voor publieke voeding. En het is waar dat hij het synthetische vet uitgebreid heeft getest, maar daarbij wordt de context van de experimenten buiten beschouwing gelaten: deze werden uitgevoerd op meer dan zesduizend gevangenen in concentratiekampen.[17-19*]

Uiteindelijk keurde het regime het vet goed voor menselijke consumptie, al bracht de Britse inlichtingendienst na de Tweede Wereldoorlog data aan het licht die de nazi's niet hadden gepubliceerd: het feit bijvoorbeeld dat uit sommige onderzoeken was gebleken dat chronische inname van het synthetische vet bij dieren ernstige nierproblemen en botontkalking veroorzaakte. Honden schenen te weigeren het te eten.[20, 21] Het vet werd gebruikt door de bemanning van onderzeeërs in de noordelijke Atlantische Oceaan, en aangezien bemanningsleden van onderzeeërs tegen het einde van de oorlog gemiddeld nog maar zestig dagen leefden nadat ze aan boord waren gegaan, werden data over de veiligheid op lange termijn mogelijk niet relevant geacht.

De fabriek voor synthetische boter die Imhausen in het Ruhrgebied had geleid werd na de oorlog door de geallieerden ontdekt: in een verslag in de *Chicago Tribune*[22, 23] is een gigantische machinerie te zien die midden in de productie is stopgezet: een dertig centimeter brede worst van vet steekt uit de monding van een extrusiemachine. Enorme rollen synthetische boter liggen opgerold in een aluminium kuip. Een Britse functionaris wordt geciteerd: 'Het is uitstekende boter, en ik betwijfel of iemand door zou hebben dat hij synthetisch is.'

* De resultaten van deze tests werden gepresenteerd op een conferentie die in 1944 in Berlijn werd gehouden. Onder de deelnemers bevonden zich voedingsdeskundigen als de Nobelprijswinnaar voor scheikunde Richard Kuhn, en natuurlijk Flössner. Er werd unaniem gestemd voor voortzetting van de experimenten.

De transformatie van steenkool tot boter brengt de onvermijdelijke problemen aan het licht bij het creëren van synthetisch voedsel. Er zitten inherente gevaren vast aan het consumeren van complexe mengsels van nieuwe moleculen als bron van calorieën – stoffen waarmee we nooit eerder te maken hebben gehad kunnen onvoorspelbare effecten hebben op onze fysiologie. Dat betekent dat ze uitgebreid moeten worden getest op mensen en dieren, hetgeen ethisch dubieus is, tenzij er geen andere manier is om voedsel te produceren. En om dat synthetische voedsel aantrekkelijk te maken voor een breed publiek lijkt er frauduleuze marketing nodig te zijn, of het nu gaat om de afkomst van de uitvinder of de gezondheidsvoordelen van moderne toevoegingen. Maar bovenal leek het verhaal van de steenkoolboter me iets te onthullen over de aard van bedrijven.

Na de oorlog stonden de bezettende geallieerde mogendheden Imhausen-Chemie toe de productie voort te zetten, en installeerden ze Arthur Imhausen als voorzitter van de vereniging van Duitse kamers van koophandel en industrie.[24] Zijn zoon Karl-Heinz (Hippi's schoonvader) nam het chemiebedrijf over, dat in uiteenlopende vormen nog steeds bestaat. De oorspronkelijke zeepfabriek ging een paar keer in andere handen over en maakt nu deel uit van Evonik Industries,* wereldwijd een van de leidende bedrijven in speciaalchemie.[25]

En Evonik is niet de enige erfgenaam van Imhausens bedrijven. Je zult je nog herinneren dat zijn oorspronkelijke partner IG Farben was, misschien wel het meest beruchte Duitse bedrijf. Tijdens de Tweede Wereldoorlog runde dit bedrijf een fabriek voor synthetisch rubber in Auschwitz, met personeel dat uitsluitend uit dwangarbeiders bestond. Het Zyklon-B-gas dat in hetzelfde kamp werd gebruikt werd geproduceerd door een dochteronderneming van IG Farben, Degesch.[26-28]** Meer dan enig ander bedrijf heeft het de oorlogsinspan-

* Evonik heeft op zijn website een grote sectie over zijn betrokkenheid bij de 'nationaal-socialistische tijd'. Het bedrijf organiseert onder andere trips voor zijn werknemers naar Auschwitz, om ze inzicht te geven in de geschiedenis van de Holocaust en in het reine te komen met de rol die werd gespeeld door de bedrijven die Evonik voorgingen.

** Er bestaat brede consensus dat het management en de werknemers wisten van ningen van de nazi's ondersteund. Veel werknemers behielden hun positie in de bedrijven waarin IG Farben werd opgedeeld en die nog steeds vertrouwde namen zijn: BASF, Bayer en Hoechst (tegenwoordig onderdeel van het Franse bedrijf Sanofi).[29-32]

Na de opdeling van IG Farben bleef er een beursgenoteerde lege vennootschap over om slachtoffers een entiteit te geven waartegen ze eisen tot schadevergoeding konden indienen. Na een initiële betaling van rond 17 miljoen dollar in de jaren vijftig heeft het bedrijf nooit meer enige schadevergoeding betaald en geweigerd zich aan te sluiten bij een nationaal vergoedingsfonds dat in 2001 in het leven werd geroepen om andere slachtoffers te betalen. De advocaten van het bedrijf verweten voormalige dwangarbeiders dat ze de ontbinding van het bedrijf hadden tegengehouden.[33, 34]

De aandelen van het bedrijf stonden vanaf het einde van de oorlog tot 2011 genoteerd op de beurs van Frankfurt. Dus deze bedrijven bestaan zowel wel als niet, afhankelijk van de vraag of je de aandelen wilt verhandelen om geld te verdienen (als ze wel bestaan) of probeert schadevergoeding te krijgen voor dwangarbeid (als ze niet bestaan). Maar de rijkdom die door de bedrijven wordt gegenereerd bestaat wel degelijk, ergens.

Hippi – de modieus geklede schoon-kleinzoon van Arthur Imhausen – werd op een zonnige maandag in het voorjaar van 1993 vrijgelaten uit de Bruchsal-gevangenis.[35-37] De openbare aanklager berekende dat hij in de jaren tachtig ongeveer 90 miljoen mark had verdiend aan de deal met Libië. Hij was de Duitse belastingdienst zo'n 40 miljoen mark schuldig, ongeveer 18 miljoen euro. Maar Hippi had zijn universitaire graad in de economie met succes ingezet in een wapenwedloop met de wet. Met gebruikmaking van wat de aanklagers beschreven als een 'gigantische geldcarrousel', bestaande uit Zwitserse hub-accounts en vijf lege vennootschappen die geregistreerd stonden in Liechtenstein, verdween het geld.

---

deze en andere activiteiten van het bedrijf. Na de oorlog werden 24 werknemers van IG Farben berecht. De helft werd vrijgesproken, en de langst opgelegde straf was slechts acht jaar.

* * *

Tijdens mijn onderzoek naar dit alles begon ik deze bedrijven te zien als organismen in een ecosysteem dat loopt op geld. Ingaan tegen de bedrijven die de directe afstammelingen zijn van het regime lijkt nutteloos: schaamte en verontwaardiging zijn duidelijk niet toereikend om het voortbestaan van bedrijven die medeplichtig zijn aan wreedheden te beperken. En het idee van een ecosysteem leek te verklaren waarom: hun gedrag verandert alleen als de energiestroom, het geld, wordt omgeleid. De geldstroom kán worden omgeleid door schaamte, maar als dat niet gebeurt zal die niet bijdragen aan het bijstellen van het gedrag van bedrijven.

Als economen beschrijven hoe bedrijven overleven in economische wapenwedlopen, blijken ze dezelfde vergelijkingen te hanteren als ecologen wanneer die het overleven of uitsterven in biologische wapenwedlopen verklaren. Bedrijven en groepen levende organismen (soorten, families enzovoort) zijn onderworpen aan dezelfde wetten, ongeacht of geld of energie de motor is van hun ecosysteem.[38-42]

Ik heb het gevoel dat er aan het effect van voedsel maken uit steenkool, of via welk industrieel synthetisch proces ook, nog een ander, bedenkelijker idee vastzit. Het vernietigt de betekenis van voedsel als méér dan louter instandhouder van leven (hoe tijdelijk ook, zoals in het geval van steenkoolboter en de bemanningen van onderzeeërs). Voedsel moet een technische substantie worden, zonder culturele of historische betekenis – nutritionisme op zijn extreemst.

Dat lijkt beslist het geval te zijn, te oordelen naar een artikel uit 1949 van Hans Kraut. 'De fysiologische waarde van synthetische vetten', gepubliceerd (en nog altijd te downloaden) in het *British Journal for Nutrition*,[43] is een van meerdere artikelen waar de wetenschappelijke literatuur vol van staat, en die Flössners experimenten citeren zonder te vermelden dat die werden uitgevoerd op gevangenen in concentratiekampen. De auteur pleit voor het voortzetten van de productie van synthetisch vet:

> Mensen die zware arbeid verrichten kunnen niet genoeg calorieën binnenkrijgen tenzij een aanzienlijk deel ervan de vorm heeft van vet…

> Dat is vooral belangrijk voor mensen die lange diensten draaien in de moderne industrie zonder een rustpauze voor een complete maaltijd. De toename van vetconsumptie in alle geïndustrialiseerde landen gedurende de laatste honderd jaar is daarom niet alleen een kwestie van smaak, maar een noodzakelijkheid in het moderne leven, dus volgens mij is het een goede zaak dat het onderzoek naar synthetisch vet wordt voortgezet.

Ziehier de onverbiddelijke logica van alle industriële voeding: de tijd verminderen die arbeiders voor een maaltijd nodig hebben. Elke keer als ik het aanbod voor een lunchmaaltijd zie denk ik daaraan: UPF-chips, UPF-frisdrank, een UPF-sandwich.

Toen ik het Braziliaanse team interviewde dat met de definitie van UPF kwam en dat zoveel werk heeft verricht aan het concept, informeerde ik naar hun eigen eetgewoonten. Ze spraken allemaal specifiek over hun lunch. Ze gingen uitgebreid in op het feit dat ze elke dag voor de lunch aan tafel gaan en rijst en bonen eten. Toen ik in Brazilië werkte, deed ik dat ook. In de moderne wereld is lunchen aan tafel een teken van gezondheid en een goed leven.

De afgelopen decennia heeft de vervanging van traditioneel eten door UPF in een bijna onvoorstelbaar tempo plaatsgevonden, afgezet tegen onze evolutionaire geschiedenis. Dat is zorgwekkend, omdat eten in de hiërarchie van de activiteiten van het biologisch leven samen met voortplanting helemaal bovenaan staat. Bijna al het andere wat we doen staat in dienst van deze projecten. Om de effecten van UPF te begrijpen moest ik teruggaan in de tijd en vragen stellen die me nooit eerder hadden beziggehouden: wat is 'eten' precies en hoe zijn we precies geëvolueerd om dat te doen? Laten we helemaal teruggaan naar het begin, toen stenen voedsel waren, naar wat ik 'het eerste tijdperk van eten' noem.

II

Maar kan ik niet gewoon in de gaten houden wat ik eet?

5

De drie tijdperken van eten

Ik vind het zinvol aan eten te denken als iets wat zich in drie afzonderlijke, maar elkaar overlappende tijdperken heeft plaatsgevonden, die allemaal tot in de huidige tijd voortduren.

In het eerste tijdperk van eten begonnen levende organismen materiaal te eten dat nooit heeft geleefd, zoals stenen en metaal. Dit proces is sinds het begin der tijden tot vandaag de dag doorgegaan. Tijdens het tweede tijdperk van eten begonnen levende organismen andere levende organismen te eten, wellicht na enige bewerking. Dit gaat al honderden miljoenen jaren zo (en rond de 2 miljoen jaar voor mensen).

Tijdens het derde tijdperk van eten begon één enkele soort (plus hun huisdieren en vee) UPF te eten, dat wordt geproduceerd met behulp van voorheen onbekende industriële technieken en nieuwe moleculen. In vergelijking is dit tijdperk nog maar een paar decennia oud. Daarom is het zinvol naar de effecten van UPF te kijken door die te beschouwen in de context van de zeer lange geschiedenis van hoe we in leven blijven.

Laten we helemaal teruggaan naar het begin.

De aarde is ongeveer vierenhalf miljard jaar oud. De eerste pakweg 700 miljoen jaren daarvan waren een opwindende tijd – een onafgebroken bombardement van asteroïden, waaronder een zo groot als een planeet, waardoor de maan ontstond. De vloeibare kern van de aarde doet het oppervlak voortdurend kantelen, ook nu nog, dus de sporen van die inslagen zijn verloren gegaan, maar om een idee te krijgen van de totaliteit van het bombardement hoef je alleen maar te kijken naar het met kraters bezaaide oppervlak van de maan. Niet voor niets staan de eerste half miljard jaar bekend als het hadeïcum.

De term 'hadeïcum', die beelden oproept van een hels landschap van kokende lava, is echter niet helemaal juist. Er is niet veel over van het vroege oppervlak van de aarde, maar enkele piepkleine kristallen zirkoonsilicaat, ontdekt in West-Australië, geven ons een aanwijzing dat de omstandigheden wellicht milder waren dan voorheen werd gedacht. Deze 'zirkonen', die zo'n 4,4 miljard jaar oud zijn, verraden de aanwezigheid van vloeibaar water, een aanwijzing dat oceanen zich binnen 150 miljoen jaar na de geboorte van de aarde kunnen hebben gevormd.[1]

Toegegeven: ze zullen behoorlijk heet zijn geweest. De dichte atmosfeer van koolstofdioxide van de vroege aarde zal een soort snelkookdeksel hebben gecreëerd waardoor de oceanen, ook al waren ze vloeibaar, werden verhit tot meer dan 200 °C. Dus tot op zekere hoogte een soort 'Hades', maar zeker geen zee van vloeibare rots. En de atmosfeer zal ook goedaardiger zijn geweest, voornamelijk bestaande uit gassen uit vulkanen – koolstofdioxide, stikstof en zwaveldioxide. Zuurstof was het belangrijkste ontbrekende bestanddeel.

Een ander in Australië aangetroffen zirkoon van 4 miljard jaar oud bevatte sporen van iets nog verrassenders: koolstof met een 'biogene' signatuur* – de eerste indirecte aanwijzing van leven.[2]

We weten vrij zeker dat eencellige organismen 3,5 miljard jaar geleden zijn ontstaan. De aanwijzingen zijn klein maar onmiskenbaar: microfossielen in een band van ijzer in Noord-Canada, de overblijfselen van stromatoliete microbiële kolonies met leven-achtige koolstof in Zuidwest-Groenland en matten van bacteriële afzettingen in West-Australisch zandsteen.

3,2 miljard jaar geleden was het leven zich al aan het vermenigvuldigen en de geologie van de aarde aan het veranderen, waarmee landschapskenmerken werden gecreëerd zo groot als provincies, gro-

* Er zijn meerdere verschillende typen van het element koolstof, en die verschillende typen worden in specifieke verhoudingen gebruikt wanneer eiwitten worden gemaakt door cellen.

te banden van ijzer, honderden vierkante kilometers groot, als afval afgezet door vroege bacteriën.[3-6] De grootste ijzeren banden worden aangetroffen in Australië, en ze geven aanwijzingen over het eerste tijdperk van eten, dat begon met het ontstaan van het eerste leven.

De oceanen zaten destijds vol opgelost ijzer afkomstig uit onderwatervulkanen, en dit ijzer was voedsel voor het vroege bacteriële leven. Wij ademen zuurstof in, maar deze bacteriën namen koolstofdioxide op. Roest was het afvalproduct dat werd afgescheiden. Deze reusachtige banden van ijzer, die het metaal verschaffen voor zoveel voorwerpen die we om ons heen zien, zijn waarschijnlijk enorme afzettingen van bacteriële ontlasting.[7-9]

Als je moeite hebt met het idee van ijzer als voedsel: maak je geen zorgen. Het heeft allemaal te maken met atomen.

Alles is gemaakt van atomen, die op hun beurt zijn gemaakt van protonen en elektronen.* Verschillende elementen hebben verschillende aantallen protonen en elektronen, waardoor ze verschillende eigenschappen hebben (sommige elementen zijn heldere gassen, andere zwarte vaste stoffen, et cetera). Maar elk element moet altijd een gelijk aantal protonen en elektronen hebben. Zuurstof heeft acht protonen en acht elektronen. Koolstof heeft zes protonen en zes elektronen. Maar niet alle atomen zijn tevreden met hun lot.** Zo wil koolstof graag elektronen weggeven, terwijl zuurstof er graag een paar meer wil.*** Die ontevreden atomen kunnen samenkomen

* En neutronen, die geen lading hebben en het chemische gedrag van een atoom dus nauwelijks beïnvloeden.

** Sommige scheikundigen gebruiken liever geen woorden als ‘tevreden’, anderen tillen er niet zo zwaar aan. Op subatomair niveau hebben woorden een broze betekenis. Het systeem gedraagt zich alsof zij ook deze verlangens hebben, dus ik vind het wel aanvaardbare woorden.

*** Deze schenking van elektronen staat bekend als oxidatie. Het blijkt dat zuurstof precies het juiste aantal elektronen wil waar leven gebruik van kan maken. Ondanks zijn naam is het niet de krachtigste oxidant: zuurstof vraagt beleefd om een elektron, terwijl andere gassen als fluorine of chlorine een elektron wegrukken van zowat elk ander atoom zonder het eerst te vragen. Daarom zijn het zulke krachtige giffen – als je chlorine of fluorine inademt zal het alles in je lichaam oxideren (er elektronen van pakken). Door een gelukkig toeval in de scheikunde en delen, zodat ze allebei tevredener worden – het is een volmaakt huwelijk dat koolstofdioxide vormt. Tijdens de huwelijksceremonie wordt enige energie afgegeven – dit is de chemische reactie waar een auto op loopt.

Je kunt je gemakkelijk voorstellen dat als Lyra aan het einde van de middag huilerig wordt, ze een beetje lijkt op een auto waarvan de brandstof op begint te raken. De basisprincipes zijn hetzelfde. Lyra haalt elektronen uit haar eten (koolstofatomen in, zeg, een pizzapunt) en geeft die door aan zuurstof vanuit de lucht die ze inademt, en ze ademt koolstofdioxide uit. In de auto produceert deze reactie een knal, maar bij 'leven' gaat het erom te zorgen dat de vrijgekomen energie zorgvuldiger wordt geëxtraheerd.

In bijna al Lyra's cellen worden elektronen geplukt van pizza-koolstofatomen (in de suikermoleculen uit het tarwemeel) door kleine eiwitten. Deze eiwitten geven de elektronen door aan een opeenvolging van andere eiwitten in kleine organen binnen haar cellen, mitochondriën genaamd. Terwijl de elektronen langs deze eiwitten springen, bewegen ze zich als kleine pompen die de mitochondriën als een ballon vullen met elektrische lading. Dit wekt een voltage op van 30 miljoen volt per meter, ongeveer gelijk aan het voltage dat bliksem opwekt tussen hemel en aarde. Bij het laatste eiwit wordt het elektron doorgegeven aan de zuurstof zonder vuur of rook.

De ballon van de mitochondriën zit nu vol elektrische lading, maar hij heeft kleine poriën, kleine fabriekjes waardoor de lading kan ontsnappen, gedreven door dat enorme voltage. Terwijl die naar buiten stroomt, wordt door deze fabriekjes energie geëxtraheerd om een nieuwe molecule te maken, ATP, die vervolgens wordt gebruikt om elke reactie in elke cel van je lichaam te voeden. Voeg een ATP toe aan een eiwit en DNA wordt gerepliceerd, een porie opent zich, een spier trekt samen, een cel beweegt zich. Eén enkele cel gebruikt elke seconde ongeveer tien miljoen ATP-moleculen. Per gram produ-

---

kan zuurstof alle organische materiaal op aarde verbranden, maar heeft daar wel een vonk voor nodig. In cellen zorgen enzymen voor deze vonk, zodat de reactie op een gecontroleerde manier kan plaatsvinden en energie op een nuttige manier wordt geëxtraheerd.

ceren onze mitochondriën tienduizend maal zoveel energie als de zon

En dat is leven, zoals ze zeggen. Alle leven. Van bacteriën die op vulkaanopeningen op de oceaanbodem leven tot mijn vingers die deze woorden op mijn toetsenbord typen, is dat wat er gebeurt: het leven vangt de energie op die vrijkomt doordat elektronen worden doorgegeven van voedsel naar adem.* Dus voedsel kan alles zijn wat minder dan adem behoefte heeft aan een elektron.

En zo werd geochemie op enig moment in de eerste paar honderd miljoen jaar van de aarde biochemie, en het eerste tijdperk van eten begon, met eencellige organismen die rotsen aten om leven te maken. Tegenwoordig delen we geochemie en biochemie netjes onder in verschillende afdelingen, vaak in verschillende gebouwen, maar er is geen exact moment dat de chemie van rotsen veranderde in de chemie van het leven. Toch is het een grens, zoals bij alle vage grenzen het geval is: leven is iets heel anders dan niet-leven. Net als bij het classificeren van voedsel kan er een lijn worden getrokken.

Dat eerste tijdperk van eten, waarin voedsel nooit levend is geweest, duurt voort tot op de huidige dag. Nog steeds eten bacteriën rotsen, en we proberen nog altijd de fundamentele processen te begrijpen. Maar op enig moment heeft zich, misschien toen de concurrentie om toegang tot grondstoffen als ruw ijzer te groot werd, een kortere route, een 'shortcut' ontwikkeld: laat iemand anders de energie van de rots of de zon krijgen, dan eet ik in plaats daarvan hem of zijn afvalproduct. Sinds die eerste shortcut hebben alle dieren hun lichaam op dezelfde manier opgebouwd: door ander leven te eten. Dat is het tweede tijdperk van eten, het tijdperk van voedsel eten.

Het is niet duidelijk wanneer dat tweede tijdperk precies begon, en de wetenschappelijke literatuur is op een vermakelijke manier kwaadaardig. In een serie artikelen en gepubliceerde correspondentie kan de droge academische taal nauwelijks de woede verhullen over de

* Je kunt nu heel wijs tegen mensen zeggen: 'Het leven is niets anders dan een elektron op zoek naar een rustplaats,' een citaat van de Hongaarse Nobelprijswinnaar Albert Szent-Györgyi. Als je dit beter wilt begrijpen en geen graad in de biochemie wilt halen (of zoals ik de biochemie die je ooit kende bent vergeten), lees dan *The Vital Question* van mijn collega aan het UCL Nick Lane.

vraag of merktekens die een half miljard jaar geleden op rotsen zijn gemaakt afkomstig zijn van actief voedingsgedrag door een oeroud dier, of zijn gemaakt door stenen die vastzaten aan de hechtorganen van kelp in ondiep water, of door rimpelige eucalyptusbladeren die over het zand werden gesleept door golven veroorzaakt door de wind.[10, 11]

Maar er bestaat algemene consensus dat op een dag, ongeveer 500 miljoen jaar geleden, een klein wezentje ergens door de modder op de bodem van de zee is gekropen aan de rand van het oercontinent Rodinia.[12] Het was ongeveer zo lang als je vinger en het was plat en ovaal, met een ribbelpatroon dat uitwaaierde vanuit een centrale ribbel. Als je het uitvergrootte, zou het een mooi ontwerp zijn voor een kleedje. Het had geen skelet, ledematen, ogen of wat ook behalve een heel basaal zenuwstelsel, maar volgens de criteria van die tijd was het fantastisch complex, het hoogtepunt van miljarden jaren evolutie. De modder leefde zelf, zoals alle modder: zand dat is samengebonden door het uitgescheiden slijm van talloze eencellige organismen. Al kruipend over zijn microbiële modder liet het 'kleedje', dat later *Dickinsonia costata* zou worden genoemd, een klein spoor achter, en af en toe kleine tunnels waar het in dook alvorens weer tevoorschijn te komen.[13, 14]

Heel veel wezentjes deden die dag ongetwijfeld hetzelfde. Maar dit ene wezentje krijgt alle eer omdat het plotseling werd gedood, en door de omstandigheden van zijn dood – het werd vrijwel onmiddellijk bedekt met een laag conserverend stof of as – bleef het bewaard en wachtte op zijn ontdekking in 1946 door een man met de naam Reg Sprigg, aan geoloog die aan het werk was in de Ediacara-heuvels in Zuid-Australië.[15]

De beweging van het 'kleedje' door de modder wordt in een wetenschappelijke publicatie beschreven als 'enigszins complexe interacties met microbiële matten om voedingsstoffen en zuurstofbronnen te benutten'. Wat het echter in werkelijkheid is, is het eerste gedocumenteerde spoor van het tweede tijdperk van eten.

Deze kleine *Dickinsonia*-kleedjes herinneren ons eraan dat eten betekent dat je onderdeel bent van een ecosysteem. Ze aten niet alleen, ze bereidden ook ander leven voor om gegeten te worden en sleutelden aan het ecosysteem – ze veranderden actief hun relatie met het sediment waarin ze leefden, verplaatsten het, ploegden het om als grond, bevruchtten het met afval. Ze behoorden tot de eerste levensvormen die met elkaar een wapenwedloop aangingen, met elkaar concurreerden om de energie aan het systeem te onttrekken.

* * *

Naarmate het tweede tijdperk zich ontvouwde deed zich nog veel meer complexiteit voor. Tijdens deze periode veranderde de evolutionaire wapenwedloop om energie onze voorouders van eencellige in meercellige organismen, en van daaruit in primitieve vissen en vervolgens via de spitsmuisachtige diertjes die datgene overleefden waardoor de dinosaurussen uitstierven, in jou en mij.

Eten ontwikkelde zich tot een proces dat veel complexer is dan we ons realiseren. Het moest twee afzonderlijke behoeften tegelijk vervullen: de energie verschaffen die we nodig hebben om in leven te blijven en de bouwmaterialen verschaffen, de elementen en moleculen die we nodig hebben om ons lichaam te maken.

Alle levende materie op aarde bestaat vrijwel volledig uit slechts vier elementen: zuurstof, koolstof, waterstof en stikstof. In mensen en andere zoogdieren vormen die zo'n 99 procent van de atomen in het lichaam. Maar van nog eens rond de twintig elementen is bekend dat dat cruciale ingrediënten zijn. En aangezien we die zelf niet kunnen maken, moeten we ze eten.

Buiten de grote vier bevat mijn lichaam ongeveer een kilo calcium en een kilo fosfor.* En dan is van zwavel en kalium er rond 200 gram elk, van natrium en chlorine 120 gram elk, en pakweg 40 gram magnesium. Daarnaast bevat ik iets minder dan 5 gram ijzer – een klein nageltje om mijn bloed rood en mijn snot groen te maken –, een paar milligram fluor om mijn tanden hard te houden en zink om DNA te maken, eiwitten op te bouwen en voor allerlei immuunfuncties.

* Voor de muggenzifters: omdat er verschil bestaat tussen de massa van verschillende atomen, besta ik qua massa uit 1,5% calcium, maar slechts 0,2% van mijn atomen zijn calciumatomen.

De laatste paar elementen die me in leven houden wegen alles bij elkaar minder dan een gram: strontium, voornamelijk in de botten, jodium, essentieel voor het maken van het schildklierhormoon, koper, voor de functie van een enorm scala aan enzymen, en dan nog onmeetbaar kleine hoeveelheden mangaan, molybdeen en kobalt. Een tekort aan een van deze elementen kan dodelijk zijn, maar een teveel kan net zo giftig zijn.

Dat is een lijst van heel exacte eisen, waaruit blijkt dat het eten voor alle complexe organismen een buitengewoon heikel project is. Maar terwijl mensen de wetenschap erachter kunnen uitzoeken en dingen precies kunnen uitmeten, moeten dieren er maar mee om zien te gaan. Als je een carnivoor bent, heeft een ander dier het zware werk al voor je gedaan – koeien bestaan uit min of meer hetzelfde materiaal als de dieren waardoor ze worden gegeten. Maar voor een herbivoor is het leven heel anders. Herbivoren moeten de regen najagen, de carnivoren mijden en de juiste hoeveelheid van bijvoorbeeld selenium eten. Hoe doen ze dat?

Om dit te begrijpen zocht ik Eddie Rixon op, een vierde-generatie-rundveehouder in Oxfordshire. Eddie woont op een heuvel midden op het terrein van zijn bedrijf, samen met drie generaties van zijn familie, en bezit zo'n honderd koeien. Dat klinkt idyllisch, en dat is het ook – maar hij was tijdens ons gesprek wel constant aan het werk: hij vulde zakken met voer en inspecteerde de hoeven van de koeien.

Eddie benadrukte de complexiteit van de eetgewoonten van zijn koeien: 'Veel planten die herbivoren eten, waaronder mijn koeien, zitten naast energie en voedingsstoffen ook vol gifstoffen. De koe moet de inname van energie precies uitbalanceren met de hoeveelheid gif, en ook zorgen dat ze de juiste hoeveelheid voedingsstoffen binnenkrijgt.'

In hun wapenwedloop met de planten hebben koeien ongelooflijke ontgiftingsmechanismen moeten ontwikkelen. Gifstoffen worden vernietigd door de bacteriën in hun darmen of door krachtige enzymen in hun lever, of worden volledig verwijderd door hun nieren. Maar koeien leren ook over de planten die ze eten terwijl ze die eten. Ze proeven een beetje, herinneren zich de smaak en geur en verbinden die herinnering met het effect op hun lichaam. Eddies koeien voegen voortdurend data toe aan een geheugenbank over hoe planten interacteren met hun lichaam – hoeveel energie er vrijkwam in de vorm van suiker en eiwit, of ze misselijk werden van de gifstoffen, enzovoort – en ze kunnen zelfs leren welke planten in combinatie met elkaar goed werken.

Het is namelijk een vergissing om te denken, legde Eddie uit, dat koeien en andere herbivoren alleen gras eten en niet veel anders. Integendeel: door hun moeder te kopiëren en kleine hoeveelheden van verschillende planten uit te proberen bouwen herbivoren een bijzonder divers dieet op.[16, 17] Bij bepaalde onderzoeken hebben wetenschappers een gat gemaakt in de hals en maag van vrij rondlopende geiten en runderen (dat klinkt extreem, maar de dieren verdragen dit goed en de procedure wordt onder narcose verricht). Zo kunnen de wetenschappers precies bijhouden en bemonsteren wat de dieren verkiezen te eten.[18] Uit deze onderzoeken komt naar voren dat ze vaak tussen de 25 en 50 verschillende planten per dag eten, waarbij al de chemicaliën in al die planten op elkaar reageren en de herinnering aan alles wordt opgeslagen voor de toekomst.

Terwijl Eddie en ik met elkaar spraken, kwamen de koeien naar de rand van de wei gelopen om ons te begroeten; ze snoven en bliezen en lieten zich achter de oren krabben. Eddie houdt zijn hagen opzettelijk divers: 'Als je de koeien in de gaten houdt, zie je dat ze verschillende planten van de rand van de wei eten. We begrijpen niet precies wat ze doen, maar ze nemen doelgerichte beslissingen.'

Wormen (in de darmen, niet in de bodem) zijn bijvoorbeeld een groot probleem voor koeien. Veel planten die Eddie teelt in de heggen bevatten tannines die darmwormen doden, wat betekent dat ze met minder ontwormingsmedicijnen toe kunnen. Dat is ook goed omdat ontwormingsmedicijnen ook aardwormen doden, wat ten koste gaat van de gezondheid van de bodem.

Tannines doden niet alleen wormen: ze kunnen andere gifstoffen binden en neutraliseren. Als je een voorafje eet van tanninerijke esparcette, een winterharde plant met grote roze bloemen, neutraliseren de tannines vervolgens de giftige terpenen in een hoofdmaaltijd van alsem. De tannines in een hap rolklaver kunnen zich verbinden met de toxische alkaloïden in door schimmel aangetaste beemdlangbloem en deze inactiveren. Er zijn duizenden, misschien wel miljoenen van deze combinaties.[19, 20]

Het meest opmerkelijke van koeien is misschien wel het feit dat ze de belangrijkste energiebron in planten niet kunnen verteren: de structurele suikers zoals cellulose, xylaan en pectine. Geen enkel zoogdier kan die verteren. In plaats daarvan laten we bacteriën het werk voor ons doen. Ik heb het hier over het microbioom, de biljoenen bacteriën, schimmels en andere micro-organismen die op en in ons leven. De meeste van deze micro-organismen zitten in onze darmen, waar ze overal min of meer hetzelfde doen, of je nu een koe bent of een mens. (Het effect van UPF op het microbioom bekijken we later; het is wellicht een van de schadelijke effecten van UPF.) Het microbioom van de koe is van zo'n cruciaal belang voor haar overleven dat je het idee van een koe kunt omkeren en die gewoon kunt beschouwen als een voertuig voor haar eigen microbioom, een vierpotig voertuig dat de micro-organismen vervoert naar de planten van zijn keuze. Als je die gedachtesprong eenmaal hebt gemaakt, kun je ook zo naar jezelf kijken.

Koeien zijn lang bezig met het vermalen van planten, waarna ze het plantenmateriaal in bacteriële gistingskamers opslaan, waar bacteriën het zetmeel en de vezels afbreken en energie en afvalmoleculen produceren die vluchtige korteketenvetzuren worden genoemd. Je hebt er in andere contexten vast weleens van gehoord – de bacteriën in je eigen darmen maken de meeste ervan ook.

Acetaat is het belangrijkste zuur in azijn. Propionaat wordt als conserveermiddel gebruikt. Butyraat wordt gebruikt als additief in voedsel en parfum. Valeraat zit in medicinale plantvaleriaan en wordt gebruikt als voedingsadditief voor het produceren van smaak in vlees. De koe kan deze vetzuren aanwenden voor energie en om haar lichaam op te bouwen (net als wij). Koeien en alle andere herkauwers leven van de afvalproducten van de bacteriën in hun darmen.*

* Het feit dat sommige ervan worden gebruikt als middelen voor voedselbewerking, terwijl ze ook in je lichaam worden aangemaakt, betekent niet dat ze onschadelijk zijn. In het menselijk lichaam komen deze moleculen vrij op exacte plaatsen op exacte momenten, en er een heleboel van eten heeft niet hetzelfde effect.

De wapenwedlopen van het tweede tijdperk, tussen organismen die verwikkeld zijn in een strijd om te eten en niet opgegeten te worden, leidden tot fantastisch complexe systemen zoals het microbioom. Ik verliet Eddies boerderij met een nieuw respect voor de complexiteit van het herbivoorproject en een hoofd vol gedachten over hoe mensen verschillen van koeien, en trouwens van alle andere levensvormen, wat betreft eetgewoonten.

Gedurende bijna het gehele tweede tijdperk, en door alle verschillende soorten, is voedsel rauw, vers en vaak nog levend geconsumeerd. Toen, rond twee miljoen jaar geleden, begon één enkele soort zijn voedsel uitwendig te bewerken: pletten, vermalen en – het belangrijkste – koken.

Vandaag de dag wordt algemeen geaccepteerd dat koken van cruciaal belang is voor wat ons menselijk maakt. Dat lijkt nu een open deur, maar slechts een paar jaar geleden beweerde een aanzienlijk aantal antropologen nog dat koken van louter culturele betekenis was. Volgens mij had de zaak beslecht kunnen worden met een simpele eetwedstrijd waarbij een rauwe biefstuk met aardappelen werd gebruikt. Maar het gebeurde op meer wetenschappelijke wijze in 2007, toen een team waarvan Rachel Carmody en Richard Wrangham deel uitmaakten deze hypothese testte bij… pythons, Birmese pythons om precies te zijn.[21] (Waarom ze pythons gebruikten wordt niet uitgelegd in het artikel, dat in alle andere opzichten bijna overdreven gedetailleerd is.) De pythons kregen rauw rundvlees te eten, gekookt rundvlees, rauw gemalen rundvlees en gekookt gemalen rundvlees. Gekookt gemalen rundvlees maakte energie 25 procent meer beschikbaar, wat geen grote verrassing was.* Met dit experi-

* Spiereiwitten beginnen bij iets meer dan 40 °C af te breken – een van de redenen dat een zonnesteek zo gevaarlijk is. En rond 70 °C begint alle kauwbare verbindende collageen te smelten tot een gel, waardoor je het vlees gemakkelijker met je tanden kunt doorbijten. Daarnaast worden bij het koken alle parasieten gedood die het vlees besmetten en waarvoor de gastheer een hoge prijs aan energie betaalt. Er is geen andere carnivoor die deze parasieten kan vermijden, wat de vroege mens die zich het gebruik van vuur eigen maakte een spectaculaire voorsprong gaf ten opzichte van alle andere dieren die herbivoren wilden eten.

ment overtuigden Carmody en Wrangham bijna iedereen van hun hypothese dat het spijsverteringskanaal van de mens zich uitstrekt tot in de keuken.* Warmte en mechanische bewerking zijn niet alleen onderdeel van onze cultuur, ze maken deel uit van onze fysiologie.

Deze noodzaak om te koken betekent dat we qua dieet een unieke niche innemen. In een artikel uit 2015 werd gesteld dat de mens de enige cucinivoor is – een dier dat verplicht is te koken.[22] In feite zijn we de enige bewerkivoren: we moeten voedsel niet alleen *koken*, maar ook *bewerken*. Al sinds de prehistorie zijn we voedsel aan het vermalen, kloppen, gisten, drogen, zouten, koelen en begraven. Ons lichaam getuigt van de lange geschiedenis van het bewerken van voedsel.[23] Het blijkt duidelijk uit het aantal genen dat we hebben voor enzymen om zetmeel, melk, suiker en alcohol te verteren, en uit de omvang van ons eetapparaat: onze tanden, kaken en darmen zijn piepklein in vergelijking met andere zoogdieren, ongeveer de helft van de omvang gemeten naar ons gewicht.[24] Bewerken is noodzakelijk voor onze overleving en heeft ons menselijk gemaakt,** en maakt dus deel uit van het tweede tijdperk van eten.

Het tweede tijdperk duurt overal om ons heen nog voort. Je kunt boodschappen doen bij een supermarkt en een organisme uit het tweede tijdperk blijven door vlees, fruit en groenten te kopen – al zal dat natuurlijk duur en tijdrovend zijn. De meeste mensen in het VK

* Wrangham stelt als hypothese dat *Homo erectus*, met zijn kleine kiezen, mond, maag en grote darm, het vuur al meer dan een miljoen jaar moet hebben beheerst voor het vroegste gedocumenteerde bewijs van haarden en gecontroleerd vuur (200.000-400.000 jaar geleden in de Qesem-grot in Israël). Haarden met sporen van koken van dezelfde leeftijd zijn gevonden in Afrika, Frankrijk, Spanje, China en Groot-Brittannië. Maar Wranghams theorie is overtuigend. Met zijn lange benen en de vorm van zijn torso was *Homo erectus* waarschijnlijk geen vaardig klimmer. Chimpansees maken voornamelijk gebruik van boomnesten vanwege de luipaarden, en vergeleken met de predatoren van de oude savanne lijkt een modern luipaard op mijn kat Winston. Het vuur zal voor de niet-klimmende hominiden een essentiële afschrikking van jagers zijn geweest.

** Er bestaat een trend om een rauw dieet te eten – uit het bewijsmateriaal blijkt dat meestal niet goed te gaan: het leidt tot extreem gewichtsverlies en vruchtbaarheidsproblemen.[25]

en de VS zijn wat ik 'het derde tijdperk van eten' noem binnengegaan, waarin de meeste calorieën die we binnenkrijgen afkomstig zijn van voedselproducten die nieuwe, synthetische moleculen bevatten die nooit in de natuur worden aangetroffen.

Over het jaartal bestaat geen eenstemmigheid.

1879 is een goede kandidaat. Een postdoctorale scheikundige, Constantin Fahlberg, werkte in een lab van Johns Hopkins University. In een later interview met *Scientific American* in 1886 werd hij beschreven als lang, goedgebouwd en knap. Een gedenkbuste op zijn grafsteen in Duitsland lijkt dit te bevestigen: hij ziet er helemaal uit als een negentiende-eeuwse industrieel, met een doorgroefd voorhoofd, onberispelijk kapsel, een baard en gepommadeerde snor. Ten tijde van het interview was hij heel beroemd, maar hij bleef volgens de interviewer 'schuchter en gereserveerd'.

Fahlberg probeerde samengestelde medicijnen te maken uit koolteer, een kleverige vloeistof die een giftig nevenproduct is van de bewerking van steenkool. Het wordt nog steeds gebruikt in shampoo en zeep voor de behandeling van psoriasis en schimmelinfecties. Ik gebruik er een voor de behandeling van mijn roos, met wisselend succes, al ga ik er wel van naar vers gelegd asfalt ruiken. Niemand weet zeker hoe koolteer werkt, maar de effecten ervan kunnen waarschijnlijk worden toegeschreven aan het feit dat er grote hoeveelheden gifstoffen in zitten: fenolen, polycyclische aromatische koolwaterstoffen en andere giffen. In kleine doses doden die ongewenste menselijke cellen en pathogenen. In grote doses is er bewijs dat ze kanker veroorzaken.

In een bepaalde versie van Fahlbergs ontdekking likt hij zijn handen in het lab, maar dat klopt niet helemaal. Ik denk dat zelfs in de negentiende eeuw scheikundigen daar te voorzichtig voor waren – al blijkt dat nauwelijks uit zijn eigen woorden:[26]

> Op een avond was ik zo geconcentreerd bezig in mijn laboratorium dat ik pas veel later aan mijn avondeten dacht; ik haastte me weg om te gaan eten zonder eerst mijn handen te wassen. Ik ging zitten, brak een stuk brood af en bracht het naar mijn mond. Het smaakte onzegbaar zoet. Ik vroeg me niet af waarom, waarschijnlijk omdat ik dacht

dat het cake of suikergoed was. Ik spoelde mijn mond met water en droogde mijn snor af, en tot mijn verbazing smaakte het servet zoeter dan het brood. Ik besefte plotseling dat ik zelf de oorzaak was van die unieke, universele zoetheid en proefde ter controle het topje van mijn duim, waarbij ik ontdekte dat dat alle snoepgoed dat ik ooit had gegeten overtrof. In één oogopslag werd alles me duidelijk. Ik had een soort koolteer gemaakt die nog zoeter was dan suiker. Ik liet mijn eten staan en rende terug naar mijn lab, en in mijn opwinding proefde ik de inhoud van elke beker en uitdampschaal op de tafel. Gelukkig zat er in geen daarvan een giftige of bijtende vloeistof.

Fahlberg had sacharine gemaakt, de eerste kunstmatige zoetstof, en vanwege het tekort aan suiker ten gevolge van de Eerste Wereldoorlog was het de eerste compleet synthetische verbinding die op grote schaal aan ons dieet werd toegevoegd. Het is 300 maal zoeter dan suiker en een triomf van synthetische scheikunde. Fahlberg werd fabelachtig rijk. Het wordt vandaag de dag nog steeds gebruikt – als je ooit in een restaurant of motel in de VS bent geweest, zullen je de bekende pakjes Sweet'N Low op elke tafel zijn opgevallen.

De uitvinding van sacharine viel in het midden van een nieuw tijdperk van chemie van synthetisch voedsel. Er werd al meer dan een halve eeuw gewerkt aan synthetische koolwaterstof. Een artikel uit 1885 begint met de vaststelling dat meer mensen bezig zijn met de studie van het modificeren van zetmeel dan in enig ander tijdperk van de scheikunde.[27] De daaropvolgende eeuw zijn duizenden nieuwe moleculen in ons voedsel opgenomen.

En we eten er gigantische hoeveelheden van. In geïndustrialiseerde landen als het VK neemt elk van ons 8 kilo voedingsadditieven per jaar in. Toen ik die statistiek las, leek dat onmogelijk. Om dit in perspectief te zetten: gemiddeld kopen we maar 2 kilo bloem per jaar om thuis te bakken. Maar dat klopt allemaal met de observatie van Carlos Monteiro: dat we steeds minder rauwe ingrediënten kopen, en dat steeds meer van ons voedsel industrieel bereid en bewerkt wordt.

Het is duidelijk dat het eten van 8 kilo synthetische moleculen per jaar, om nog maar te zwijgen van de synthetisch gemodificeerde vetten, eiwitten en koolhydraten, verontrustend is, maar de meeste zorgen over toevoegingen zijn misplaatst; ik kom daar later op terug. Het voornaamste punt is niet dat ze op zichzelf schadelijk zijn, maar dat de toevoegingen staan voor UPF. Ze zijn een teken van een methode en doel van voedselproductie waarvan we weten dat die verband houdt met ziekten. De afzonderlijke ingrediënten van UPF kunnen stuk voor stuk schadelijk zijn, maar ze zijn dat vooral in combinatie. Ik noem de consumptie van UPF het derde tijdperk van eten, omdat het zo'n recente verandering is ten opzichte van ons evolutionaire verleden.[28]

* * *

Als je onbewerkt en minimaal bewerkt voedsel blijft eten, zoals mensen miljoenen jaren hebben gedaan, eet je met veel meer bewustzijn van je voeding dan mensen die nog maar een paar honderd jaar geleden leefden.

Eten is voor een deel een eerder intellectuele dan een zuiver instinctieve bezigheid geworden. Velen van ons houden rekening met calorieën, portiegroottes, goede en slechte voeding. Zuiver op instinct eten, zoals een koe dat doet, in plaats van het advies op de verpakking of van voedingsdeskundigen te volgen is een benadering die voor veel mensen bijna onvoorstelbaar is. Het idee dat mensen net als Eddies koeien een inwendig systeem zouden hebben waarmee we ons dieet zelf kunnen reguleren en uitbalanceren lijkt onwaarschijnlijk, als je kijkt hoe weinig de overheid het ons toevertrouwt om zonder begeleiding te eten. Zouden mensen het eten echt aan het instinct kunnen overlaten?

Het eerste geloofwaardige wetenschappelijke antwoord op deze vraag is in 1928 uitgewerkt met de hulp van drie baby's, Donald, Earl en Abraham. Ze waren het onderwerp van een van de belangrijkste en minst bekende voedingsonderzoeken van de twintigste eeuw, uitgevoerd door Clara Davis, een kinderarts uit Chicago.

Davis moet een opmerkelijk iemand zijn geweest, al weten we niet veel over haar. Ze was een van de tien vrouwen die in 1901 afstudeerde aan haar medische faculteit; in 1926 werkte ze in het Mount Sinai Hospital in Chicago, en ze maakte zich zorgen over het advies dat dokters aan ouders gaven over de voeding van hun kinderen. Gedurende het hele tweede tijdperk van eten hadden de kinderen van alle zoogdieren min of meer gegeten wat volwassenen aten. Misschien werd er wat extra gepureerd of verzacht, en wat minder gekruid, maar er was geen 'babyvoedsel' – alleen melk, en vervolgens eten.

Maar tegen de jaren twintig van de twintigste eeuw had het voeden van een kind zich in de VS tot een soort wetenschap ontwikkeld. 'Aan een baby kun je niet op een bevredigende manier voeding voorschrijven als je niet over kennis beschikt over de samenstelling van die voeding,' werd verklaard in een artikel in het *Journal of the American Medical Association.*[29] Amerikaanse moeders kregen voedingslijsten uitgereikt gebaseerd op de meest recente voedingswetenschap, maar de kinderen leken lak te hebben aan de data en weigerden de voeding te eten. Het werd zo'n groot probleem dat de meeste bezoeken aan kinderartsen in de jaren twintig over eetproblemen gingen.[30] De medische stand reageerde verstandig... door ouders te adviseren de kinderen honger te laten lijden en ze 'stevig' aan te pakken. Alan Browns boek uit 1926, *The Normal Child, Its Care and Feeding*, is een mooi voorbeeld: 'Dwang is nodig bij kinderen die hun eten uitspugen of opzettelijk overgeven. Geef zo'n kind een kleine hoeveelheid eten, als het overgeeft, geef dan meer; ga hiermee door tot het het eten binnenhoudt.'

Davis had een hekel aan deze autoritaire trend. Ze wist dat deze aanpak niet op historisch bewijs berustte. Ze wist ook dat dieren gezond wisten te blijven zonder dat de wetenschap ze vertelde wat ze moesten eten. Zij vond dat de artsen juist moesten luisteren naar wat de kinderen hun probeerden te vertellen.

Maar dat was niet Davis' enige zorg. Ze maakte zich ook zorgen over het moderne eten van de jaren twintig op een manier die bijna honderd jaar laten nog steeds modern aandoet. In een artikel beschrijft ze de 'slechte voeding bij baby's die na de borstvoeding moeten overschakelen op het gebak, de conserven, de jus, het witbrood, de suiker en het blikvoedsel die je veel bij volwassenen op tafel vindt'. Naar haar mening was zulke voeding 'incompleet en bewerkt', en ze merkte op dat ze 'honderd jaar geleden geen substantieel onderdeel vormde van het dieet'. Ze vermoedde zelfs dat die sterker bewerkte voeding achter veel van de eetproblemen zat die ze als klinisch medicus signaleerde.

Davis wist op de een of andere manier een aantal moeders over te halen hun kinderen maandenlang – en in één geval zelfs meer dan vier jaar lang – aan haar laboratorium af te staan voor deelname aan de langst lopende klinische studie van eten die ooit is uitgevoerd. Het plan was simpel maar zeer revolutionair. Davis liet de kinderen hun eigen voedsel kiezen en mat dan of ze even gezond bleven als kinderen die een 'voorgeschreven' dieet kregen aan de hand van het beste voedingsadvies van die tijd. Ze koos kinderen die tot aan het begin van het experiment uitsluitend borstvoeding hadden gekregen, zodat ze 'geen ervaring hadden met het voedsel of met de vooroordelen of vooringenomenheid ten aanzien van voeding'.

Haar hypothese was dat aangezien het menselijk lichaam inwendige reguleringsmechanismen heeft voor de inname van water en zuurstof, hartslag, bloeddruk, lichaamstemperatuur en elke andere fysiologische variabele, hetzelfde ook zou moeten gelden voor de samenstelling van het lichaam en de inname van voedsel.

Earl Henderson was de eerste die voor Davis' experiment werd ingezet. Hij was negen maanden oud en was het kind van een 'magere, ondervoede jonge vrouw met een dieet dat niet ideaal was voor de melkproductie', en had bijna zijn totale korte leven buitenshuis doorgebracht. Bij binnenkomst was hij er slecht aan toe, met gezwollen neusamandelen, een slijmachtige neusafscheiding en een ring van benige knobbels op zijn borstkas – de karakteristieke rachitische rozenkrans, een ribvergroeiing ten gevolge van een tekort aan vitamine D. Desondanks mocht de negen maanden oude baby helemaal zelf weten wat hij at ('bij dit experiment werd de vraag gesteld of hij zijn eigen gastronomische zaken kon opknappen').

Earl kreeg elke dag de keus uit 34 verschillende soorten voedsel, allemaal bereid in de keuken van de afdeling, en 'bestaande uit een breed scala aan dierlijk en plantaardig voedsel dat vers van de markt was gehaald. Uitsluitend natuurlijk, volwaardig voedsel. Geen incompleet of ingeblikt voedsel.'

Dit is de complete lijst (merk op dat er nauwelijks welke bewerking dan ook aan te pas komt – niet eens kaas of boter):

- Vlees (spiervlees): rundvlees (rauw en gekookt), lamsvlees, kip
- Klierorganen: lever, nieren, hersenen, kalfszwezerik
- Zeevruchten: zeevis (schelvis)
- Granen: volkoren (onbewerkt); havermout (Schots), gerst (volle granen), maïzena (geel), rogge (Ry-Krisp)
- Botproducten: beenmerg (rundvlees en kalfsvlees), beengelei (oplosbare botsubstanties)
- Eieren
- Melk: eersteklas rauwe melk, eersteklas rauwe volle lactische melk (lijkt op yoghurt)
- Fruit: appel, sinaasappel, banaan, tomaat, perzik of ananas
- Groenten: sla, kool, spinazie, bloemkool, erwten, bieten, wortelen, knolrapen, aardappelen
- Bijkomend: zeezout

Bij mijn onderzoek van Davis maakte ik een lijst van wat ik Lyra (drie) en Sasha (één) te eten zou geven. Ik probeer afwisseling in hun dieet te brengen, maar ik haal zelden zelfs maar tien verschillende soorten eten.

Voor elke maaltijd kregen Earl en de andere deelnemers twaalf verschillende stuks voedsel voorgezet, en altijd melk, gefermenteerde zure melk en zout. De afzonderlijke stuks voedsel werden in verschillende schaaltjes gedaan en nooit gemengd. De verpleegkundigen kregen zorgvuldige instructies: ze mochten het voedsel niet aan de kinderen aanbieden; ze mochten hun alleen het voedsel geven waarvan ze aangaven dat ze het wilden. Ze kregen ook opdracht geen goed- of afkeuring te laten blijken, en om het dienblad weg te halen zodra de jongens waren gestopt met eten. Als de jongens bij een maaltijd een bepaald voedselitem helemaal opaten, kregen ze daar bij het volgende maal meer van.

Earl werd in de afdeling van Clara Davis geplaatst en kreeg drie dagen lang uitsluitend borstvoeding van zijn moeder. Er werden gedetailleerde metingen verricht: een fysiek onderzoek, een bloedbeeld, urine, kalk- en fosforniveau. Er werden röntgenopnamen van zijn botten gemaakt om de dichtheid te bepalen. 'Op de vierde dag werd gestopt met de borstvoeding en begon het eigenlijke experiment.'

Je kunt je amper voorstellen hoe traumatisch dit aanvankelijk moet zijn geweest voor Earl en zijn moeder. Misschien had hij zo'n honger dat hij het niet erg vond dat zijn moeder werd vervangen door verpleegkundigen die hem voldoende voeding konden geven. Daar is niets over opgetekend, en dat stoorde me bij het lezen over het experiment.

Davis beschreef Earls eerste maal: hoe hij 'een paar seconden naar het blad keek', vervolgens 'naar een schaaltje rauwe wortelen reikte en er zijn hele hand in liet ploffen'. Maar een handvol leek niet genoeg te zijn. 'Daar ging zijn hand weer naar de schaal,' steeds opnieuw, 'tot de meeste wortelen op waren.'

Davis was hiermee ingenomen. 'Binnen drie dagen had hij bijna alle verschillende soorten voedsel uitgeprobeerd,' schreef ze. 'Hij had onze eerste vraag beantwoord: hij kon zijn voedsel kiezen en deed dat ook... en at er een voldoende hoeveelheid van.'

Nog eens twaalf baby's werden de daaropvolgende jaren gerekruteerd, en allemaal maakten ze zich even enthousiast het dieet eigen. Bijna allemaal probeerden ze alles wat ze kregen aangeboden minstens één keer uit, en hun eetlust was 'uniform goed': ze begroetten de naderende bladen met eten vaak 'door op en neer te springen in hun bedje'. Als ze eenmaal aan tafel zaten, zaten ze vijftien tot twintig minuten lang rustig te eten, en aten vervolgens met onderbreking, 'speelden een beetje met het eten, probeerden de lepel te gebruiken en boden stukjes aan de verpleegster aan'.

De avond nadat ik dit had gelezen zat ik aan tafel Sasha te voeren en merkte op dat ze net als de kinderen bij Davis mij vaak een stukje eten aanbood, zelfs terwijl ik haar aan het voeren was. Dat Davis dit detail vermeldt, geeft me de zekerheid dat ze er echt bij was, zat te kijken en zorgde, en niet alleen van een afstand toezicht hield.

Het eten in Davis' experiment was ongezouten, maar elk kind kreeg bij ieder maal een schaaltje zout. Ze aten dat met hun handjes en sputterden, verslikten zich of huilden zelfs als ze het in hun mond hadden gestopt, maar toch pakten ze regelmatig meer, 'met herhaling van hetzelfde gesputter'.

Het experiment was een enorm succes. Slechts twee kinderen weigerden sla te eten, en eentje wilde geen spinazie proeven. Alle kinderen wisten hun eigen dieet te regelen en ze voldeden allemaal aan de voedingseisen alsof ze daar de laatste leerboeken over hadden gelezen. Hun gemiddelde calorie-inname bleek te vallen binnen de grenzen van de vastgestelde voedingsstandaard van die tijd, en ze hadden geen van allen last van de gebruikelijke voedingsgerelateerde problemen die ook vandaag de dag nog schering en inslag zijn in de pediatrische praktijk. Geen van de kinderen had na het eten kolieken, ongemak of buikpijn. Ze hadden nooit last van verstopping. Geen enkel kind had ooit twee dagen achter elkaar geen ontlasting. Bij vijftien kinderen over een periode van vele maanden is dat werkelijk een verbluffende statistiek. En er waren ook geen eetproblemen. Ze hadden allemaal een gezonde eetlust, en, in Davis' woorden, 'ze voeren er wel bij'.

Misschien wel het beste argument voor een inwendig reguleren van voeding betrof Earls rachitis. Hij was binnengekomen met die aandoening, waarbij de botten zacht en zwak worden. Er staan in het artikel röntgenfoto's van zijn kleine handjes, genomen toen hij net binnenkwam, waarop duidelijk de verminderde botdichtheid te zien is en het verlies van de harde buitenste cortex van het bot.* De groeischijven aan het uiteinde van de botten zijn onduidelijk en wazig, en op een ernaast weergegeven foto ziet Earl er krombenig en angstig uit.

Davis stelde dus meteen een behandeling voor Earl voor: 'Gebonden aan de belofte om niets in zijn nadeel te doen of na te laten, zetten we een klein glas kabeljauwlever op zijn blad, waarvan hij kon nemen als hij wilde.' Kabeljauwlever was destijds de enige eetbare bron van vitamine D.** Gedurende de eerste drie maanden van het experiment dronk Earl 'onregelmatig en in wisselende hoeveelheden' uit het kopje totdat de kalk en fosfor in zijn bloed normale niveaus hadden bereikt, en uit röntgenfoto's bleek dat de rachitis was genezen; op dat moment stopte hij helemaal met het drinken van het spul. Toen het

* Je ziet trouwens ook de botten van de hand van de volwassene die het kind vasthoudt – waaraan je ziet hoelang geleden dit was, voordat men op de hoogte was van de gevaren van röntgenstralen.

** De meeste vitamine D ontvangen we van zonlicht, dat de vorming ervan in de huid veroorzaakt.

meer dan twee weken onaangeroerd op het blad had gestaan, boden de verpleegsters het niet langer aan.

De andere kinderen volgden hetzelfde patroon. Ongeacht het probleem waarmee ze waren binnengekomen, bereikten ze allemaal snel een optimale gezondheid als ze eenmaal zeggenschap over hun eigen voeding hadden gekregen. Ze aten allemaal immense, gevarieerde hoeveelheden, maar op een vreemde en onvoorspelbare manier. Ze aten allemaal in fasen (door de dieetkeuken 'jags' genoemd): een eierfase, een granenfase, vleesfase enzovoort.

Dat patroon zie ik ook bij mijn kinderen. Lyra was dol op tomaten toen ze gespeend werd, en at wekenlang elke dag een stuk of tien kleine tomaatjes. Op een dag hield ze daarmee op en weigerde om onverklaarbare redenen maandenlang tomaten te eten. Dan kookte ik ze en verstopte ze in haar eten, maar ze spuugde ze altijd uit. Ze at zonder problemen kattenpoep in het bloembed, of een handvol tapijtpluizen, dus het was geen afkeer in conventionele zin. Ze wilde gewoon geen tomaten – tot ze er op een dag weer mee begon. Twintig per dag. Pieken en dalen.

Toen ik voor het eerst over Davis' experiment las, had ik wel vraagtekens bij haar motivaties en ethiek. Dit waren tenslotte allemaal arme kinderen van wie de moeder in een wanhopige situatie verkeerde – was dat geen exploitatie? Maar naarmate ik verder las, begon zich veel sterker een karakter af te tekenen dan in moderne wetenschappelijke artikelen het geval is. Het leek me duidelijk dat ze zeer met de kinderen begaan was, en uiteindelijk adopteerde ze twee van de jongens voor wie ze had gezorgd, Donald en Abraham, die hun hele leven een hechte band met haar hielden. Donalds weduwe herinnerde zich dat haar schoonmoeder heel veel van hen beiden hield.[3]

Welke conclusies moeten we dus verbinden aan Davis' experiment? Het risico is dat je het verkeerd interpreteert en concludeert: 'Laat kinderen eten wat ze willen.' Maar Davis was er heel duidelijk over dat dit niet het oordeel moest zijn: volwassenen moeten kinderen leren wat ze kunnen eten, om vergiftiging en dergelijke te voorkomen, maar ze vond wel dat we, als eenmaal is vastgesteld welk eten veilig is, moeten onderkennen dat kinderen moeten leren hun eten zelf te reguleren in reactie op wat ze nodig hebben, waarbij signalen heen en weer worden gestuurd tussen de hersenen en de darmen. Ze dacht veel na over die eetfasen, die volgens haar wellicht aan de basis stonden van zoveel eetproblemen, en opperde dat deze gedragsneiging het resultaat zou kunnen zijn van een complexe innerlijke strijd. Ze opperde het idee dat 'bij het opraken van de voorraden van verschillende voedingsfactoren er een toegenomen honger optreedt naar voedsel dat die factoren verschaft'. Ze ging nog een stapje verder in deze redenatie: 'Een dergelijke verklaring veronderstelt het bestaan van een centrum voor eetlust en zou volledig theoretisch zijn.'

De laatste regel is een intrigerende gedachte, en Davis borduurde erop voort: 'De nauwkeurigheid waarmee selectieve eetlust bij de baby's van het experiment voldeed aan voedingseisen doet vermoeden dat eetlust een van de vele zelfregulerende activiteiten is waarvan de functies voorafgaan aan cellulaire voeding en ingesteld zijn op de behoeften ervan, en geen kennis van voeding of sturing door de hersenen vereisen.'

Davis stelde dat mensen wellicht net als Eddie Rixons koeien in staat zijn hun dieet precies te variëren, in overeenstemming met wat we nodig hebben – dat ook wij het mechanisme hebben om te eten zonder kennis van voeding, op een zodanige manier dat we ons lichaam kunnen opbouwen en onderhouden. Misschien heb ik iets gemist, maar het systeem dat dit stuurt werd niet genoemd tijdens mijn zesjarige studie geneeskunde.

6

Hoe ons lichaam werkelijk calorieën beheert

De erfenis van de half miljard jaar of meer van het tweede tijdperk van eten is een inwendig systeem dat onze voedselinname precies reguleert. Soorten die andere levensvormen eten lossen twee gelijktijdige problemen al heel lang met uitzonderlijke precisie op: de juiste hoeveelheid van alle essentiële microvoedingsstoffen eten en tegelijkertijd precies de juiste hoeveelheid energie eten.

Het deel van het systeem dat de energie-inname – en dus het lichaamsvet – regelt is het deel dat we het best begrijpen. Het gewicht wordt strak geregeld en elke soort heeft een redelijk uniform percentage lichaamsvet. Dit kan door het jaar heen variëren met de winterslaap, migratie en zwangerschap, maar wordt inwendig gecontroleerd, zoals al het andere in elk dierenlichaam.

De mens heeft een natuurlijke lichaamssamenstelling die vetrijker is dan andere landzoogdieren. Mannetjesolifanten hebben ongeveer 8,5 procent lichaamsvet en vrouwtjes rond de 10 procent.[1] Mensapen zoals chimpansees en bonobo's hebben minder dan 10 procent lichaamsvet.[2]

In contrast daarmee hebben zelfs menselijke populaties van jagers-verzamelaars lichaamsvetpercentages van rond de 21 procent bij vrouwen en 14 procent bij mannen.[3]

Obesitas is zeldzaam bij menselijke populaties die nog in het tweede tijdperk van eten leven, zelfs als er volop voedsel aanwezig is, en wilde dieren (die ook deel uitmaken van het tweede tijdperk van eten) lijken ook geen obesitas te ontwikkelen.*

Natuurlijk kwam menselijke obesitas wel voor tijdens het tweede tijdperk, en is die oeroud. Dus laat me dit duidelijk maken voordat we verdergaan; de Venus van Willendorf is een beeldje dat een vrouwenlichaam voorstelt met een hoog percentage lichaamsvet, zo'n twintig- tot dertigduizend jaar geleden gemaakt. Er zijn aanwijzingen dat de beeldhouwer niet vanuit de fantasie werkte, maar wellicht zichzelf afbeeldde.[7]

Verschillende leden van de ptolemeïsche dynastie, die van 305 tot 30 v.Chr. over Egypte heerste, zouden naar verluidt zo zwaarlijvig zijn geweest dat hun ademhaling 's nachts werd verstoord. De Alexandriërs gaven Ptolemeüs VIII de bijnaam 'Physicon', wat 'grote dikzak' betekent.[8] De geschriften van het oude Griekenland, Egypte en India bevestigen allemaal het bestaan van obesitas en stofwisselingsziekten. En het Oude Testament, het Nieuwe Testament, vroege christelijke geschriften en de Talmoed maken allemaal melding van

* Tijdens het schrijven van dit boek stuurden verschillende vrienden me artikelen die uiteenlopende oorzaken van obesitas opperden: in verschillende artikelen werd gemeld dat ook dieren zwaarder worden. Twee artikelen verwezen naar een artikel van David Allison: 'Kanaries in de kolenmijn: een onderzoek onder meerdere soorten van de wijde verspreiding van obesitas-epidemieën'.[4]

In feite bestudeerde dit onderzoek groepen dieren van acht soorten die geen afspiegeling zijn van wilde populaties. Het artikel geeft geen bewijsmateriaal dat wijdverbreide menselijke obesitas direct wordt veroorzaakt door iets anders dan de opkomst van UPF. David Allison is een academicus aan de University of Alabama die volgens vele berichten hechte banden heeft met Coca-Cola. In 2008 en 2011 berichtte zowel *The New York Times* als *ABC News* over de financiering van David Allison door Coca-Cola, Kraft, PepsiCo, McDonald's en de American Beverage Association.[5,6]

Deze financiering heeft misschien geen invloed op wat hij publiceert, maar de recente publicatie van zijn 'Consumptie van frites en energiebalans: een gerandomiseerd onderzoek met controlegroep' is een voorbeeld van de manier waarop door de industrie gefinancierde wetenschap ontdekkingen doet die in het verlengde liggen van de belangen van de financier.

Het onderzoek werd ondersteund door een subsidie van de Alliance for Potato Research and Education (APRE). In de conclusie staat het volgende: 'De resultaten staven geen causaal verband tussen de toegenomen consumptie van frites en de bestudeerde negatieve gezondheidsresultaten.'

obesitas – bijna altijd in negatieve zin.[9] Portretten en schilderijen uit de laatste paar honderd jaar hebben allemaal weergaven van obesitas. In 1727 schreef de Britse arts Thomas Short dat 'geen enkel tijdperk ooit meer voorbeelden van corpulentie [heeft] opgeleverd dan ons eigen tijdperk'.[10]

Al deze voorbeelden gaan vooraf aan de komst van UPF. Maar gewichtstoename was uitzonderlijk zeldzaam, en bij kinderen was er al helemaal geen sprake van. In veel menselijke samenlevingen van vandaag, in het derde tijdperk van eten, hebben de meesten van ons lichaamsvetpercentages gelijk aan de notoir vetrijke zeezoogdieren. Blauwe vinvissen hebben met 35 procent een van de hoogste percentages van alle wilde dieren, en – spoiler alert – tegen het einde van mijn dieet begon ik die verhouding te benaderen. Dus weliswaar is er al heel lang sprake van enige menselijke obesitas, maar dit boek richt zich vooral op de snelle toename van het lichaamsgewicht in verreweg de meeste landen tussen 1900 en nu, met name sinds de jaren zeventig, en het steeds meer voorkomen van obesitas onder kinderen.

Maar ondanks het feit dat obesitas tot vrij recent zeldzaam is geweest, is het idee dat er een systeem bestaat dat het lichaamsgewicht van mensen of welk levend wezen dan ook reguleert relatief nieuw. Lange tijd hadden vele dokters en wetenschappers, ikzelf incluis, aangenomen dat het percentage lichaamsvet van de mens vroeger lager was omdat het over het algemeen moeilijk was om aan eten te komen. In dit model zijn we geëvolueerd om eten lonend en wenselijk te vinden, en dus worden we aangezet om er zoveel van te consumeren als we kunnen. Dus in het tijdperk van overvloedig aanwezig, veilig en heerlijk voedsel is gewichtstoename onvermijdelijk.

Maar dit idee – dat gewicht uitwendig wordt gereguleerd door voorziening van voedsel – zou van gewicht een uitzondering maken onder de fysiologische parameters. Kijk bijvoorbeeld eens naar de hoeveelheid water in je lichaam. Het voelt misschien alsof je die bewust onder controle hebt, en je kunt ook besluiten om iets te drinken of dat uit te stellen, maar in de loop van je leven wordt de hoeveelheid water in je lichaam, en dus de concentratie van de honderdduizenden opgeloste chemicaliën waaruit je bestaat, precies intern geregeld, zelfs als we drinken, zweten en plassen. Het bewust regelen van de vloeistoffenbalans is op zijn best tijdelijk, en grotendeels een illusie. En het voorbeeld van de ademhaling wordt zelfs nog duidelijker als je probeert ermee op te houden. De inname van voedsel wordt amper méér bewust gestuurd dan ademhalen of drinken, en daarom is het bijna even moeilijk om de inname van voedsel te beperken als om de inname van water of zuurstof te beperken. Wat, wanneer en hoe we eten wordt bepaald door complexe systemen die ver onder ons bewuste niveau werkzaam zijn.

* * *

Hoe dieren een gezond lichaamsgewicht in stand houden en tegelijkertijd uitbalanceren is een duizelingwekkend complex proces. We zijn veel dank verschuldigd aan de ratten, die ons hebben geholpen dit proces te ontrafelen.

In 1864 voegde de Duitse fysioloog Paul Bert twee ratten samen zodat ze samen één bloedsomloop hadden. Daar was niet veel technische vaardigheid voor nodig. Hij verwijderde gewoon stukjes huid uit de flanken van elk van beide dieren en naaide de ratten aan elkaar. Terwijl de wond heelde, groeiden bloedvaten vanzelf van de ene rat naar de andere zodat ze een 'parabiotisch paar' werden.

Wreed, zeker, maar hierdoor konden wetenschappers wel het effect vaststellen van dingen in het bloed. In een vroeg experiment kreeg de ene rat van een parabiotisch paar suiker te eten en de andere niet. Beide ratten ontwikkelden een hoge bloedsuikerspiegel – al ontwikkelde slechts één ervan tandbederf, wat bewees dat het rotten van tanden werd veroorzaakt door suiker in de mond, niet in het bloed. In andere experimenten werden oude muizen aan jonge vastgemaakt, wat de levensduur van de oudere muis verlengde en die van de jongere verkortte.*

Bijna een eeuw later, in 1959, startte een Engelse fysioloog genaamd G.R. Hervey een reeks experimenten aan de hand van de

* Deze experimenten leidden uiteindelijk tot de oprichting van een aantal start-upbedrijven in Silicon Valley die – zonder succes – probeerden de levensduur van bejaarde miljardairs te verlengen door hun het bloed van jonge mensen te geven.[11, 12]

parabiotische paringstechniek om inzicht te krijgen in gewichtscontrole. Het onderzoek is lastig te lezen. 93 paren ratten werden aan elkaar genaaid, waarvan er maar 32 lang genoeg in leven bleven om in het experiment te worden gebruikt.[13] Bij deze ratten werd vervolgens een kleine elektrische sonde ingebracht in de schedel, met de bedoeling specifiek een deel van de hersenen te beschadigen dat de hypothalamus wordt genoemd. Als je een vinger in je neus zou steken en die doorduwt tot aan het bot daarachter, dan zou je uiteindelijk je hypothalamus aanraken. De hypothalamus onderhoudt de homeostase in het lichaam, hij controleert de temperatuur, de waterinname, hoeveel je zweet enzovoort.

Hervey ontdekte dat ratten met een beschadigde hypothalamus de controle over hun eetgedrag verloren en vaak obesitas ontwikkelden. Dus begon hij de hypothalamus in slechts één van de twee ratten van elk parabiotisch paar te beschadigen, en de resultaten werden er alleen maar gruwelijker op. De ratten met de beschadigde hypothalamus aten zo snel zoveel dat ze soms stikten in hun eten; ze waren niet langer in staat de 'stop met eten'-signalen te detecteren die hun lichaam hun gaf. Intussen begon de andere rat – volkomen normaal afgezien van het feit dat hij vastzat aan de rat met de hypothalamuslaesie – weg te kwijnen. Die kreeg via het gedeelde bloedsomloopsysteem wel een signaal dat hij moest stoppen met eten.

Dit was de eerste duidelijke aanwijzing dat er een feedbackmechanisme is voor gewicht, net zoals dat er is voor elk ander systeem in het lichaam. Uit Herveys bevindingen kwam naar voren dat dieren een 'juist' fysiologisch gewicht en lichaamsvetpercentage hebben, net zoals ze een 'juiste' bloeddruk, temperatuur, natriumniveau enzovoort hebben.

We weten nu dat een van de signalen die tegen de ratten zei dat ze moesten stoppen met eten een hormoon is dat leptine wordt genoemd en dat wordt aangemaakt in het vetweefsel en gedetecteerd door de hypothalamus in de hersenen.[14] Leptine is ook een hormoon dat subtiel zou moeten veranderen hoe we denken over het vet in ons lichaam. De tendens bestaat om vet bijna als dood weefsel te beschouwen – een laag reuzel, een uitrekbare brandstoftank – maar in feite is het een verfijnd endocrien orgaan dat een reeks hormonen produceert die invloed uitoefenen op de hersenen om het lichaamsgewicht te reguleren.

Leptine is een van verschillende hormonen die betrokken zijn bij gewichtscontrole op lange termijn. Het laat de hersenen weten hoeveel vet er in het lichaam is. Als de afscheiding van leptine zakt, is dat een signaal van verhongering dat een verstrekkend effect heeft op verschillende delen van de hersenen die een grotere inname van voedsel stimuleren. Als iemand een hoog lichaamsvetpercentage heeft, hoort de leptine tegen de hersenen te zeggen: 'Er zit hier een hoop vet waar je mee vooruit kunt. Je hoeft niet te veel op eten gericht te zijn.'

Leptine en andere hormonen hebben te maken met de controle op lange termijn over de inname van voedsel, maar er is ook een systeem voor controle op korte termijn. Je lever, alvleesklier, dunne darm, dikke darm, microbioom, vetweefsel en veel andere organen detecteren allemaal suikers, vetten, eiwitten en andere moleculen in de darmen en het bloed nadat je hebt gegeten. Ze zenden signalen naar – en ontvangen signalen van – de hersenen via een netwerk van zenuwen, bloedvaten en hormonen. Er is een dialoog tussen organen, die constant binnen in je aan het babbelen zijn over wat je zou moeten eten en wanneer, en wanneer je moet stoppen.*

Deze lange- en kortetermijnsystemen gaan over de ietwat mechanische regulering van voedsel en energie, de hoeveelheden brandstof en voedingsstoffen die je nodig hebt voor een basaal functioneren.

* Voordat je zelfs maar begint te eten scheidt je maag een hormoon af dat ghreline wordt genoemd – het 'hongerhormoon' –, dat in het bloed stroomt naar een deel van de hersenen dat de hypothalamus wordt genoemd en je zegt dat je moet beginnen te eten. Ghreline stimuleert ook de 'willende' neuronen – de dopamineneuronen in het limbische systeem. Terwijl het eten door je darm gaat, komen en nog meer hormonen vrij. Er is cholecystokinine, dat een zenuwsignaal naar de onbewuste centra van de hersenen boven aan de ruggengraat zendt, die de boodschap op hun beurt doorsturen naar de hypothalamus, waardoor je je fysiek vol voelt. Dan zijn er peptide YY en het glucagon-achtige peptide 1, die via het bloed naar de hypothalamus stromen en het plezier van het eten verminderen, en een heleboel andere hormonen met pakkende namen en neurotransmitters die samenwerken om de voedselinname te bepalen. En dat is nog voor we bij de hormonen komen die worden afgescheiden als je vast of honger hebt.

Maar in de beschrijving ervan in de wetenschappelijke literatuur wordt het bewust ervaren van eten vaak weggelaten. Pas vrij recent wordt in wetenschappelijke artikelen eten beschreven als een proces waar plezier aan te pas komt, of worden woorden als 'beloning', 'heerlijk', enzovoort gebruikt. Dat zijn tenslotte termen die verband houden met een ander systeem – het hedonistische systeem, vermengd met de oeroude circuits die ons dingen laten willen en genieten.

Als we begrijpen welke relatie er is tussen de regulering van brandstof en energie en het ervaren van plezier komen we terecht bij het emotionele raakvlak tussen onze bewuste ervaring van de wereld en het functioneren van ons lichaam als een machine. Dat ligt bij de grens tussen filosofie en wetenschap.

We weten dat deze twee systemen – het ene dat het eten voor het plezier stuurt en het andere dat toezicht houdt op eten om voedingsstoffen en brandstof binnen te krijgen – nauw met elkaar zijn verbonden via een keten van evolutionaire drukmechanismen die honderden miljoenen jaren teruggaan. De primitieve vissen die 300 miljoen jaar geleden onze verre voorouders waren, lijken al een versie van dezelfde beloningscircuits te hebben gehad die vandaag voor zo'n groot deel ons gedrag bepalen.[15]

Lange tijd meenden zelfs de wetenschappers die deze systemen onderzochten dat de twee met elkaar wedijverden: honger en beloning vergroten de inname, terwijl een vol gevoel die vermindert. Deze manier van snel denken leidt tot de veronderstelling waar ik altijd van ben uitgegaan: als eten maar lekker genoeg is, overstemt dit systeem simpelweg het systeem dat ons wanhopig probeert te vertellen dat we vol zitten. Het is het probleem van 'als ik nog een plakje neem, ga ik echt overgeven, nou, vooruit dan'.

Maar is dat écht een probleem? Ongelooflijk lekker eten?

Kevin Hall – die uit Bethesda in Maryland, en van het experiment dat het gelijk van Monteiro bewees – dacht er aanvankelijk niet zo over als ik: dat de smakelijkheid het gewoon won van het volle gevoel. Hall vermoedde dat ultrabewerkt, sterk belonend of verslavend eten het homeostatische systeem binnen in ons gewoon overstemt. Zo denkt hij er inmiddels niet meer over. Hij legde me aan de hand van een analogie uit hoe hij er voorheen over dacht – een mooie en aansprekende verklaring van de reden dat we niet met UPF kunnen omgaan, maar een verklaring die hij nu onjuist acht.

'Stel je een klein huis in Noord-Californië voor. Het heeft een kleine kachel, geschikt voor milde winters, en een thermostaat. De temperatuur stijgt en daalt naargelang het winter of zomer is,' zei Hall. 'De thermostaat en de kachel werken samen, ze schakelen in en uit afhankelijk van de buitentemperatuur. Het huis blijft het hele jaar rond op dezelfde temperatuur.'

Dit huis met een kachel geschikt voor het klimaat is als het menselijk lichaam, of welk lichaam ook, tijdens het tweede tijdperk van eten. Voedsel is er soms in overvloed, en soms is het schaars. Het systeem houdt de noodzakelijke inname in stand.

'Maar,' vervolgde Hall, 'laten we ons nu eens voorstellen dat je dat huis naar Edmonton in Noord-Canada verplaatst.' In Edmonton zijn de winters notoir streng en de staat heeft voor Hall een speciale betekenis – hij heeft er een paar moeilijke jaren doorgebracht, waarbij hij regelmatig vloog en op afstand werkte voor een bedrijf dat failliet leek te gaan. 'In Edmonton werkt de kachel nog steeds prima, en de thermostaat is op een behaaglijke temperatuur ingesteld, maar tegen de omgeving kan hij gewoon niet op. De kachel staat de hele tijd aan, maar de temperatuur buiten is zo extreem en zo koud dat het huis niet anders kan dan ook koud worden.'

Het weer is te koud, dus het huis wordt ook koud.

In deze analogie worden we zwaarder als we worden omringd door extreem lekker voedsel, net zoals ons huis koud wordt als het wordt omringd door extreem koud weer. Dat is een argument dat intuïtief best logisch klinkt, maar Hall is er niet meer tevreden mee: 'Ik denk niet meer dat het zo werkt.' Hij had geen elegante analogie om te illustreren hoe volgens hem UPF ons systeem van energie-inname wel verstoort. 'Nu denk ik dat de voedselomgeving – het UPF – op de een of andere manier de thermostaat opnieuw instelt, of die omzeilt, of hem zelfs compleet kapotmaakt.'

Halls theorie is niet simpelweg dat UPF-voedsel heerlijk is en daarmee een 'hedonistische overdrive' creëert waarbij het genieten van het eten sterker is dan het volle gevoel. Het is eerder zo dat de nieuwe UPF-voedselomgeving ons vermogen tot zelfregulering aantast.

En hoewel niet bekend is hoe ons huidige voedselsysteem onze geëvolueerde methode om het gewicht te reguleren omzeilt, blijkt uit een groeiend aantal onderzoeken inderdaad dat elk aspect van UPF ons miljoenen jaren oude netwerk van regulerende neuronen en hormonen ontwricht.

Halls theoretisch-natuurkundige instincten leidden hem ertoe de gedachten hierover samen te brengen. Samen met anderen (zoals Sadaf Farooqi en Stephen O'Rahilly in Cambridge) heeft hij een aantal ideeën en onderzoeken tot iets gecombineerd wat op een groot, samenhangend model van gewichtsregulering begint te lijken: het energiebalansmodel. In een artikel uit 2022[14] beginnen Hall en zijn medeauteurs de verbanden te beschrijven tussen de hedonistische gebieden in de hersenen en de gebieden van voedingsstoffendetectie, waar onze bewuste emotionele ervaring samenkomt met onze inwendige fysiologie.

Misschien valt dit verband het best te illustreren door de bijna dagelijkse gewaarwording van velen van ons dat we niet kunnen stoppen met eten ook al willen we het. Iets in het eten of in de signalen in het bloed of de hersenen is in conflict met een ander gebied. Regelmatig lijken de fysieke en nutritionele volheid niet toereikend om het schakelsysteem van het verlangen te overstemmen.

Het is niet enkel het voedsel zelf dat deze processen beïnvloedt. We weten dat al die externe signalen om te eten – reclames, winkeletalages, prijs, verpakking, geuren – aanzienlijke effecten hebben op onze hersenen en ons lichaam die we nog maar net beginnen te begrijpen.

In het model wordt benadrukt dat krachtige signalen binnen en buiten het lichaam de inname van voedsel en de energiebalans heel ver onder het bewustzijnsniveau beïnvloeden, en dat er ongrijpbare verwante ideeën aan te pas komen als opvallendheid, verlangen, motivatie en beloning. We smeren daar een bewuste laag overheen, maar eten is veel minder een keuze dan het lijkt.

Dit is een van de redenen dat een simpel advies als 'eet minder en beweeg meer!' ineffectief is voor blijvend gewichtsverlies. Het is net zo idioot als 'drink minder water!' zeggen tegen iemand die dorst heeft.

We krijgen niet alleen honger en gaan eten. We worden gestuurd door oeroude neuro-endocriene feedbacksystemen die zich hebben ontwikkeld om ervoor te zorgen dat we alles consumeren wat nodig is om een paar genen door te geven. Het systeem is ingewikkeld en in bepaalde opzichten uitzonderlijk robuust. Maar bij velen van ons is het niet in staat om te gaan met nieuw voedsel dat telkens op een nieuwe manier wordt gepresenteerd. Het systeem heeft zich niet ontwikkeld om de brouwsels te verwerken die met het derde tijdperk van eten zijn gearriveerd.

En toch heb ik nog knagende twijfels over de vraag of UPF echt de *voornaamste* oorzaak is van de toenemende obesitascijfers. Er zijn zoveel andere mogelijke oorzaken die we vaak als voor de hand liggend zijn gaan accepteren, zoals individuele verantwoordelijkheid en een steeds meer zittende leefstijl. En suiker natuurlijk. Het feit dat we zoveel meer suiker eten dan vroeger moet toch iets te maken hebben met de wereldwijde gewichtstoename?

7

Waarom niet suiker het probleem is...

Hoe UPF dit systeem van gewichtscontrole op allerlei manieren ondergraaft wordt behandeld in deel drie. Maar de laatste twintig jaar is er een andere schuldige aangewezen voor de groei van het aantal mensen dat te zwaar wordt: suiker. In dit hoofdstuk wordt uitgelegd waarom suiker en koolhydraten niet de schuldige zijn.

Gary Taubes is waarschijnlijk de reden dat je doordrongen bent van het idee dat koolhydraten het probleem zijn. En ook dat je hebt gehoord van ketogene diëten (rijk aan vet, arm aan koolhydraten) en misschien al hebt geprobeerd minder suiker en andere koolhydraten (zoals zetmeel, dat in het lichaam al snel wordt omgezet in suiker) te gebruiken.

Toen ik als student medicijnen Taubes' werk las, leek hij me de Galileo van de voeding: het archetypische ketterse genie. In een film over zijn leven mocht Taubes zichzelf spelen. Hij is inmiddels in de vijftig en heeft nog steeds hetzelfde postuur als toen hij als natuurkundestudent in het footballteam van Harvard zat. Na Harvard ging hij naar Stanford om ruimtevaarttechniek te studeren – letterlijk raketwetenschap – omdat hij astronaut wilde worden, maar zijn lengte en zelfverklaarde moeite met gezag deden hem in de journalistiek belanden.

Voor iemand die een van de invloedrijkste stemmen over voeding van deze eeuw is geworden, was zijn start beslist moeizaam. In 1997, toen hij al 41 was, had hij twee goed ontvangen boeken geschreven over de geschiedenis van de wetenschap, maar werkte hij nog steeds freelance en kon hij maar met moeite de huur betalen. Toen begon hij over volksgezondheid te schrijven met een stuk over zout en bloeddruk. In dit artikel balden zich al zijn karaktertrekken samen, van zijn drang om tegen gezag in te gaan tot zijn obsessie met details en data, en het was een regelrechte aanval op een van de pijlers van het conventionele medische advies: dat zout slecht is voor de bloeddruk. Hij won voor het artikel een Science in Society Journalism Award. Destijds inspireerde het mij om (min of meer) zoveel zout te gebruiken als ik wilde, en het succes ervan inspireerde Taubes om zijn aandacht op voedingsvet te richten.

Hij was een heel jaar bezig met een artikel getiteld 'What if it's all been a big fat lie?' (Als het nu eens allemaal één grote leugen is?) voor *The New York Times*, dat een van de meest gelezen artikelen van 2002 werd. Het kwam op een moment dat de mensen klaar leken voor een nieuwe kijk op hun gewicht. Misschien is dat moment er altijd, maar Taubes had het charisma en de geloofsbrieven om de katalysator te worden van een beweging. De obesitascijfers waren jaar na jaar blijven groeien, en de voorgaande vier decennia van wereldwijd dieetadvies – vet, met name verzadigd vet vermijden – leken geen enkel verschil te hebben gemaakt. In de jaren tachtig verdriedubbelde het aantal Amerikaanse kinderen met overgewicht, en er werd steeds vaker bericht over diabetes type 2 (dieetgerelateerd) bij kinderen, met name onder inheemse gemeenschappen.

Volgens Taubes geloofde het establishment dat vet eten mensen dik maakte. En al is het de vraag in hoeverre dit waar is,* het argu-

* Veel mensen vonden dat Taubes de invloed van de orthodoxe opvatting overdreef. Het is niet echt duidelijk of er ooit voedingsadvies is gegeven op de manier zoals hij beweerde. Het rapport van de Amerikaanse surgeon general waarin werd geadviseerd om vet te minderen, werd geredigeerd door Marion Nestle, al vijftig jaar een van de belangrijkste, degelijkste en gerespecteerde figuren uit de mondiale voedingswereld. Ze stelde duidelijk dat er niet in het rapport stond dat vet vermeden moest worden – er werd gewoon erkend dat vet meer calorieën bevat dan eiwit of koolhydraten en dat vet dus dik maakt tenzij je andere bronnen van calorieën beperkt. Maar of het dogma 'weinig vet is goed' nu de orthodoxe opvatting was of niet, Taubes heeft gelijk met zijn bewering dat rond de eeuwwisseling algemeen werd erkend dat bij tests in zowel een klinische omgeving als de

ment klinkt intuïtief bevredigend. Zo bevat vet echt meer calorieën per gram dan eiwit of koolhydraten. En het dieet van mensen met obesitas leek grote hoeveelheden vet voedsel te bevatten. Maar zelfs toen het idee dat vet de schuldige was in de jaren tachtig meer bekendheid verwierf en het vet in het dieet steeds vaker werd vervangen door suiker, bleef de bevolking nog steeds dikker worden. Het advies leek er helemaal naast te zitten.

Taubes stelde een alternatief voor; wat hij nog steeds de 'ketterse' hypothese noemt van weinig koolhydraten:* Robert Atkins had al die tijd gelijk gehad.

Je hebt waarschijnlijk wel van Atkins gehoord, die in 1972 *Dr. Atkins' dieetrevolutie* publiceerde, waarin hij een vrijwel koolhydraatloos dieet aanbeval.**

Taubes' alternatieve hypothese luidt ongeveer als volgt: Amerikanen (en alle anderen) eten meer omdat ze meer honger hebben, en ze hebben meer honger vanwege het hormoon insuline. Insuline wordt in het bloed afgescheiden door de alvleesklier, verwijdert suiker uit het bloed en zorgt dat het cellen kan binnendringen als brandstof. Als je koolhydraten eet, stijgt je bloedsuiker, maar insuline brengt die weer omlaag naar normale waarden. Als de insuline hoog is, bijvoorbeeld na een maaltijd, vermindert hij de eetlust en zet suiker om in vet voor opslag. Als de insuline laag is, bijvoorbeeld als je een tijdje niet hebt gegeten, begin je in plaats daarvan vet te verbranden.

Het idee is dat wanneer je veel koolhydraten eet, die koolhydraten een snelle piek veroorzaken in je insulineniveau, om de suiker te

praktijk een dieet met weinig vet geen substantiële invloed had op het gewicht op lange termijn van de deelnemer.

* Opnieuw is het de vraag hoe ketters dit standpunt werkelijk is. Zo erkende zelfs Taubes dat Walter Willett, destijds voorzitter van de voedingsafdeling van de Harvard School of Public Health – niet echt iemand uit de tegencultuur in de dieetwereld –, een 100 miljoen dollar kostend onderzoek had ondernomen onder bijna 300.000 personen dat de boodschap 'minder vet is goed' weersprak.

** Atkins was een controversiële figuur, niet in de laatste plaats omdat hij ten minste één hartaanval heeft gehad, en toen hij na een val overleed, woog hij volgens de *Wall Street Journal* en het gelekte rapport van een keurend arts 117 kilo.

verwerken. Die piek bevordert niet alleen de opslag van vet, maar brengt de suiker terug naar een niveau dat lager is dan voor de maaltijd. Hierdoor gaat er minder energie naar de spieren, zodat we ook minder actief zijn. Bovendien worden er als de spieren minder energietoevoer voelen signalen naar de hersenen gezonden om meer voedsel te consumeren. En als het insulineniveau hoog is, onderdrukt dat de eetlust, maar als het na de piek omlaagduikt, voel je ook honger. Taubes oppert het idee dat als we koolhydraten vermijden, het omgekeerde gebeurt: onze insuline zal niet pieken, we slaan minder vet op, ons energieverbruik neemt toe en onze eetlust vermindert. Maar insuline heeft nog een hele reeks andere functies in meerdere lichaamsweefsels, en er zijn nog veel andere hormonen die helpen bepalen of we vet opslaan of vet of eiwit of koolhydraten verbranden voor brandstof.[1]

Er zaten altijd grote gaten in het bewijsmateriaal dat suiker de enige oorzaak zou zijn van overgewicht en obesitas. Taubes' theorie berustte op het idee dat omdat er een dieet met weinig vet werd aanbevolen, iedereen niet alleen meer suiker was gaan eten, maar ook minder vet. Taubes nam magere yoghurt als voorbeeld, omdat die vaak was gezoet met suiker en verdikt met koolhydraten om hem lekkerder te maken. Hij citeerde de econoom van het Amerikaanse ministerie van Landbouw Judith Putnam over de toename in de consumptie van koolhydraten: dat tussen 1980 en 2000 de gemiddelde jaarlijkse granenconsumptie per persoon 27 kilo was toegenomen en de jaarlijkse suikerconsumptie ongeveer 14 kilo.

Maar al was het waar dat Amerikanen meer geraffineerde koolhydraten hadden gegeten, minder vet waren ze niet gaan eten. Ze waren gewoon meer gaan eten. Volgens het Amerikaanse ministerie van Landbouw was de consumptie van vetten tussen eind jaren zeventig en de publicatie van Taubes' artikel in 2002 toegenomen. In een rapport over Taubes' artikel, gepubliceerd door het Center for Science in the Public Interest, stelde Putnam dat ze dit allemaal aan Taubes had uitgelegd, maar dat hij haar selectief had geciteerd.[2]

Taubes presenteerde de mogelijke oorzaken van obesitas als een tweedeling: vet of koolhydraten. Andere mogelijke verklaringen – lichaamsbeweging, de rol van de industrie, voedselbewerking, luchtkwaliteit of een combinatie van al die dingen – werden terzijde geschoven.

Binnen korte tijd was het idee van suiker als hét dieetprobleem zo goed als orthodox geworden, en Taubes was vastbesloten het te bewijzen. Hij bedacht een experiment dat een van de meest invloedrijke zou worden in de recente voedingsgeschiedenis, zij het niet op de manier die Taubes had verwacht. In 2012 ging hij een samenwerking aan met een charismatische Canadese arts, Peter Attia, en samen zetten ze NuSI op – het Nutrition Science Initiative – en brachten miljoenen aan financiering bijeen. Het plan was om het probleem van obesitas in de VS op te lossen. Ze zouden een aantal experimenten uitvoeren om voor eens en voor altijd aan te tonen dat calorieën uit suiker gewichtstoename meer bevorderen dan calorieën uit vet.

Het siert hen dat ze uitstekende wetenschappers inschakelden die sceptisch stonden tegenover de hele hypothese. Een van die wetenschappers was Kevin Hall. De benadering van NuSI was antagonistisch, een beetje als een rechtszaak. De financiers verwachtten andere resultaten dan de experimentele wetenschappers, maar ze werden het samen eens over de methode om die te testen.

Halls eerste experiment was een proefonderzoek met zeventien vrijwilligers. NuSI en Halls team waren het erover eens dat er een groter onderzoek zou volgen als dit onderzoek een significant resultaat opleverde. De vrijwilligers zouden beginnen met een dieet van vier weken met veel koolhydraten, en vervolgens gedurende nog eens vier weken overschakelen naar een dieet met uitzonderlijk weinig koolhydraten. De hoeveelheid calorieën zou in beide diëten hetzelfde blijven. Alles aan hun lichaam zou worden gemonitord in een streng gecontroleerde laboratoriumomgeving. Iedereen stemde in met de diëten en de protocollen.

Het koolhydraatarme dieet leidde inderdaad tot minder insuline bij alle vrijwilligers, wat betekende dat de omstandigheden van het experiment geschikt waren om Taubes' hypothese dat insulineniveaus belangrijk waren, te testen. Maar toen alle data werden geanalyseerd was er een verrassing: er was geen verschil tussen de groepen wat betreft het effect van vet of suiker op de stofwisseling. Een calorie was een calorie, ongeacht of die afkomstig was van koolhydraten of van vet. Het was een klein onderzoek, maar ook een nauwgezet uitgevoerd klein onderzoek kan een hypothese weerleggen. Hall publiceerde zijn bevindingen[3] en besprak ze in het *European Journal of Clinical Nutrition*.[4]

Dit artikel ging evenzeer over de filosofie van wetenschap als over voeding. Vanuit zijn achtergrond in de natuurkunde kon Hall wijzen op het principe van falsificatie: hij wees erop dat wetenschappers eind negentiende eeuw hadden gesteld dat licht een golf was in iets wat ze de 'lichtdragende ether' noemden. Het model leek intuïtief logisch, maar had het bij het verkeerde eind, wat door diverse experimenten werd bewezen.

Hall hamerde erop dat we geen enkel wetenschappelijk model definitief kunnen *bewijzen*. Wat wel gebeurt is dat wetenschappers een reeks experimenten uitvoeren en observaties doen. Alleen als het model die tests doorstaat, wordt het algemeen geaccepteerd. Maar het belangrijkste onderdeel van elk model of elke theorie is dat het voorspellingen kan doen die het model ongeldig maken als ze niet uitkomen. Hoe graag we ook allemaal gelijk willen hebben, bij goede wetenschap gaat het erom dat je probeert je ongelijk te bewijzen. Hall was van mening dat, of NuSI het nu kon toegeven of niet, belangrijke aspecten van Taubes' koolhydraten-insulinemodel onjuist waren gebleken: het model was te simplistisch.

NuSI begon ineen te storten en sloot ten slotte in 2021. Ik belde Gary Taubes om zijn visie te horen op wat er was gebeurd, en over de stand van het koolhydratendebat. Op een avond hadden we een videogesprek. Voor mij was het laat en voor hem vroeg. Hij zat badend in de Californische zon in een gelambriseerde kamer en was anders dan ik had verwacht. Rustig, bescheiden en grappig. Ik had me vergist in de timing van het gesprek vanwege het tijdsverschil van acht uur en het verzetten van de klok, maar hij stelde me gerust: 'Maak je geen zorgen. Een goede vriend van mij is hoogleraar wiskunde aan Harvard en als hij me belt vergist hij zich ook altijd in het tijdsverschil.'

Mijn eerste en blijvende indruk van hem was heel positief. Er zijn online vreselijke dingen gezegd over Taubes, maar ik vond hem aardig en oprecht. We spraken drie uur lang en hij had voor iedereen een goed woord, schijnbaar zonder moeite. Dat was echt cool.*

Ik vroeg hem of hij het schrijven over koolhydraten beu was. 'Mijn vrouw zegt dat als ik iemand bij het oversteken door een auto aangereden zag worden, ik daar op de een of andere manier de koolhydraten de schuld van zou kunnen geven,' antwoordde hij. 'Maar ik denk alleen dat er een groot onrecht is geschied. Ik voel me een klokkenluider. Honderden miljoenen mensen krijgen de verkeerde voedingsadviezen. Dat kan ik moeilijk negeren.'

We gingen uitgebreid in op experimentele details en zijn onenigheid met Hall. Ze waren het eens over de protocollen en de statistieken, maar Taubes zag het enkel als een proefonderzoek. Pas toen de data waren binnengekomen werd volgens hem duidelijk dat de methode tekortkomingen had.

Dat begrijp ik. Je kunt onmogelijk alle manieren zien waarop een experiment kan misgaan tot het achter de rug is. Toen ik laboratoriumwetenschapper was, werkte ik aan experimenten met tientallen, zelfs honderden fasen, allemaal onzichtbaar, zelfs onder een microscoop – onzichtbare moleculen, op onzichtbare wijze gemodificeerd. We hielden rekening met zo veel mogelijk variabelen, maar soms betekende een negatief resultaat gewoon dat we iets fout hadden gedaan, niet dat onze hypothese onjuist was.

Als goede experimentele wetenschapper moet je in elke fase paranoïde genoeg zijn om overal aan te denken en het goed te doen, maar ook weer niet zo paranoïde dat je je uitkomst niet meer kunt vertrouwen. Op enig punt moet je zeggen: 'Ik heb dit experiment gedaan. Dit is de uitkomst. Dit is wat het volgens mij betekent.' En dan moet

* Hij heeft echter wel soms 's nachts wakker gelegen van de kritieken. Ik wil altijd graag weten waarom mensen om 4 uur 's ochtends op zijn, want ik ben om die tijd vaak wakker en lig te piekeren. 'In de kleine uurtjes probeer ik tegen mezelf te zeggen: "Vat dit allemaal niet te ernstig op,"' zei Taubes tegen me, 'Ik maak weleens het grapje dat Joden zich zo hebben ontwikkeld dat ze om 4 uur 's ochtends wakker zijn en liggen te piekeren. Immers, veel van de mensen die de twintigste eeuw hebben overleefd zullen degenen zijn geweest die wakker waren en voorbereid waren om midden in de nacht te vertrekken, als er op de deur werd gebonsd...'

je ertegen kunnen dat anderen het tot de grond toe afbreken en er vervolgens achter zien te komen of ze dat doen omdat jij het mis had of omdat je net hebt aangetoond dat hun hele levenswerk niet klopt.

Maar niet alleen Halls proefonderzoek leek aanzienlijke delen van de koolhydraten-insulinehypothese te weerspreken. Er is geen gebrek aan ander bewijs dat deze ook weerspreekt. De hypothese is vele malen getest en het langstlopende onderzoek onder mensen in de echte wereld vond geen blijvende verschillen in calorie-inname tussen koolhydraatarme en koolhydraatrijke diëten.[5]

In een ander experiment aten vrijwilligers twee diëten in willekeurige volgorde – een met 10 procent koolhydraten en 75 procent vet, en een met 75 procent koolhydraten en 10 procent vet. In tegenstelling tot wat de koolhydraten-insulinehypothese zou hebben voorspeld, werd ontdekt dat de deelnemers zelfs 700 calorieën minder per dag aten bij het koolhydraatrijke dieet, en dat alleen de personen op het koolhydraatrijke dieet een substantieel verlies aan lichaamsvet meldden.[6, 7]

In de praktijk lijken mensen een echt koolhydraatarm dieet heel moeilijk vol te houden, en lijkt het ook niet goed te werken. Al in 2003 was er een dieetonderzoek van een jaar gepubliceerd in het *New England Journal of Medicine*, waarin een koolhydraatarm dieet tegenover een vetarm dieet werd geplaatst. Uit de uitkomsten bleek dat de groep met het koolhydraatarme dieet na drie maanden weliswaar meer was afgevallen, maar dat er na twaalf maanden geen substantieel verschil was. Beide diëten verlaagden de bloeddruk en verbeterden de insulinereacties op het eten van suiker, maar veel mensen hielden geen van beide diëten lang vol.[8]

Er was één onderzoek van NuSI, uitgevoerd door onderzoekers van Harvard en gepubliceerd in 2018, dat de koolhydraten-insulinehypothese leek te bevestigen.[9] In dit onderzoek werden 164 studenten, faculteitsleden en stafleden met overgewicht op een koolhydraatarm dieet gezet, dat een gunstig effect had op de stofwisseling. Kevin Hall was de eerste die bij analyse van de data een significant probleem ontdekte: het Harvard-team leek een net iets andere uitkomst te hebben geanalyseerd dan ze van plan waren geweest te onderzoeken.

Als je een onderzoek ontwerpt, moet je beslissen wat je gaat meten en hoe je dat gaat rapporteren voordat je het onderzoek uitvoert. Als je datgene wat je meet verandert, lijkt het een beetje op het dartbord verplaatsen nadat je een pijltje hebt gegooid. Zoals Hall het in een commentaar mild stelde: 'De uitkomsten van een onderzoek rapporteren conform een van tevoren gespecificeerde analyse helpt vertekening te verminderen.'

Toen Hall de data opnieuw analyseerde aan de hand van het oorspronkelijke plan van het Harvard-team, verdween het door hen geclaimde effect. In feite leek het onderzoek de algemeen gangbare overtuiging te ondersteunen dat het variëren van vet en koolhydraten in het dieet het energieverbruik niet significant verandert.

Ik heb zelf een ketogeen dieet uitgeprobeerd. Ik kwam tot de conclusie dat ik heel veel dingen die ik lekker vond kon eten, dat ik me vol kon voelen en ook dat ik daadwerkelijk afviel. Maar uiteindelijk verlangde ik naar spaghetti met bolognesesaus, en naar mijn rijst met kip en aardappelen en biefstuk, dus ik gaf het op. Mijn ervaring wordt bevestigd door uitgebreide onderzoeken van mensen met epilepsie die een ketogeen dieet volgen (dit dieet lijkt de frequentie van de aanvallen daadwerkelijk te verminderen, vooral bij kinderen). Je zou je kunnen voorstellen dat volwassenen die een koolhydraatarm dieet volgen om de aanvallen te verminderen, heel gemotiveerd zouden zijn om dat dieet vol te houden. Maar het is ongeveer vijf keer zo waarschijnlijk dat ze zo'n onderzoek opgeven, als je het vergelijkt met onderzoeken waarbij mensen een standaardbehandeling met medicijnen krijgen.[11] We moeten daarbij echter opmerken dat die diëten soms in een aantal opzichten van het standaard-Atkins-dieet verschillen, waardoor ze moeilijker vol te houden zijn.

Ik wil niet suggereren dat koolhydraatarme diëten sommige mensen niet helpen af te vallen of dat ze geen gezondheidsvoordelen hebben. Ik wil ook niet suggereren dat insuline geen belangrijke regulator van lichaamsvet is. Wat ik wel wil zeggen is dat, het volledige spectrum van het beschikbare bewijsmateriaal in ogenschouw nemend, en op voorwaarde dat je hetzelfde aantal calorieën blijft innemen, de daling van het insulineniveau waarmee het verminderen van koolhydraten gepaard gaat er niet voor zorgt dat je minder vet opslaat of meer energie verbrandt.

Sterker nog: ik vermoed dat een koolhydraatarm dieet echt werkt voor mensen die het kunnen volhouden – alleen zijn mensen nu eenmaal geëvolueerd om koolhydraten te eten als fundament van ons dieet, en is koolhydraatvrij voedsel moeilijker te eten. Eiwit en vet geven je een vol gevoel voordat je echt veel calorieën kunt eten. Maar het probleem dat alle diëten gemeen hebben is dat we *niet echt kiezen wat we eten*. We worden gestuurd door dat inwendige systeem. Je kunt koolhydraten mijden zoals je je adem kunt inhouden, maar uiteindelijk bezwijken de meeste mensen.

Uiteindelijk was Taubes geen Galileo. Maar hij lijkt wel een beetje op paus Urbanus VIII, Galileo's vriend en sponsor. Tenslotte was het Urbanus die Galileo uitnodigde om het geocentrische en het heliocentrische model van het zonnestelsel met elkaar te vergelijken, net zoals Taubes Hall uitnodigde om het koolhydraatcentrische model van obesitas te onderzoeken, enkel om in beide gevallen te ontdekken dat de uitkomsten niet overeenkwamen met wat ze hoopten te vinden.

Het lijkt er dus op dat suiker gewichtstoename niet bevordert omdat het het insulineniveau verhoogt. Maar welke rol speelt suiker dan wel in het verhaal van menselijke gezondheid en UPF?

* * *

Mensen eten al heel lang enorme hoeveelheden koolhydraten in de vorm van suikers en zetmeel. Een dieet verbindt ons met de mensen om ons heen – dat zou tenminste zo moeten zijn – en die verbanden zijn in de geschiedenis en de prehistorie meestal gevormd met een klein aantal zetmeelrijke planten, in principe één per samenleving: maïs, aardappelen, rijst, gierst, tarwe. We zijn heel goed in het eten van zetmeel en suiker (in de context van fruit of suikerriet of honing) en het lijkt iets te zijn waar het menselijk lichaam mee kan omgaan en waar het van kan genieten, zelfs in behoorlijk grote hoeveelheden.[12, 13]

Honing is echt een interessant voorbeeld, omdat het een van de meest energiedichte voedingsstoffen in de natuur is. Maar chemisch is het bijna niet te onderscheiden van fructoserijke maïsstroop (het zijn

allebei gekristalliseerde paren van glucose- en fructosemoleculen).*
Maar gedurende de gehele prehistorie hebben mensen een substantieel deel van hun calorieën uit honing gehaald – in sommige gemeenschappen tot gemiddeld 16 procent, en volgens een onderzoek uitgevoerd bij de Mbuti in het oerwoud van Congo, was in het regenseizoen tot 80 procent van de calorieën in hun dieet afkomstig van honing.** Er zijn geen berichten van wijdverbreid overgewicht in die gemeenschappen (en veel foeragerende en jager-verzamelaargemeenschappen consumeren in deze tijd nog steeds grote hoeveelheden honing).[16]

En dan is er het feit dat Carlos Monteiro in zijn onderzoek een zak suiker op tafel een teken van gezondheid vond, omdat dit stond voor een huishouden dat kookte. Dat betekent echter niet dat suiker gezond is. Het betekent simpelweg dat ons dieet zo verschrikkelijk is dat je eigen suiker kopen om thuis je eigen zoete eten te maken gezonder is dan kant-en-klaar industrieel UPF kopen waaraan aan de bron suiker is toegevoegd.

Ik weet dat het lijkt of ik van twee walletjes wil eten door te zeggen dat suiker een teken van gezondheid én van ongezondheid is. Maar volgens mij zit het zo: suiker (inclusief honing) kan het lichaam schaden, niet omdat het je insulineniveau verhoogt, maar omdat je tanden ervan gaan rotten en je er meer door gaat eten.

* Ahornsiroop, agavenectar, tafelsuiker, bietenstroop – het lichaam gaat met allemaal min of meer hetzelfde om. Mensen stellen glucose tegenover fructose, maar honing en fructoserijke maïsstroop lijken zoveel op elkaar dat het moeilijk te ontdekken is als je de een met de ander aanlengt.[14] Er is ook een lange geschiedenis in de commerciële honingproductie van bijen die fructoserijke maïsstroop te eten krijgen als de korven op een plek staan waar niet genoeg wilde nectar is.[15] Dit roept de vraag op of veel – zo niet de meeste – commerciële honing in feite geen door bijen gemaakt UPF is.

** In onderzoeken bij het Hadze-volk in Tanzania haalden jagers 8 tot 16 procent van hun dagelijkse calorieën uit honing. Vlees zorgde voor 30 tot 40 procent, baobabvruchten voor 35 procent en knollen voor 6 tot 22 procent. Met die honing komt de raat mee, vol semiverteerbare vetten en enorme hoeveelheden zacht eiwit van de bijenlarven en eieren die in de raat leven. Qua voedingswaarde is het volwaardig voedsel.

Ik probeerde dit tweede idee* op een ochtend bij het ontbijt uit op Lyra en Sasha. Je kunt de test zelf ook doen als je een kind bij de hand hebt, of iemand die ongeremd eet. Je hebt suiker, melk, een schaaltje en wat Rice Krispies nodig. Vul eerst twee gelijke schaaltjes – zeg 30 gram elk. Verwijder dan één lepel ontbijtgranen uit het ene schaaltje en voeg in plaats daarvan een lepel suiker toe. Voeg ten slotte de melk toe.

Qua voedingswaarde zijn het met suiker gezoete schaaltje en het schaaltje zonder toegevoegde suiker bijna identiek. Er zit dezelfde hoeveelheid koolhydraten, vet en eiwit in elk schaaltje, en elk schaaltje zal hetzelfde effect hebben op de bloedsuiker.**

Toch reageerden de twee meisjes heel verschillend op de twee schaaltjes: ze aten het hele schaaltje met toegevoegde suiker leeg en vroegen om meer. Het ongezoete schaaltje wezen ze niet af, maar geen van beiden at het leeg. De suiker zorgde ervoor dat de meisjes meer van de vet- en eiwitcalorieën van de melk aten en meer van de zetmeelcalorieën van de granen.

Suiker en zout zijn de twee grootste voedingsadditieven als het gaat om het bevorderen van de eetlust, en daarom zijn ze vrijwel alomtegenwoordig in UPF, of het nu om bonen of om pizza gaat. Een hoog suikergehalte is dus een van de eigenschappen van UPF die gewichtstoename stimuleert.

* Geoffrey Cannon was de eerste die suiker op deze manier bekeek. Hij is een vriend en vertrouwde medewerker van Carlos Monteiro en heeft cruciale inzichten gegeven in de rol van de industrie bij de NOVA-classificatie.

** Rice Krispies zelf verhogen de bloedsuiker meer dan tafelsuiker. Op een schaal van de impact op bloedsuiker, waarop glucose 100 is, is witbrood ook 100, Rice Krispies zijn 95, Kellogg's Corn Flakes (zoals die in de VS worden verkocht) 92, Alpen 55, Special K (zoals het in Frankrijk wordt verkocht) 54 – ruwweg hetzelfde als pap –, Special K (zoals het in de VS wordt verkocht) is 70 en in Frankrijk 84. Skittles zijn 70. Een Snickers is maar 41. Wortelen variëren van 32 tot 92. Tafelsuiker is rond de 60. Het is moeilijk te zeggen wat we uit deze variatie moeten afleiden, behalve dat het de beperkingen van het denken over voeding in termen van de glycemische index aantoont. Het kan zijn dat zoete dingen de bloedsuiker minder beïnvloeden omdat ze op het moment dat ze in de mond komen het vrijkomen van insuline stimuleren, waardoor het bloedsuikerniveau daalt.

Het andere overduidelijke probleem met suiker is dat het je tanden vernietigt. Tandglazuur zit qua hardheid ergens tussen staal en titanium, maar het is het mineraalgehalte dat het sterk maakt, met name de calcium, en die wordt door zuren uitgeloogd. De voornaamste bron van zuren in het dieet wordt tegenwoordig gevormd door frisdrank, die ook de suikers leveren die de bacteriën voeden die in de mond leven. Deze bacteriën poepen zuren direct uit op het oppervlak van tanden en lossen die daardoor op.

Bijna alle sappen en frisdranken bevatten genoeg zuren om een tand op te lossen. Ocean Spray-cranberrysap heeft een pH-waarde van ongeveer 2,56, Coca-Cola Classic 2,37, Coke Zero 2,96 en Pepsi 2,39.[17] Direct na het drinken van een zuurhoudende drank is de mond zo zuurrijk dat je, als je je tanden poetst, letterlijk een laagje tandglazuur wegpoetst. Je moet je mond grondig spoelen en dan minstens een halfuur wachten totdat de pH-waarde tot een normaal niveau is hersteld.

Dat weten we allemaal, maar toch blijft het een ramp voor de volksgezondheid. Zelfs in het VK, dat een reusachtige en relatief goed gefinancierde infrastructuur heeft voor de volksgezondheid en waar het suikergehalte duidelijk op de etiketten staat, is tandbederf de meest gangbare reden dat kinderen in het VK een algehele narcose krijgen.[18]

Laat dat even bezinken.

In Engeland heeft meer dan 10 procent van de driejarigen en een kwart van de vijfjarigen last van tandbederf. Bijna 90 procent van de tandextracties bij kinderen jonger dan vijf in het ziekenhuis is te wijten aan vermijdbaar tandbederf, en tandextractie is de meest voorkomende ziekenhuisprocedure bij kinderen van zes tot tien jaar.[19] De meest voorkomende operatie bij kinderen – meer dan voor gebroken botten bij het trampolinespringen, herniaoperaties en verwijdering van de blindedarm – is voor rotte tanden. De statistieken in de VS zijn nog erger.[20]

Deze gebitscrisis is vrijwel volledig te wijten aan UPF. Tafelsuiker wordt in kleine hoeveelheden geconsumeerd bij maaltijden. De suiker die de tanden echt laat rotten is het spul met zuren dat we tussen de maaltijden door consumeren: frisdranken, snoep enzovoort.* Deze UPF-producten beschadigen onze tanden omdat we ze constant eten. Ze worden aangeprezen als traktaties en snacks. UPF is de reden dat tot 90 procent van de kinderen in de schoolleeftijd in geïndustrialiseerde landen last heeft van tandbederf.[27]

Nergens in de wereld staat er op ook maar op één blikje frisdrank een waarschuwing over de risico's van mondziekten en van een voortijdige dood. Ik zou geen argument kunnen bedenken waarom Nestlé, Coca-Cola, Pepsi of welk bedrijf ook dat met suiker gezoete dranken verkoopt (of wat dan ook met een hoog gehalte aan toegevoegde suiker) niet gedwongen zou moeten worden om een waarschuwing op de verpakking te zetten over tandbederf.

* Tandbederf was er net als obesitas al vóór de uitvinding van UPF. Het is zelfs aangetroffen bij wilde primaten, maar in zeer beperkte mate.[21] Zeer vroege aanwijzingen van tandbederf bij hominiden vinden we bij de australopithecus, die 1,5 tot 1,8 miljoen jaar geleden leefde, maar van tandbederf was slechts sprake bij minder dan 3 procent van de ongeveer 125 skeletten die op één locatie werden gevonden – lager dan het percentage bij de skeletten van *Homo erectus* die op dezelfde locatie werden aangetroffen.[22] Over het algemeen hebben pre-agrarische populaties een laag percentage tandbederf en relatief ondiepe gaatjes. We weten dat deels vanwege het lage percentage tandbederf bij oude skeletten, maar ook omdat er geen bewijs is van tandheelkunde tot aan het neolithische tijdperk ongeveer tienduizend jaar geleden. Rond die tijd begon de mens permanente woningen te bouwen in plaats van van grot naar grot te zwerven. We begonnen toen ook graangewassen te domesticeren en verbouwen, zoals tarwe en gerst in het Midden-Oosten. In dit tijdperk begint de aanwezigheid van tandbederf in de restanten van menselijke skeletten toe te nemen. Iedereen die weleens kiespijn heeft gehad (en dat zijn helaas de meesten van ons) kan zich voorstellen dat een neolithische mens tot het uiterste werd gedreven om de pijn kwijt te raken. In Pakistan deed een kordate persoon – met kennis die oorspronkelijk door behendige ambachtslieden was ontwikkeld voor de kralenproductie – een van de eerste pogingen tot boren in kiezen, met een vorm van waarschijnlijk uiterst pijnlijke tandheelkunde.[23] Toen we meer verfijnde fermenteerbare koolhydraten en suikers begonnen te eten, schoten de tandbederfcijfers omhoog. Spijkerschrifttabletten van vierduizend jaar geleden beschreven speciale smeekbeden aan de Babylonische god Ea om 'de worm te grijpen en die uit de pijnlijke kies te trekken'. In de oude folklore leefde de overtuiging dat de tandworm het tandbederf veroorzaakte. Dit geloof ontstond op verschillende plaatsen of verspreidde zich tot de middeleeuwen en ook nog daarna rond de wereld.[24-26]

8

... of gebrek aan lichaamsbeweging

In het Oracle Shopping Centre in Reading is er een roltrap van drie treden. Als student medicijnen liep ik daar stage en mijn baas destijds, een arts met belangstelling voor obesitas, had het in de lezingen die hij gaf voortdurend over die roltrap. Volgens hem was die 'een monument voor de obesitascrisis'. Hij had er een kleine powerpointpresentatie over, met een foto die hij heimelijk had genomen van iemand met een hoog percentage lichaamsvet die de roltrap 'bereed' omdat hij te 'laks' was om de trap te nemen.

Natuurlijk zijn dit soort roltrappen er om plekken toegankelijker te maken, niet omdat mensen lui zijn. Maar de perceptie dat obesitas te wijten is aan gebrek aan lichaamsbeweging (en dat mensen die obesitas hebben dus lui zijn) is wijdverspreid, zelfs onder de artsen die de aandoening behandelen.

Ergens is dat niet verrassend. Het lijkt duidelijk dat we tegenwoordig minder calorieën verbranden dan vroeger en dat inactiviteit daarom een belangrijke oorzaak is van gewichtstoename. Er zijn grote aantallen artikelen in respectabele tijdschriften die de hypothese tegenspreken dat UPF er een aanzienlijk bijdrage aan levert. In die artikelen wordt beweerd dat gewichtstoename primair veroorzaakt wordt door inactiviteit en dat een verhoogde inname van calorieën van minder belang is.[1-12]

Een paar auteurs duiken herhaaldelijk op in die artikelen, onder wie Steven Blair, Peter Katzmarzyk en James Hill. In een onderzoek van Hill uit 2012 werd gesteld dat toenemende fysieke inactiviteit 'de noodzaak voor een dramatische beperking van voedsel zou verminderen'[13] – goed nieuws voor iemand zoals ik, die graag eet.

Blair was medeauteur van een artikel uit 2014, 'Wat veroorzaakt de wereldwijde toename in lichaamsgewicht?', waarin werd gesteld dat 'de meeste mensen denken dat [de obesitasepidemie] te wijten is aan het feit dat mensen meer eten, maar er is maar weinig bewijs dat deze hypothese ondersteunt'.[14] Er wordt ook in gezegd dat toegenomen fysieke activiteit gemakkelijker zou kunnen zijn dan de inname van calorieën verminderen en 'bovenmatige inname zou kunnen compenseren'. Met andere woorden, met hardlopen kun je een slecht dieet de baas worden. Blair zette een nieuw instituut op om zijn theorie te bestuderen: het Global Energy Balance Network. In een persbericht zei hij dat fastfood en suikerhoudende dranken vaak de schuld krijgen van gewichtstoename, maar dat er 'vrijwel geen dwingend bewijs bestond dat die werkelijk de oorzaak waren'.

Katzmarzyk was medeauteur van een onderzoek uit 2015 onder 6025 kinderen: uit de uitkomsten bleek duidelijk dat gebrek aan lichaamsbeweging een belangrijke voorspellende waarde heeft voor obesitas bij kinderen.[15]

De conclusie dat lichaamsbeweging belangrijk is om gewichtstoename te voorkomen en te behandelen lijkt onontkoombaar. Tenslotte is het een ijzeren wet van de stofwisseling – en een die ik niet probeer te weerleggen – dat je zwaarder wordt als je meer calorieën eet dan je verbrandt. Dat is vele malen aangetoond aan de hand van verschillende methoden, in verschillende laboratoria. Dus logischerwijs moet inactiviteit – beslist – bijdragen aan gewichtstoename, zeker omdat we in de hele geïndustrialiseerde wereld heel wat minder doen dan voorheen.*

* In het VK en de VS had aan het begin van de twintigste eeuw ongeveer de helft van de werkende bevolking een baan waaraan fysieke arbeid te pas kwam, zoals landbouw en productie. Ook thuis was er meer handenarbeid te verrichten, want wasmachines, wasdrogers en stofzuigers waren nog niet uitgevonden of nog niet algemeen verkrijgbaar.[16, 17] Aan het begin van de 21ste eeuw daarentegen was rond de 75 procent van de werkende bevolking in het VK en de VS werkzaam in de dienstensector, en zelfs mensen die nog in de productie of de landbouw werkten

En een groot Amerikaans onderzoek toonde inderdaad aan dat de vermindering in energieverbruik tussen 1960 en 2006 de gewichtstoename in dezelfde periode bijna perfect kon verklaren.[19] Volgens een artikel uit 2011 is fysieke arbeid van het type dat veel meer mensen vroeger deden (zoals werken in de kolenmijnen) ongeveer vijfmaal zo inspannend als aan een bureau zitten.* En niet alleen dat; ik vond nog een ander artikel dat stelde dat inactiviteit de oorzaak moest zijn omdat mensen in het VK collectief minder calorieën eten dan vroeger.[22] Als de mensen minder calorieën eten maar toch zwaarder worden, moeten ze veel minder actief zijn dan voorheen. Dit artikel was geschreven door Christopher Snowdon, de journalist (en 'hoofd leefstijleconomie') van het Institute for Economic Affairs (die in hoofdstuk 2 ook het hele idee van UPF ridiculiseerde). De titel, wellicht een variatie op Gary Taubes, was 'De dikke leugen'.

Snowdon nam een stevig standpunt in: 'Alles wijst erop dat de consumptie per capita van suiker, zout, vet en calorieën in Groot-Brittannië al decennia aan het afnemen is.' Als dat waar is en onze inname van calorieën echt al decennia aan het dalen is, kan het hele idee dat UPF – en trouwens wat voor voedsel dan ook – een belangrijke oorzaak is van ons toenemende gewicht niet kloppen.

Ik las verder. Volgens Snowdon heeft de gangbare opvatting dat obesitas in Groot-Brittannië wordt veroorzaakt door de toegenomen beschikbaarheid van calorierijk eten en drinken 'geen basis in de feiten'. In het artikel wordt beweerd dat het gemiddelde lichaamsge-

---

deden veel minder fysiek werk per dag, deels vanwege de toegenomen automatisering vanwege het soort items dat werd geproduceerd (bijv. minder scheepsbouw en meer fabricage van microchips). Auto's en openbaar vervoer hebben het woon-werkverkeer minder inspannend gemaakt. De British Heart Foundation schat dat de afstand die de gemiddelde persoon per jaar loopt is gedaald van 400 kilometer in de jaren zeventig naar 180 in 2010.[18]

* Het Institute for Fiscal Studies stelde aan de hand van deze data een model op en gaf een simpel voorbeeld. Als een man van gemiddeld postuur die zittend werk doet veertig uur per week werkt, verbrandt hij ongeveer 30 kilo vet per jaar. Als hij inspannend werk deed, zou hij bijna 70 kilo vet verbranden. Om het zittende werk te compenseren zou deze man 10,6 uur extra per week moeten joggen, wat niet ver af zit van de tijd die olympische marathonlopers in hun training steken.[20, 21]

wicht van Engelse volwassenen sinds 2002 met 2 kilo is toegenomen, waaraan wordt toegevoegd dat er gedurende dezelfde periode een afname van de calorieconsumptie van 7,4 procent was geweest. De conclusie van het artikel is: 'De toename van obesitas is primair veroorzaakt door een afname in fysieke activiteit thuis en op het werk, niet door een hogere consumptie van suiker, vet of calorieën.'

Snowdon maakte gebruik van officiële bronnen van de Britse overheid, zoals het departement voor Milieubeheer, Voedselvoorziening en Plattelandszaken, dat sinds 1974 jaarlijks onderzoek heeft uitgevoerd van het Britse dieet.[23] Ik controleerde hun data en daar leek inderdaad uit te blijken dat de calorieconsumptie per persoon van rond 2500 per dag in 1974 was gedaald naar slechts 1990 in 1990 – een verbluffende daling van 21 procent. Snowdons grafieken leken op de aandelenkoersen van de beurskrach van Wall Street.*

Als we minder aten in de VS en het VK, zou het de toegenomen inactiviteit moeten zijn die ons zwaarder maakt. Dit sluit aan bij het toegenomen schermgebruik, de afgenomen handenarbeid, het feit dat kinderen meer tijd binnen doorbrengen en de aanwezigheid van roltrappen met drie treden.

Deze verklaring zou grote implicaties hebben voor het overheidsbeleid: als de inname van calorieën daalt zonder dat de overheid daar iets aan hoeft te doen, zou er geen rechtvaardiging zijn voor een beleid gericht op vermindering van de consumptie. En ik vond het verrassend dat de voedingsmiddelenindustrie bij een daling van 21 procent van de inname van calorieën nog steeds winstgevend kon zijn.

* * *

* Snowdon bevestigde dit met data uit andere bronnen, waaronder de UK National Diet and Nutrition Survey Data, de UK Living Costs and Food Survey en de British Heart Foundation. De United States National Health and Nutrition Examination Survey gaf hetzelfde beeld, namelijk dat de gemiddelde hoeveelheid aangeschafte en geconsumeerde calorieën sinds de jaren zeventig was gedaald – d.w.z. we eten *minder*.

Dat artikel van Snowdon had een enorme invloed en er werd onder andere op *Channel 4 News*, in de *Sun* en op BBC Radio 2 aandacht aan besteed. Allister Heath, tegenwoordig redacteur van de *Sunday Telegraph*, schreef in 2016 een stuk in de *Telegraph* met de titel 'We zijn veel te dik, maar een zondebelasting op suiker zou niets helpen'.

Snowdons data zouden ook het ongelijk van Monteiro en heel veel anderen bewijzen. Giles Yeo bijvoorbeeld. Yeo is een internationaal gerespecteerde geneticus van Cambridge University die obesitas bestudeert. Ik had eindeloos met hem gesproken over gewicht, maar deze daling in de inname van calorieën had hij nooit ter sprake gebracht. Eerder had ik hem echter wel gevraagd hoe we er zeker van konden zijn dat onze gewichtstoename te wijten was aan wat we aten, en hij had daar twee redenen voor gegeven.

Ten eerste, zei hij, is er het effect van de dosering: 'Neem bijvoorbeeld een chocoladereep, dat zijn ongeveer 240 calorieën.' (Yeo weet de weg wel in snoepgoed.) 'Als ik gemotiveerd ben, en dat ben ik heel vaak, kan ik een chocoladereep in minder dan een minuut opeten. Maar het kost altijd twintig tot dertig minuten op een loopband om die calorieën weer te verbranden.' De consumptie van calorieën gaat snel, maar het verbranden ervan gaat traag. Daarom hoeven we niet continu te eten. Maar snelle consumptie opent ook de mogelijkheid om meer te eten dan we nodig hebben.

De tweede reden had te maken met onze genen: 'Alle genetische invloed op obesitas die we tot dusver kennen heeft te maken met eetgedrag.' Met andere woorden, als obesitas te wijten was aan te weinig doen, zou je verwachten dat de inmiddels ontdekte genen die zijn gerelateerd aan obesitas verband zouden houden met zaken als 'activiteitengedrag' of stofwisseling, maar dat is niet zo.

Toen keek ik opnieuw naar de cijfers in Snowdons artikel, en het viel me op dat daar iets vreemds mee aan de hand was, namelijk dit: het gemiddelde calorieverbruik bij mensen in het VK ligt rond 2500 calorieën. Maar uit de onderzoeksdata die Snowdon citeerde kwam naar voren dat we minder dan 2000 calorieën per dag eten, wat een gemiddeld dagelijks tekort zou betekenen van rond de 500 calorieën. We worden zwaarder terwijl volgens de data onze calorieconsumptie tegenwoordig zo laag is dat we als natie gewicht zouden moeten verliezen, zelfs als we niets deden. En met niets bedoel ik ook echt niets.

Ik zou het lang volhouden op 2000 calorieën per dag, maar niet zonder gewicht te verliezen. Om zo weinig calorieën te consumeren en toch even zwaar te blijven of zelfs zwaarder te worden, zou ik mijn activiteitenniveau zo ver moeten terugschroeven dat ik niet eens mijn bed uit zou kunnen om te plassen. In feite zou ik niet alleen bedlegerig moeten zijn: ik zou zelfs moeten stoppen met enkele van de energie-intensieve lichaamsfuncties die nodig zijn om het leven in stand te houden – ik zou mijn nierfunctie moeten laten overnemen door een dialysemachine en een ventilator voor me moeten laten ademen.[24]

Dus wat was er aan de hand? Ik vond het antwoord in bijlage 10 van de National Diet and Nutrition Survey,[25] waarin een substeekproef werd beschreven van mensen die ook deelnamen aan iets wat een 'dubbel gelabeld water-subonderzoek' werd genoemd.

Deze techniek werd in de jaren vijftig uitgevonden. De deelnemers drinken water waarin de waterstof- en zuurstofatomen zijn 'gelabeld' – de kernen van de atomen bevatten extra neutronen, wat betekent dat de atomen getraceerd kunnen worden. Misschien heb je wel gehoord van 'zwaar water' – dat is het. Zuurstof en waterstof verlaten het lichaam in verschillend tempo, al naar gelang het calorieënverbruik.* Het is niet perfect, maar het is van jaar tot jaar heel consistent, en men is het er algemeen over eens dat het de beste manier is om te meten hoeveel energie mensen verbruiken.

Deze dubbel gelabelde waterdata lieten zien dat mensen rond de 2500 calorieën per dag verbranden, precies zoals verwacht. We kúnnen als natie simpelweg niet zwaarder worden als we minder dan 2000 calorieën per dag eten maar er meer dan 2500 verbranden. Dat

* Als mensen het zware water drinken, wordt het in hun lichaam verdund, en ze plassen het geleidelijk uit. De gelabelde waterstof kan het lichaam alleen verlaten als waterverlies – voornamelijk urine en zweet. De gelabelde zuurstof verlaat het lichaam op twee manieren: samen met de waterstof als waterverlies en in de adem als CO_2. Hoe meer calorieën je verbrandt, hoe meer CO_2 je uitademt. Door te kijken naar het uiteenlopende tempo waarin de zuurstof en de waterstof het lichaam verlaten kun je een schatting maken van het verbruik van calorieën.

gaat in tegen de beginselen van de natuurkunde, waar iedereen het over eens is.

Wat het dubbel gelabelde wateronderzoek aan het licht bracht was dat de mensen in de onderzoeken hun calorieconsumptie met meer dan 30 procent onderschatten. Dit wordt bevestigd door Amerikaanse onderzoeken. Uit een vergelijking van de dubbel gelabelde waterdata van het onderzoek van de US National Health and Nutrition Examination met de feitelijke onderzoeksdata bleek dat consequent werd onderschat hoeveel mensen eten en overschat hoeveel ze bewegen.[26]

Snowdons argumentatie zou hout hebben gesneden als de mensen consistent waren geweest in het onderschatten van wat ze aten. Als we onze calorie-ínname altijd hadden onderschat, zou het nog steeds zo kunnen zijn dat inactiviteit de voornaamste oorzaak is van gewichtstoename. Maar dubbel gelabelde waterexperimenten tonen aan dat we in werkelijkheid tegenwoordig veel sterker dan een paar decennia geleden onderschatten hoeveel we eten.

Er zijn verschillende verklaringen te geven voor deze onderrapportage, allemaal ondersteund door bewijsmateriaal. Ten eerste blijkt uit onderzoek dat mensen met obesitas onjuiste informatie invullen op vragenformulieren en vervolgens, als ze afvallen, daarmee ophouden en hun eerdere onjuiste antwoorden toegeven.[27] Er is niet veel empathie voor nodig om je voor te stellen waarom respondenten met obesitas een te lage schatting geven als ze een vragenlijst over voeding invullen. Over dingen waar ze zich voor schamen geven mensen regelmatig een te lage schatting.*

Ten tweede is uit onderzoeken gebleken dat het verlangen om af te vallen de onderrapportage versterkt, en sinds de jaren negentig is het dieetbewustzijn, het volgen van een dieet en het verlangen om af te vallen enorm toegenomen. Zo weten we dat het aantal mannen dat wil afvallen tussen 2003 en 2013 bijna is verdubbeld.[28]

Ten derde eten mensen meer snacks buitenshuis dan voorheen en

* Uit vergelijkingen blijkt bijvoorbeeld dat gemelde alcoholconsumptie wel 40 tot 60 procent lager kan liggen dan de werkelijke consumptie.

dat eten wordt gemakkelijker vergeten en is moeilijker vast te leggen. Snacken is uitgegroeid tot een industrie van 400 miljard dollar.[29, 30] Ten vierde zijn we in het algemeen slechter geworden in het meewerken aan onderzoeken. Economen maken zich daar zorgen over en hebben het dus onderzocht.[31-35]

Ten vijfde is de portiegrootte van ons eten toegenomen en bevatten ze meer energie dan in de referentiedatabanken wordt aangegeven. De British Heart Foundation kwam tot de conclusie dat in de twintig jaar tussen 1993 en 2013 de kant-en-klaarmaaltijden van shepherd's pies, een traditioneel Brits gerecht, tweemaal zo groot zijn geworden, terwijl een portie chips in een gezinsverpakking 50 procent groter is geworden.[36] Dit betekent dat als iemand in het kader van een onderzoek antwoordt dat ze een kant-en-klare kippastei of een portie noten hebben gegeten, het heel goed kan dat in de referentiedata het aantal calorieën dat ze hebben geconsumeerd wordt onderschat.

Ten zesde verspillen de mensen minder eten. In een rapport uit 2012 werd geschat dat de voedselverspilling van huishoudens sinds 2007 rond 20 procent was gedaald.[37, 38] Als de voedselverspilling afneemt, zullen de mensen een groter gedeelte consumeren van het voedsel dat ze naar eigen zeggen aanschaffen.

Ten zevende: hoewel de officiële cijfers van calorie-ínname zijn gedaald, laten data uit een commerciële bron – het Kantar Worldpanel, een continu rapporterend panel van dertigduizend Britse huishoudens – een stijging zien van de calorie-aankopen in de afgelopen tien jaar.[39]

In Snowdons 'dikke leugen'-artikel worden de data verkeerd begrepen: de calorieënconsumptie is niet aan het dalen – ze is aan het stijgen, en al heel lang. De artikelen van andere auteurs waarin op deze fouten werd gewezen hebben echter geen publiciteit gekregen, wat jammer is omdat het beleid ten aanzien van gewicht en dieet (en menselijk lijden) wordt beïnvloed door wat er in de pers over wordt geschreven.

* * *

De dubbel gelabelde wateronderzoeken (en nog veel meer andere data) vertellen ons dat we wel meer eten. Maar die modellen van het Institute for Fiscal Studies dan, die aantonen dat werken in de kolenmijnen (niet verrassend) achtmaal zo inspannend is als kantoorwerk? Het zou tenslotte zo kunnen zijn dat vanwege ons zittende leven het gevaar ons van twee kanten beloert: we doen minder en we eten meer, wat betekent dat wat we eten maar het halve verhaal is.

Om inzicht te krijgen op het effect van lichaamsbeweging en activiteit op ons lichaamsgewicht moeten we ons wenden tot het werk van onder anderen Herman Pontzer. Hij is universitair hoofddocent evolutionaire antropologie aan Duke University, en zijn onderzoek werpt een nieuw licht op dieet en stofwisseling. Pontzer wilde het verschil in dagelijks calorieverbruik tussen jager-verzamelaars, boeren en zittende kantoorwerkers uitwerken. Daartoe bracht hij enige tijd door bij de Hadza, een volk van jager-verzamelaars die in de savannebossen van Noord-Tanzania leven. De Hadza jagen en verzamelen te voet met pijl-en-boog, kleine bijlen en graafstokken. De mannen jagen op wild en verzamelen honing en de vrouwen verzamelen planten. Wild voedsel, waaronder knollen, bessen, klein en groot wild, honing en baobabvruchten, levert 95 procent van de calorieën voor de Hadza.

Pontzer mat over een periode van elf dagen het totale dagelijkse energieverbruik van dertig volwassenen.[40] Zijn team maakte gebruik van de dubbel gelabelde watermethode en een draagbaar respirometriesysteem, waarbij de deelnemer een kap draagt die meet hoeveel zuurstof hij/zij consumeert en hoeveel koolstofdioxide hij/zij produceert. Het team gaf de deelnemers ook gps-apparaten om nauwkeurige reisdata te verkrijgen.

De uitkomsten waren zo verrassend dat het team ze keer op keer herberekende, op veel verschillende manieren en met controle op verschillende factoren, in de overtuiging dat ze het bij het verkeerde eind moesten hebben. Het aantal calorieën dat Hadza-volwassenen verbranden bleek namelijk in tegenstelling tot de verwachtingen sterk overeen te komen met dat bij Amerikaanse en Europese populaties. Zelfs borstvoeding of zwangerschap maakte geen verschil.

In feite worden deze uitkomsten ondersteund door andere onderzoeken. Amy Luke en Kara Ebersole van Loyola University toonden aan dat er geen verschil was in het totale energieverbruik tussen een groep vrouwen in ruraal Nigeria en een andere in een voorstad van Chicago.[41] Dit patroon geldt zelfs voor alle menselijke populaties die ooit zijn onderzocht. En hetzelfde is gemeld bij niet-menselijke primaten zoals apen en mensapen: populaties in gevangenschap verbranden hetzelfde aantal calorieën als hun soortgenoten in het wild.[42-51]

Deze bevindingen gaan in tegen alles wat we denken te weten over de manier waarop het lichaam calorieën verbruikt. Het lijkt erop dat mensen elke dag dezelfde hoeveelheid energie verbranden, of ze nu vijftien kilometer lopen of achter een bureau zitten. Het belang hiervan valt niet te missen: het betekent dat we niet kunnen afvallen enkel door actiever te worden. De variatie in het percentage lichaamsvet houdt geen verband met fysieke activiteit of energieverbruik.

Hoe kunnen we dit rijmen met die data waaruit bleek dat bij werken in de kolenmijnen achtmaal zoveel calorieën werden verbrand als bij kantoorwerk? Nou, het bleek dat niemand in die onderzoeken daadwerkelijk mijnwerkers heeft gemeten. De data waren allemaal gebaseerd op onderzoeken en aannames over tijdverbruik. Toen een team uit de VS en Turkije mijnwerkers daadwerkelijk ging meten met hartslagmonitoren, ontdekten ze dat de mijnwerkers... tussen de 2100 en 2800 calorieën per dag verbrandden – hetzelfde als wij allemaal.[52]

En toch lijkt het onmogelijk dat ik niet meer calorieën zou verbranden als ik niet aan mijn bureau zat maar in een mijn werkte. Hoe kon dat in hemelsnaam werken?

Ik had me altijd voorgesteld dat ik rond de 2000 calorieën verbrand door gewoon te ademen en mijn cellulaire basisfuncties te onderhouden en verder niets te doen, en dat elke fysieke activiteit, of het nu joggen is of in de mijnen werken, wordt opgeteld bij het totale aantal calorieën dat ik in een dag verbrand. Maar het blijkt dat ons lichaam dit als we actief zijn compenseert door minder energie te besteden aan andere dingen, zodat het totale energieverbruik hetzelfde blijft.

Dat geldt zeker als we kijken naar een langer tijdsbestek van meerdere dagen of weken. Als de Hadza bijvoorbeeld rusten, dan rusten ze echt. En het geldt ook voor atleten en voor alle anderen die actief zijn. We kunnen een tijdlang heel actief zijn, maar later halen we die energieschuld weer terug. Wellicht kan het feit dat het lichaam het energieverbruik op andere manieren vermindert verklaren waarom lichaamsbeweging in verband wordt gebracht met een betere lichamelijke gezondheid, zelfs al leidt die niet tot gewichtsverlies.

In Pontzers model wordt gesteld dat een lange wandeling of een stuk hardlopen ertoe leidt dat alledaagse, niet-essentiële lichaamsprocessen gewoon worden teruggeschaald, zodat er minder energie wordt besteed aan je immuun-, endocriene en stresssysteem. Dat klinkt misschien slecht, maar een tijdje rust lijkt die systemen juist te helpen herstellen tot een gezonder functioneringsniveau. En ook in evolutionaire zin is het zinvol: gedurende de geschiedenis van de hominiden zullen er aanzienlijke perioden zijn geweest dat voedsel schaars was. Bij het conventionele model van calorieverbranding zou dat betekenen dat je de meeste calorieën verbruikt als voedsel het minst beschikbaar was, want je zou onvermijdelijk harder werken om die calorieën bij elkaar te jagen of verzamelen. Het vaste-energiemodel betekent dat energieverbruik consistent is, zelfs als we verder moeten lopen om voedsel te krijgen. En in een periode van schaarste is het verstandig om van bijvoorbeeld het voortplantingssysteem te lenen om de vruchtbaarheid te verminderen.

Volgens Pontzers data verbranden we rond de 2500 calorieën per dag bij een kantoorbaan, net zoveel calorieën als wanneer we een lang stuk hadden gelopen. Aangezien we die energie niet aan lopen besteden, besteden we die elders, aan dingen als gestrest zijn. Volgens de hypothese zal kantoorpersoneel waarschijnlijk een hoger niveau van adrenaline, cortisol en witte bloedlichaampjes hebben, en dat maakt ons allemaal onrustig en prikkelbaar.[53, 54] Een zittend leven (van het soort dat jij waarschijnlijk leeft als je dit leest – al hoeft dat niet) leidt tot een hoger testosteron- en oestrogeenniveau, wat sommige mensen misschien positief in de oren klinkt, maar het risico op kanker kan verhogen. De Hadza daarentegen – die elke dag ongeveer twee uur matig tot intensief lichamelijk werk verrichten, vele malen meer dan de gemiddelde Brit of Amerikaan – hebben concentraties testosteron in hun ochtendspeeksel die ongeveer de helft zijn van die bij westerse populaties.[55]

Dat is positief en kan verklaren waarom lichaamsbeweging zo'n belangrijke behandeling is voor veel chronische aandoeningen, en depressie en onrust lijkt te verminderen.[56]

Als je eenmaal aan het idee went dat je niet meer calorieën zou verbranden als je naar Tanzania verhuisde en een jager-verzamelaar werd, verklaart dat ook waarom lichaamsbeweging niet helpt om af te vallen (zoals uit veel onderzoeken is gebleken). De energiebalans is niet iets wat we bewust kunnen veranderen, en dat is ook logisch: zoiets belangrijks kunnen we niet overlaten aan de grillen van bewuste controle, evenmin als we dat zouden doen bij het zuurstofniveau.

Het is duidelijk dat we meer calorieën dan ooit eten en dat pogingen om ons energieverbruik te veranderen geen significant verschil zullen maken voor ons gewicht. Obesitas wordt veroorzaakt door toegenomen voedselinname, niet door inactiviteit, en het beste bewijs (zoals Kevin Hall en Sam Dicken hebben aangetoond) laat zien dat we met voedsel UPF bedoelen.

Maar waarom heerst er in de wetenschappelijke literatuur dan zoveel verwarring over een kwestie die vrij eenvoudig op te lossen lijkt?

Wat Christopher Snowdon betreft, die krijgt een salaris betaald door het Institute of Economic Affairs, een vrijemarktdenktank. Hun financiering is grotendeels ondoorzichtig, maar ze hebben geld gekregen van de suikergigant Tate & Lyle.[57, 58] De suikerindustrie heeft er belang bij het verhaal te promoten dat niet voedsel, maar inactiviteit het probleem is. Het is niet duidelijk in hoeverre deze regeling direct bepalend is voor Chris Snowdons standpunt, maar uit onderzoek weten we dat mensen zich er vaak niet van bewust zijn hoezeer ze beïnvloed worden. Artsen ontkennen voortdurend dat financiering door medicijnenbedrijven onze praktijk of ons onderzoek beïnvloedt, maar uit de data blijkt dat dat duidelijk wel het geval is.

Snowdons artikel had natuurlijk wel impact, maar werd niet gepubliceerd in een degelijk academisch tijdschrift met deskundige, onafhankelijke collegiale toetsers. Maar de artikelen waarbij dat wel het geval was dan? De artikelen van de professoren Steven Blair, Peter Katzmarzyk en James Hill en anderen, waarin de rol van inactiviteit wordt benadrukt? Weet je nog dat Blair zei dat er 'vrijwel geen overtuigend bewijs' was dat fastfood en suikerhoudende dranken de schuld waren?

Ik sloeg er de artikelen van deze auteurs op na om te kijken of er sprake was van belangenverstrengeling, en vond artikelen uit 2011 en 2012 waarin duidelijk werd verklaard dat die er niet waren.[59-61] Maar in 2015 stuurden sommige wetenschappers verzoeken tot vrijheid van informatie naar de universiteiten waar deze en andere wetenschappers in dienst waren.[62] Als antwoord ontvingen ze 36.931 pagina's documenten, waaronder e-mailcorrespondentie tussen de wetenschappers en Rhona Applebaum, destijds hoofd van de wetenschappelijke afdeling van Coca-Cola. Dankzij deze verzoeken, gevolgd door een enorme hoeveelheid journalistiek en onderzoek, weten we nu hoe groot de invloed van Coca-Cola is op de discussie rond obesitas en lichaamsbeweging.

Coca-Cola hielp Blair het Global Energy Balance Network op te richten, een groep zonder winstoogmerk[63] die de boodschap promootte dat er geen overtuigend bewijs was van een duidelijk verband tussen met suiker gezoete dranken en obesitas.[64] Coca-Cola heeft alle artikelen gefinancierd die ik eerder opnoemde, door Blair, Hill en Katzmarzyk.[65, 66] Coca-Cola financierde zelfs een compleet nationaal programma, geleid door het American College of Sports Medicine, met de naam 'Exercise is Medicine' (lichaamsbeweging is een medicijn). Steven Blair is vicevoorzitter en voorzitter geweest van het American College of Sports Medicine.

In 2015 publiceerde Coca-Cola een 'transparantielijst' van deskundigen en projecten die het had gefinancierd, maar die bleek niet zo transparant te zijn. Voor elke auteur die Coca-Cola onthulde waren er vier die ze niet onthulden.[67]

Een team uit Oxford en de London School of Hygiene & Tropical Medicine bracht het universum van Coca-Cola's onderzoeksfinanciering in kaart, waarbij het gaat om bijna 1500 verschillende onderzoekers (die waarschijnlijk niet allemaal direct een toelage hebben ontvangen), verantwoordelijk voor 461 door het merk gefinancierde publicaties. De onderzoeker die de meeste door Coca-Cola gefinancierde artikelen heeft gepubliceerd (89) is Steven Blair. Zijn onderzoeksinstituut ontving in totaal rond 5,4 miljoen dollar onderzoeksfinanciering om de rol van de energiebalans bij een hoog niveau van energie-inname te bestuderen.[68]

Hier doen zich twee problemen voor.

Coca-Cola begon Blair, Hill en Katzmarzyk en anderen in 2010 te financieren, maar in 2011 en 2012 publiceerden die artikelen waarbij zich naar hun eigen zeggen geen belangenverstrengeling voordeed.[69] Financiering door Coca-Cola voor onderzoek naar de gezondheid is belangenverstrengeling en in de academische literatuur geldt dat het niet onthullen van belangenverstrengeling te beschouwen is als ernstig wangedrag bij onderzoek.[70, 71]

Maar het onthullen van namen zou niet alles oplossen. Vanaf ongeveer 2013 werd in veel artikelen bekendgemaakt dat ze door Coca-Cola waren gefinancierd, en toch oefende het bedrijf nog steeds enorme invloed uit. Toen de gouverneur van Georgia Sonny Perdue in 2009 een verklaring tekende waarin mei werd uitgeroepen tot 'maand van lichaamsbeweging als medicijn' in de staat, deed hij dat met trots: 'Vooral omdat dit wordt ondersteund door een lokale organisatie, de Coca-Cola Company.'[72]

Als een bedrijf onderzoek financiert, vallen de uitkomsten over het algemeen uit in het voordeel van de financier[73-78] – niet in elk afzonderlijk onderzoek, maar over het algemeen is dit patroon zeer consistent. Dat geldt zelfs voor de farmaceutische industrie, die werkzaam is in een uitzonderlijk sterk gereguleerde onderzoeksomgeving waarin de regelgevers absolute macht hebben over de manier waarop producten worden verkocht en elk datapunt uit elk experiment kunnen controleren. Vergeleken met de farmaceutische industrie stelt de regulering van het onderzoek naar voedingsmiddelenbedrijven, waaronder de onderzoeken en artikelen die hier worden aangehaald, vrijwel niets voor. Fabrikanten van frisdranken hebben dit gebrek aan regelgeving met veel succes uitgebuit. Toen de relatie tussen met suiker gezoete dranken (zoals Coca-Cola) en gewichtstoename werd geëvalueerd, bleek dat bij door het bedrijfsleven gesponsorde onderzoeken de kans vijfmaal zo groot was dat de uitkomst gunstig was voor het bedrijf.[79]

Coca-Cola is er niet voor de volksgezondheid. Het verkoopt op agressieve wijze dranken die bij buitensporige consumptie schade berokkenen bij kinderen en volwassenen (al staat niet op het blikje of enige andere plek die ik kon vinden wanneer er sprake is van buitensporige consumptie). Ik wil Coca-Cola niet laten sluiten, maar het lijkt niet controversieel te stellen dat respectabele gezondheidstijdschriften geen gezondheidsonderzoek moeten publiceren dat door Coca-Cola is gefinancierd, evenmin als ze door de tabaksindustrie gefinancierd gezondheidsonderzoek moeten publiceren.[80, 81] Werk met een dergelijke financiering moet buiten beschouwing worden gelaten. Coca-Cola moet geen publieke gezondheidsprogramma's financieren en zou geen invloed moeten hebben op volksgezondheidsbeleid. Coca-Cola en beleidsmakers op het gebied van gezondheidszorg moeten tegenover elkaar staan, niet samenwerken.

Je zou kunnen denken dat de controverse rond deze honderden door Coca-Cola gefinancierde artikelen het probleem oploste. Maar in mei 2021 financierde Coca-Cola de Latin American Nutrition and Health Study,[82] die resultaten publiceerde waaruit bleek dat inactiviteit verband hield met het gewicht en waarin de auteurs beweerden dat er hier geen sprake was van belangenverstrengeling.

De waarheid op een terrein van de wetenschap ontdekken is als het in elkaar passen van een legpuzzel. De puzzelstukjes zijn waarnemingen, artikelen, datapunten. Naarmate je de stukjes in elkaar past wordt het leggen van de puzzel steeds gemakkelijker omdat de afbeelding – de waarheid – zichtbaar wordt.

In het geval van obesitas laat de compleet gelegde puzzel zien dat inactiviteit geen significante bijdrage levert en dat de primaire oorzaak wordt gevormd door ultrabewerkt voedsel en drank. Dat is een existentiële bedreiging voor de bedrijven waarvan het bestaan afhangt van de verkoop van die producten.

De tactiek van Coca-Cola en andere UPF-bedrijven is geweest om puzzelstukjes te maken die lijken te passen maar in feite helemaal niet bij de puzzel horen. De puzzeldoos zit vol met duizenden misleidende stukjes, artikelen en datapunten, waardoor het bijna onmogelijk wordt de puzzel te leggen. Te veel stukjes passen gewoon niet in elkaar.

Als je je net als ik verbaast over het idee dat je door meer te doen niet meer calorieën kunt eten, dan is dat misschien omdat het tegengestelde idee, dat je overtollige calorieën kunt verbranden, overal is gepromoot door bedrijven als Coca-Cola; van wetenschappelijke artikelen tot beleidsinitiatieven als Exercise is Medicine. Het heeft even geduurd voordat ik kon accepteren dat ik dan wel een graad in de medicijnen heb, maar dat mijn inzichten in mijn lichaam en zijn energievereisten deels afkomstig zijn van de Coca-Cola Company.

9

… of gebrek aan wilskracht

Net zoals we denken dat we energieverbruik bewust kunnen aanpassen door meer aan lichaamsbeweging te doen, is er het bijna universele idee dat je het inwendige systeem dat de voedselinname regelt bewust kunt overstemmen door louter wilskracht. Het is een wijdverbreid idee, en er zit een hoop stigma aan vast. Om de een of andere reden wordt dit idee althans in de geneeskunde heel specifiek aan gewichtstoename gelinkt. Je hoort het nooit over mensen met andere dieetgerelateerde ziekten als kanker of hart- en vaatziekten.

Verbonden aan het idee dat gewichtstoename kan worden gekeerd door uitoefening van wilskracht is nog een ander verontrustend idee – dat er wellicht twee categorieën mensen met obesitas zijn: degenen met een biologische of genetische aandoening die daarom niets te verwijten valt, en degenen die gewoon slechte keuzes hebben gemaakt. Dit idee wordt stelselmatig in de pers gepromoot,* dus laten we het nader onderzoeken.

Obesitas is tot op zekere hoogte erfelijk. Bijna iedereen met obesi-

* Om een voorbeeld te noemen, in februari 2021 schreef Matthew Syed, columnist voor de *Times*, een artikel over een nieuw obesitasmedicijn en postte dat op Twitter met zijn boodschap: 'Hier zeg ik dat sommige mensen met overgewicht op wilskracht zouden kunnen afvallen – meer lichaamsbeweging, minder eten. Mensen met een schildklieraandoening en andere aandoeningen sluit ik hier expliciet van uit. Dat mensen hier aanstoot aan nemen onderstreept mijn punt: dat er steeds minder individuele verantwoordelijkheid wordt genomen.'[1]

tas heeft genen waardoor het wordt gestimuleerd. Er zijn twee brede categorieën van genetische obesitas. Er zijn zeldzame fouten in afzonderlijke genen die leiden tot gevallen waarin gewichtstoename in wezen onvermijdelijk is, ongeacht de omgeving.* Maar het overgrote deel van de mensen met obesitas heeft veel kleine genetische verschillen in vergelijking met de mensen met een lager BMI. De meeste verschillen zitten in de genen die in de hersenen werken en die invloed hebben op het eetgedrag.

Giles Yeo had me verteld dat genen invloed hebben op het eetgedrag, inclusief de snelheid waarmee mensen eten en het voedsel dat ze kiezen. Het werk dat is verricht om dit te ontdekken werd gedaan aan het UCL door Jane Wardle en Clare Llewellyn, die aantoonden dat genetische variatie invloed heeft op het eetgedrag van kinderen en bijdraagt aan obesitas. Het feit dat genen het eetgedrag kunnen beïnvloeden schept verwarring, omdat het contra-intuïtief lijkt – het voelt tenslotte alsof we bewuste keuzes maken, onderhevig aan de uitoefening van de wil. En zelfs de mensen die genen hebben die zorgen dat ze meer gaan eten, zullen nog steeds de ervaring hebben dat ze hun inname niet in de hand kunnen houden, wat ze kunnen ervaren als gebrek aan wilskracht. Ik zeg dit als iemand die veel van de genetische risicofactoren voor obesitas heeft.

Bijna iedereen met obesitas heeft waarschijnlijk genetische risico's, maar sommige mensen die op een zogeheten 'gezond gewicht' zitten hebben ook genen voor obesitas, waaruit je zou kunnen afleiden dat ze wilskracht uitoefenen over hun genen. Dat is echter niet zo. Het

* Soms betekent een enkele mutatie dat de aandoening behandelbaar is. Bij ongeveer honderd families wereldwijd is ontdekt dat er een mutatie is die leptine aantast (een hormoon dat de voornaamste manier lijkt te zijn waarop de hersenen de hoeveelheid vet op het lichaam voelen), en die hebben over het algemeen last van ernstige obesitas (d.w.z. een BMI van meer dan 40). Er zijn ook meer algemeen voorkomende mutaties, zoals de mutaties in het MC_4R-gen. Er worden de hele tijd nieuwe medicijnen ontwikkeld, waaronder setmanotide. Medicijnenbedrijven zijn voorzichtig (of de verschillende regelgevers dragen hun op voorzichtig te zijn). Ze beginnen met tests op kinderen die er erg veel last van hebben, om er zeker van te zijn dat het profijt groter is dan het risico, en gaan dan over op tests op steeds meer mensen.

verschil tussen mensen met dezelfde genen en verschillend gewicht zit hem in de omgeving waarin ze leven, niet in hun wilskracht. Ook dit weet ik uit persoonlijke ervaring.

Mijn tweelingbroer Xand is ook mijn grote broer. Hij is letterlijk zeven minuten ouder, maar hij is ook tot 20 kilo zwaarder geweest dan ik – het grootste verschil in gewicht tussen tweelingen dat in het VK is bestudeerd.

We hebben dezelfde genetische code,* wat betekent dat we identieke genen hebben, en ik weet – omdat ik een test heb gedaan met Giles Yeo – dat we allebei veel van de belangrijkste genetische risicofactoren voor obesitas hebben. Als je door eten bent geobsedeerd, heb jij die genen waarschijnlijk ook, ongeacht je gewicht.

Xand kwam aan toen hij naar de VS verhuisde. Hij kreeg een beurs voor een Amerikaanse universiteit om een mastergraad te halen. Rond dezelfde tijd ontdekte hij dat hij een kind zou krijgen met iemand die hij niet goed kende, op een manier die totaal niet gepland was. Nu is de situatie in volledige harmonie (Xands zoon Julian, diens mama Tamara, haar man Ken en hun zoon Harrison vormen een gelukkig gezin), maar op dat moment was het stressvol. Xand leefde in Boston ook in een 'food swamp', een voedselmoeras.

Misschien heb je wel gehoord van 'food deserts' – voedselwoestijnen, plekken waar de winkels simpelweg geen vers voedsel en gezonde groenten verkopen en er alleen UPF verkrijgbaar is. Volgens het Amerikaanse ministerie van Landbouw zijn er in de VS meer dan 6500 van dergelijke voedselwoestijnen. Die vind je in gebieden met een hoog armoedeniveau en een hoger percentage aan etnische minderheden.[2] In het VK hebben meer dan 3 miljoen mensen geen winkel binnen vijftien minuten van hun huis per openbaar vervoer waar onbewerkte ingrediënten worden verkocht.[3] Dat betekent dat het moeilijk is om aan echt eten te komen – laat staan om het te koken.

Hoe dan ook, voedselmoerassen van het type waar Xand in terechtkwam lijken veel op voedselwoestijnen. Er is misschien vers

* In zekere zin hebben we hetzelfde lichaam. Mensen denken dat we dezelfde persoon zijn, en uit een vaderschapstest zou blijken dat mijn kinderen de zijne zijn en vice versa.

voedsel verkrijgbaar, maar dat gaat kopje-onder in een moeras van fastfoodwinkels die UPF verkopen. Voor een BBC 1-documentaire over UPF ging ik naar Leicester om met een groep tieners te spreken en zo inzicht te krijgen in hun voedselomgeving. Ze lieten me zien hoe voedselmoerassen precies werken. Als het over voedsel ging werden ze enthousiast, boos en vrolijk, vaak tegelijkertijd.

Ze namen me mee naar de Clock Tower, het centrale herkenningspunt waar alle jongeren elkaar ontmoeten, en wezen naar de zaken in de directe omgeving: McDonald's, Five Guys, Burger King, KFC, Greggs, Tim Hortons, Taco Bell, nog een Greggs, Pizza Hut, een kiprestaurant, Costa, Awesome Chips – en daar heb je nog een Greggs net uit het zicht naast een Subway. McDonald's heeft de beste locatie, precies aan de voet van de Clock Tower.

Leicester is een voedselmoeras. UPF is overal te krijgen, maar aan echt voedsel is moeilijker te komen, zowel geografisch als financieel. Er is een duidelijke correlatie tussen armoede en de dichtheid van fastfoodzaken: daar zijn er bijna tweemaal zoveel van in de meest achtergestelde wijken als in de meest welgestelde. In één achterstandswijk in Noordwest-Engeland zijn er 230 fastfoodzaken voor elke 100.000 inwoners, tegen een landelijk gemiddelde van 96 per 100.000.[4]

Niet alleen de dichtheid van de restaurants maakt een gebied tot een voedselmoeras. Het is ook de totale onderdompeling in marketing. De tieners lieten me hun buskaartjes zien, die tegelijkertijd vouchers voor McDonald's zijn. Hun social media-feeds zitten barstensvol reclame voor diezelfde merken, en hun games idem dito. Spotify Premium hebben ze niet, dus de songs worden afgewisseld met reclame, voornamelijk voor fastfoodketens. Alle media die ze consumeren worden gefinancierd door de fastfoodindustrie. Ze worden doordrenkt van de reclame waarvan we weten dat die werkt.

Voorstanders van regulering hoor je vaak stellen dat reclame buitensporig eten niet promoot, dat de kinderen toch al een burger kopen en dat de reclame ze alleen adviseert welke ze moeten kopen. Dat argument is onjuist, en er zijn een hoop data die dat bewijzen.

Een Nederlandse onderzoeksgroep onderzocht kinderen die een 'reclamespel' speelden: een nieuwe reclametechniek waarbij hele games worden ontwikkeld die zijn gewijd aan toegenomen consumptie.[5] Een zo'n game is KFC's '*Snack! In the Face*', dat werd ontwikkeld om het probleem van de slechte verkoop van snacks van KFC op te lossen en bekender te worden bij Australische tieners.

De game was nummer één bij de app stores van zowel Apple als Google. Er wordt constant een pakkende themasong afgespeeld terwijl je kipballetjes in de mond schiet van een krombenige kolonel Sanders. Als de kolonel genoeg kip eet, win je vouchers die je kunt omzetten in echte kipballetjes. Zoals te verwachten lukt het met zulke games om kinderen meer kip te laten eten, zoals het Nederlandse team aantoonde. Bovendien consumeerden de kinderen na het spelen van de reclamegames die UPF promootten meer voedingsstofarme snacks en minder groenten en fruit.[6] Zelfs als je in het spel reclame maakt voor fruit, eten ze meer UPF. De simpele aansporing om te eten stimuleert kinderen om meer junkfood te eten, als dat verkrijgbaar is.[7]

In een onderzoek van Yale keken basisschoolkinderen naar een tekenfilm waar ofwel reclame voor eten ofwel reclame voor andere producten in voorkwam en kregen tijdens het kijken een snack. De kinderen consumeerden 45 procent meer voedsel als ze aan voedselreclame werden blootgesteld.[8]

Wellicht het meest overtuigende bewijs dat voedselreclame, en met name reclame voor junkfood, kinderen meer laat eten is afkomstig uit een artikel van Emma Boyland, een hoogleraar voedselmarketing en kindergezondheid. Boyland verrichtte een uitgebreide evaluatie in opdracht van de Wereldgezondheidsorganisatie ten behoeve van de ontwikkeling van geüpdatete aanbevelingen voor het beperken van voedselmarketing voor kinderen. Ze keek naar data van bijna twintigduizend deelnemers uit tachtig verschillende onderzoeken en toonde onomstotelijk aan dat voedselmarketing te verbinden is met een zeer significante toename in de wensen van kinderen wat betreft voedselkeuze, voedselinname en voedselaankopen.[9]

De enige producten waarvoor reclame wordt gemaakt gericht op jonge mensen zoals die ik in Leicester ontmoette, zijn UPF. Daar is een simpele reden voor: UPF is gepatenteerd, dus de fabrikanten ervan kunnen veel geld genereren. In verhouding tot de productiekosten betaal je een hoop geld voor een KitKat. Niemand anders mag KitKats maken, want Nestlé bezit het recept en het handelsmerk en alles wat KitKats unieke barcode creëert waar we maar geen genoeg van kunnen krijgen.

Bedrijven die rundvlees of melk of rode pepers verkopen, hebben daarentegen enorme productiekosten, vooral in het geval van hoogwaardige producten, en wij behandelen de verschillende typen producten die verkrijgbaar zijn allemaal min of meer hetzelfde. Natuurlijk, we zeggen misschien dat we het belangrijk vinden dat onze rode pepers biologisch zijn, of ons rundvlees van met gras gevoerde koeien. Dat zeggen mensen ook als ze de supermarkt binnengaan. Maar als we dan in de boodschappentassen kijken van diezelfde klanten als ze de supermarkt verlaten, dan blijken ze meestal het goedkoopste van elk product te hebben gekocht.

Het is dus veel lastiger om veel geld te verdienen met de NOVA-groepen 1 tot 3, met name op kleine schaal. Grote voedingsmiddelenbedrijven als Cargill kunnen geld verdienen aan rundvlees omdat ze zo groot zijn, maar om winst te maken moeten ze dat rundvlees wel leveren aan fabrikanten van UPF. Er zijn geen start-ups die geweldig rundvlees of heerlijke melk maken. Op dat terrein valt weinig groei te bereiken. Groei zit in UPF. En een groot deel van die groei is afkomstig van reclame.

In Leicester zag ik hoe sterk de greep van de fastfoodindustrie op ons leven is, en met name op kinderen. McDonald's is in feite het middelpunt van de gemeenschap geworden. Een tiener stelde het zo: 'Daar moeten we elkaar ontmoeten, want alle jongerenclubs zijn gesloten. Waar moeten we anders heen?'

Christina Adane is een jonge voedselactivist die is opgegroeid in Zuid-Londen en als kind in aanmerking kwam voor gratis schoolmaaltijden. Zij zat achter de Britse petitie voor gratis schoolmaaltijden tijdens de zomervakantie in 2020, die werd ondersteund door de voetballer Marcus Rashford. We ontmoetten elkaar in de regen in een park in de buurt van waar ze was opgegroeid, en ze legde vol vuur haar standpunt uit over de verantwoordelijkheid van de overheid om kinderen te beschermen en te zorgen dat die niet alleen toegang hebben tot voedsel, maar tot gezond voedsel. Ze wees op de voedselomgeving die ons omringt: het ene kiprestaurant na het andere langs de weg tegenover het park. 'Ik wil dat geen enkel kind in een voedselwoestijn leeft,' zei ze tegen me. 'Jonge mensen hebben het recht op te groeien in een omgeving waar gezond voedsel de standaardoptie is, waar dat voedsel aantrekkelijk, toegankelijk en betaalbaar is.'

Net als de tieners die ik in Leicester ontmoette, is Adane zich scherp bewust van de enorme invloed van de voedingsmiddelenindustrie op haar en haar vrienden: 'Het is heel beangstigend om te zien met hoeveel succes junkfoodbedrijven de jeugdcultuur hebben geïnfiltreerd. Ik zie het overal. Popsterren hebben een date bij een kiprestaurant om een nieuw album te promoten, en bij elk evenement waar veelbelovende nieuwe artiesten centraal staan wordt reclame gemaakt voor energiedrankjes.' Als ik haar vraag waar zij na schooltijd naartoe ging, is het antwoord hetzelfde als in Leicester: de fastfoodbedrijven hebben ingespeeld op het feit dat jonge mensen geen veilige en droge plek hebben waar ze elkaar na schooltijd kunnen ontmoeten.

'We realiseren ons niet genoeg dat die fastfoodbedrijven niet onze vrienden zijn,' zei Adane. 'We leven in een wereld waar een op de drie kinderen tegen de tijd dat hij/zij elf jaar is, risico loopt op een dieetgerelateerde ziekte. Een op de drie. We moeten die bedrijven niet als vertrouwd of sexy beschouwen.'

Adane en de tieners in Leicester gaven me een geweldig beeld van hun 'voedselomgeving', de fysieke, economische, politieke, sociale en culturele context die invloed heeft op wat ze kopen en eten – daartoe behoren alle reclames. Wat we eten wordt veel sterker bepaald door de voedselomgeving dan door een bewuste keuze.

Xand en ik hebben dezelfde genen voor obesitas, maar Xand, die in Boston woonde, werd veel meer in UPF ondergedompeld dan in het VK het geval was geweest. Ook was hij gestrest en ver van huis, en maakte hij enorme veranderingen in zijn leven door. Stress uit elke bron, maar vooral de chronische stress van de armoede, heeft een dramatische invloed op de hormonen die de eetlust regelen: ze vergroten de drang om te eten. De exacte mechanismen zijn niet duidelijk, maar als je gestrest bent scheid je meer af van het hormoon cortisol; dit schijnt een verhoogde inname te stimuleren van calorierijk UPF, omdat het een uitwerking heeft op veel hormonen die te maken hebben met het systeem dat de energie-inname regelt. Cortisol kan ook leiden tot vetophoping rond organen, zogeheten visceraal vet, dat in verband wordt gebracht met een slechtere gezondheid. Chronische stress in een omgeving met lage inkomens, gecombineerd met de extreme marketing en beschikbaarheid van UPF, creëert een dubbel risico.[10, 11]

De twintig kilo verschil tussen Xand en mij waren geen kwestie van wilskracht van mijn kant. Zet een van ons in een voedselmoeras en bezorg ons stress, en we zullen aankomen. Maar omdat het idee van wilskracht zo wijdverbreid is, kijken we minder goed naar mogelijke oplossingen, zoals regulering, voedselprijzen et cetera. Xand had niet het idee dat zijn genen iets te verwijten viel in deze nieuwe UPF-rijke omgeving. Hij voelde zich eerder iedere dag een mislukking, temeer omdat ik me zorgen over hem maakte en begon te zeuren. Hij zei hetzelfde dat veel mensen met obesitas zeggen, dat hij het gevoel had dat hij at 'vanwege zijn emoties', de stress van zijn situatie, en oppervlakkig gezien is dat ook waar. Maar dat sommige mensen emotionele problemen oplossen met eten: dat is genetisch.

Clare Llewellyn deed de opmerkelijke ontdekking dat dezelfde genen zich in verschillende omgevingen heel verschillend gedragen, wat mede dat verschil tussen Xand en mij verklaart. Ze bestudeert de erfelijkheid van obesitas aan de hand van tweelingen en geeft leiding aan het Gemini-tweelingonderzoek, een van de grootste tweelingonderzoeken die ooit zijn opgezet.

Het meeste dat we weten over de wisselende invloed van opvoeding en aanleg op obesitas en op een breed scala aan andere menselijke eigenschappen, is uitgewerkt in soortgelijke tweelingonderzoeken.*

* De onderzoeken werken omdat er twee soorten tweelingen zijn: identieke tweelingen zoals Xand en ik, die genetische klonen zijn van elkaar en honderd procent van ons genetisch materiaal delen, en niet-identieke tweelingen, die slechts de helft van hun genetisch materiaal delen – ongeveer hetzelfde als gewone broers en zussen. Aangezien identieke en niet-identieke tweelingen ook (min of meer) dezelfde omgeving hebben, is het mogelijk om de genetische invloed te achterhalen op elk kenmerk dat je maar wilt. Bij kenmerken die honderd procent genetisch zijn, zoals de kleur ogen of het bloedtype, zullen álle identieke tweelingen dat kenmerk delen, maar bij slechts sommige van de niet-identieke tweelingen zal dit het geval zijn. Kenmerken die meer omgevingsbepaald zijn daarentegen, zoals of je je rechterarm al of niet hebt gebroken, komen met dezelfde frequentie

Die hebben aangetoond dat het percentage lichaamsvet in hoge mate erfelijk is – tot 90 procent.[12] Maar afhankelijk van de groep die je onderzoekt kan erfelijkheid ook maar 30 procent zijn. Wat is hier aan de hand?

Bij een onderzoek uit 2018 onder 925 tweelingen toonde Llewellyn aan dat erfelijkheid afhangt van die *voedselomgeving*.[13] Zij en haar collega's ontdekten dat in gezinnen met een zeker inkomen en een hoog niveau van voedselzekerheid de erfelijkheid van hun lichaamsgewicht rond de 40 procent schommelde. Maar in de huishoudens met de laagste inkomens en het hoogste niveau van voedselonzekerheid sprong die naar boven de 80 procent. De genen die obesitas veroorzaken komen evenveel voor bij gezinnen met een hoog inkomen als bij gezinnen met een laag inkomen, maar het werkt beschermend als je in een gezin met een hoog inkomen opgroeit. Opgroeien in een gezin met een laag inkomen kan de kans op obesitas verdubbelen. Dus door armoede te verlichten (of eigenlijk 'genezen'), met name armoede in de jeugd, zouden we de kans op obesitas kunnen halveren zonder enige andere ingreep.

We weten dat gezinnen met lage inkomens vaak meer UPF eten, om vele vaak zinnige redenen: het is goedkoop, snel klaar te maken, kinderen eten het meestal graag en het blijft lang goed. Vaak is het ook het enige eten dat verkrijgbaar en betaalbaar is. Bijna een miljoen mensen in het VK hebben geen koelkast, bijna 2 miljoen mensen hebben geen fornuis en bijna 3 miljoen geen vriezer. De prijs van energie is momenteel zo hoog dat zelfs als mensen die apparaten wel hebben, ze het zich vaak niet kunnen veroorloven ze te gebruiken. Dat maakt UPF onmisbaar en het betekent dat als die mensen net als ik risicofactoren hebben voor gewichtstoename, die genen de kans krijgen om hun uitwerking te hebben.[14-16] Llewellyns bevindingen leggen een groot deel van de schuld terecht bij de directere oorzaak van obesitas: armoede.

---

voor bij identieke en niet-identieke tweelingen. Aan de hand van tweelingonderzoeken kunnen we achterhalen of een bepaald kenmerk erfelijk is.

* * *

Ongeveer halverwege mijn dieet ging ik lunchen met Rachel Batterham. Ik geloof dat we een succesvolle aanvraag van een beurs vierden. Ik wilde van Rachel graag weten waar we moesten gaan eten, maar het was duidelijk dat het haar niet uitmaakte. Ik weet wel dat de genen beïnvloeden hoeveel we aan eten denken, maar toch kan ik onverschilligheid voor eten moeilijk begrijpen. Ik plan het avondeten bij het ontbijt. Als ik bij een bruiloft ben, ben ik volledig gefocust op de toastjes. Mijn vakantieroutes bestaan uit lijsten van restaurants en markten.

Ik voelde me uitgeput na een verstoorde nacht – Lyra had een nachtmerrie waardoor ik wakker werd, en ik kon niet meer in slaap komen. Misschien was ik ongewoon bot toen ik Rachel vroeg of zij wellicht slanker is dan ik en haar patiënten omdat zij meer macht kan uitoefenen over haar verlangen om te eten. Ze verwierp dat idee zonder aarzeling: 'Sommige patiënten van mij zijn jouw hele lichaamsgewicht meermalen kwijtgeraakt.' Ze had gelijk dat zulk gewichtsverlies een enorme wilskracht vereist (bij elke poging meer), maar zou Rachel nog meer wilskracht kunnen hebben? Ze is tenslotte iemand met grote ambities.

Ook dat idee verwierp ze. 'Ik oefen geen wilskracht uit als ik een koekje niet eet,' legde ze uit. 'Ik zou me kunnen voorstellen dat het lekker is, maar in feite wil ik het gewoon niet.' Ze prikte onverschillig in haar lunch. 'Als je me dat koekje liet opeten zou ik minder gelukkig zijn. Voedsel motiveert me gewoon niet. Het zijn mijn genen, niets anders.'

Ik zat half te luisteren en me half af te vragen of ik haar goed genoeg kende om haar te kunnen vragen haar bord leeg te eten. Mijn genetische samenstelling is immers anders dan de hare. Het is duidelijk hoe de paleolithische Van Tullekens overleefden, maar wat deden de Batterhams, die niet door eten werden gemotiveerd: een stuk mammoet afslaan? Als het aankomt op complexe gedragingen als eten, die worden beïnvloed door honderden verschillende genen, begrijpen we niet welk voordeel een bepaalde verzameling genen historisch gezien heeft. Natuurlijk, het is sterk afhankelijk van de context of een bepaald gedrag voordelig is, en de genetische samenstelling van de mensen om je heen zal deel uitmaken van die context. Als je in een door eten geobsedeerde gemeenschap leeft waar je medemensen obsessief eten verzamelen en jagen, en je hebt zelf weinig belangstelling voor eten, dan zou het voor de gemeenschap nuttiger kunnen zijn als je een andere taak vervult.

* * *

Rachel is waarschijnlijk iemand die naar de VS zou kunnen verhuizen en op een dieet van 80 procent UPF zou kunnen overschakelen zonder aan te komen (al zou ze nog steeds kwetsbaar zijn voor de vele andere schadelijke effecten van UPF), net zoals er mensen zijn met een zodanige genetische samenstelling dat ze zestig jaar lang twintig sigaretten per dag kunnen roken zonder kanker te krijgen. Rachel weet uit ervaring hoe het is om niet door eten gemotiveerd te worden, maar ik wilde ook spreken met een deskundige op het gebied van obesitas met geleefde ervaring van het tegenovergestelde. Daarom klopte ik aan bij mijn vriendin Sharon Newson.

Ik ontmoette Sharon tijdens de opnamen voor een documentaire. Sharon woog destijds 149 kilo, en ik gaf haar altijd advies over afvallen op een manier waar ik me nu voor schaam. In de loop van onze vriendschap slaagde Sharon erin mijn zinloze opmerkingen en tips te negeren en begon ze te werken als personal trainer en behaalde ze de ene kwalificatie na de andere. Toen werd ze stilzwijgend aangenomen om een doctoraat te behalen in de sportwetenschappen. Ze bouwde een netwerk van obesitasspecialisten om zich heen op en werd een van mijn meest betrouwbare bronnen van advies over gewicht en persoonlijke verandering. Ondanks haar deskundigheid kan Sharon nog steeds maar moeilijk accepteren dat de gewichtstoename haar schuld niet was. Intellectueel kan ze de genetische en omgevingsbepaalde kwetsbaarheden wel begrijpen, maar haar ervaring is net als bij Xand dat het haar eigen schuld is: 'Het voelt alsof ik lui ben, dat het mijn schuld is. Dat wordt me ook elke dag in de pers verteld. Ik heb het gevoel dat ik eet vanwege mijn emoties.'

Maar al is het oppervlakkig gezien waar dat veel mensen, zoals

Xand en Sharon, emotionele problemen oplossen met eten, het feit dat ze dat doen is 'eetgedrag' – en zulk gedrag is genetisch, zoals door Llewellyn (en anderen) is aangetoond. Maar dat je dingen intellectueel gezien weet brengt nog geen verandering in wat Sharon 'decennia van geïnternaliseerde stigma en schuld' noemt. Als samenleving beoordelen en bekritiseren we constant mensen met overgewicht en dat gaat onder de huid zitten. 'Het is alsof er een krantencolumnist in mijn hoofd leeft.'

In de loop der jaren heeft Sharon de manier waarop ik denk over de ervaring van mensen met overgewicht grondig veranderd, met name over mijn broer. Zoals ik Sharon advies had gegeven, zo had ik Xand ook tien jaar lang aan zijn hoofd gezeurd, waarmee ik bijdroeg aan een cyclus van schaamte, stress en frustratie die het overgewicht alleen maar stimuleerde. Hij wist altijd dat ik over hem oordeelde. 'Als ik een burger at aan de andere kant van de wereld, voelde ik nog steeds jouw oordeel uitstralen, en dat maakte me woedend, dus at ik nog meer,' vertelde hij me.

Xand kwam aan, maar ik nam dat op mijn schouders. Tien jaar lang voelde het alsof zijn gewicht mijn probleem was. Ik schaamde me voor hem, maar ik leerde die schaamte te vermommen als bezorgdheid voor hem. En ik was ook echt bezorgd. Hij had veel ernstiger corona gehad dan ik, waarschijnlijk vanwege zijn gewicht, en daarbij had zijn hart zoveel schade opgelopen dat hij geopereerd moest worden.

Om hem te dwingen af te vallen eiste ik uiteindelijk dat hij er iets aan deed, dat hij een afspraak maakte met Alasdair Cant, een deskundige op het gebied van gedragsverandering. Alasdair traint sociaal werkers en politiemensen om de meest kwetsbare gezinnen te helpen, waarvan de kinderen vaak in pleeggezinnen dreigen te worden geplaatst vanwege geweld en drugs- en alcoholgebruik. Alasdair wilde eerst met mij spreken. Ik vertelde hem uitgebreid dat ik wilde dat Xand afviel en waarom. 'Als ik je zo hoor praten over wat je voor Xand wilt,' zei Alasdair, 'vraag ik me af wat hij zelf wil.'

Alasdair adviseerde me om aan Xand te vragen wat hij wilde en te proberen Xands probleem los te laten. Heel wat woorden over schaamte en stigma die ik door de jaren heen van Sharon had gehoord vielen op hun plaats. Xands probleem bleek voornamelijk een probleem van mij te zijn. Ik deed bij Xand wat online pesten, artsen in hun klinieken, columnisten en de overheid op grote schaal doen als ze mensen aan het hoofd zeuren over afvallen.

Alasdair was na een minuut of twintig klaar. Ik viel Xand niet langer lastig en het was geen verrassing dat het veel beter ging. Maar ik besefte niet hoeveel beter tot ik hem er een jaar later specifiek naar vroeg. 'Ik was niet meer bang om je te ontmoeten,' vertelde hij me. Elk aspect van onze relatie veranderde ten goede. 'Niet alleen dat je me niet meer lastigviel, ik wíst dat het je niet meer uitmaakte. Daardoor kon ik greep krijgen op mijn eigen problemen.'

Dat was waar. Ik viel hem niet alleen niet meer lastig. Alasdair had me ervan overtuigd dat ik niet meer over mijn broer moest denken zoals ik eerst deed: als een vorm of een gewicht. 'Toen ik eindelijk besloot fit te worden en goed te eten, verloor ik daarmee niet een discussie met jou,' zei Xand. 'Ik bepaalde gewoon mijn eigen leven.'

Het verschil in gewicht tussen mensen heeft niets te maken met wilskracht. Het zit hem simpelweg in een botsing van genen en de beperkingen van de voedselomgeving. De beroemdste test van wilskracht bewees precies dat.

Het oorspronkelijke experiment, beter bekend als het marshmallow-experiment, werd in de jaren zeventig bedacht door Walter Mischel van Stanford University. Het idee is simpel: laat een kind vijftien minuten lang alleen in een kamer met een marshmallow en zeg tegen hem of haar dat als het hem of haar lukt die niet op te eten, je terugkomt met nog een marshmallow. Het kind heeft een keuze: nu meteen van de traktatie genieten of de bevrediging uitstellen voor een dubbele beloning. Mischel volgde de daaropvolgende twintig jaar negentig van de deelnemers aan de test, en zag dat de kinderen die de bevrediging wisten uit te stellen een lagere BMI hadden en een hoger onderwijsniveau.[17, 18]

Maar het onderzoek is sindsdien herhaald met een veel groter aantal subjecten – 918 kinderen met sterk verschillende achtergronden.[19] En deze nieuw analyse leek aan te tonen dat de beste voorspellende factor of een kind bevrediging kon uitstellen de sociaal-economische achtergrond was: de kinderen kozen eerder voor de directe beloning als ze uit een achtergesteld gezin kwamen.

Vanuit het perspectief van de kinderen is dat heel logisch. In armoede leven creëert onzekerheid, dus een kans grijpen als die zich voordoet is dan waarschijnlijk een betere strategie dan wachten op een toekomstige beloning die misschien niet komt. Onthullend genoeg bleek toen wetenschappers de kinderen van moeders zonder hogere opleiding met elkaar vergeleken, dat het voor de verdere levensloop niet uitmaakte of het kind het eten van de marshmallow had uitgesteld. Niet de vraag of ze weerstand kunnen bieden aan een marshmallow, maar hun sociale en economische achtergrond bepaalt het succes van kinderen op lange termijn. De marshmallowtest zou dus heel goed simpelweg een test van armoede kunnen zijn.*

Zo'n groot deel van wie we zijn wordt bepaald door de structuur van de wereld om ons heen. Je kunt geen wilskracht uitoefenen over het systeem van gewichtsregulering dat is gevormd door de half miljard jaar van het tweede tijdperk van eten, net zomin als je die kunt uitoefenen over je inname van zuurstof of water op lange termijn. Maar misschien is er een manier om met UPF om te gaan waardoor

* Zoals vaak het geval is bij psychologische onderzoeken is de conclusie dat het experiment gewoon op armoede toetst niet stevig onderbouwd. Het onderzoek dat ik besprak, waar Mischels marshmallowtest wordt herzien,[20] werd zelf weer herzien in een ander artikel,[21] waarin vraagtekens werden gezet bij sommige gebruikte methoden. Het bewijsmateriaal overziend is mijn interpretatie dat de inzet van een simpele test op een moment in het leven van een kind om voorspellingen te doen over hun verdere individuele levensloop vol risico's zit en uitzonderlijk bewijsmateriaal vereist. Er zijn heel veel aanwijzingen dat armoede besluitvorming op rationele wijze verandert. Het is bijvoorbeeld niet moeilijk je voor te stellen dat in een context van extreme armoede beloofd eten soms nooit komt. Mischel zelf deed erg zijn best om het idee te weerleggen dat wilskracht een aangeboren eigenschap is die je al of niet hebt, en toonde aan dat kinderen met een afwezige vader eerder voor een directe beloning kozen, opnieuw om rationele redenen. En een vervolgestudie uit 2020 (waar Mischel zelf aan meeschreef!) bevatte de conclusie dat kinderen die snel toegaven aan de verleiding van de marshmallow over het algemeen niet meer of minder financieel zeker, goed opgeleid of lichamelijk gezond zijn dan de kinderen die de verleiding weerstonden. Dus maak je niet te veel zorgen als je kinderen snoepjes eten als je de kamer uit gaat… maar verstop de snoepjes wel.[22-27]

sommige mensen aan de betovering ervan kunnen ontkomen: je kunt het het best beschouwen als een verslavend middel.

10

Hoe UPF onze hersenen hackt

Aan het einde van de tweede week van mijn dieet genoot ik nog steeds van producten als het Morrisons All Day Breakfast. Dat is een klassieke diepvriesmaaltijd in een in drie vakjes verdeelde, met plastic afgedekte plastic schaal – 768 calorieën witte bonen, rösti, varkensworstjes, omelet en bacon, kookklaar in 20 minuten. Ik herinner me nog de ondraaglijke opwinding van de langeafstandsvluchten toen ik klein was, als we mijn neven in Canada gingen opzoeken. Mijn broers en ik konden de stewards meestal overhalen ons extra maaltijden te geven en dan likten we de schalen schoon. Als ik het kon regelen, zou Air Canada's macaroni met kaas uit 1986 mijn laatste maal zijn.

De eerste complete diepvriesmaaltijden waren overigens vliegtuigmaaltijden: Maxson Food Systems' 'Strato-Plates', zo genoemd omdat ze waren ontwikkeld om te worden opgewarmd in de nieuwe vliegtuigen van die tijd: de Boeing Stratocruiser, geïntroduceerd in 1947.

Eind jaren veertig werden al een paar diepvriesmaaltijden ontwikkeld, maar in 1954 begon het pas echt met Swansons 'TV Dinners'. Tegen die tijd had meer dan de helft van de Amerikaanse huishoudens televisie en dat was ideaal om op in te spelen. De maaltijden kostten 98 cent en waren in 25 minuten klaar. De daaropvolgende drie decennia werden ze alomtegenwoordig. Op een foto uit 1981 staan Ronald en Nancy Reagan in het Witte Huis met ieder dezelfde rode trui aan over dezelfde witte blouse, gezeten in dezelfde rode leunstoel op een bijpassend rood kleed een diepvriesmaaltijd te eten.[1]

In het VK liepen we achter wat betreft de aankoop van huishoudelijke apparaten – pas in de jaren zestig werden televisies en diepvriezers in de Britse huishoudens algemeen – en wat betreft de consumptie van kant-en-klaarmaaltijden. Maar tegenwoordig eten we meer van die kant-en-klaarmaaltijden dan enig ander land in Europa. Volgens *The Grocer* was de categorie kant-en-klaarmaaltijden in 2019 goed voor 3,9 miljard pond. Bijna 90 procent van ons eet zulke maaltijden regelmatig.[2]

Terwijl mijn All Day Breakfast in de oven stond, maakten Dinah en ik zalm, rijst en broccoli klaar voor haar en de kinderen. Twintig minuten onafgebroken bereiding, met gebruikmaking van bijna onbewuste vaardigheden die we van onze ouders hadden meegekregen, en met messen, drie pannen en een snijplank, met als resultaat een maaltijd, ja, maar ook een berg afwas en naar vis ruikende handen.

Onder het eten las Dinah de ingrediënten van mijn maaltijd hardop voor. 'Dextrose, stabilisator (difosfaten), rundvlees-collageendarm, capsicumextract, natriumascorbaat, natriumnitriet, stabilisatoren (xanthaamgom en difosfaten), smaakstoffen. Waarom eet je difosfaten?' De difosfaat-stabilisatoren houden via het bevriezingsproces alles bij elkaar, zodat het water niet als kristallen op het oppervlak terechtkomt. Ze zijn maar één aspect van wat All Day Breakfast zo'n aangenaam product maakt, waarbij de rösti een beetje knapperig is en met precies de juiste hoeveelheid zout en peper.

En het is vooral gemakkelijk. Terwijl Dinah nog op haar tweede hap kauwde, zat ik de schaal al uit te likken, zoals ik op die trans-Atlantische vluchten altijd deed.*

Tijdens de derde week van mijn dieet begonnen er dingen te veranderen. Ik werkte samen met Sam Dicken en Rachel aan een Brits onderzoek om te testen of het mogelijk was de Britse voedingsrichtlijnen te volgen en toch veel UPF te eten, en of dit meetbare effecten zou hebben. Aan een onderzoek als dit gaat een hele hoop planning voor-

* In een UPF-verpakking laat je nooit iets zitten. Ik weet zeker dat ik nooit een chip of een hap sandwich in een pakje heb laten zitten.

af: aan het geld komen om het te doen en de details uitwerken van het onderzoeksontwerp. Ik sprak met tientallen deskundigen over de hele wereld en vroeg ze naar de effecten van UPF en wat we bij onze vrijwilligers moesten meten.

Ik heb nooit iets over een mogelijk schadelijke stof geleerd terwijl ik me er opzettelijk aan blootstelde, en vóór mijn dieet had ik zelfs nooit de ingrediëntenlijst gelezen. UPF is misschien wel het soort eten dat we het minst controleren als het onze lippen passeert.

Na een telefoongesprek met een deskundige in Frankrijk of Brazilië zette ik me vaak aan een banket van UPF. Vaak at ik ook tijdens het gesprek. Het was alsof je over longkanker las en onderwijl een sigaret rookte, de basis voor dat opmerkelijk goed onderbouwde zelfhulpboek dat ik in de inleiding vermeldde, *The Easy Way to Stop Smoking* (dat zelfs deel uitmaakt van de 'stoppen-met-roken-toolkit' van de Wereldgezondheidsorganisatie).[6] Net als bij veel rokers die Allen Carrs methode hebben gebruikt, begon mijn relatie met UPF te veranderen.

Tegen de derde week had ik moeite het UPF te eten zonder te denken aan wat de deskundigen me verteld hadden. Met name twee opmerkingen bleven door mijn hoofd spoken.

De eerste werd gemaakt door Nicole Avena. Zij is universitair hoofddocent aan Mount Sinai in New York en gasthoogleraar aan Princeton. Haar onderzoek richt zich op eetverslaving en obesitas. Ze vertelde me hoe UPF, met name producten met specifieke combinaties van zout, vet, suiker en eiwit, onze oeroude geëvolueerde systemen voor 'willen' kan stimuleren: 'Sommige ultrabewerkte voedingsmiddelen kunnen het beloningssysteem in de hersenen activeren op een manier die lijkt op wat er gebeurt als mensen drugs of alcohol gebruiken, of zelfs nicotine of morfine.'

Deze neurowetenschap is overtuigend, zij het nog in het beginstadium.[7] Er is een groeiende hoeveelheid data van hersenscans die laten zien dat energierijk, hypersmakelijk voedsel (ultrabewerkt maar waarschijnlijk ook iets wat een echt goede chef-kok zou kunnen maken) veranderingen kan stimuleren in veel van dezelfde hersencircuits en -structuren die door verslavende drugs worden aangetast.[8] We hebben een 'beloningssysteem' om ervoor te zorgen dat we krijgen wat we nodig hebben uit de wereld om ons heen: partners, voedsel, water, vrienden. Het zorgt dat we dingen willen, vaak dingen waar we eerder aangename ervaringen mee hebben gehad. Met veel positieve ervaringen van een specifiek voedsel, in een omgeving waarin we voortdurend op dat voedsel worden gewezen, kan het willen of verlangen bijna constant zijn. We beginnen het verlangen zelfs te hechten aan de dingen die het voedsel omringen, zoals de verpakking, de geur of het uiterlijk van de plek waar je het kunt kopen.[9, 10]

Maar het gedeelte van het gesprek met Avena dat het meest bleef hangen was een terloopse opmerking over het eten zelf. Paul Hart had uitgelegd dat UPF meestal wordt gereconstrueerd vanuit onbewerkte voedingsmiddelen die zijn teruggebracht tot hun moleculaire basisbestanddelen, die vervolgens worden gemodificeerd en weer in elkaar gezet tot voedselachtige vormen en texturen, die vervolgens sterk worden gezouten, gezoet, gekleurd en van smaak voorzien. Avena speculeerde dat deze industriële basisingrediënten zonder toevoegingen niet als voedsel herkenbaar zouden zijn voor onze tong en hersenen. 'Het zou bijna zijn alsof je vuil at.' Ik weet niet of ze dat ernstig meende, maar ik begon te merken dat veel van wat ik at weinig meer leek dan een fineer van voedsel. Dat gold met name voor de snacks en granen die waren gemaakt van pasta's van grondstoffen die waren gebakken of gepoft.

Zo was ik een Grenade Carb Killa Chocolate Chip Caramel Bar erg lekker gaan vinden als een snack voor 's ochtends tussendoor. Die leek net iets gezonder dan een gewone chocoladereep. Ik deed het experiment tenslotte omdat ik nieuwsgierig was, niet omdat ik mezelf opzettelijk wilde schaden in naam van de wetenschap.

Nadat ik met Avena had gesproken inspecteerde ik de ingrediënten. Die repen zijn net als veel andere repen gemaakt van sterk gemodificeerde koolhydraten (het eerste ingrediënt is iets wat maltilol heet, een gemodificeerde suiker, zelf gemaakt van gemodificeerd zetmeel dat minder calorieën bevat maar bijna even zoet is als tafelsuiker), eiwitisolaten van melk en rundvlees (calciumcaseïnaat, weieiwitisolaat, gehydrolyseerde rundergelatine) en industrieel bewerkt palmvet, dit alles samengebonden met emulgatoren. Op zichzelf zou het volgens Avena waarschijnlijk niet lekker zijn. Het wordt smakelijk gemaakt met zout, zoetstof (sucralose) en smaakstoffen.* Terwijl ik deze van koeienpezen gemaakte repen zat te eten, begonnen haar woorden dusdanig na te klinken dat ik toch minder van het eten genoot dan voorheen.

De deskundige die de diepste indruk maakte was Fernanda Rauber, een lid van Carlos Monteiro's team. Dit hele boek is doordrenkt van haar werk en ideeën. Ze vertelde me uitgebreid hoe de plastics uit de verpakkingen van UPF de vruchtbaarheid aanzienlijk verminderen (en volgens sommige deskundigen zelfs de penis doen krimpen), vooral als ze worden verhit. Ze vertelde me ook hoe de conserveermiddelen en emulgatoren in UPF het microbioom verstoren, hoe de darmen verder worden beschadigd door bewerkingen die de vezels uit voedsel halen en hoe een hoog vet-, zout- en suikergehalte elk hun eigen specifieke schade veroorzaken. Vooral één kleine opmerking bleef hangen. Als ik het had over het 'voedsel' dat ik at, corrigeerde ze me: 'Het meeste UPF is geen voedsel, Chris. Het is een industrieel geproduceerde eetbare substantie.'

Deze woorden begonnen me bij elk maal door het hoofd te spoken. Ze klonken na in mijn hoofd en onderstreepten Adena's idee dat het voedsel zonder de kleur- en smaakstoffen naar alle waarschijnlijkheid niet eetbaar zou zijn.

Ik sprak Rauber vlak voor een gezinsmaaltijd van Turkey Twizzlers, een berucht product dat meer dan tien jaar geleden uit de Britse schoolmaaltijden werd verbannen omdat voedselactivisten het ongezond achtten. De oorspronkelijke versie had tot veertig ingrediënten – slechts een derde van een Twizzler was echt kalkoenvlees. De nieuwe versie bestaat nog steeds maar voor twee derde uit kalkoen, en de fabrikanten hebben hem terug weten te brengen tot slechts 37 ingrediënten.

* Veel koekjes en repen hebben eenzelfde basisformule. Maryland Mini's Chocolate Chip Cookies zijn in tearooms een groot succes. Ook die bevatten gemodificeerde koolhydraten (geraffineerde bloem en invertsuikersiroop), plus industriële vetten (palmvet, sal, karité), plus toegevoegd eiwit (wei), samengebonden met soja-lecithine-emulgator. Dit mengsel wordt smakelijk gemaakt met zout, suiker en smaakstoffen.

De formule lijkt opmerkelijk veel op een Carb Killa-reep. Een pasta van kalkoeneiwit, gemodificeerde koolhydraten (erwtenzetmeel, rijst en kikkererwtenmeel, maïszetmeel, dextrose), industriële oliën (kokosolie en raapzaadolie) en emulgatoren, wordt gecombineerd met zuurgraadregelaars, antioxidanten, zout, smaakstoffen en suiker en vervolgens tot een helix gekneed. In de oven ontpopten ze zich tot een soort springveren van 63 procent kalkoen. Dinah, de kinderen en ik gingen allemaal voor het ovenvenster zitten om het spektakel te zien; een zeldzaam moment van gezinsharmonie.

Tijdens het eten vond in mijn hoofd een worsteling plaats. Ik wilde nog steeds dit voedsel dat volgens Rauber niet echt voedsel was, maar tegelijkertijd genoot ik er niet meer van.* De maaltijden werden uniform: alles leek hetzelfde, of het nu zoet** of hartig was. Ik had nooit honger maar ik was ook nooit voldaan. Het voedsel ontwikkelde een griezelig aspect, als een pop die er net iets te realistisch uitziet en daardoor als een lijk aandoet.

En tijdens de vierde en laatste week begon het dieet ook merkbare fysieke effecten te hebben. Ik woog mezelf niet, maar ik moest mijn riem twee gaatjes losser zetten. En niet alleen ik kwam aan, mijn

* Willen en lekker vinden werden voor het eerst van elkaar gescheiden in een experiment met ratten, uitgevoerd door Roy Wise en Kent Berridge. Ratten hebben een groot deel van hun hersencircuit met ons gemeen, met name voor dingen als motivatie. Wise en Berridge onderdrukten eerst met een drug de dopamine in de ratten en vernietigden vervolgens de dopamineroute met een neurotoxine. Ze verwachtten dat de ratten minder plezier zouden beleven aan suiker (Berridge was een deskundige in het detecteren van plezier bij ratten). In plaats daarvan ontdekten ze dat de ratten weliswaar niet langer in beweging kwamen om te eten en niet langer gemotiveerd waren, maar als er suiker op hun tong werd gelegd leken ze dat net zo lekker te vinden als voorheen.

** Na de Twizzlers at ik een Gü Hot Pud Chocolate Melting Middle-dessert: gepasteuriseerd ei, conserveermiddel (kaliumsorbaat), zuurgraadregelaar (citroenzuur), suiker, pure chocolade (20%) (cacaomassa, suiker, vetarm cacaopoeder, emulgator (soja-lethicine)), plantaardige olie (palmolie, raapzaadolie), glucosesiroop, water, conserveermiddel (kaliumsorbaat).

Ik at dat om 7 uur 's ochtends, maar de website van Gü zegt: 'Als je je ooit afvraagt of een Gü-desseert om 11 uur 's ochtends acceptabel is, weet dan dat er elke seconde ergens iemand van een Gü geniet.'

hele gezin. Ik kon de kinderen er onmogelijk van weerhouden mijn Coco Pops, stukken pizza, ovenfrites, lasagne en chocola te eten. Als ik heimelijk ging eten, spoorde Lyra me op en eiste dat ze hetzelfde kreeg als ik.

De effecten van UPF zijn moeilijk te achterhalen vanuit het gewone dagelijks leven. Ik had veel angstdromen, meestal over de gezondheid van de meisjes. Niet dat ik dat soort dromen nog nooit gehad had, maar ik herinnerde ze me niet uit de 'uitwasperiode' toen ik geen UPF at.

Ik at nu veel meer zout, wat betekende dat ik meer water dronk en veel moest plassen. Misschien kwamen de dromen daarvandaan? Ik werd regelmatig om drie of vier uur 's nachts wakker uit een nachtmerrie of omdat ik moest plassen, of allebei. Omdat ik niet kon slapen ging ik naar de keuken en nam een snack, meer uit verveling dan om iets anders.

Ik had veel last van verstopping omdat UPF weinig vezels en water bevat en veel zout. Verstopping leidt tot steenpuisten en anuskloofjes. De meeste mensen hebben hier last van, want de meeste mensen eten UPF. Bij het persen op de harde, droge ontlasting wordt een stukje van de zachte bekleding van het anuskanaal naar buiten getrokken en dat voelt alsof er een pinda in je kont vastzit. Dat ongemak leidde tot nog slechter slapen, waardoor ik steeds onrustiger werd en minder productief in mijn werk, met nog meer onrust als gevolg – een draaikolk van fysieke en mentale effecten die op elk aspect van ons gezinsleven zijn uitwerking begon te krijgen.

In een paar weken tijd voelde ik me tien jaar ouder. Ik had pijn, was uitgeput, ellendig en boos. Ironisch genoeg voelde eten vaak eerder aan als de oplossing dan als het probleem.

Naarmate mijn dieet vorderde, raakte ik geobsedeerd door de vraag wat wel of geen UPF is. En dat gold ook voor iedereen om me heen. Vrienden begonnen me ingrediëntenlijsten te sturen. 'Betekent "vruchtenconcentraat" dat dit UPF is?' (Het antwoord is ja, trouwens.)

Ik ontmoette Bee Wilson tijdens een voedselfestival waar we allebei spraken als lid van een panel. Zij is voedingsjournalist en schrijft over UPF. Ze vroeg of ik witte bonen als UPF zou classificeren. Zij dacht van niet. 'Dat zou weleens een belangrijke scheidslijn kunnen zijn voor een groot deel van het Britse publiek,' zei ze.

Witte bonen in tomatensaus uit blik zijn een vast onderdeel van het Britse dieet. Zoals Wilson het formuleerde: al is het duidelijk niet het gezondste eten van de wereld, 'in de context van zoveel anders dat ook in het gemiddelde dieet zit, bevat dat blik best veel echt voedsel'. Dat is waar: het grootste deel van een blik witte bonen bestaat inderdaad uit bonen en tomaten.

In feite was Wilson regelrecht naar de bron gegaan en had het aan Carlos Monteiro gevraagd: 'Ik geloof niet dat hij echt begreep wat ik vroeg. Ze hebben daar in Brazilië geen equivalent van. Maar hij benadrukte sterk dat bonen uit blik bewerkt zijn, niet ultrabewerkt.'

Dat lijkt een klein punt, maar dat is het niet. De voedingsmiddelen rond de marge van UPF worden door de UPF-industrie gebruikt om het hele concept zwart te maken. Allereerst wordt er een onschuldig lijkend gewoon voedingsmiddel gevonden dat een enkele toevoeging bevat, waardoor het technisch gezien voldoet aan de definitie van UPF. Dan wordt gesteld dat dat betekent dat de definitie van UPF onzin moet zijn, of dat degenen die het NOVA-systeem nuttig vinden Special K of witte bonen in tomatensaus als sigaretten of heroïne willen behandelen.

In het specifieke geval van Heinz Baked Beans: die zijn zowel NOVA 3 als NOVA 4. Er zijn verschillende varianten met verschillende ingrediënten. De biologische variant bevat 'bonen (52%), tomaten (33%), water, suiker, maïsmeel, zout, alcoholazijn' – geen UPF. Maar de oorspronkelijke variant is wel UPF, omdat die ook *gemodificeerd maïsmeel, specerijenextracten en kruidenextracten* bevat. Het verschil is in voedingstermen nul, maar er zijn redenen om te denken dat die paar ingrediënten overmatige consumptie stimuleren, zoals we zullen zien.

Voor velen van ons zijn witte bonen in tomatensaus echter zelfs met wat gemodificeerd maïszetmeel een gezonde, goedkope en gemakkelijke manier om een hoofdgerecht te maken. Hier stuiten we op de beperkingen van NOVA, een systeem dat is ontworpen om te kijken naar dieetpatronen, niet om afzonderlijke voedingsmiddelen te beoordelen. Er is vrijwel zeker een spectrum van UPF, maar hoe en of een product schadelijk zal zijn is onmogelijk te zeggen omdat we niet maar één voedingsmiddel eten – we eten er een hele reeks. Als je vastzit op een onbewoond eiland zou je langer in leven blijven op een dieet van enkel kipnuggets dan op een dieet van alleen broccoli; de nuggets bevatten nu eenmaal meer eiwit en calorieën. Maar je blijft veel langer in leven op een dieetpatroon dat broccoli bevat in de context van een mediterraan dieet dan op een dieetpatroon gebaseerd op kipnuggets.

Naarmate ik me slechter ging voelen en me meer zorgen begon te maken over de consequenties voor mijn gezondheid, ging ik steeds harder op zoek naar 'gezonder' UPF. Ik schakelde over van Coca-Cola met suiker naar de lightvariant.* In plaats van bewerkte kipnuggets kocht ik kant-en-klare lasagne – tenminste totdat Dinah erop wees dat mijn Sainsbury's runderlasagne, waarvan ik dacht dat het UPF was, alleen normale keukeningrediënten bevat. Hetzelfde bleek te gelden voor de lasagnes van Tesco, Co-op, M&S en Waitrose. De Morrisons-versie is ook vrij goedaardig, met enkel gewone karamelkleurstof en uienconcentraat. Maar van de recepten van Asda en Aldi is het minder dubieus of ze UPF zijn. Die van Asda heeft gemodificeerd maïszetmeel en kleurstoffen (paprika-extract, anatto-norbixine) en die van Aldi lactose, maltodextrine, gemodificeerd maïszetmeel, dextrose, olijvenextract en xanthaangom.

Ik belde een andere medewerker van Monteiro op om te zien of de lasagne van Sainsbury's, mijn persoonlijke favoriet, als UPF telde. Maria Laura da Costa Louzada is een jonge assistent-hoogleraar voedingsepidemiologie in São Paulo. Ze praat met het staalharde, hartstochtelijke optimisme van een revolutionair en vindt het heerlijk zich

* Ik begon met een blikje bij het ontbijt maar begon geleidelijk aan te verlangen naar cola light bij elke maaltijd en tussen maaltijden door. Uiteindelijk dronk ik ongeveer zes blikjes per dag. Ik kan niet verklaren hoe verslavend die wel voelden. Wij denken dat voedselverslaving op de een of andere manier wordt bevorderd door fysiologische beloning, maar cola light is niets dan zoetstof, zuur en cafeïne. Zoals we zullen zien zou het kunnen zijn dat ik verslaafd was geraakt door de smaak en door het blikje, maar ik heb nooit zo verlangd naar gewone cola als naar cola light. Dat wordt algemeen gemeld door veel mensen, en ik heb er nooit een bevredigende verklaring voor gevonden.[11]

te verdiepen in de wiskunde van de data waar ze uit put als bewijsmateriaal. Ze heeft gestudeerd in Brazilië, waar ze de nationale voedingsrichtlijnen heeft helpen schrijven, en is vervolgens voor een jaar naar Harvard vertrokken alvorens weer naar huis te gaan.

Ik vroeg haar naar deze lasagnes, het soort chique quasi-UPF dat in het VK alomtegenwoordig is. Het is bijna zelfgemaakt maar lijkt toch op UPF: in plastic verpakt en met grote aantallen, toegegeven, normale ingrediënten.

Da Costa Louzada was geamuseerd door deze vraag: 'NOVA is een epidemiologisch instrument dat ons iets vertelt over de gezondheidseffecten van dieetpatronen. Het is een heel goede manier om inzicht te krijgen in het voedselsysteem.' Maar om inzicht te krijgen in een afzonderlijk voedingsmiddel moeten we verder denken dan NOVA. 'Sommige producten zijn technisch gezien geen UPF,' legde ze uit, 'maar ze maken gebruik van hetzelfde plastic, dezelfde marketing- en ontwikkelingsprocessen en ze worden door dezelfde bedrijven gemaakt die ook UPF maken. De toevoegingen maken deel uit van de definitie, maar ze zijn niet het enige probleem met dit voedsel.'

Sommige toevoegingen zijn onschadelijk, terwijl andere direct schade veroorzaken. Maar zoals we zullen zien, duidt hun aanwezigheid er in beide gevallen op dat ze schadelijke effecten kunnen hebben. Volgens Da Costa Louzada is de lasagne van Sainsbury's geen UPF als je er de technische classificatie op toepast. 'Maar dit voedsel is een soort illusie. Het is geen huisgemaakt voedsel.'

De discussie over wat wel of geen UPF is, is belangrijk als het op overheidsingrijpen en etikettering aankomt. Mijn persoonlijke stelregel is: als ik niet weet of ik een voedingsmiddel UPF moet noemen, dan is het waarschijnlijk UPF. Om redenen die duidelijker zullen worden als we naar de effecten op het lichaam gaan kijken, zal het op zo'n manier zijn ontwikkeld dat het overconsumptie stimuleert ook al heeft het niet de specifieke slechte eigenschappen van bijvoorbeeld emulgatoren.

Voor mijn dieet hield ik me echter strikt aan de NOVA-classificatie, wat betekende dat ik naar de Aldi-lasagne switchte.

Toen ik aan het einde van mijn dieet terugging naar het UCL om te testen waren de resultaten spectaculair. Ik was 6 kilo aangekomen.

Als dat zo een jaar was doorgegaan, zou ik mijn lichaamsgewicht bijna verdubbeld hebben. Bovendien waren mijn eetlusthormonen totaal van slag. Het hormoon dat aangeeft dat je vol zit reageerde nauwelijks op een grote maaltijd, terwijl het hongerhormoon vlak na een maal torenhoog zat. Er was een vijfvoudige toename van leptine, het hormoon dat afkomstig is van vet, en mijn niveau van C-reactief eiwit, dat op een ontsteking duidt, was verdubbeld. Ik had mijn obesitasgenen blootgesteld aan een omgeving waarin ze zich tot een maximum konden ontwikkelen, net zoals met Xand in Boston was gebeurd.

Maar het meest angstaanjagende resultaat was die MRI-scan, waarvan ik had verwacht dat die een verspilling van tijd en geld zou zijn.

Claudia Gandini Wheeler-Kingshott is een van mijn medewerkers en leidde dit deel van het experiment. Ze is hoogleraar magnetische resonantie aan het UCL Institute of Neurology, waar ik met haar had afgesproken om de uitslagen door te nemen. Haar zachte Italiaanse accent geeft een warmte aan de gesprekken over de beelden van magnetische resonantie die anders nogal droog zouden zijn. Het maken van een MRI-scan is notoir complex, maar Claudia had er ervaring in om het eenvoudiger te maken: 'Mijn negentigjarige grootmoeder in Italië, die geen natuurkundige is, belde me elke dag tijdens mijn opleiding op en wilde dat ik mijn onderzoek uitlegde.'

Aan de hand van de scans, waarvan ik al zei dat die me zinloos hadden geleken, had Claudia een kaart samengesteld van hoe verschillende delen van mijn hersenen met elkaar verbonden waren, en van hun microstructuur en fysiologische eigenschappen. Een van de scans was een zogeheten rusttoestand. Ik lag in de scanner rustig te dagdromen en ondertussen maakten ze elke paar seconden vijfduizend foto's van mijn hersenen, waarmee ze een afbeelding opbouwden van de hoeveelheid zuurstof en bloed die naar elk deel van de hersenen stroomt. Hersengebieden die met elkaar verbonden zijn worden gesynchroniseerd in termen van zuurstofconsumptie, dus ze 'lichten' tegelijkertijd 'op' op de scan. 'Stel je voor,' legde Claudia uit, 'dat je in een hele stad telefoongesprekken opneemt – dan zou je de huizen kunnen identificeren die met elkaar verbonden zijn, in gesprek zijn met elkaar. Je brengt hun locaties en de sterkte van de onderlinge verbinding in kaart. Bellen ze elke dag? Of misschien maar eens per maand? Of nooit?'*

Na mijn dieet nam de connectiviteit tussen de verschillende gebieden toe, met name de gebieden belast met de hormonale sturing van voedselinname en de gebieden die verband houden met verlangen en beloning. Het is niet eenvoudig dit te interpreteren, maar het leek iets van mijn ervaring te weerspiegelen, namelijk een strijd tussen de delen van mijn hersenen die het voedsel min of meer onderbewust wilden en de delen die bewust van de gevaren doordrongen waren.

Naarmate mijn kennis over de gevaren van UPF groeide, werd het minder genietbaar maar niet minder begerenswaardig. Ik had twee tegenstrijdige analytische gedachten: het verlangen om het experiment te voltooien versus mijn kennis over UPF en de schade die het mij toebracht. Bovendien kreeg mijn lichaam zeer reële fysiologische beloningen voor het consumeren van al dat vet en die suiker. Ik keek uit naar het avondeten, maar had moeite het lekker te vinden. Claudia stelde het zo: 'Het is alsof een deel van je hersenen, je cerebellum, het deel dat gewoonten en automatisch gedrag stuurt, zegt dat het allemaal een vergissing is, maar je frontale cortex zegt dat het geen kwaad kan.'

De veranderingen op mijn MRI waren fysiologisch, niet morfologisch – de bedrading in mijn hersenen zelf was niet veranderd, maar de informatie die daardoorheen stroomde wel. Claudia legde uit dat zulke veranderingen in de stroom van informatie op den duur de structurele veranderingen veroorzaken: 'Als het verkeer over een zijweg begint te stromen, zal die uiteindelijk groter worden en een hoofdweg worden. Er groeien nieuwe permanente verbindingen.'

Ik vroeg Claudia met nadruk of het niet allemaal ruis kon zijn – tenslotte ben ik maar één patiënt. Misschien was ik gestrester op het

* Zo maken de delen van de hersenen die bewegingen sturen voortdurend verbinding met de delen die bewegingen in gang zetten, zelfs als je niet beweegt. Deze verbindingen worden 'resting state networks' genoemd. We weten dat mensen met neurologische aandoeningen zoals multiple sclerose of parkinson resting state networks met heel andere verbindingen hebben, maar we weten veel minder van het effect van een dieet op zulke netwerken.

werk of had ik voor de tweede scan minder slaap gekregen? Ze was hier duidelijk over: 'Nee, dit soort grote veranderingen zie je niet tenzij je iets significants doet met de fysiologie van de hersenen. Het is niet willekeurig.' Ze voerde ook iets uit wat hersenstam-spectroscopie wordt genoemd en waarbij wordt gekeken naar de afbraakproducten van neurotransmitters, en die data kwamen allemaal overeen met de veranderingen die in de MRI waren gesignaleerd.

Terwijl ik dit alles liet bezinken, begon ik te denken aan Lyra en Sasha. De invloed op kinderen en tieners is echt een bron van zorg. Zij zullen UPF eten in de doses die ik at, en dat jarenlang, en terwijl hun hersenen nog in ontwikkeling zijn. We hebben geen idee wat dat betekent. We weten wel dat rommelen met de routes naar beloning in de hersenen geen goed idee is. Dat is tenslotte wat alle verslavende drugs doen. Claudia beschreef dat als de hamvraag: 'Zal UPF hun IQ aantasten, hun maatschappelijk functioneren? We weten gewoon niet wat er met kinderhersenen gebeurt.'

Claudia was echter optimistisch over de mogelijkheid om met UPF te stoppen; dat was aardig, en een beetje geruststellend; je zou eruit kunnen afleiden dat als we mensen met overgewicht konden scannen als ze eenmaal met UPF zijn gestopt, we uiteindelijk positieve veranderingen in hun hersenen zouden zien. 'Mensen denken dat je vet zult verliezen,' zei ze, 'maar in feite zou het op een heel positieve manier veranderingen in de hersenen kunnen veroorzaken die ook invloed hebben op andere levensterreinen. Ik denk dat we de concentratie en het geheugen van mensen zouden zien verbeteren, al zouden we dat wel moeten bewijzen.' Ik vond het troostend om me dit voor te stellen: dat gezond eten de hersenbedrading op een positieve manier kan herstellen.

Na de scan was het dieet voorbij en stopte ik onmiddellijk en compleet met het eten van UPF.

Rauber had een of andere schakelaar omgezet en ik was in staat om cold turkey te stoppen.* Ik gebruik met opzet de taal uit de ver-

* Dinah wees me er gniffelend op dat 'cold turkey', koude kalkoen, iets was waar ik juist niet mee hoefde te stoppen.

slaving. Ik had het idee gekregen dat ik voorheen een beetje verslaafd was geweest aan UPF, en dat was bij mijn broer Xand zeker het geval.

Binnen 48 uur sliep ik 's nachts weer goed, mijn darmen begonnen goed te functioneren en het werk werd gemakkelijker. Natuurlijk heeft het leven zijn eigen pieken en dalen, maar er leek niets anders veranderd te zijn buiten het einde van het dieet.

Er was een heleboel UPF waar ik nog nooit door verleid was, maar bepaalde soorten – voornamelijk hartig, gebakken, kruidig en vol mononatriumglutamaat (MSG) – at ik af en toe tot brakens aan toe. Dit had ik nooit als een verstoring ervaren, eerder als praktisch: je sliep gemakkelijker als je na veel te veel gegeten te hebben niet barstte van het eten. Verstoring of niet, aan het eind van mijn dieet werd al dat spul – waar ik voorheen maar niet genoeg van kon eten – oneetbaar.

In wetenschappelijke kringen is voedselverslaving niet voor niets erg impopulair. Er zijn twee problemen. Ten eerste: voedsel bevat een enorm breed scala aan moleculen, dus hoe kan één enkele combinatie worden aangemerkt als verslavend? En het kortste gedachte-experiment over afzonderlijke micronutriënten zoals puur vet of suiker vertelt je al dat die niet verslavend zijn.* Maar het grootste probleem dat zich voordoet als je voedsel als een verslavende stof beschouwt, is dat dit logischerwijze tot een strategie van onthouding leidt, terwijl je je natuurlijk niet van eten kunt onthouden. En verslaafden kunnen niet matig omgaan met verslavende stoffen. Voedsel mag gewoon niet verslavend zijn.

Als oplossing hebben sommige wetenschappers dan ook gesteld dat voedselverslaving een 'gedragskwestie' is.[13] Dit is een van de twee

* Een artikel uit 2018 – 'Voedselverslaving: een geldig concept?' – door Paul Fletcher (tegen) en Paul Kenny (voor) is leesbaar en gratis.[12] Ze zijn allebei zwaargewichten. Ik neig iets meer naar de kant van Kenny in zijn conclusie, maar Fletcher maant wetenschappers vooral tot voorzichtigheid en waarschuwt hen om met hun overtuigingen niet verder te gaan dan wat duidelijk blijkt uit het bewijsmateriaal Kenny geeft aan wat volgens hem verslavende stoffen zijn: 'Combinaties van macronutriënten in smakelijk calorierijk voedsel dat niet van nature voorkomt, maar in combinaties een suprafysiologische impact heeft op de hersenmotivatiecircuits die voldoende is om wijzigingen aan te brengen in daaropvolgend consumptiegedrag.'

brede categorieën van verslaving. Er is verslaving aan middelen – gedefinieerd als een 'neuropsychiatrische aandoening gekenmerkt door een steeds terugkerend verlangen om een drug te nemen ondanks de schadelijke gevolgen' – waaronder tabak, alcohol, cocaïne enzovoort vallen. En dan is er een gedragsverslaving of niet aan middelen gerelateerde verslaving; hieronder vallen dingen als eten, pathologisch gokken, internetverslaving en mobieltjesverslaving.

Die gedragsverklaring klinkt mij niet aannemelijk in de oren. Net zoals rokers een sigarettenverslaving hebben, heb ik me, net als vele anderen, sterk verslaafd gevoeld aan het voedsel zelf – of meer specifiek aan specifieke soorten UPF. Ik heb een aantal traditionele verslavende middelen uitgeprobeerd – sigaretten gedurende een vreemde paar jaar in het leger, alcohol in enorme slemppartijen als student geneeskunde, heroïne, ook bekend als diamorfine, na een operatie aan mijn rechtertestikel – maar niets heeft me ooit zo meegesleept als het eten waar ik van houd, het spul dat echt die oeroude delen van mijn hersenen beroert, de beloningscentra die zoveel gedrag motiveren, zowel goed als slecht.

Deze patstelling tussen werkelijkheid en wetenschap is deels verantwoordelijk voor de verwarde manier waarop we tegen obesitas aankijken: we zijn geneigd het probleem bij het individu te leggen, niet bij de voeding, ondanks het zich opstapelende bewijs dat de voeding zelf het probleem is bij obesitas en wellicht bij veel eetstoornissen. Samen met Xand las ik de bepalende criteria voor verslaving door in de laatste versie van de Amerikaanse *Diagnostic and Statistical Manual of Mental Disorders*, de psychiatriebijbel. Hierin wordt problematisch gebruik van bedwelmende middelen aan de hand van elf diagnostische criteria geclassificeerd als mild, matig of ernstig. Als je aan meer dan zes van die criteria voldoet, heb je een ernstig probleem. We scoorden allebei een dikke negen voor het eten dat we lekker vinden (allemaal UPF).

De vragen waren vooral gericht op dingen als 'het middel wordt in toenemende mate genomen' (check), 'pogingen om het gebruik in de hand te houden falen' (check), 'er wordt veel tijd en moeite besteed om aan het middel te komen' (check) en 'het ervaren van verlangen' (check, check, check).

De crux van de zaak is het negende criterium: 'Gebruik van het middel wordt voortgezet ondanks de wetenschap dat men een aanhoudend of terugkerend fysiek en psychologisch probleem heeft dat naar alle waarschijnlijkheid door het middel is veroorzaakt of verergerd.' De psychologische effecten van het stigma, de schaamte, de mislukking en de schuld die verband houden met overmatig eten zijn in de literatuur uitputtend gedocumenteerd, zelfs al voordat we toekomen aan de bibliotheken van data die de fysieke schade catalogiseren, en Xand en ik zijn allebei door blijven eten, ook al wisten we dit alles.

Dus hoe verzoenen we de onmogelijkheid om voedsel als een verslavend middel aan te merken met het feit dat sommige voedingsmiddelen voor sommige mensen wel verslavend lijken te zijn? Door Raubers idee over te nemen dat UPF geen voedsel is zoals een banaan of een stuk kip, maar eerder een afzonderlijke categorie van verslavende eetbare substantie. Niet voedsel in het algemeen is verslavend; UPF is verslavend. En dit idee wordt door de mainstream-wetenschap in toenemende mate ondersteund.

Als je iemand kent die worstelt met drugs of alcoholgebruik, lijkt het beledigend om dit te vergelijken met overmatige consumptie van voedsel, maar in steeds meer literatuur komt naar voren dat dit een geldige vergelijking is. Ashley Gearhardt is universitair hoofddocent psychologie aan de University of Michigan en een van de meest vooraanstaande wetenschappers die vinden dat het informatief kan zijn om parallellen tussen UPF en verslavende middelen onder de loep te nemen. Ze heeft het bewijsmateriaal geschetst in een serie artikelen.[14-16]

Ten eerste wordt UPF consequent geassocieerd met hogere scores op voedselverslavingsschalen, vergeleken met echt voedsel. Voedsel waar mensen problemen mee melden is altijd UPF. Niet alle UPF natuurlijk – bij sommigen zijn het donuts, bij anderen is het ijs. Voor mij waren het goedkope afhaalmaaltijden. Maar bij controleverlies en schranspartijen zijn UPF-producten bijna altijd de gebruikte voedingsmiddelen.[17-19] Niet alle UPF is verslavend voor iedereen, en mensen die merken dat ze verslaafd zijn hebben waarschijnlijk een specifieke reeks producten. Sharon Newson en ik hadden lijsten van voedingsmiddelen waar we mee worstelden met elkaar vergeleken. Het was *allemaal* UPF, maar er was geen overlap tussen het eten waar we niet van af konden blijven.

Ten tweede lijkt UPF voor veel mensen verslavender te zijn dan veel verslavende drugs. Natuurlijk kunnen veel mensen UPF matig consumeren, maar dat geldt ook voor cocaïne, alcohol en sigaretten.[20] Vergelijk de aantallen eens met elkaar. De overgang van UPF uitproberen naar niet meer in staat zijn ermee te stoppen is extreem hoog: 40 procent van de Amerikaanse bevolking heeft obesitas, en we weten dat de meesten daarvan in een bepaald jaar zullen proberen af te vallen.[21] Het percentage dat stopt is verwaarloosbaar klein. Er is geen enkele andere drug die 40 procent van de mensen na het eerste gebruik regelmatig blijft gebruiken ondanks negatieve gevolgen voor de gezondheid (een definitie van verslaving). Zo consumeert meer dan 90 procent van de mensen in de VS alcohol, maar slechts 14 procent ontwikkelt een alcoholgerelateerde aandoening.[22] Zelfs bij illegale drugs als cocaïne raakt slechts een relatief kleine subgroep gebruikers (20 procent) verslaafd.[23]

Ten derde hebben drugs en UPF biologische eigenschappen gemeen. Beide worden gemodificeerd vanuit een natuurlijke toestand, zodat de belonende stof snel wordt afgegeven. Die snelheid houdt sterk verband met het verslavende potentieel – sigaretten, gesnoven cocaïne, glazen alcohol. Door de afgifte te vertragen verander je de effecten – methamfetamine bijvoorbeeld wordt gebruikt voor de behandeling van kinderen die zich niet kunnen concentreren. Nicotinepleisters zijn veel minder verslavend dan sigaretten. Zoals we zullen zien zijn zachtheid en de snelheid van consumptie kenmerkende eigenschappen van UPF in vergelijking met echt voedsel.

Ten vierde hebben drugsverslaving en voedselverslaving risicofactoren gemeen zoals een familiegeschiedenis van verslaving, trauma en depressie, een aanwijzing dat UPF bij die mensen dezelfde functie vervult als de drugs.

Ten vijfde melden mensen soortgelijke verslavingssymptomen bij UPF als bij andere verslavende middelen, waaronder verlangen, herhaalde mislukte pogingen om te minderen en voortgezet gebruik ondanks de negatieve gevolgen. En die negatieve gevolgen zijn ernstig:

een slecht dieet kan voor veel mensen zelfs ernstiger effecten hebben dan zeer zwaar roken.

Ten zesde en ten laatste heeft neuro-imaging bij voedselverslaving en alcohol- en drugsgebruik eenzelfde patroon van disfunctionerende beloningsroutes aangetoond. Dit soort voedsel lijkt ook eenzelfde invloed te hebben op hersengebieden die verband houden met beloning en motivatie als verslavende drugs.[24, 25]

Je kunt je misschien moeilijk voorstellen dat UPF op één lijn staat met sigaretten, maar een slecht dieet – een dieet met veel UPF – is wereldwijd verantwoordelijk voor meer doden dan tabak, hoge bloeddruk of welk ander gezondheidsrisico ook: 22 procent van alle doden.[26] Met zulke grote risico's kan het voordelen hebben UPF te beschouwen als een verslavend middel.* Dat kan misschien iets van het stigma, het schuldgevoel en de verwijten rond obesitas en overmatige consumptie helpen verminderen, zoals in campagnes tegen het roken al tientallen jaren geleden gelukt is. De betreffende persoon kan zich daardoor naar buiten richten, op de industrie die het kwaad veroorzaakt (iets waarvan we weten dat het behulpzaam is bij verslaving), in plaats van naar binnen, op persoonlijk falen. En het werpt licht op enkele nuttige parallellen in het beleid. Zo biedt tabaksbestrijding een model voor de regulering van schadelijke verslavende middelen. Verslaafd gedrag is mijn probleem, moeilijk te reguleren of je tegen te beschermen. Een verslavend middel dat met een aapje wordt aangeprezen bij mijn driejarige dochtertje is een tekortkoming in de regelgeving.

Maar bovenal wordt het probleem van de onthouding opgelost

* Nicole Avena vindt het redelijk om een vergelijking met sigaretten te maken, al erkent ze dat er verschillen zijn – in de eerste plaats dat 'mensen sigaretten niet nodig hebben, en voedsel wel'. Natuurlijk hebben sommige mensen UPF nodig omdat het het enige verkrijgbare en betaalbare voedsel is, maar *fysiologisch* hebben we UPF niet nodig. Avena vindt dat sigaretteen en veel UPF-producten vergelijkbaar zijn als je kijkt naar de effecten op de hersenen: 'Veel mensen zullen gemakkelijker stoppen met roken dan met UPF.' En de effecten op het lichaam zijn waarschijnlijk ook hetzelfde. 'Volgens mij moeten we meer aandacht gaan besteden aan het feit dat dat voedsel ons doodt.'

als je UPF als een verslavend middel beschouwt. Je kunt onmogelijk met voedsel stoppen, maar althans in theorie is het wel mogelijk met UPF te stoppen. Gemakkelijk is het natuurlijk niet – het huidige VK is voor UPF wat de jaren vijftig voor sigaretten waren.

Toen ik deze openbaring had gehad, vond ik dat ik moest zorgen dat mijn broer Xand, die zich op dat moment op een dieptepunt van klinische obesitas bevond, ook met UPF moest stoppen. Ik ging met hem in gesprek met alle evangelisatie-ijver van de pas bekeerde, wat waarschijnlijk behoorlijk irritant is. Maar nu ik hem niet langer lastigviel (ik had met Alasdair Cant gesproken), stelde ik hem voor mijn 80 procent-UPF-dieet eens te proberen, en hij stemde daarmee in. Niet om af te vallen maar als (onwetenschappelijk) experiment. Het zou leuk worden. We zouden het opnemen voor een BBC-podcast (*Addicted to Food*) en kijken wat er gebeurde. We kwamen een week van 80 procent UPF overeen en ik stuurde hem eropuit om met Kevin Hall, Fernanda Rauber, Nicole Avena en een paar andere deskundigen te gaan praten om te kijken of hun woorden op hem hetzelfde effect zouden hebben als op mij.

Intussen had het bewijsmateriaal mij overtuigd, en mijn ervaring met UPF was schadelijk geweest, maar nu wilde ik weten wat het precies met mijn lichaam deed – en hoe.

III

O, dus daarom ben ik onrustig en heb ik buikpijn!

11

UPF is voorgekauwd

Anthony Fardet was misschien niet de eerste die nadacht over wat hij de 'voedselmatrix' noemt, de fysieke structuur van voedsel, maar hij heeft er waarschijnlijk wel dieper over nagedacht dan wie ook. Hij is een ernstige man met dik, grijzend haar. Ik denk dat hij ongeveer van mijn leeftijd is. Hij is wetenschapper aan de eenheid voor menselijke voeding van de Université Clermont Auvergne in Frankrijk. Alles wat hij zegt lijkt diepzinnig en belangrijk, deels omdat hij veel lange woorden gebruikt, en deels omdat hij perfect Engels spreekt met het accent van een Franse filmster: 'We eten voedsel, geen voedingsstoffen. Vanuit filosofisch oogpunt is het dus het beste om holisme en reductionisme te combineren. Ik ben een empiricus en een inductivist.'

Ik had het gevoel dat ik ook een empirische inductivist was, maar ik wist het niet zeker en besloot het later te checken. Ik belde hem op om te vragen welke invloed ultrabewerking heeft op de fysieke structuur van voedsel en welke invloed dit dan weer op ons lichaam heeft. Het principe van de matrix is vrij eenvoudig: dat voedsel niet gewoon de som van zijn samenstellende delen is. Anthony legde uit dat het doel van het spijsverteringsstelsel is de voedselmatrix te vernietigen. Hij nam appels als voorbeeld. De vezel die de appel knapperig en stevig maakt vormt maar 2,5 procent van het gewicht van de appel. De andere 97,5 procent is sap. De manier waarop de vezel rond de cellen en de vloeistof is gerangschikt: dat is de matrix.

Met dit in gedachten gaf een kleine groep wetenschappers in 1977 tien mensen appels te eten in drie verschillende vormen: appelsap zonder vruchtvlees (vezelvrij), een moes van rauwe hele appels, en hele stukken appel. Ze lieten alle deelnemers alles in hetzelfde tempo eten en vervolgens maten ze volheid (verzadiging), bloedsuiker en insuline in reactie op de drie verschillende manieren waarop de appels waren bereid.[1]

Het bleek dat bij zowel het sap als de moes het niveau van de bloedsuiker en de insuline hoger piekten dan bij de hele appel, om vervolgens terug te zakken naar een lager niveau dan van tevoren. Door deze daling van het suikerniveau voelden alle deelnemers zich nog steeds niet verzadigd. De hele appel liet de bloedsuiker langzaam stijgen, alvorens terug te keren naar het beginniveau – geen duikeling, en het volle gevoel van de hele appels hield urenlang aan. Het lijkt erop dat ons lichaam is geëvolueerd om de suikerlading uit een appel precies te beheren, maar vruchtensap is een relatief nieuwe uitvinding.*

Appelsap, dat meestal rond de 15 procent suiker bevat, gedraagt zich eigenlijk als elke frisdrank. Maar dat doet appelmoes ook, al bevat die alle bestanddelen van de appel, inclusief de vezels, en is hij vlak voor consumptie gemaakt. Vezels zijn belangrijk, maar de matrix, de structuur van de appel, is de sleutel.

Neem Coco Pops. Die worden aangeprezen als knapperig, en een paar ervan blijven ook knapperig – althans een tijdje. Maar elke hap is vooral een glibberig stel zetmeelachtige klodders. De Coco Pops en melk vormen een vloeistof met een textuur. Het is *zacht*. Zachtheid is een van de kenmerken die Kevin Hall benoemde als een bijna universele eigenschap van UPF.** De zachtheid berust op de

* Babyvoedsel is voornamelijk gepureerd fruit en heeft om diezelfde reden een zeer hoog suikerniveau, en is duur en onnodig.

** Natuurlijk is er ook 'echt' voedsel dat even zacht is of zachter dan bepaald UPF, bijvoorbeeld bananen, tomaten en bessen. Maar deze voedingsmiddelen hebben nog steeds een intacte matrix, die door bewerking wordt vernietigd. Als ze UPF-ingrediënten worden – bessenpuree, tomatenpoeder enzovoort – worden ze nog zachter dan ze al waren. Je vindt nooit een hele banaan in de yoghurt. In ketchup zitten geen hele tomaten. Een bosbes gedraagt zich net als een appel anders, afhankelijk van de vraag of er een smoothie van is gemaakt of dat hij in zijn geheel wordt geconsumeerd.

constructiemethode – industrieel gemodificeerde plantbestanddelen en separaatvlees worden verpulverd, gemalen en geëxtrudeerd tot alle vezelstructuren van pezen, cellulose en lignine zijn vernietigd. Wat overblijft kan vervolgens weer in elkaar worden gezet tot dinosaurussen of letters van het alfabet of de hyperbolische paraboloïden van Pringles-aardappelsnacks.

De marketing stelt ons de ervaring in het vooruitzicht van initiële knapperigheid, het plofje van gepofte rijst, het knappen van een chip van aardappelmeel, maar die geven mee met de minste beet. Het voedsel heeft een knappe textuur – een geleivulling met een droog sponsachtig korstje, of stukjes echte groenten in de soep – om het feit te verhullen dat we binnen een paar seconden brij aan het eten zijn.

Een hamburger van McDonald's (of van Burger King of een andere leverancier van UPF) is nog zo'n perfect voorbeeld van de illusie. De eerste hap beloont je met een opeenvolging van texturale ervaringen: het zoete broodje heeft een droge korst over een romige, sponzige matrix, de burger is rubberachtig en lijkt zout als zeewater, de augurken en uien geven knapperigheid, de mosterd kietelt je nervus trigeminus en de zuurheid in de ketchup brengt de hele ervaring op gang. 'Sponzig', 'rubberachtig, 'knapperig' – maar in feite is het allemaal zo zacht als dons. Dat betekent dat ik een burger in minder dan een minuut naar binnen kan werken. En dan neem ik er nog een, want ik heb nog steeds honger.*

Waarom? Om dezelfde reden dat Lyra nog steeds honger had na een schaaltje Coco Pops: de signalen die je zeggen te 'stoppen met eten' hebben zich niet ontwikkeld om met zulk zacht en gemakkelijk verteerbaar voedsel om te gaan, zo zacht dat het in feite voorgekauwd is. In plaats van geleidelijk verteerd te worden over de lengte van de darm op een manier die de afgifte van verzadigingshormonen stimuleert, kan het zijn dat UPF zo snel wordt geabsorbeerd dat het

* Het probleem van de zachtheid wordt ondersteund door bewijsmateriaal waaruit blijkt dat UPF veel sneller wordt gegeten dan 'heel' of minimaal bewerkt voedsel, wat betekent dat er per minuut meer calorieën kunnen worden geconsumeerd.

de delen van de darm die het 'stop met eten'-signaal naar de hersenen sturen, niet bereikt.

Toen ik mijn UPF-dieet volgde, begon me die zachtheid het sterkst op te vallen bij brood. Zoals de 'Real Bread Campaign' (die wordt gevoerd door Sustain, een alliantie zonder winstoogmerk voor verbeteringen in voedsel en landbouw) al heel lang aangeeft, is echt brood in het VK moeilijk te vinden en heel duur. Ambachtelijke bakkers maken maar 5 procent uit van de broodmarkt en op veel plaatsen is niet-UPF-brood niet te krijgen. Zuurdesembrood hoort alleen water, zout, wilde gist en bloem als ingrediënten te bevatten, maar zelfs producten in de supermarkt waarvan wordt beweerd dat het zuurdesembrood is, zijn in feite 'nepzuurdesem' met soms wel vijftien ingrediënten, waaronder palmolie en commerciële gist.[2]

Als je het kunt vinden en betalen, is het de moeite waard roggebrood of echte zuurdesem te vergelijken met een brood uit de supermarkt. Ik heb jarenlang Hovis Multigrain Seed Sensations gekocht. Dit zijn de ingrediënten: tarwebloem, water, zadenmix (13%), tarwe-eiwit, gist, zout, sojameel, gemout gerstmeel, kristalsuiker, gerstmeel, conserveermiddel: E282 calciumpropionaat, emulgator: E472e (mono- en diacetylwijnsteenzuuresters van mono- en diglycerides van vetzuren), gekaramelliseerde suiker, gerstvezel, meelverbeteraar: ascorbinezuur.

Bij veel van dit soort broden wordt meel met weinig eiwit gebruikt waar later apart tarwe-eiwit aan wordt toegevoegd, omdat dat de fabrikant een grote controle geeft over de consistentie van het product. Veel van deze ingrediënten sparen kosten uit – in de snijtijd, de bakkers et cetera – en veel van die uitsparing wordt aan ons doorberekend. Een echt zuurdesembrood kost 3 tot 5 pond (€ 3,39-5,65). Op het moment dat ik dit schreef kostte het goedkoopste brood bij Sainsbury's 36 p (40 cent), en het Hovis-brood is 95 p (€ 1,07).

Maar de verschillende processen en verbeteraars betekenen dat ik een sneetje Hovis gram voor gram zelfs nog sneller kan opeten dan een UPF-burger. Het brood desintegreert tot een bal slijm die zich gemakkelijk door de keel laat manipuleren. Over een sneetje Dusty Knuckle Potato Sourdough (5,99 pond (€ 6,78) bij een leverancier) doe je meer dan een minuut, en mijn kaak wordt er moe van.

Met UPF-brood krijg je geen vermoeide kaken, en het feit dat je maar zo weinig hoeft te kauwen kan misschien veel van onze huidige tandproblemen verklaren. In het VK en de VS heeft een derde van de twaalfjarigen overbeet – een kaak die te klein is voor hun gezicht –, wat de reden is dat zoveel kinderen momenteel orthodontie nodig hebben. Ik heb mijn verstandskies rechtsonder om dezelfde reden laten trekken. Toen ik de UPF-artikelen doorlas, besefte ik dat dit een veelvoorkomend probleem van het moderne leven is. Bij bestudering van schedels blijkt dat pre-industriële boeren die steeds meer koolhydraten aten veel gaatjes en tandabcessen hadden, maar minder dan 5 procent had ontstoken verstandskiezen, tegen 70 procent bij moderne populaties.[3, 4]

De reden daarvoor is dat ons moderne gezicht, met name onze kaken, veel kleiner is dan dat van onze voorouders. Die gebeurtenis heeft plotseling plaatsgevonden: Australische Aboriginals, die vaak in de jaren vijftig abrupt op een modern dieet zijn overgegaan, hebben veel kleinere kaken dan hun voorouders van nog maar honderd jaar geleden.[5-7] De kaken van moderne Finnen zijn 6 procent kleiner dan hun (genetisch vrijwel identieke) voorouders.[8]

De reden voor dit krimpen van het gezicht is dezelfde reden waarom tennissers veel meer botdichtheid hebben in de arm waarmee ze spelen. Het is ook de reden dat de boogschutters die omkwamen op de Mary Rose konden worden geïdentificeerd aan de omvang en dichtheid van hun armbotten.[9] Botten zijn geen stenen: ze zijn levend weefsel en worden voortdurend geremodelleerd, afgebroken en opgebouwd naargelang de spanning die erop wordt uitgeoefend. Het gezicht en de kaakbeenderen zijn geen uitzondering: als je kauwt, groeien ze.

Bij een studie moest een groep Griekse kinderen twee uur per dag kauwen op een hard, harsachtig gom, gewoon om het effect te zien. Aan het einde van het onderzoek bleek niet alleen dat de kinderen die de gom hadden gekauwd veel meer kracht konden zetten bij het bijten, maar ook dat ze significant langere kaak- en jukbeenderen hadden.[10]

Toen ik dit alles had gelezen, bekeek ik Lyra's kleine kaak en tanden eens. Haar bovenste snijtanden staken ver uit over haar ondertanden. Was dit normaal? Zou een tandarts in eenentwintigste-eeuws Groot-Brittannië wel weten hoe menselijke tanden eruit horen te zien? Was ik al te laat? Had ze ooit echt iets gekauwd in haar leven? Ik besloot haar tandarts een wetenschappelijk artikel te laten zien van een hoogleraar van Harvard, Daniel Lieberman, 'De effecten van voedselbewerking op belasting bij het kauwen en craniofaciale groei in een retrognathisch gezicht', en ik kocht een paar wortelen voor haar als snack.

In veel wetenschappelijke literatuur wordt deze zachtheid ook als probleem aangewezen in verband met de inname van calorieën. In Kevin Halls test van onbewerkt voedsel versus UPF meldden deelnemers dat het UPF de zintuigen niet 'onnatuurlijk sterk aansprak': de twee diëten waren even lekker en verzadigend. Toch aten ze tijdens het UPF-deel van het onderzoek per dag gemiddeld 500 calorieën meer.

Het belangrijkste verschil in de effecten van de twee diëten dat Hall waarnam was dat mensen de UPF veel sneller aten. En behalve zacht is het meeste UPF ook droog, wat betekent dat het calorierijk is. Water verdunt alles, ook energie. Vlees, fruit en groenten hebben altijd een hoog gehalte aan water.

Deze droogheid is een cruciaal element van UPF. Het is een van de manieren waarop wordt voorkomen dat microben erin groeien en draagt bij aan de absurd lange levensduur die UPF zo winstgevend helpt maken. Het spul vergaat gewoon niet. Er zijn heel wat krantenartikelen over mensen die McDonald's-burgers jarenlang bewaren zonder dat ze gaan rotten. McDonald's Canada brak de basisregel van alle schandalen toen ze besloten hun kant van een van die verhalen te vertellen. 'De werkelijkheid is dat McDonald's-hamburgers, frietjes en kip net als elk ander voedsel is en wel degelijk gaat rotten als het onder bepaalde omstandigheden wordt bewaard.'

De wanhopige bewering dat het voedsel zal gaan rotten was een zeldzaam voorbeeld van bedrijfsmarketing die het werk voor me doet. Maar de verklaring is juist: dat UPF niet gaat rotten heeft veel meer te maken met de droogheid ervan dan met de chemische belasting van de conserveermiddelen.

In Halls experiment betekenden de zachtheid plus de caloriedichtheid dat de deelnemers gemiddeld zeventien calorieën per minuut meer consumeerden als ze UPF aten dan bij het onbewerkte dieet.* Deze resultaten komen overeen met onderzoek door Barbara Rolls waaruit bleek dat de energiedichtheid van voedsel een cruciale rol speelt in het matigen van de dagelijkse energie-inname.[12-14]

In tientallen zorgvuldig gecontroleerde experimenten toonden Rolls en haar collega's herhaaldelijk aan dat voedsel en diëten met een hogere energiedichtheid een hogere energie-inname en een hoger lichaamsgewicht bevorderen. Dit effect lijkt los te staan van smakelijkheid of voedingswaarde, en geldt voor zowel mannen als vrouwen, mensen met overgewicht en mensen met een gezond gewicht, kinderen en volwassenen en zowel op korte als op lange termijn. Het is een van de meest onomstotelijk aangetoonde feiten over voeding.[15, 16] En, misschien het belangrijkste, het lijkt er niet toe te doen of de energie in het voedsel afkomstig is van vet of van koolhydraten – de energiedichtheid is de belangrijkste bepalende factor van de calorie-inname.

Er is ook veel onderzoek beschikbaar dat aantoont dat sneller eten het risico vergroot dat je meer eet, zwaarder wordt en stofwisselingsaandoeningen krijgt.[17] De snelheid waarmee je eet heeft deels te maken met wat je eet: van eten waarbij het verwerken in de mond langer duurt, voel je je voller.[18-20] Maar het wordt ook deels bepaald door de genen. Het onderzoek Growing Up in Singapore Towards healthier Outcomes (GUSTO) toonde aan dat kinderen die sneller en langer aten een grotere kans op obesitas hadden. De onderzoekers beschreven dit als een 'obesogenieke eetstijl'.[21] Clare Llewellyn, de collega-wetenschapper van het UCL, toonde aan dat deze eetstijl genetisch bepaald is en verband houdt met een hogere BMI.[22] Genen voor 'snel eten' maken sommige mensen kwetsbaarder voor de zachtheid van UPF.

In een ander onderzoek werden vrijwilligers vergeleken die twee chocolademilkshakes dronken, waarvan er een dik en stroperig was en de andere dun. Beide milkshakes waren identiek in voedingswaarde, met een gelijke energiedichtheid en smakelijkheid. De vrij-

* Het voedsel was natuurlijk bewerkt door het te koken enzovoort, maar in het onderzoek wordt het het 'onbewerkte dieet' genoemd.

willigers mochten zoveel nemen als ze wilden, en de dunne, vloeibare milkshake werd in verband gebracht met een 47 procent hogere totale inname dan de dikke. Als de vrijwilligers echter werden gedwongen in hetzelfde tempo te drinken, dronken ze uiteindelijk in totaal dezelfde hoeveelheid van elke milkshake.[23]

Het aantal kauwbewegingen per hap heeft een direct effect op het vertragen en verminderen van voedselinname. Elke hap kauwen lijkt een goede manier om de calorie-inname te verminderen, maar daarmee haal je natuurlijk oorzaak en gevolg door elkaar. Bedenk dat het tempo van onze consumptie wordt bepaald door het voedsel en door onze genen – het is geen bewuste beslissing. Iedereen die heeft geprobeerd om in hetzelfde tempo te eten als een langzame of snelle mede-eter weet hoe moeilijk dat is.

Er is dus veel bewijs dat het tempo van UPF-consumptie verband houdt met de gezondheidseffecten ervan, maar wat mij verontrust is dat sommigen dit als een kans zien om een ander soort UPF te maken – met texturen die het tempo van de consumptie vertragen. In een evaluatie in 2020 werden de data geanalyseerd van vijf gepubliceerde onderzoeken waarin het tempo van de energie-inname werd gemeten bij 327 voedingsmiddelen in het VK, Singapore, Zwitserland en Nederland.[24] De onderzoekers toonden aan dat bij een overgang van onbewerkt eten naar UPF het aantal per minuut geconsumeerde calorieën van 36 via 54 naar 69 steeg. De onderzoekers concludeerden:

> Industrieel bewerkt voedsel biedt een belangrijke gelegenheid om complete veranderingen aan te brengen in de vormen en texturen die men in de voedselomgeving tegenkomt, en kan in combinatie met herformulering om de energiedichtheid te verminderen worden aangewend om wijdverspreide verbeteringen aan te brengen in het tempo van de energie-inname, de smakelijkheid en voedingsstoffendichtheid in de voedselvoorziening [...] de toekomstige uitdaging voor voedselbewerkers is producten te ontwikkelen die de aantrekkelijkheid voor de consument behouden met optimale bevrediging per geconsumeerde kilocalorie, en tegelijkertijd hun potentieel te verminderen om overmatige consumptie van energie te bevorderen.

Dit stond me niet aan. Het klonk een beetje vreemd. Eerst stellen ze de vele manieren vast waarop voedselbewerkingstechnologieën voedsel energiedichter maken en sneller om te eten, en stellen ze vast dat deze twee aspecten van elk willekeurig voedsel de voornaamste oorzaken van obesitas zijn, en in plaats van een overgang naar natuurlijke voeding wordt er nog meer bewerking voorgesteld. Deze 'hyperbewerking' lijkt een onwaarschijnlijke oplossing voor de problemen van ultrabewerking.

Het is ook raar om te stellen dat dit een 'toekomstige uitdaging' is, als de voedingsindustrie al sinds de onderzoeken in de jaren negentig op de hoogte is van de data die de snelheid van inname linken aan toegenomen calorieconsumptie.[25]

Ik maakte me ook zorgen over het feit dat, hoewel het artikel heel duidelijk stelde dat er 'geen sprake was van belangenverstrengeling', een van de auteurs, Ciarán Forde (die eerder bij eerste publicatie geen melding had gemaakt van belangenverstrengeling), in de wetenschappelijke adviesraad van Kerry Group PLC. zat (een miljardenbedrijf dat UPF produceert), en een andere, Kees de Graaf, in het bestuur van Sensus zat (een bedrijf dat de voedingsingrediënten inuline en oligofructose produceert), en dat alle drie de auteurs vergoedingen hadden ontvangen voor spreekbeurten bij bijeenkomsten die waren gesponsord door bedrijven die voedsel en voedingsproducten produceren. Tegelijkertijd wetenschappelijk adviseur zijn bij een UPF-bedrijf en schrijven over voedselbewerking moet wel een belangenconflict vormen (tenzij iemand zonder vergoeding in die adviesraad zit).

In een artikel uit het jaar daarop, waarin Ciarán G. Forde als auteur wordt vermeld, is er ook een verklaring dat 'de auteurs geen belangenconflict hebben', maar hij was destijds niet alleen adviseur bij Kerry, maar maakte (volgens hetzelfde artikel!) ook deel uit van een wetenschappelijk consortium dat onderzoeksfinanciering ontving van Abbott Nutrition, Nestec (een dochteronderneming van Nestlé) en Danone.

Maar het lijkt me vooral onwaarschijnlijk dat het gaat werken om UPF moeilijker eetbaar te maken. Sigarettenfabrikanten hebben jarenlang geprobeerd hun sigaretten zo te bewerken dat ze minder gevaarlijk werden. Ze voegden kleine ventilatiegaatjes toe zodat de rokers minder rook binnenkregen, maar de rokers zogen gewoon harder. We consumeren verslavende producten voor hun zintuiglijke kick, en we weten dat het verhogen van de snelheid waarmee een drug aan het lichaam wordt afgegeven een cruciaal aspect is van de verslavende werking van een middel.[26] Als je gaat rommelen met het consumptietempo raak je volgens mij wat van die kick kwijt en zal het product minder goed verkopen. Het is geen toeval dat UPF zacht is – dat is om er de grootste hoeveelheid van te verkopen.

Zoals we zullen zien zou het labelen van UPF stuiten op heftige tegenstand vanuit de voedingsmiddelenindustrie. Maar labels die waarschuwen voor zachtheid en energiedichtheid zouden heel goed onderbouwd zijn.

12

UPF ruikt vreemd

We vinden smaak misschien onbelangrijk, maar er is een denkschool die zegt dat smaakstoffen hét probleem zijn in verband met obesitas en overconsumptie. Sinds ik mijn dieet heb gedaan is 'smaakstoffen' het woord dat ik in verband met voedsel het meest vermijd. Smaakstoffen duiden erop dat iets UPF is, en de noodzaak van smaakstoffen zegt veel over bepaalde manieren waarop UPF ons schaadt.

De wetenschappelijke literatuur over geur wordt buiten de artikelen over gezondheid en obesitas gehouden en beperkt zich voornamelijk tot haar eigen tijdschriften. De artikelen worden geschreven door psychologen, vaak in samenwerking met filosofen en koks. Barry Smith heeft belangrijke bijdragen geleverd aan dit werk en is directeur van het Centre for the Study of the Senses, en daarnaast filosoof, wijnexpert, televisiepresentator en voedingswetenschapper.

Omringd door wijn en chocolaatjes (materialen voor experimenten) legde Barry uit dat het gehoor en reuk de smaak beïnvloeden. Vanille, technisch een molecule die je ruikt, laat ijs zoeter lijken als het eraan wordt toegevoegd, zelfs zonder dat je meer suiker toevoegt. 'De reuk beïnvloedt zelfs de tastzin,' zei hij. 'Shampoo met appelgeur laat je haar glanzender voelen dan andere shampoos.'

Het feit dat smaak en geur, wat je proeft en wat je ruikt in onze gedachten en hersenen door elkaar lopen wordt door de bedrijven die ons voedsel maken gebruikt. Barry gaf voorbeelden uit de wijnwereld.

In een artikel uit 2001, 'De kleur van geuren', beschreef een team van de faculteit Oenologie van de universiteit van Bordeaux een experiment dat werd uitgevoerd door 54 wijnexperts. Ieder van hen kreeg twee glazen wijn te drinken – een glas rode en een glas witte – en werd gevraagd die te beschrijven. De experts ontdekten dat de witte wijnen tonen had van honing, citroen, lychee, witte perzik en citrus, en voor de rode meldden ze zwarte bessen, steenkool, chocolade, kaneel, rode bessen, teer, framboos, pruim en kersen.

Vervolgens kregen ze nog een koppel rode en witte wijn aangeboden. Maar wat geen van de experts in de gaten had was dat de witte wijn afkomstig was uit dezelfde fles als de *rode* die ze eerder hadden geproefd. Het enige verschil was dat er een geurloze rode kleurstof aan was toegevoegd. Ze beschreven de smaken in termen van kleuren: karmijnrode, zwarte en bruine stoffen voor de rode wijn en bleke en gele voor de witte. Iedereen die wijn drinkt, vertrouwt erop dat hij wit en rood uit elkaar kan houden, maar zelfs de experts vallen voor deze illusie, omdat kleur een dominante invloed uitoefent op hoe we de geur en de smaak van wijn waarnemen. Dat is zo omdat onze zintuigen op elkaar inwerken. Dit onderzoek lijkt erop te wijzen dat kleur een sterkere rol speelt dan geur als we moeten bepalen wat we denken te proeven.*

Als de wijnexperts voor de gek kunnen worden gehouden, onder zorgvuldig gearrangeerde omstandigheden, dan geldt dat ook voor jou en mij. Barry vertelde me over een van zijn favoriete zintuiglijke trucs met ijs. 'Als je een ijsje uit de vriezer pakt en je scheurt de verpakking open, ruik je niets, omdat het te koud is. Daarom voegen veel bedrijven een karamelgeur toe aan de strook waar je de verpakking openscheurt.'

Door de geur kan ons dopamine-beloningssysteem reageren op de zintuiglijke prikkel van het openen van de verpakking, waardoor een

* Een lid van het team, Frédéric Brochet, verliet de academische wereld en maakt tegenwoordig wijn. In een ander beroemd onderzoek van Brochet[2] kreeg een panel van experts een middenklasse bordeaux geserveerd, maar uit een fles met een etiket dat wees op een goedkope tafelwijn. De week daarop kreeg hetzelfde panel dezelfde wijn, maar uit een fles met een label dat aangaf dat het een veel duurdere grand cru was. Uit de beschrijvingen van de smaak bleek opnieuw dat de verwachting de echte zintuiglijke ervaring overstemt.

verlangen in gang wordt gezet. We ervaren hierdoor ook de chocolade en karamel in het ijsje intenser. Barry vindt zo'n truc prima. 'Er is een belangrijk verschil tussen leiden en misleiden,' zei hij. 'In het geval van het bevroren ijsje *leidt* de geur je naar de verwachting om echte karamel en chocolade te ruiken. Maar er zijn ook *misleidende* zintuiglijke ervaringen: vleesachtige geuren in plantaardige producten, kunstmatige smaakstoffen, gommen die vetten vervangen – die beloven allemaal ingrediënten die er niet zijn. En daar wordt het een probleem.'

Barry begon enkele zintuiglijke leugens te onthullen die UPF ons vertelt. Maar wilde ik die leugens doorzien, dan moest hij me eerst door de wetenschap van geur, smaak en aroma loodsen, want de taal is net als de zintuigen zelf een warboel. De woorden 'smaak' en 'aroma' worden door elkaar gebruikt om één totale perceptie van voedsel te beschrijven. Maar in wetenschappelijke termen is aroma zowel smaak als geur, en de aromamoleculen worden gedetecteerd door zowel receptoren in de neus als smaakreceptoren in de mond en de keel. Wetenschappelijk gesproken kunnen twee zuurtjes met dezelfde hoeveelheid suiker maar met verschillende 'aroma's' dus hetzelfde *smaken* (zoet), maar verschillend *ruiken*.* Verwarrend? Maak je geen zorgen.

Laten we beginnen met aroma. De vraag waarom aroma bestaat moet beginnen met de vraag waar het bestaat. Aroma doet zich voor als de hersenen smaak-, geur- en tastprikkels combineren. Als we eten gebruiken we informatie van onze ogen, oren, neus, tong en lippen om een indruk van aroma op te bouwen. De botten en spieren in ons gezicht detecteren vibraties van knapperigheid en weerstand als we moeten kauwen. Receptoren in de mond detecteren chemische veranderingen in het speeksel en wisselingen in de wrijving van oliën en poeders. En natuurlijk combineren we dit alles met onze verwach-

* Als je eten in je mond stopt en kauwt, gaan moleculen vanuit de achterkant van je mond door je neus naar boven. Deze retronasale geur voelt aan als smaak, en je ervaart dit soort ruiken als 'in de mond' – maar dat is niet zo, en het levert een enorme bijdrage aan aroma. Met een klem op de neus zullen de twee snoepjes hetzelfde smaken: zoet. Maar als je het klemmetje verwijdert en de geuren van de mond naar de neus gaan, kunnen we hun verschillende fruitsmaken proeven.

tingen en onze herinneringen (zowel bewuste als onbewuste) aan de vorige keer dat we het voedsel aten of aan de reclame die we er gisteren voor zagen.

Dit geïntegreerde zintuiglijke systeem is een product van die miljard jaar durende wapenwedloop om energie te halen uit ons ecosysteem.

Bij geur gaat het om het selecteren van veilig en voedingsrijk eten en het vermijden van giftig, onveilig eten. Het is een van de oudste systemen die ons waarschuwen of iets veilig is om te eten. Tenslotte kan het al te laat zijn tegen de tijd dat je iets kunt proeven, maar er is ook nog het vangnet van bittere receptoren achter in de mond, waar we nog op terug zullen komen. Dankzij de wereldwijde bevoorradingsketens van de moderne supermarkten zijn velen van ons eraan gewend dat fruit het hele jaar door eetrijp is, maar in een tropisch bos is dat niet zo. Het toxineniveau varieert en het kan zijn dat een vrucht maar eetbaar is gedurende een heel korte periode, die afhangt van de vraag wanneer de plant wil dat het dier de vrucht eet en de zaadjes verspreidt. Geur bespaart het tijdrovende karwei om iets giftigs in je mond te moeten stoppen – al merken we soms pas als we beginnen te kauwen dat iets niet goed meer is, zoals Barry opmerkt.

Een kenmerkende verzameling vluchtige moleculen verdampt van bijna elke stof in de wereld. De reuk detecteert deze moleculen met behulp van receptoren in de neus. En de reukzin is geweldig precies.*

* Reuk werkt aldus: lucht die is ingeademd door de neusgaten of achter in de mond gaat via lange botrichels omhoog naar het reukepitheel, waar de reukzenuwen door het bot heen steken in de zachte, met slijm bedekte huid om de ingeademde lucht aan te raken. Het reuksysteem is het enige voorbeeld van hersenen die hun eigen neuronen als een sonde de omgeving in sturen. Deze zenuwen zijn overdekt met honderden verschillende receptoren – eiwitten met kleine vakjes erop. Odoranten (geurmoleculen) in de lucht die je inademt binden deze receptoren en sturen informatie naar de hersenen om te decoderen (met behulp van een paar honderd receptoren een biljoen geuren detecteren is een coderingsprobleem). Elke geurmolecule bindt niet meer dan één receptor en elke receptor bindt veel geurmoleculen. En ze binden met verschillende sterktes met verschillende tijdsduur, zodat er een veel grotere reeks mogelijkheden kan worden gecodeerd dan wanneer er één receptor per molecule was.

Vaak wordt gezegd dat we tienduizend verschillende geuren kunnen detecteren, maar dat klopt niet – dat is een veel te laag getal. Bij een onderzoek in 2014[3, 4] werden mensen getest met een matrix van verschillende geuren, en naar aanleiding daarvan werd geschat dat we onderscheid kunnen maken tussen meer dan een biljoen mogelijke samenstellingen, wat betekent dat je uit die biljoen er willekeurig twee kunt nemen en dan kunt zeggen: 'Ja, die zijn verschillend.'*

Deze precisie vereist een hoop genetische informatie: de genetische familie van reukreceptoren is de grootste in het genoom van de zoogdieren, groter dan enige andere familie bij welke andere soort ook. Dat we zoveel genen hebben is deels te wijten aan een fundamenteel probleem van de scheikunde. Geurmoleculen zijn allemaal heel verschillend en hebben heel verschillende eigenschappen. Er zijn maar een paar typen smaakreceptoren, omdat elk van deze receptoren soortgelijke eigenschappen van soortgelijke moleculen detecteert. Onze legendarisch slechte reukzin is precies dat: een legende.

Het lijkt er wel op dat we wat reukzin hebben ingeleverd voor beter zicht, maar bij sommige tests doen we het toch beter dan andere zoogdieren. Honden zijn vrijwel zeker beter in het detecteren van hondenurine op lantaarnpalen (al zijn mensen daar niet op getest), maar uit experimenten is gebleken dat wij beter zijn in het onderscheiden van groenten en fruit.**

* Het feitelijke aantal van elkaar te onderscheiden reukstimuli – d.w.z. geuren – is misschien nog wel veel hoger dan een biljoen. Je kunt niet alleen onderscheid maken tussen afzonderlijke moleculen, maar ook tussen mengsels van dertig verschillende moleculen. Je kunt ook onderscheid maken tussen mengsels van identieke moleculen in iets verschillende verhoudingen.

** Er zijn maar vijftien odoranten waarvoor de wetenschap de laagst detecteerbare drempel voor honden heeft vastgesteld. Maar mensen zijn beter in het detecteren van lage doses van vijf van die moleculen, allemaal geuren van fruit of bloemen, die vermoedelijk van minder belang zijn voor carnivoren. Maar honden zijn, niet verrassend, heel goed in het detecteren van lage niveaus van de carbolzuren die door hun prooi worden afgescheiden in de lichaamsgeur. Uit veel literatuur blijkt dat de menselijke reukzin gelijk is aan of zelfs gevoeliger dan die van honden, muizen of konijnen voor odoranten in fruit. Muizen zijn goed in het detecteren van de moleculen die worden aangetroffen in de urine van predatoren van muizen

Deze precisie in reukzin betekent dat we dezelfde moleculen in kaas en sokken kunnen tolereren.* In feite hebben ontlasting, moedermelk, rottende lijken, kaas en oud vlees allemaal een moleculaire signatuur gemeen, maar ons reuksysteem heeft zich zo ontwikkeld dat het er onderscheid tussen kan maken.

Er is (waarschijnlijk) niet zoiets als een goede of een slechte geur.** Geur fungeert eerder als een barcode die we moeiteloos verbinden met onze eerdere ervaringen met het eten van een bepaald voedsel. Het is een heel exacte manier om iets te labelen, zodat we het de volgende keer kunnen kiezen of vermijden.

Mensen en dieren zullen zowat elk aroma leren waarderen met een geurbarcode die in verband wordt gebracht met een nutritionele beloning.[5-8] Dit werd in de jaren zeventig aangetoond in experimenten

---

(al zijn wij daar ook niet slecht in), en wij zijn beter dan muizen in het detecteren van de geur van mensenbloed. Mensen kunnen de stinkende mercaptaan ruiken die aan gas wordt toegevoegd om ons opmerkzaam te maken op gaslekken, maar die ruiken honden helemaal niet. En mensen kunnen leren om net als een hond een geurspoor te volgen en met een beetje training gaan we er enorm op vooruit, wat een aanwijzing is dat onze reukzin een te weinig gebruikt zintuig is – net als onze botten en spieren is die slap en inactief geworden.

* Het kan zijn dat dezelfde moleculen anders worden waargenomen wanneer ze worden opgesnoven in vergelijking met wanneer ze van de mond naar de neus gaan. Barry legde uit: 'Een stinkende kaas kan weerzinwekkend ruiken – orthonasale reukzin –, een geur die veel op die van sokken lijkt. Maar hij kan heerlijk smaken als die geuren de neus vanuit de mond bereiken – retronasale reukzin.'

** We kunnen leren dat sommige geuren zoet zijn, maar dat lijkt iets cultureels te zijn. Ethylbutanoaat ruikt waarschijnlijk 'zoet' omdat het een geur is die in het algemeen vanuit de ervaring wordt geassocieerd met de zoete smaak van vruchtensap. Gekoppeld aan een zoete smaak kan dat zoeter gaan smaken en de zure smaak maskeren. Hoe we een bepaalde combinatie van aroma's ervaren hangt af van eerdere ervaringen. We leren dat bepaalde smaken en geuren congruent zijn. We bouwen deze associaties als aroma's op als we jong zijn en ze zijn extreem cultuurspecifiek. Kaneel is in de Europese keuken bijna altijd een zoete specerij, maar in Marokko maken ze een duivenpastei met kaneel en suiker, en het wordt op andere plaatsen ook algemeen gebruikt in hartige gerechten. Vanille ruikt zoet in het Westen, waar het vaak wordt vermengd met suiker, maar voor Zuidoost-Aziaten ruikt het zout, omdat in hun keuken vanille vaak wordt vermengd met zout en vis.

waarbij ratten zoete, calorieloze, gearomatiseerde vloeistoffen dronken terwijl tegelijkertijd met een infuus direct suiker of water in hun maag werd ingebracht. Ze leerden te houden van de smaken die ze dronken terwijl ze de suiker kregen, maar niet van de smaken die werden gekoppeld aan het water. Meestal zul je als je bij de laatste keer dat je een bepaalde aroma-smaakcombinatie hebt gegeten een grote nutritionele beloning kreeg en je niet misselijk werd, dat voedsel in de toekomst vaker willen. Dit speelt zich bijna allemaal af onder de bewuste ervaring, en zo leren we van specifiek eten te houden. Frites ruiken 'lekker' omdat het lichaam en de hersenen de geur hebben verbonden aan een enorme voedingsrijke lading vet en koolhydraten die volgt. Die associaties die we leren te maken tussen geur en smaak, geuren en voedingsstoffen, zijn sterk en worden natuurlijk gemakkelijk gehackt.

Aromasignaturen van specifieke geuren en smaken stellen ons ook in staat voedsel van andere culturen te herkennen – historisch gezien voedsel waarvan we weten dat het veilig is.* Dit leerproces begint al voor de geboorte. Julie Mennella van het Monell Chemical Senses Centre voerde een experiment uit waarin ze bestudeerde hoe voedingskeuzes tijdens de zwangerschap van invloed zijn op toekomstige keuzes van smaken.[9] Tijdens het laatste trimester van hun

* Ik heb een tijdje in Noord-Rusland gewerkt, in Tsjoekotka. Sergei, de jager van het gezin waar ik verbleef, had op de eerste dag dat ik daar was een walrus gedood, er een vin van afgehakt, die hij zonder verdere verklaring buiten op de grond liet liggen. Ik zat drie weken lang in het vuil in de grijze arctische herfst bij temperaturen net boven het vriespunt, voordat hij hem op een dag mee de keuken in nam. Hij was bedekt met een groen dons en er stroomden vloeistoffen uit, met een misselijk zoete lucht van verrotting. Sergei sneed het dons weg, verwijderde een klodder vet en bood die mij aan: 'Snickers.' Het had de bekende zweem van gisting – de zure afbraakproducten van de eiwitten en de vetten – als kaas die zo gerijpt is dat hij bijna kruidig is. Ik was daar om te proberen het plaatselijke dieet te begrijpen en het effect ervan op bloedstolling, dus dit werd een vast onderdeel van het menu. Het duurde drie dagen voordat ik ook maar de kleinste hoeveelheid kon eten zonder te kokhalzen. Toen merkte ik op een dag dat ik ernaar verlangde. Het leek een soort ongelooflijke innerlijke oven te creëren – ik kon het de hele dag eten en warm blijven.

zwangerschap dronken de deelnemers drie weken lang vier dagen per week een groot glas wortelsap of water. Ze deden hetzelfde tijdens de borstvoeding. En vervolgens, op het moment dat er met vast voedsel werd begonnen, keek Mennella naar de reacties van de baby's op een mengsel van wortelsap en granen, en vergeleek dat met water en granen. De baby's van wie de moeder het wortelsap had gedronken tijdens de zwangerschap en de borstvoeding genoten meer van het wortelsapmengsel. Soortgelijke bevindingen waren eerder gemeld met knoflook- en steranijsaroma's. Deze vroege ervaringen met aroma's hebben duizenden jaren lang een onafgebroken keten van voedselkennis opgeleverd, maar die keten werd gebroken toen voor veel mensen het enige beschikbare voedsel tijdens de zwangerschap UPF werd.

Het vermogen van het lichaam om calorieën in verband te brengen met een specifieke geur- of smaakbarcode kan door fabrikanten van UPF worden uitgebuit. Die kunnen gebruikmaken van complexe en volledig geheime smaakprofielen en die koppelen aan een significante nutritionele beloning in de vorm van vetten en geraffineerde suikers om merktrouw op te bouwen. Net zoals we een systeem hebben ontwikkeld om oneindig kleine veranderingen in de vluchtige bestanddelen van fruit te detecteren die zich bij het rijpen voordoen, zo kunnen we ook het verschil detecteren tussen verschillende typen cola. Als een UPF-producent ouders kan overreden hun kind zijn cola vroeg te geven, dan zal dat kind een verband leggen tussen de suiker, de cafeïnekick en de exacte aromabarcode van dat specifieke product, en dan hebben ze dat kind voor de rest van zijn leven als klant. Alle andere cola's zullen dan een beetje 'verkeerd' smaken. Het gebruik van smaakstoffen geeft de fabrikant absolute controle. Ik eet hetzelfde merk chocoladereep, yoghurt en ketchup als ik als kind al deed. Voedsel zou afwisselend moeten zijn – fruit en volwaardig voedsel wisselen elke dag, en gewassen smaken anders naargelang het seizoen en het weer. Er zijn goede oogsten, slechte oogsten, vreemde texturen en smaken en verschillen. Bij UPF is dat niet zo. Als je smaakstoffen (smaken en geuren) toevoegt in exacte hoeveelheden, krijg je complete consistentie.

Wat Mark Schatzker betreft is het gebruik van smaakstoffen een van de grootste problemen bij UPF. Hij schreef zo'n uitzonderlijk boek over smaak, *The Dorito Effect*, dat hij terechtkwam bij een voedingsonderzoeksgroep van Yale waar hij nu wetenschappelijke artikelen mee publiceert. Kevin Hall noemde hem specifiek als een journalist die het vakgebied vooruit heeft geholpen door creatief te denken en op een zinvolle manier verder te speculeren dan het bewijsmateriaal.

Schatzkers idee is dat de laatste vijftig jaar of nog langer het industrieel fokken en telen van dieren en planten zich heeft geconcentreerd op omvang en uiterlijk, zodat de smaak uit het vlees, de tomaten, de aardbeien, de broccoli, de tarwe en de maïs is gefokt – uit zo'n beetje alles wat we eten.* We consumeren deels zoveel omdat we op zoek zijn naar ontbrekende smaak en aroma, wat ook wijst op ontbrekende voedingswaarde.

Schatzker stelt dat smaak niet alleen een simpele barcode is, maar ook een signaal van specifieke voedingsstoffen, en dat dat ons stimuleert om op zoek te gaan naar die smaken. Hij haalt onderzoek aan waaruit blijkt dat veel smaakmoleculen in tomaten de voorboden zijn van essentiële vetzuren en vitaminen. Tomaten hebben bijvoorbeeld tonen van rozen – een heel populaire geur die wordt aangetroffen in eten, drinken, sigaretten, parfum en zeep. Die toon van rozen is gemaakt van een molecule die fenylalanine heet, een essentieel aminozuur (dat wil zeggen een molecuul die het lichaam nodig heeft maar niet zelf kan maken). Een andere groep tomatenaroma's is gemaakt van carotenoïden, zoals vitamine A. We lijken bijzonder gevoelig te zijn voor smaken die van carotenoïden zijn gemaakt: damascenone, dat wordt aangetroffen in tomaten, bessen, appels en druiven, kan worden gedetecteerd in concentraties van slechts twee delen per biljoen.

Aan het bewijs hiervoor wordt nog gewerkt en er zijn nog enkele lacunes. Fruit heeft veel geuren die afkomstig zijn van kleine hoeveelheden essentiële vetzuren, maar je zou zo'n twee kilo tomaten per dag

* Paul Hart wees erop dat er in het VK een heel duidelijke trend is in de richting van variëteiten met meer suiker, met name bij bananen, tuinerwten etc.

moeten eten om er een minimum van binnen te krijgen.* Er is echter ook een heel goede bron van die vetzuren, vette vis, die niet iedereen geweldig vindt ruiken. En veel voedsel dat alle aminozuren, vetzuren en vitaminen bevat die je nodig hebt om in leven te blijven – rundvlees en melk bijvoorbeeld – heeft helemaal niet zo'n sterke geur in vergelijking met bijvoorbeeld veel groenten en fruit.

Maar Schatzkers kernidee dat we smaken najagen op zoek naar ontbrekende voedingswaarde krijgt steeds meer onderbouwing. In een artikel probeerde Albert-László Barbási, een Hongaars-Amerikaanse natuurkundige en hoogleraar netwerkwetenschap aan Northeastern University, de chemische complexiteit van het dieet in kaart te brengen.[10] In het artikel wordt erop gewezen dat het Amerikaanse ministerie van Landbouw 67 voedingscomponenten in knoflook kwantificeert, wat veel lijkt, maar slechts een fractie is van de meer dan tweeduizend afzonderlijke chemische componenten die knoflook naar men weet bevat.

Aan de hand van de FooDB-database (een Canadees initiatief waar de data over de samenstelling van 'gewoon' onbewerkt voedsel worden bewaard) maakte Barabási de schatting dat er meer dan 26.000 chemicaliën in volwaardige voeding zitten. Bij ultrabewerking worden die moleculen eruit gehaald. Vergeet niet dat, zoals Nicole Avena en Paul Hart duidelijk maakten, de fundamentele bouwstenen van UPF industrieel gemodificeerde koolhydraten, vetten en eiwitten zijn, en dat de processen waaraan die worden onderworpen bijna alle chemische complexiteit vernietigen. Door de intensiteit van ultrabewerking worden de vitaminen vernietigd (of, in het geval van bleken, opzettelijk verwijderd), wordt het aantal vezels verminderd en is er een verlies aan functionele moleculen zoals polyfenolen. Het resultaat is heel veel calorieën maar heel weinig andere voedingswaarde.

De fabrikanten zijn bij wet verplicht hun producten aan te vullen

* Saffraan heeft een aantrekkelijke geur vanwege safranal, dat afkomstig is van vitamine A. Kleine hoeveelheden hiervan produceren sterke aroma's, maar aan je aanbevolen dagelijkse hoeveelheid vitamine A uit saffraan komen zou rond de 2500 euro kosten. Je kunt dus het aroma van iets ingrijpend veranderen zonder de voedingswaarde ervan te veranderen.

met een paar vitaminen en mineralen, zodat we geen deficiëntieziekten kunnen ontwikkelen. Maar dat lost niet het hele probleem op. Volwaardig voedsel bevat duizenden moleculen meer dan de fabrikanten eraan toevoegen, en waarschijnlijk zijn de subtielere gezondheidseffecten van die moleculen verantwoordelijk voor de welbekende voordelen van het eten van volwaardig voedsel – bescherming tegen vormen van kanker, hartkwalen, dementie en een voortijdige dood.

Die duizenden chemicaliën geven gezondheidsvoordelen maar ook smaak. En als die eruit wordt gehaald moet hij er dus weer in worden gestopt. Maar deze toegevoegde smaak zal geen van die verloren voedingsstoffen bevatten waar hij het signaal van zou moeten zijn.

Meer eten op zoek naar voedingswaarde is zeker bij dieren waargenomen. Veearts Richard 'Doc' Holliday gaf een goed voorbeeld.[1] Doc zorgde voor een paar koeien in Missouri, maar door late regens had de voervoorraad voor de winter te weinig voedingswaarde, waardoor koeien ziek werden en er kalveren dood geboren werden. Het leek erop dat de koeien voedingsstoffen tekortkwamen ondanks het feit dat ze waren begonnen enorme hoeveelheden – tot een kilo per dag per koe – van hun voedingssupplement te eten, een mix van verschillende mineralen. Om erachter te komen wat er aan de hand was besloten Doc en de boeren in plaats daarvan de koeien te laten kiezen uit emmers met afzonderlijke mineralen. Toen een van de boeren een zak zink door de schuur droeg om een van die emmers te vullen, werd hij door de koeien belaagd.

Holliday haalt dit verhaal op in zijn boek: 'Plotseling werd hij door een aantal van de normaliter tamme koeien omringd; ze rukten een zak mineralen uit zijn armen, kauwden die open en verslonden gulzig alle mineralen, de zak en zelfs wat modder en viezigheid waar de mineralen eruit gelopen waren.'

De volgende paar dagen negeerden de koeien alle andere mineralen behalve het zink, waarna ze geleidelijk ook het andere voer weer begonnen te eten. Het bleek dat de koeien in een vicieuze cirkel terecht waren gekomen. Er zat te weinig zink in hun voer, en daarom waren ze steeds meer gaan eten van dat gemengde voer, waar wel een beetje zink in zat, maar ook kalk. Kalk belemmert de opname van zink, dus hoe meer de koeien aten, hoe minder ze binnenkregen.*

Wat Schatzker beweert is dat we net als Doc Hollidays koeien misschien meer voedsel eten ter compensatie voor het feit dat we steeds meer microvoedingsstoffen tekortkomen. Ultrabewerking vermindert het aantal microvoedingsstoffen zozeer dat moderne diëten tot ondervoeding kunnen leiden ook al veroorzaken ze obesitas.[12-15] Bij kwetsbare groepen als baby's en kinderen die op een dieet van marginale kwaliteit leven, kunnen UPF en ultrabewerkte dranken tot *zowel* obesitas als groeiachterstanden leiden.[16]**

Dit blijft niet beperkt tot lagelonenlanden. Niet alleen hebben vijfjarigen in het VK het hoogste obesitascijfer in Europa, ze behoren ook tot de kleinste, en met een flinke marge: meer dan vijf centimeter kleiner dan Deense en Nederlandse kinderen van dezelfde leeftijd, die overigens ook heel laag scoren op obesitas.[17, 18] In de achttiende eeuw waren Amerikaanse mannen vijf tot acht centimeter langer dan Nederlandse. Nu zijn de Nederlanders vanaf het tweede levensjaar consequent langer. Als volwassene is de gemiddelde Nederlandse man 182,5 cm en de gemiddelde Nederlandse vrouw 168,7 cm. Hun Amerikaanse tegenhangers zijn respectievelijk 5,1 cm en 5,2 cm kleiner.[19,20]

Er zijn ook aanwijzingen dat concentraties van verschillende antioxidanten, vitaminen en mineralen direct hun weerslag hebben op

* Dit soort complexe interacties van mineralen en vitaminen zie je ook in voedingssupplementen voor mensen, en misschien worden supplementen daarom vaak in verband gebracht met gezondheidsproblemen, waaronder een vroegtijdige dood. Als je grote hoeveelheden kalk tot je neemt, kun je geen ijzer opnemen. Als je grote hoeveelheden ijzer neemt, kun je geen zink opnemen. Als je vitamine C neemt, verlaag je je koperniveau.

** Veel mensen uiten hun zorg over de verminderde voedingswaarde van voedsel dat wordt geproduceerd via industriële landbouw met zijn nadruk op het maximaliseren van de oogst van basisvoedselproducten met een minimalisering van de kosten. Hoewel er aanwijzingen zijn dat zelfs fruit, groenten en vlees minder microvoedingsstoffen bevatten dan vroeger, zijn de meesten van ons zo ver verwijderd geraakt van een dieet van volwaardig voedsel dat ik me daar minder op richt. Bij elk systeem van voedselproductie geldt echter dat als een goede voedingswaarde geen prikkel is, het resultaat niet een goede gezondheid zal zijn.

het gewicht, doordat ze het niveau van het hormoon leptine veranderen, dat op zijn beurt de eetlust en de regulering van het lichaamsgewicht beïnvloedt. Als kinderen die last hadden van obesitas en vitamine D tekortkwamen afvielen, ging hun vitamine D-niveau vooruit. Een toegenomen inname van calcium lijkt daarentegen gewichtstoename af te remmen – al was dit wel een heel specifiek onderzoek, dus overdrijf het niet met de calcium. Het is geen oplossing om af te vallen en uiteindelijk ga je dan andere dingen tekortkomen, net als die koeien.[21]

En evenmin kunnen we het probleem via supplementen oplossen. Microvoedingsstoffen zijn veel efficiënter en heilzamer als ze in de voedselmatrix zijn ingebed dan in de vorm van supplementen. Of we het nu hebben over fytochemicaliën, vitamine E of A of andere vetoplosbare vitaminen, heemijzer of methylfolaat, ze zijn allemaal directer beschikbaar in hun natuurlijke vorm. Herinner je je nog het artikel van Jacobs en Tapsell dat Carlos Monteiro zo sterk beïnvloedde? Daarin werd uitgelegd dat hoewel dieetpatronen de gezondheid positief beïnvloeden, niemand ooit de moleculen heeft weten te extraheren die die positieve invloed geven. Vis is goed, capsules visolie veel minder.

Smaakstoffen, oftewel moleculen die de smaak en geur van voedsel beïnvloeden, maskeren het lage gehalte aan microvoedingsstoffen. Dat is wellicht een van de redenen dat UPF obesitas bevordert en zoveel andere effecten op de gezondheid heeft die in de epidemiologische data naar voren komen. En het is belangrijk op te merken dat het irrelevant is of die smaakstoffen 'natuurlijk' of kunstmatig zijn.

Als Mark Schatzker gelijk heeft, kunnen smaken buiten hun context het vermogen van het lichaam aantasten om de juiste associaties te maken tussen voedsel en voedingsstoffen. Daarvoor moeten de smaken eerlijk zijn en van het voedsel zelf afkomstig.

13

UPF smaakt raar

Smaken zijn in feite geuren – moleculen die in de neus worden gedetecteerd – maar smaak*versterkers* zijn echt smaken. Ze worden gedetecteerd in de mond en omvatten zout, suiker en moleculen als MSG.

Ik ging bij Xand thuis Pringles eten met Andrea Sella, een vriend, om dit alles te begrijpen. Andrea is een Italiaanse hoogleraar scheikunde aan het UCL. Hij is lang, erudiet, grappig en excentriek zoals heel slimme mensen dat vaak kunnen zijn. Ik wilde dat hij me uitlegde waarom er in Pringles smaakversterkers zitten: glutamine, guanylaat en inosinaat.

Je kunt Andrea niet opjagen en dat zou je ook niet willen. Zijn antwoord begon met de tekortkomingen in risotto met groentebouillon, om vervolgens naadloos over te schakelen naar de geschiedenis van de chemie van het koken, te beginnen in de achttiende eeuw, om uiteindelijk weer uit te komen bij het risottorecept van zijn moeder: 'Als je runderbotten en -pezen gebruikt, krijg je risotto van een compleet ander niveau dan als je groentebouillon gebruikt. Groentebouillon heeft...' Andrea zocht walgend naar het juiste woord, '... heeft zo weinig body.'

Dit gebrek aan body is te wijten aan het feit dat groentebouillon meestal een aantal van de moleculen mist die ik in de Pringles signaleerde: glutamine, guanylaat en inosinaat, op verschillende ingrediëntenlijsten ook aangeduid als ribonucleotides.

De mens heeft een zeer verfijnd detectiesysteem in de mond ontwikkeld voor deze moleculen, omdat ze een teken zijn van gemakkelijk verteerbaar eiwit – niet het eiwit van rauw vlees, maar het eiwit van perfect gerijpt, bereid vlees. Ze zijn kenmerkend voor gefermenteerde vis en planten, rijke vleesbouillons en gerijpte kaas. Daarom smaakt voedsel met deze moleculen erin zo lekker. Een voorbeeld daarvan is de risotto van Andrea's moeder. De moleculen stimuleren de receptoren in je mond en geven aan dat er echte voedingswaarde onderweg is. Als je een beetje risotto doorslikt, worden je darmen voorbereid op het verwerken van een vlezige rijkdom en gratis aminozuren. Bij Pringles is het een ander verhaal.

Andrea rondde de lezing over risotto af en legde theatraal een Pringle op zijn tong. Om te begrijpen wat er staat te gebeuren met Andrea en de Pringle en waarom hij maar moeilijk met het eten ervan kan ophouden, moeten we smaak goed begrijpen. Het begint met de tong.

Het maanoppervlak is exacter in kaart gebracht dan het oppervlak van de mond en heeft een minder verwarrende geografie.

Als je naar je tong kijkt, zie je kleine bobbeltjes. Dat zijn geen smaakknoppen. Het zijn papillen. Smaakknoppen zijn onzichtbaar klein en zien er niet uit als knoppen (meer als putjes) en zijn te vinden op de papillen – honderden per papil. In elke smaakknop zitten rond de honderd gespecialiseerde cellen met gespecialiseerde receptoren erop die moleculen in je eten detecteren, van die moleculen een signaal maken en dat naar je hersenen sturen. Je proeft door je hele mond en een beetje achter in je keel en in tegenstelling tot wat algemeen wordt gedacht lijken er geen specifieke gebieden voor elke smaak te zijn.[1-4]

In feite zijn smaakreceptoren door het hele lichaam te vinden: in de larynx, de testes en de darmen. Er zijn receptoren voor bitter in de longen en voor zoet in de hersenen, het hart, de nieren en de blaas.*

* De kunstmatige zoetstof sacharine laat rattenblazen samentrekken. Detectie van glucose in de urine kan van belang zijn, want dat hoort er nooit in te zitten. Je kunt je een systeem voorstellen waarin de blaas reageert op de aanwezigheid van glucose door de alvleesklier een signaal te geven om de afscheiding van insuline te stimuleren, al is dit niet onderzocht, evenmin als het effect van zoetstoffen op de blaas of het vervolgens signalen afgeven door de blaas.[5]

Hoeveel smaken er precies zijn staat ter discussie. Als fysiologen het over een smaak hebben, bedoelen ze eigenlijk: 'Is er een specifieke receptor die een specifieke molecule detecteert?' We weten vrij zeker dat we minstens vijf typen receptoren voor vijf afzonderlijke smaken in onze mond hebben: zoet, umami (hartig), zuur, zout en bitter.* Het kan zijn dat we ook specifieke smaken hebben voor water, zetmeel, maltodextrines, kalk, verschillende andere metalen en vetzuren, maar het is opmerkelijk moeilijk om er zeker van te zijn dat we daadwerkelijk smaak detecteren. De mond stelt ook kauwweerstand, substantie enzovoort vast. Een vettige smaak zou in feite kunnen worden veroorzaakt door de wrijving van de tong tegen het verhemelte en de tanden: olie is op een andere manier glad dan speeksel.

Een zoete smaak wordt gestimuleerd door alle simpele suikermoleculen die we kunnen gebruiken voor energie. De zoetste van nature voorkomende koolhydraat is fructose – bijna onaangenaam zoet. Glucose is een veel mildere ervaring. We lijken ook in staat te zijn om de afgebroken suikers van zetmeel te detecteren die op maltodextrine lijken. We proeven ze niet echt als zoet, maar ze lijken hersengebieden te activeren die in verband worden gebracht met beloning.

Een zoute smaak komt van natriumzouten en een paar andere samenstellingen. 'Zoutarme' producten die vaak worden gebruikt door mensen met een hoge bloeddruk zijn gemaakt van kaliumchloride, die wel zoutig is maar niet helemaal 'juist' smaakt. We zijn er inmiddels vrij zeker van dat er een specifiek natriumkanaal in de huid van de mond zit dat zout detecteert. Deze natriumkanalen zijn te vinden in huidachtige weefsels over het hele lichaam en ze verplaatsen natriumionen, al is het nog onduidelijk hoe ze zoutconcentratie detecteren en die informatie vervolgens naar je bewustzijn sturen.[6,7]

Umami of hartige smaak is afkomstig van de drie moleculen die

* Zelfs binnen de smaken waar we het over eens zijn, zou je kunnen stellen dat de enige waar we zeker over zijn zoet, bitter en umami zijn. De enige receptoren waarvan (op het moment dat dit wordt geschreven) is bevestigd dat ze in levende mensen voorkomen zijn de receptoren voor zoet, voor bitter (toxine) en umami. De andere bestaan wel – we zien hun signatuur in onze genen – maar onze kennis is afkomstig van onderzoek bij muizen en vliegen.

we kennen van UPF-ingrediëntenlijsten: inosinaat, guanylaat en glutamaat. Glutamaat is te vinden in moedermelk, zeewier, tomaten, schelpen, ansjovis, kaas, sojasaus, gerookte ham en nog veel meer voedsel. Inosinaat zit vooral in vis – gedroogde tonijn en gedroogde sardines. Het begint zich te vormen zodra een vis sterft en bereikt zo'n tien uur later een maximaal niveau. Guanylaat zit vooral in gedroogde shiitake en andere paddenstoelen en vormt zich uit de afbraak van DNA in stervende cellen.

Een zure smaak komt van zuren. Er zijn voor deze smaak veel verschillende receptoren voorgesteld, maar in feite weet niemand hoe we azijn of ascorbinezuur (vitamine C) proeven. Vrijwel elk ander dier is afkerig van zure smaken – experimenten bij andere primaten tonen aan dat ze die uitspugen.[8] Maar voor mensen kan de smaak nuttig zijn. Zuurheid is tenslotte eerder een teken van gisting dan van bederf. Als bacteriën voedsel doen gisten produceren ze zuren die het conserveren. Lactobacillen in melk verteren de lactose tot melkzuur en maken zo yoghurt, dat tienmaal zo lang goed blijft. Vitamine C is waarschijnlijk de oorspronkelijke reden dat we zuurdetectie hebben ontwikkeld, want dat is de enige zure smaak die qua voedingswaarde voor ons van belang is. In tegenstelling tot veel dieren kunnen we vitamine C niet aanmaken, en we eten niet genoeg vers rauw voedsel om er zeker van te zijn dat we er genoeg van binnenkrijgen zonder er speciaal naar op zoek te gaan. De combinatie van zoet en zuur is een afspiegeling van rijp fruit vol vitamine C – wellicht dat we daarom door die combinatie worden aangetrokken.

Deze vier smaken – zoet, zout, zuur en umami – worden waarschijnlijk bestuurd door vier receptoren. Maar bitterheid is een ander verhaal. Bitter is een teken van 'mogelijk giftig', en een enorm aantal verschillende chemische structuren proeven bitterheid. We hebben 25 verschillende genen nodig om bitterheid te detecteren, wat ons een groot vermogen geeft om gifstoffen te detecteren. Maar we kunnen ook leren om van bitter te houden. Van bittere koffie gaat een kind kokhalzen, maar je kunt leren de bittere smaak te associëren met de euforie van de cafeïne, zodat het een essentieel element wordt om het volwassen leven draaglijk te maken. Eetbare planten bevatten gifstoffen die onlosmakelijk verbonden zijn met voedingsstoffen. Deze gifstoffen worden meestal vernietigd door de lever, die al het bloed dat uit de darmen komt verwerkt. Maar zelfs voedsel dat kleine doses van meerdere bittere samenstellingen bevat zal worden ervaren als intens bitter – onze mond doet geweldig werk door de totale dosis van iedere gifstof in te schatten, en of de lever dat allemaal wel aankan.[9]

Smaak is belangrijk voor omnivore dieren, terwijl meer specialistische eters smaken hebben verloren. Katten zijn hun receptor voor zoet kwijtgeraakt; panda's hebben geen receptor voor hartig meer. Zeeleeuwen lijken überhaupt weinig smaak te hebben – hun prooi wordt vaak in zijn geheel doorgeslikt – maar ruiken kunnen ze nog wel. Walvissen en dolfijnen lijken hun reukzin helemaal te zijn verloren. Dieren raken dingen kwijt waar ze evolutionair niets meer aan hebben. Het feit dat we zulke ingewikkelde zintuigen hebben behouden, plus het neurologische weefsel om de informatie te verwerken, betekent dat smaak en reuk heel belangrijk zijn voor mensen.*

De smaken hebben ook invloed op elkaar. Als je een cocktail maakt van sucrose, MSG, natriumchloride, citroenzuur en kininesulfaat, en die opdrinkt, zul je deze cocktail ervaren als tegelijkertijd zoet, hartig, zout, zuur en bitter. Je kunt de afzonderlijke bestanddelen uit elkaar houden, maar je genot van elk bestanddeel afzonderlijk wordt beïnvloed door de andere. We houden van hartig, maar alleen in de context van zout of suiker – MSG is op zichzelf niet aangenaam. Gorilla's zullen bittere tannines in planten tolereren als het suikergehalte maar hoog genoeg is. Hetzelfde geldt voor mensenkinderen en zowat elk soort voedsel. Zo is kinine in essentie bitter, maar in combinatie met suiker wordt het smakelijk in tonic.

Het belang hiervan is dat de fabrikanten van UPF deze interacties tussen smaken kunnen kapen om ervoor te zorgen dat wij hun voedsel gaan eten. Dat doen ze op verschillende manieren. Ten eerste

* Vogels hebben hun smaak voor zoet verloren, maar omdat kolibries nectar drinken, hebben ze hun receptoren voor umami een nieuwe functie gegeven. Barry Smith denkt hier veel over na: 'Als filosoof van de zintuigen wil ik natuurlijk weten of nectar voor een kolibrie zoet of hartig smaakt.' Kolibires hebben een hekel aan aspartaam maar houden van suikerwater. Niemand weet waarom toekans van fruit houden. Zelfs Barry niet.

hanteren ze een truc die grote koks al eeuwen gebruiken: smaakversterking. In specifieke concentraties en combinaties 'versterken' zoet, zuur, zout en hartig allemaal de smaak, waardoor voedsel lekkerder wordt. In het beste traditionele eten uit veel culturen wordt gebruikgemaakt van zure azijn, zoete suiker of honing, hartige umamismaken en heel veel zout. Denk aan een Italiaanse pastaschotel: tomaten en azijnzuren, suiker van de tomaten, toegevoegd zout en geraspte glutamaatrijke Parmezaanse kaas. Het is hetzelfde principe, maar UPF-bedrijven gaan nog een stap verder.

Laten we Coca-Cola als voorbeeld nemen, want dat is de populairste cola, al zou elke cola geschikt zijn. Toen het werd uitgevonden, was het doel een drank te maken om mensen op te peppen, en de oorspronkelijke formule bevatte een extract van cocabladeren – waarschijnlijk een kleine hoeveelheid cocaïne, al weten we dat niet zeker* – en cafeïne. Cocaïne en cafeïne zijn allebei extreem bitter en dus voegde het bedrijf een hoop suiker toe om dit te maskeren. Maar die oorspronkelijke bitterheid was in feite een voordeel. Juist die extreme bitterheid maakte de toevoeging van meer suiker aan de drank mogelijk dan anders had gekund.

Dat zou niet mogelijk zijn geweest omdat we een natuurlijke afkeer hebben tegen overmatige suiker. We kunnen honing niet per lepel eten of handenvol suiker. Ze zijn letterlijk misselijkmakend zoet. De reden daarvoor is waarschijnlijk simpel: het lichaam wil suiker niet opnemen in een tempo dat zijn vermogen om het uit het bloed te verwijderen te boven gaat. Zoet bloed is op veel uiteenlopende manieren schadelijk: suiker is bijvoorbeeld voedsel voor bacteriën en als je veel suiker in je bloed hebt, veroorzaakt dat ook grote verplaatsingen van water uit de cellen in het bloed. Dat verhoogt het volume van het bloed, waardoor de nieren urine beginnen te produceren, wat leidt tot uitdroging – daarom is veel plassen een van de eerste tekenen van diabetes.

Moderne Coca-Cola heeft nog steeds de bitterheid van cafeïne,

* Coca-Cola zelf ontkent niet dat er vroeger cocaïne in zat, maar zegt in plaats daarvan nogal dubbelzinnig dat 'cocaïne nooit een toegevoegd ingrediënt is geweest in Coca-Cola'.[10]

versterkt door de extreme zuurheid afkomstig van toegevoegd fosforzuur. Samen zorgen ze ervoor dat er een enorme hoeveelheid suiker langs de tong kan worden gesmokkeld.* Maar dat doen ze niet alleen. Ook de prik in de drank draagt eraan bij, evenals het advies om hem ijskoud te serveren. Om redenen die niet helemaal duidelijk zijn kun je zoetheid onderdrukken als je iets koud en bruisend maakt. Dit wordt aangetoond door een experiment thuis: warme, prikloze cola is ondanks de bitterheid en zuurheid zo zoet dat hij vrijwel niet te drinken is.

Goede koks kunnen aroma's en smaken versterken door ze te combineren, maar volgens mij is UPF het voedingsequivalent van speedball. In de wereld van illegale drugs zijn speedballs een mengsel van een verdovend middel als heroïne en een stimulerend middel als crackcocaïne. Het ene brengt je in slaap (een overdosis opiaten veroorzaakt de dood door het ademen te stoppen) en het andere maakt je juist wakker (een overdosis crack veroorzaakt de dood door de bloeddruk zo hoog op te drijven dat de patiënt een beroerte krijgt). Door de twee te mengen kunnen gebruikers van beide meer hebben. Mensen doen dit op een goedaardiger manier (maar toch nog regelmatig met dodelijke gevolgen) met cafeïne en alcohol: een espressomartini of een wodka-Red Bull zijn speedballs op instapniveau – de stimulerende cafeïne neutraliseert de verdovende effecten van de alcohol. Deze wonderland-benadering van druggebruik speelt een rol bij UPF-smaken.

Als Coca-Cola volgens de instructies wordt gedronken, worden volgens mij deze verschillende smaken aangewend op een manier die een zintuiglijke verwarring veroorzaakt die te vergelijken is met speedballs. De zuurheid, bitterheid, koude en prik stellen multinationale drankconcerns in staat veel meer suiker langs het verhemelte van je kind te smokkelen dan anders mogelijk zou zijn: negen thee-

* Het fosforzuur in je eten wordt overigens niet aan groenten of fruit onttrokken. Het wordt gemaakt door fosforhoudende stenen te verbranden in een vlamboogoven met steenkool. Het wordt ook gebruikt in de halfgeleiderverwerking en om wegasfalt zacht te maken. Cola's werden oorspronkelijk fosfaatsoda's genoemd. Het fosforzuur laat niet alleen je tanden rotten en maskeert de suiker, wellicht loogt het ook mineralen uit je botten.[11]

lepels suiker in een blikje. Ik serveerde Lyra warme, prikloze cola, en ze kreeg er maar een paar slokjes van door haar keel (terwijl ze toch met een lepel suiker uit de suikerpot zal pakken als ze de kans krijgt).

Maar waarom wil Coca-Cola dat we al die suiker drinken? Denk aan de onderzoeken van ratten die van smaken gekoppeld aan calorieën leerden houden? Nou, dat geldt ook voor mensen. Dana Small, een neurowetenschapper van Yale, voerde een reeks experimenten uit op mensen waaruit bleek dat of we naar een bepaalde smaak leren verlangen, afhangt van de mate waarin onze bloedglucose verandert als we die consumeren.[12] Het team gaf vrijwilligers dranken met willekeurige smaken, en na een paar drankjes gingen ze naar de smaken verlangen die waren gekoppeld aan een smaakloos koolhydraat, maltodextrine. Hoe meer hun bloedsuiker steeg, hoe meer ze die smaak wilden. Dus misschien zit het zo: door de mensen met behulp van prik, koude, zuur en cafeïne een enorme dosis suiker te geven – en daarmee een enorme lading calorieën en een piek in de bloedglucose – zorgen de colaproducenten ervoor dat je steeds meer naar hun specifieke producten verlangt.

Dit verklaart wellicht ook een bizar prijsfenomeen dat voor het eerst werd gesignaleerd in Centraal-Amerika, maar in alle landen met lage inkomens over de hele wereld gangbaar is. Zoete koolzuurhoudende dranken zijn bijna even goedkoop als of goedkoper dan gebotteld water. Het is natuurlijk duurder om cola te maken, maar zodra mensen er een kopen, kopen ze er meer. Water is goedkoper om te produceren, maar het is lastig om er mensen veel van te laten drinken. In San Cristóbal in Mexico beschuldigden de bewoners Coca-Cola ervan dat het in zijn productiedrang watertekorten had veroorzaakt, terwijl de verkoop toenam. Het bedrijf stelde dat het ten onrechte werd belasterd en zei tegen *The New York Times* dat ze weliswaar honderdduizenden liters water per dag gebruikten, maar dat dat de watervoorraad van de stad nauwelijks aantastte, omdat naar hun eigen zeggen hun putten veel dieper waren dan de oppervlaktebronnen waarmee plaatselijke inwoners van water voorzien werden; daarnaast wezen ze op andere factoren, zoals snelle verstedelijking en gebrek aan investeringen door de overheid.[13]

Door verschillende smaken en gewaarwordingen te 'speedballen' kan UPF ons veel meer calorieën opdringen dan we anders zouden aankunnen: het creëert gigantische neurologische beloningen zodat we terug blijven komen voor meer. Dat is slecht, maar zeker niet het enige probleem. Ook over zoetstoffen met nul calorieën moeten we ons zorgen maken. Wat gebeurt er als de smaak in onze mond helemaal niet overeenkomt met de calorieën?

Op 14 oktober 2012 twitterde de toekomstige Amerikaanse president Donald Trump een observatie over Diet Coke:

'Ik heb nog nooit een slank persoon Diet Coke zien drinken.' De volgende dag liet hij dit volgen met wat een vraag leek te zijn: 'Hoe meer Diet Coke, Diet Pepsi, etc. je drinkt, hoe zwaarder je wordt?' Op 16 oktober leek hij eruit te zijn met zijn kijk op de zaak: 'De Coca-Cola Company is niet blij met mij – dat geeft niet, ik blijf die rommel toch wel drinken.'

Toen, een week later, nadat hij wellicht een soort persoonlijk experiment had uitgevoerd, had hij een conclusie bereikt over het fysiologische effect van de drank: 'De mensen winden zich op over mijn opmerkingen over Diet Coke (soda). Laten we eerlijk zijn: dat spul werkt gewoon niet. Je krijgt er honger van.'

Sinds die laatste tweet is er een hoop onderzoek gedaan naar caloriearme zoetstoffen, maar tien jaar later is dit nog steeds een redelijke samenvatting van de stand van de wetenschap. Trump had iets begrepen waar veel artsen en voedingswetenschappers nog niet achter waren: een zoete smaak in de mond heeft meer invloed op het lichaam dan alleen een aangenaam gevoel.

Het lijkt voor de hand te liggen dat als kunstmatige zoetstoffen geen calorieën bevatten, ze geen obesitas kunnen veroorzaken. Maar als je kunt begrijpen waarom een drank zonder calorieën tot gewichtstoename en stofwisselingsziekten kan leiden, dan heb je een van de meest fundamentele manieren begrepen waarop UPF gezondheidsproblemen lijkt te veroorzaken.

Als voedsel een kunstmatige zoetstof bevat, is het per definitie UPF. Vroeger zaten die zoetstoffen alleen in kleine zakjes en in lightfrisdrank. Nu zitten ze overal in: brood, ontbijtgranen, granolarepen, 'light' yoghurt, ijs zonder toegevoegde suiker, gearomatiseerde melk. Ze worden toegevoegd aan smaakmakers als ketchup met minder suiker, suikervrije jam en suikervrije pannenkoekenstroop. Ze zitten zelfs in medicijnen, multivitaminen en hygiëneproducten als tandpasta en mondspoeling. De meest gangbare zijn cyclamaat en sacharine – de goedkoopste en de oudste – en wereldwijd is de omzet ervan rond 2,2 miljard dollar (2 miljard euro) per jaar.

Wat kunstmatige zoetstoffen precies met onze gezondheid doen is niet duidelijk, maar het ziet er niet goed uit. Er zijn onderzoeken, gefinancierd door instellingen als de Medical Research Council en de National Institutes of Health, die relatief vrij zijn van commerciële belangenconflicten, die aantonen dat kunstmatige zoetstoffen in verband kunnen worden gebracht met gewichtstoename en diabetes.[14-17] Er zijn ook wel onderzoeken waaruit je kunt afleiden dat zoetstoffen geen significante effecten op de gezondheid hebben, of dat ze juist heilzaam zijn, maar vaak hebben de auteurs van zulke onderzoeken aangegeven dat ze in contact stonden met bedrijven als Abbott, Danone en Kellogg's.[18, 19]

Een grote analyse van de data[20] gepubliceerd in het *American Journal of Clinical Nutrition*, waarin geen verband werd gevonden tussen caloriearme zoetstoffen en lichaamsgewicht, bevatte de volgende verklaring over belangenconflicten: 'Wij danken het International Life Sciences Institute Low-Calorie Sweetener Committee voor de feedback over en evaluatie van het onderzoeksprotocol en -manuscript.' Wat het artikel niet vermeldde was dat deze commissie geld kreeg van Pepsi, Coca-Cola en verschillende andere grote voedingsmiddelenbedrijven.*

Als zelfs een door de industrie ondernomen statistische analyse geen voordeel van enige betekenis kan vinden van caloriearme zoetstoffen, zouden er alarmbellen moeten gaan rinkelen. Mijn per-

* In een ander onderzoek[21] in hetzelfde tijdschrift werd gekeken naar gewichtsverlies bij volwassenen die lightdranken of water gebruikten. Een van de auteurs had een toelage gekregen van Nestlé Waters. Aan het eind van het artikel staat dat er geen sprake was van een belangenconflict, maar dat is onjuist. Als je geld krijgt van een waterbedrijf (dat ook kunstmatig gezoete dranken maakt) en je neemt een proef met water en kunstmatig gezoete dranken, dan is er sprake van een belangenconflict. Het betekent niet dat het onderzoek het mis heeft. Maar een conflict is het.

soonlijke interpretatie van de data is dat dranken waar caloriearme zoetstoffen in zitten iets sterker in verband kunnen worden gebracht met diabetes type 2 dan hun suikerhoudende equivalent, maar vergeet niet dat met suiker gezoete dranken ook sterk met die dingen in verband worden gebracht – het is ook al vreselijk als iets even slecht is als een suikerhoudende drank.

Maar wat is er aan de hand als het verwijderen van suiker uit voedsel geen positief effect heeft op de gezondheid? Allison Sylvetsky, universitair hoofddocent aan de Milken Institute School of Public Health, verrichtte een onderzoek onder Amerikaanse kinderen en concludeerde dat het drinken van caloriearme frisdranken of met suiker gezoete frisdranken, of allebei, in verband kon worden gebracht met een toename van de totale consumptie van calorieën en suiker in vergelijking met het drinken van water: caloriearme frisdranken zouden de algemene overconsumptie kunnen bevorderen.[22]

Met andere woorden, Trump had gelijk (niet dat dat zich vertaalde naar enige vorm van regulering toen hij president werd). Als zoetstoffen worden geconsumeerd met slechts een klein beetje suiker lijkt het insulineniveau significant te stijgen. Daardoor zakt de bloedsuiker, wat tot honger kan leiden, waardoor je meer gaat eten (zie opnieuw Trumps tweets). Dit is weer zo'n mismatch van UPF, een van de leugens die Barry uitlegde. Een zoete smaak in de mond bereidt het lichaam voor op suiker. Als die dan niet komt, is dat een probleem.

Dat probleem kan zelfs nog groter zijn als de suiker wordt vermengd met kunstmatige zoetstoffen. Dana Small deed ook een reeks onderzoeken, waarin ze vrijwilligers dranken gaf van uiteenlopende zoetheid (met behulp van verschillende doses sucralose) en uiteenlopend calorieëngehalte (met behulp van smaakloze maltodextrine). Sommige dranken hadden veel calorieën maar waren niet zoet; andere waren zoet maar bevatten geen calorieën. Haar artikelen zijn niet gemakkelijk te lezen – 'beginnen te eten' wordt geformuleerd als 'initiëren van consumerende handelingen' – en de conclusies in het lab laten zich moeilijk doortrekken naar de echte wereld. Maar haar bevindingen zijn wel intrigerend. Ze toonde aan dat de mate waarin mensen een smaak leren willen niet alleen werd beïnvloed door calorieën in de drank, maar ook door de mate waarin de zoetheid en de calorieën op elkaar waren afgestemd.[23]

Al even alarmerend was een ander onderzoek – waarin Small gezonde vrijwilligers dranken gaf die uiteenlopende doses sucralose, suiker of beide bevatten – dat leek aan te tonen dat een mengsel van zoetstof en suiker de reactie van het lichaam op insuline op dezelfde manier leek te verzwakken als bij diabetes type 2.*

Uit dit alles valt af te leiden dat als suiker wordt geconsumeerd in combinatie met kunstmatige zoetstoffen, zoals in de praktijk gebeurt, het een schadelijk effect heeft op een gezonde stofwisseling. Ook als Pepsi en Coca-Cola niet direct suiker en zoetstoffen mengen, is het goed denkbaar dat hun klanten tegelijkertijd UPF eten.

Afgezien van de effecten op de suikerstofwisseling, de insuline en hun verslavend potentieel zijn er ook aanwijzingen dat het drinken van zoetstoffen de voorkeur voor ander zoet eten versterkt.[25, 26] Een klein onderzoek toonde aan dat het verlangen naar suiker minder werd na een onderbreking van twee weken in het gebruik van alle kunstmatige zoetstoffen. Een aspecifieke kunstmatige zoetstof – Splenda – die sucralose en maltodextrine bevat, lijkt ook de hersenactiviteit bij ratten te veranderen in hersengebieden die de voedselinname, obesitas en energiecontrole sturen en daarnaast effecten te hebben op de darmen zelf.[27, 28]

Kunstmatige zoetstoffen verstoren wellicht ook het microbioom: de populatie van bacteriën die op en in ons leven en een cruciaal onderdeel vormen van ons spijsverterings- en immuunsysteem. Dit effect kreeg veel publiciteit vanwege een spraakmakend artikel in *Nature*.[29] Uit onderzoeken bij dieren bleek dat sucralose het microbioom van de darmen verstoort, zelfs op niveaus die zijn goedgekeurd door regelgevende instanties, en zeker op het niveau waarop mensen het vaak eten.**

* De conclusies van dit onderzoek komen overeen met die van onderzoeken gedaan bij knaagdieren.[24]

** Andere zoetstoffen verstoren het microbioom misschien niet, maar de effecten op de stofwisseling via orale smaak zijn waarschijnlijk hetzelfde: een zoete smaak in de mond die duidt op suiker die vervolgens nooit komt, kan altijd een probleem zijn met een caloriearme zoetstof. Er zijn andere ernstige zorgen over de veiligheid

Het is dus mogelijk dat caloriearme kunstmatige zoetstoffen overal ter wereld bijdragen aan de toename van stofwisselingsziekten zoals diabetes type 2. Bewezen is het niet, maar het onderzoek geeft ons wel enig idee dat het althans een plausibel mechanisme is.

Dit alles is verontrustend omdat het vervangen van suiker door caloriearme zoetstoffen een pijler is van zowel het Britse overheidsbeleid als de frisdrankindustrie – die wil kunnen beweren dat ze de volksgezondheid ten goede komt.

Ik hoop dat het je inmiddels duidelijk is dat de vier groene verkeerslichten op de zijkant van een blikje lightfrisdrank enigszins misplaatst zijn.

Veel landelijke overheden hebben een suikertaks voorgesteld. Dat lijken verstandige voorstellen en ze verminderen daadwerkelijk de inname van suiker, maar ze nodigen ook uit tot een herformulering met caloriearme zoetstoffen. Het VK heeft in 2018 een suikertaks opgelegd omdat tieners daar elk jaar zowat een badkuip vol frisdrank consumeerden.[30*] Deze belasting leidde tot een spectaculaire daling van 44,3 procent in de verkoop van suikerhoudende dranken, een daling van meer dan 40 miljoen kilo geconsumeerde suiker tussen 2015 en 2019. Dat lijkt de taks te rechtvaardigen. Maar ook al consumeerden de mensen 10 procent minder suiker per huishouden, het totale volume aan geconsumeerde frisdrank veranderde niet.[31] In plaats daarvan begonnen de mensen meer kunstmatig gezoete dranken te drinken.

De vrijwilligersorganisatie First Steps Nutrition concludeerde dat 65 procent van de peuters gemiddeld een blikje kunstmatig gezoete drank per dag drinkt.[32] Dit kun je moeilijk beschouwen als een triomf

---

van bepaalde kunstmatige zoetstoffen. De auteurs van een artikel in 2019 ontdekten bijvoorbeeld dat de Europese voedselveiligheidsautoriteit lakse en slappe criteria had toegepast bij de beoordeling van onderzoeken die wezen op schadelijke effecten van aspartaam.

* Het geld van de suikertaks zou honderden miljoenen per jaar moeten opleveren, die naar speciale fondsen zouden moeten gaan om scholen te helpen hun sportvoorzieningen te verbeteren. Ik voel me ongemakkelijk bij het idee om suikertaks te koppelen aan meer geld voor sport. Ik vind dat dat de suggestie wekt dat fysieke activiteit de gezondheidseffecten van het drinken van frisdrank compenseert.

voor de volksgezondheid, al helemaal niet omdat de huidige Britse regelgeving de toevoeging van kunstmatige zoetstoffen verbiedt aan voedsel dat specifiek bedoeld is voor baby's en peuters. En hoewel kunstmatige zoetstoffen de tanden niet direct beschadigen, hebben veel lightdranken nog altijd een hoog zuurgehalte en kunnen aanzienlijke schade toebrengen aan het tandglazuur van kinderen.

Dankzij de toevoeging van zoetstoffen kunnen er gezondheidsclaims gemaakt worden over veel ultrabewerkte producten, en op veel van die producten staat nu een 'Good Choice Change4Life'-logo met een opgestoken duimpje. Change4Life is een maatschappelijke marketingcampagne van Public Health England die onder andere aandacht vraagt voor het suikergehalte van voedsel en consumenten stimuleert over te gaan op alternatieven met minder suiker. Dit is wel heel kras, gezien het totale ontbreken van enig bewijs dat ze de gezondheid verbeteren en de zeer terechte zorgen over mogelijke schade.*

Ondanks de verontrustende data die op mogelijke schade en weinig voordeel wijzen, gaat de consumptie van kunstmatig gezoete dranken door.** In overheids- en beleidskringen heerst het gevoel dat elke verschuiving in regelgeving naar dingen die gezond zijn een triomf is, omdat dat zo moeilijk te bereiken is. Ik ben daar niet echt van overtuigd, maar ik hoef ook niet te proberen beleid te maken.

* Er is nog een andere absurditeit, waarop werd gewezen door First Steps Nutrition: het Change4Life-logo staat soms op producten die kunstmatige kleurstoffen bevatten. Aangezien kleurstoffen een nadelig effect kunnen hebben op activiteit en aandacht bij kinderen, moeten producten waar ze in zitten een waarschuwing bevatten op hun etiket. Dit betekent dat sommige producten zowel een waarschuwings- als een aanmoedigingsetiket hebben – niet eenvoudig voor ouders om te interpreteren. Ook het vermelden waard is dat de Change4Life-obesitascampagne in het VK de volgende commerciële partners vermeldde: Tesco, Asda, PepsiCo, Kellogg's, Co-operative Group, de Fitness Industry Association, de Advertising Association, Spar, Costcutter, Nisa, Premier en Mills Group.

** De British Soft Drinks Association meldde onlangs dat in 2018 65 procent van het totaal aan gekochte frisdranken geen calorieën bevatte of caloriearm was. Liefst 88 procent van alle verkochte aanmaakdranken bevatte geen calorieën of was caloriearm.[33]

Persoonlijk denk ik dat als je wilt voorkomen dat kinderen dieetgerelateerde ziekten ontwikkelen het niet zo'n goed idee is om beleid te maken waarbij tweejarigen worden gestimuleerd *elke dag* gemiddeld een heel blikje kunstmatig gezoete koolzuurhoudende drank te drinken. Dat wekt de indruk dat die drankjes gezond zijn en laat de industrie die ze verkoopt haar gang gaan.

Toen ik Dana Smalls artikel las, drong tot me door dat die mismatches tussen smaak en voeding overal bij UPF voorkomen. De gommen en pasta's waar Paul Hart me over vertelde creëren een gevoel van vet in de mond. Als ze dat doen in de context van magere yoghurt of vetarme mayonaise, wat doet dat dan met je innerlijke fysiologie? Dat weet niemand. En niemand weet precies wat de smaakversterkers doen in de Pringle die Andrea op zijn tong legde.

Maar ik vermoed dat er dit gebeurt (en mijn vermoeden wordt door heel wat data bevestigd).[34]

De zadelvorm van de Pringle, officieel bekend als een hyperbolische paraboloïde, komt vrijwel exact overeen met de ronding van de tong, wat betekent dat elke smaakknop in Andrea's mond in contact was met de Pringle. En toen hij kauwde, zorgde de dubbele kromming van de vorm ervoor dat de chip ongelijkmatig brak, iets wat ingenieurs een 'catastrofale verstoring' noemen. Al knabbelend begon Andrea uit te leggen hoe zijn umami-receptoren zijn innerlijke fysiologie voorbereidden op zoiets als zijn moeders risotto. 'Maar' – hij slikte – 'wat er komt is een zielig balletje aardappelzetmeel.'

En dus, met een fysiologische verwarring die nauwelijks de oppervlakte van onze bewuste ervaring bereikt, merken we dat we de volgende pakken; op zoek naar de voedingswaarde die nooit komt. Je kunt de Pringle heel goed beschouwen als een stukje boosaardige genialiteit, als een product dat opzettelijk is ontworpen om obesitas te veroorzaken. Maar het werd in de jaren zestig ontwikkeld, en ik denk niet dat iemand de opzet had ze verslavend te maken.* Maar in

* Mijn eigen advocaat raadde me aan om me er maar liever niet over uit te spreken of een bepaald product verslavend is, maar in het geval van Pringles lijkt het bedrijf zelf met marketing met die implicatie geen moeite te hebben: 'Once you pop you can't stop'. Juridisch is het een grijs gebied, maar toch kwam in mei 2009

de wapenwedloop van producten die in onze winkels te krijgen zijn blijven juist de producten met verslavende eigenschappen overeind.

Dus door toevoegingen te gebruiken die de smaak beïnvloeden en zintuiglijke ervaringen combineren smokkelt UPF meer beloningen (zoals suiker) langs onze tong dan we anders zouden tolereren. Daardoor verlangen we meer naar UPF dan we ooit naar thuis bereid voedsel zouden verlangen. En door mismatches te creëren tussen de gewaarwordingen in de mond en de voeding in de darmen hebben bedrijven (al was het maar onopzettelijk) een methode ontwikkeld om de consumptie op te drijven. Maar al die andere toevoegingen dan – duizenden ervan – die je zou gebruiken om UPF te herkennen. Hebben die specifieke effecten op je gezondheid?

---

een artikel in *The Guardian* weg met de beschrijving van Pringles als 'crack in een kartonnen buisje'.

14

Additievenangst

Iedereen in mijn ziekenhuis eet Pret A Manger. Vanuit het gebouw zie je drie verkooppunten, en er zijn er nog twee binnen vijf minuten lopen. En dat is toch zeker goed? Het merk Pret is onverbiddelijk natuurlijk, ethisch en gezond.

Daarom ging ik daar een keer naartoe tijdens de laatste week van mijn dieet – voor een beetje respijt van UPF. Ik kocht wat rode Thaise soep, maar er begon meteen een belletje te rinkelen. Ik keek de lijst van 49 (!) ingrediënten door en zag maltodextrine en kruidenextracten. Ik controleerde de ingrediënten op het brood van mijn sandwich, iets wat ik in al die jaren Pret eten nog nooit had gedaan: mono- en diacetylwijnsteenzuren van mono- en diglycerides van vetzuren.

Deze ingrediënten leken in tegenspraak met het merk dat ik dacht te kennen. Lees deze online verklaring van Pret uit 2016 maar eens: 'Pret opende in Londen in 1986… [en] maakte echte sandwiches, zonder de obscure chemicaliën, additieven en conserveermiddelen die je zoveel ziet in het "kant-en-klare" en "fast" food op de markt.'

Op de website werd het woord 'natuurlijk' nog eens zes keer gebruikt.

De Real Bread Compaign schreef het bedrijf om die beweringen te controleren, en ontdekte dat Prets producten een 'cocktail van additieven' bevatten, waaronder de hierboven door mij genoemde, plus E920 (L-cysteïne hydrochloride), E472e (diacetylwijnsteenzuren van mono- en diglycerides), E471 (mono- en diglycerides van vetzuren), E422 (glycerol), E330 (citroenzuur) en E300 (ascorbinezuur). De Real

Bread Campaign vroeg Clive Schlee, destijds directeur van Pret, of het bedrijf wilde stoppen met het toevoegen van de additieven of anders te stoppen met die 'natuurlijke' marketingclaims. Schlee weigerde beide. Dus schreef de Campaign naar de Advertising Standards Agency, die Pret sommeerde te stoppen met hun claims van 'door de natuur geproduceerd'. Een woordvoerder probeerde het verhaal in goede banen te leiden: 'We willen echt graag een oplossing vinden, en ons voedingsteam is hard bezig met het uitproberen van recepten waaraan geen emulgatoren te pas komen. Ze hebben er nog geen gevonden die voldoet aan de standaard die onze klanten verwachten.'[1,2]

Het is mogelijk dat onze verwachtingen anders zouden zijn als brood zonder emulgatoren en additieven algemeen verkrijgbaar was. Maar bekijk dit eens vanuit het gezichtspunt van de eigenaars van Pret, JAB Holding Company. Dat is een particulier, in Luxemburg gevestigd conglomeraat, met in 2020 een totale bedrijfswaarde van 120 miljard dollar.[3-7] Brood maken zonder deze additieven zou veel duurder zijn, en de klanten lijken op het moment niet eens te beseffen dat Pret ze gebruikt.

Maar moeten we ons hier echt zorgen over maken? Die additieven zijn vast en zeker door een molen van bureaucratische regelgeving gegaan waar een hoop veiligheidstesten aan te pas komen met de uiteindelijke conclusie dat ze geen kwaad kunnen. Ik ging er voorheen van uit dat 'additieven', die al die stoffen omvatten die voor specifieke technologische doeleinden aan voedsel worden toegevoegd, gewoon indicatoren waren van UPF, een teken van alle andere verwerking die schadelijk is, maar op zichzelf veilig en noodzakelijk. En ik had geen zin om toe te geven aan 'additievenangst', die je vaak ziet in combinatie met een algemene anti-wetenschapsagenda.

Zoals te verwachten deed additievenangst zich voor het eerst voor in Californië in de jaren zeventig, toen een kinderarts, Ben Feingold, het idee opperde dat kunstmatige kleur- en smaakstoffen ADHD konden veroorzaken. Hij werd verguisd door de medische gemeenschap, en ik denk dat ik hem destijds ook niet serieus had genomen. Voedsel wordt tenslotte van chemicaliën gemaakt. *Wij* zijn van chemicaliën gemaakt. En synthetische chemicaliën kunnen weliswaar giftig zijn, maar dat geldt ook voor die welke op natuurlijke wijze ontstaan.

Maar toen ik met UPF-deskundigen sprak, werd duidelijk dat die additieven toch een substantiëler effect op ons lichaam zouden kunnen hebben dan ik had gedacht. Ik begon na te denken over hoe zoetstoffen en smaakversterkers een mismatch tussen smaak en voedingswaarde veroorzaken die schadelijk kan zijn. En toen vond ik een onderzoek uit 2007, vijfentwintig jaar na Feingolds dood.

Het was gefinancierd door de Britse Food Standards Agency en er waren ongeveer driehonderd kinderen bij betrokken.[8] Die kregen zes kleurstoffen– allemaal E-nummers – en een conserveermiddel te drinken, of een placebo. De kinderen die de drankjes met additieven dronken, scoorden hoger op hyperactiviteit dan de kinderen die placebo's hadden gedronken. Het onderzoek werd gepubliceerd in *The Lancet*, en tegenwoordig moet in het VK bij voedsel dat een of meer van deze zes kunstmatige kleurstoffen bevat een waarschuwing op de verpakking staan: 'Kan een negatief effect hebben op activiteit en aandacht bij kinderen'.* Als dat geldt voor kleuren, zijn er dan goede redenen om je ook over andere voedingsadditieven zorgen te maken?

Het is niet duidelijk hoe vaak we additieven eten, of hoeveel. In de EU zijn er meer dan tweeduizend toegestaan. In de VS is het aantal (angstaanjagend genoeg) onbekend, maar vermoedelijk hoger dan tienduizend.[9] De productie is tegenwoordig volledig geautomatiseerd: computergestuurde robots snijden groenten, vermalen vlees, mengen beslag, extruderen deeg en verpakken het eindproduct, zodat er veel additieven nodig zijn om het voedsel dit proces te laten doorstaan. Als er bij dit robotische vermalingsproces van voedsel kleuren of smaken verloren gaan, kunnen ze gewoon chemisch vervangen worden, zoals we hebben gezien.

Er zijn zoveel duizenden van deze additieven dat ik niet eens alle belangrijke categorieën kan bespreken. Er zijn smaken, smaakversterkers, kleuren, emulgatoren, kunstmatige zoetstoffen, verdikkers,

* Het was geen briljant onderzoek. Zowel de Amerikaanse Food and Drug Administration (FDA) als de Europese voedselveiligheidsautoriteit evalueerde het onafhankelijk van elkaar en concludeerde dat het geen verband aantoonde tussen additieven en effecten op het gedrag. Maar het opende wel de deur naar een geloofwaardige afweging van schade die additieven kunnen veroorzaken.

bevochtigingsmiddelen, stabilisatoren, zuurheidsregelaars, conserveermiddelen, antioxidanten, schuimmiddelen, antischuimmiddelen, vulstoffen, bleekmiddelen, rijsmiddelen, ophelderende middelen enzovoort. Ik richt me op een handjevol daarvan, om inzicht te krijgen in de invloed die ze op ons lichaam hebben en hoe ze al of niet gereguleerd zijn.

Een grote categorie van additieven wordt gevormd door de emulgatoren die in brood zitten. In feite zijn ze bijna universeel aanwezig in UPF.

Bijna in dezelfde mate als DNA zijn emulgatoren de moleculen van het leven.* Emulgatoren bestaan uit een deel dat van vet houdt en een deel dat van water houdt, wat betekent dat ze deze twee onvermengbare stoffen aan elkaar kunnen plakken. Het menselijk lichaam zit vol van deze emulgatoren, en ze worden overal in de natuur aangetroffen en ook in traditioneel voedsel. De eierdooier in mayonaise en de mosterd in de sladressing zijn daar deels als emulgatoren, waardoor waterige azijn en vettige oliën kunnen mengen.

Een van de meest gangbare emulgatoren die je op de ingrediëntenlijsten zult zien staan is lecithine, dat kan worden gewonnen uit ei of soja of andere bronnen. Lecithines worden geclassificeerd als natuurlijk, maar ze zijn vaak gemaakt van zeer onnatuurlijke mengsels van natuurlijk voorkomende chemicaliën die verder chemisch zijn gemodificeerd. Je zult ook polysorbaat 80 aantreffen en carboxymethylcellulose, en het type dat in zoveel brood in het VK zit: diacetylwijnsteenzuur van mono- en diglycerides – ook bekend als E472e, of DATEM.

DATEM wordt geproduceerd via de verwerking van dierlijke of plantaardige vetten (triglycerides). Ze komen niet van nature voor maar net als de lecithines lijken ze op biologische moleculen, en deze

* Alle levende cellen zijn afhankelijk van lipide membranen die druppels water omgeven om ze apart van elkaar te houden. Deze membranen zijn gemaakt van moleculen met een waterminnende kop en een waterafstotende staart – het zijn emulgatoren. En ze rangschikken zich van nature tot een membraan dat een druppel water omgeeft: een cel. Het membraan scheidt het leven van de buitenwereld. Ze zijn de grens tussen jij en niet-jij – letterlijk de rand van het leven.

gelijkenis kan gevaarlijk zijn. Bij experimenten op cellen in laboratoria lijkt DATEM in staat celmembranen binnen te dringen, wat bepaalde bevindingen zou kunnen verklaren over de schade die ze aan de darmen aanrichten, waarover zo dadelijk meer.[10, 11] Hoe DATEM precies werkt in voedsel is niet helemaal duidelijk. Het versterkt en verzacht en verandert de interacties van het eiwit, het water en de koolhydraten in brood en draagt bij aan de vochtige veerkracht en de lange levensduur van veel commercieel ultrabewerkt brood.

Het Amerikaanse chemische bedrijf DuPont maakt een hele reeks emulgatoren. Zijn DATEM heeft het merk Panodan.[12] Dan hebben ze nog een emulgator die vetarme producten extra romigheid geeft, een die veel wordt gebruikt in kauwgum en pvc, en nog een die het beslag en de kruimelstructuur van cake verbetert – en die ook goed werkt in plastic als een anticondensmiddel.

Maar de bekendste emulgatorachtige stof waarmee DuPont heeft gewerkt is perfluoroctaanzuur of PFOA. Dat werd gebruikt om te verhinderen dat tefloncoatings tijdens de productie samenklonterden. Het is een van die 'eeuwige chemicaliën' die zich ophopen in organismen die ze doorslikken. Volgens een rapport uit 2016 van het Environmental Protection Agency wordt het in verband gebracht met hoge cholesterol, toegenomen leverenzymen, verminderde reactie op vaccinatie, geboorteafwijkingen, door zwangerschap veroorzaakte hoge bloeddruk en testikel- en nierkanker.[13]

Gedurende tientallen jaren nadat DuPont PFOA in de jaren vijftig begon te gebruiken, dumpte het bedrijf honderdduizenden kilo's PFOA in de Ohio-rivier en 'verwerkingsvijvers' vanwaaruit het in het plaatselijke grondwater terechtkwam en dus in het drinkwater van meer dan honderdduizend mensen in de buurt van de Washington Works-fabriek in West Virginia.[14] Tijdens dat dumpen voerde het bedrijf tegelijkertijd medisch onderzoek uit naar de mogelijke schade. Ze ontdekten dat het kanker en geboorteafwijkingen bij dieren veroorzaakte. Vervolgens ontdekten ze geboorteafwijkingen bij de kinderen van sommige werknemers. Volgens Rob Bilott, de milieuadvocaat die namens de groepsvordering optrad, 'had DuPont tientallen jaren lang actief geprobeerd hun handelingen geheim te houden. Ze wisten dat dit spul schadelijk was en toch lieten ze het in het water komen. Dat waren kwalijke feiten.'[15]

Kwalijke feiten zijn dat zeker. Volgens hun eigen interne standaarden was de veilige bovengrens in drinkwater één deel per een miljard. Het lokale drinkwater bevatte driemaal dat niveau, maar DuPont maakte die conclusie niet openbaar. Tot nu toe is er bij de processen tegen DuPont buiten de rechtszaal geschikt met totale kosten voor het bedrijf van 400 miljoen dollar (376 miljoen euro).[16] Er wordt nog steeds over geprocedeerd, maar de DuPont die dit allemaal op zijn geweten heeft bestaat in bepaalde opzichten misschien helemaal niet meer.

NBC News meldde in 2020 dat DuPont zijn schoonmaak- en compensatieverplichtingen had afgewenteld op kleinere bedrijven die helemaal geen geld hebben om aan die verplichtingen te voldoen. DuPont ontkent dat het spin-offbedrijven heeft gecreëerd om onder verplichtingen uit te komen, maar een van de bedrijven waarvan DuPont beweert dat het niet met dit doel is gecreëerd klaagt nu DuPont aan met het argument dat DuPont de reikwijdte van de verplichtingen opzettelijk heeft verborgen toen het ze afwentelde.[17]

PFOA is geen voedselemulgator en veroorzaakt schade op heel andere manieren en in andere doses dan de emulgatoren die soms in UPF worden gebruikt. Maar volgens mij is dit verhaal om twee redenen nuttige informatie.

Ten eerste ben je misschien activistisch ingesteld en wil je uit de buurt blijven van bedrijven die aanzienlijke milieuschade hebben aangericht. (Al is de bevoorradingsketen van UPF zo ingewikkeld dat het vrijwel onmogelijk is de namen of zelfs maar de aantallen verschillende bedrijven te kennen die betrokken zijn bij de vervaardiging van één enkel product. Het is zo goed als onmogelijk om erachter te komen welk bedrijf de DATEM in je brood heeft gemaakt.)

Ten tweede: als we kijken naar het regelgevingsaspect van voedingsadditieven, zul je zien dat het huidige systeem verwacht dat je erop vertrouwt dat bedrijven als DuPont aan zelfcertificering en zelfregulering doen. Misschien dat dat vertrouwen door het verhaal over de PFOA's toch wat aan het wankelen wordt gebracht.

Zijn er, buiten het feit dat ze worden gemaakt door bedrijven met een controversiële geschiedenis, nog andere aanwijzingen dat emulgatoren in UPF schadelijk zijn? Jazeker. En de meeste schade lijkt te worden veroorzaakt door veranderingen die ze in je microbioom teweegbrengen.

* * *

De vergelijkingen die een donut beschrijven en de vergelijkingen die jou en mij beschrijven zijn in wezen hetzelfde: we zijn allebei dubbelwandige cilinders. De buis in het midden zijn je darmen met vertakkingen naar je oren, longen en een paar andere plekken, allemaal bedekt met slijm, een complex mengsel van water, eiwitten, glycoproteïnen. Hij is niet vettig of geleiachtig, maar opmerkelijk vezelig en variabel. Het is een levende laag vol antilichamen en immuuncellen die de vrede met de andere bewoners van de darmen helpen bewaren: het microbioom.

Er is enorm veel geschreven over het microbioom, maar onze kennis ervan is nog steeds betrekkelijk beperkt. Toch beginnen we enig inzicht te krijgen in de wetenschappelijke basisprincipes, ook al hebben we nog geen zekerheid over de implicaties.

Tijdens de geboorte en in de dagen en weken daarna wordt een nieuw menselijk wezen gekoloniseerd door tussen de 10 en 100 biljoen microben.* In de eerste paar maanden van het leven testen en vormen het immuunsysteem van de baby en zijn nieuwe microbioom elkaar op een complexe en nog weinig begrepen dans. Baby's die borstvoeding krijgen, ontvangen hun microbioom van hun moeder, naast specifieke antilichamen in de melk die de ontwikkeling van nuttige bacteriën bevorderen. Tijdens de eerste levensjaren vindt een koortsachtig treffen plaats, totdat het kind en een paar honderd soorten besluiten samen tot rust te komen en het microbioom een van de

* Die initiële kolonisatie is deels fecaal maar is voornamelijk afkomstig van de vaginale flora – dit zijn de pioniersoorten. En dat is belangrijk: uit een evaluatie in Denemarken van twee miljoen kinderen geboren tussen 1977 en 2012 bleek dat kinderen die via de keizersnede zijn geboren een aanzienlijk grotere kans hadden op astma, systemische bindweefselaandoeningen, artritis, inflammatoire darmziekten, immuundeficiënties en leukemie.[18]

grootste immuunorganen van het lichaam wordt. Wij bieden de microben een warm, nat-slijmerig thuis vol voedsel, en zij vormen biofilms, lagen slijm die het vermogen van schadelijke bacillen om hen of ons kwaad te doen beperken. Ze zijn een consortium, een coalitie die een bolwerk opwerpt tegen potentiële indringers of kolonisten.

Voor elk van je cellen zijn er volgens sommige schattingen honderd andere organismen die als deel van jou leven: virussen, fagen, bacteriën, eencelligen, archaea, schimmels en zelfs een paar diertjes zoals wormen en mijten. Je hebt twintigduizend menselijke genen, maar vele miljoenen bacteriële genen.* Het grootste aantal organismen zit in de darmen aan het einde van de dunne darm (waar voedsel wordt verteerd) en overal in de dikke darm, waar water wordt geabsorbeerd en vezels worden gefermenteerd. Menselijke dikke darmen hebben zo ongeveer de grootste dichtheid aan bacteriën van welke omgeving op aarde ook, inclusief de bodem van het regenwoud. Maar belangrijker dan het feitelijke aantal is de diversiteit: alleen al tussen de vijfhonderd en duizend soorten bacteriën leven op en in je. Ieder van ons heeft een unieke verzameling soorten, en ze veranderen door de tijd heen. Waarom precies is nog niet duidelijk, maar de zorg voor de gemeenschap van levende wezens die tezamen je lichaam vormen houdt nauw verband met een goede gezondheid – en dat betekent een goed dieet eten.**

De microben in je darmen zijn een flexibele verteringsmotor. Ze maken vitaminen en zetten onverteerbaar voedsel om in moleculen die gunstige effecten hebben op je hart en hersenen. Daarom zijn vezels goed voor ons. Vezel is, grof gezegd, elke koolhydraat waarvoor we geen enzymen hebben om die te verteren. In ons eigen genoom is een heel klein aantal koolhydraten verterende enzymen gecodeerd, maar onze bacteriën bezorgen ons er nog veel meer. De bacteriën in de dikke darm fermenteren vezels om energie voor zichzelf op

* Dat zijn echt jouw genen. Je kunt je microbioom evenmin van jezelf scheiden als welk ander orgaan ook. Het heeft een onafgebroken keten van voorouders die teruggaat tot lang voordat jouw voorouders primitieve vissen waren.

** Volgens mij zijn er geen duidelijke aanwijzingen dat je een heleboel andere bacteriën eet in de vorm van probiotica.

te wekken, waardoor afvalmoleculen worden gevormd die vluchtige vetzuren met korte keten worden genoemd. We gebruiken die vetzuren voor energie en voor allerlei andere doeleinden – ze helpen ons ontstekingen te verminderen, reguleren het immuunsysteem en zijn specialistische brandstof voor het hart en de hersenen. Kortom, net als Eddie Rixons koeien leven we gedeeltelijk op de afvalproducten van de bacteriën in onze darmen.

De relatie met ons microbioom is er echter een met strikt opgelegde grenzen. We moeten de dikkedarmmicroben in onze dikke darm houden. Als goedaardige organismen op de verkeerde plek terechtkomen kunnen ze snel kwaadaardig worden. Zo worden ontstekingen van de urinewegen meestal veroorzaakt door fecale bacteriën die in de urinewegen terechtkomen, die ze niet de baas kunnen.

Als de darmwand wordt beschadigd door voedsel, antibiotica of indringers, verandert de populatie van het microbioom: we krijgen nieuwe soorten waarmee we nog geen vredesverdrag hebben getekend. Ze hebben zich niet ontwikkeld met de verplichting onze belangen te dienen: voor hen zijn we gewoon een niche die ze kunnen exploiteren. En zoals alle nieuwe kolonisten vernietigen ze de lokale cultuur en het ecosysteem zowel opzettelijk als per ongeluk. Dit wordt dysbiose genoemd. We zijn er steeds zekerder van dat dysbiose verband houdt met inflammatoire darmaandoeningen (dat wil zeggen de ziekte van Crohn en colitis ulcerosa), auto-immuunziekten (zoals multiple sclerose en diabetes type 1), allergische aandoeningen (constitutioneel eczeem en astma) en stofwisselingsziekten (obesitas en diabetes type 2), en ook met kanker en zelfs ernstige geestesziekten.[19-22]* De communicatie tussen de darmen en de herse-

* Het microbioom heeft ingrijpende effecten op het gedrag van muizen. Kiemvrije muizen zijn minder sociaal en vertonen een dramatisch gewijzigd patroon van risico's nemen in vergelijking met muizen met microbiële passagiers. Als je muizen vroeg in hun leven antibiotica geeft, vertonen ze ook veranderingen in angst- en sociaal gedrag. Het toedienen van microbiotica ten tijde van het spenen aan muizen die in een steriele omgeving zijn opgegroeid kan het normale gedrag herstellen, inclusief wellicht een niveau van angst dat beschermend werkt. De effecten van emulgatoren werden in 2019 op elegante wijze aangetoond.[23] De muizen

nen wordt nog niet goed begrepen, maar de diverse gemeenschap van eencelligen, schimmels, archaea en bacteriën is daar niet simpelweg voor de lol – ze lijken een stem te hebben in wat we door de buis laten gaan en hoe we ons leven sturen. Het lijkt steeds duidelijker dat ze onze gedachten, emoties en beslissingen beïnvloeden.

Of de dysbiose deze aandoeningen en vele andere veroorzaakt of erdoor wordt veroorzaakt is niet duidelijk, maar het is mogelijk dat ze allemaal hun pathogene oorsprong hebben in een toegenomen reactiviteit van het immuunsysteem op het microbioom.

Wellicht gebeurt dit als ons dieet een verandering in de populatie van bacteriën teweegbrengt die de intestinale barrière beschadigt. Deze barrière is gemaakt van nauwe banden tussen cellen, slijm en immuuncellen, die samenwerken om het microbioom kort te houden. Als hij wordt beschadigd, beginnen de darmen microben en hun afvalproducten in de rest van het lichaam te lekken. Een heleboel dingen in ons dieet kunnen de populatie van het microbioom en de integriteit van de darmwand veranderen, zoals vet, vezels en – niet in de laatste plaats – emulgatoren.

Twee van de meest alomtegenwoordige en daarom meest bestudeerde emulgatoren zijn carboxymethylcellulose en polysorbaat 80. Polysorbaat 80, ook bekend als polyoxyethyleen-sorbitaan-mono-oleaat of E433, is een volledig synthetische emulgator. Het zit vaak in koosjere augurken, ijs, spuitslagroom, tandpasta, hydraterende crème, shampoo en haarverf. Carboxymethylcellulose – bij jou en mij ook bekend als cellulosegom of E466 – werd uitgevonden tijdens de

kregen carboxymethylcellulose of polysorbaat 80 in hun drinkwater, waarna ze ontstekingen ontwikkelden en zwaarder werden. Maar ze gingen vooral een veel sterker angstgedrag vertonen. Mocht je nieuwsgierig zijn: we maten het angstniveau bij de muizen in een 'open field test', een van de meest gebruikte tests in de dierenpsychologie. Noch de muis, noch de mens die de test uitvoert heeft training nodig om een resultaat te krijgen. Hij is gebruikt bij koeien, varkens, konijnen, primaten, bijen en kreeften. Hij bestaat simpelweg uit een witte doos met hoge wanden en een deksel. Het dier voelt zich in het midden blootgesteld en brengt de meeste tijd door langs de wanden. Je kunt meten hoeveel tijd het dier in de open ruimte doorbrengt en hoe vaak het poept. De emulgatoren maken de muizen veel angstiger.

Eerste Wereldoorlog. Het is een polymeer gemaakt van gealkaliseerde plantensuikers met een chemisch proces waarbij chloorazijnzuur wordt gebruikt. Het zit in veel dikke en stroperige UPF-producten – het voorkomt dat ze uit elkaar vallen. Producten als Tesco-melk met browniesmaak, Costa Caramel Latte en Müller's milkshake met cookie dough-smaak. Het zit ook in een merk deodorantroller genaamd Rexona, in oogdruppels en zelfs in een merk microklysma genaamd Norgalax. Je kunt het online kopen in grote tassen als je geïnteresseerd bent in moleculaire gastronomie of diarree.

Laat ik daar een nieuwe gedachte aan toevoegen: als je je afvraagt of iets UPF is, is het meestal een goede vuistregel dat het dat naar alle waarschijnlijkheid is als een van de ingrediënten ook te vinden is in je deodorant of je klysma.

In 2015 publiceerde een team uit de VS en Israël een elegante serie experimenten over carboxymethylcellulose en polysorbaat 80 in het prestigieuze tijdschrift *Nature*.[24] (Daar wil ik niet mee zeggen dat artikelen in *Nature* het nooit bij het verkeerde eind hebben, maar dit was de eerste in een groeiend aantal die allemaal hetzelfde hebben aangetoond.) De onderzoekers testten polysorbaat 80 en CMC bij muizen in concentraties lager dan we allemaal regelmatig eten.*

In de loop van slechts twaalf weken waren de veranderingen dramatisch. De slijmbarrière werd ernstig beschadigd. Bij gezonde muizen bevinden de darmbacteriën zich in een laag slijm afgescheiden van de cellen van de darmwand, maar in de met emulgatoren behandelde muizen raakten de bacteriën deze cellen bijna. Uiteindelijk begonnen de darmen zo erg te lekken dat bacteriële bestanddelen in de bloedstroom van de muizen konden worden gedetecteerd. De typen bacteriën in het microbioom werden ook aangetast, met als gevolg een lager gehalte bacteroïdalen – bacteriën die in verband worden gebracht met de gezondheid – en een hoger gehalte bacteriën die slijm

* Ze gebruikten een concentratie van 1 procent, lager dan de concentratie van de conserveermiddelen in veel voedingsmiddelen. Om de minimumdoses te controleren verminderden de onderzoekers de concentratie tot 0,5 procent en 0,1 procent, en de effecten hielden aan. Voor polysorbaat 80 leidde slechts 0,1 procent tot aanwijzingen van lichte ontstekingen en toegenomen overgewicht.

afbreken en ontstekingen veroorzaken. Bacteriën als *Helicobacter pylori*, waarvan bekend is dat hij kanker en maagzweren bij mensen veroorzaakt, bloeiden op. Over het geheel genomen was er een verminderde diversiteit van het microbioom, die een van de wezenskenmerken is van gezondheid.

Onder de microscoop bleken de muizendarmen zo ontstoken dat het leek alsof ze een dikkedarmontsteking ontwikkelden. Deze ontsteking verspreidde zich door de lichamen van de muizen, en ze begonnen meer voedsel te eten en aan te komen. Aangezien de emulgatoren hun vermogen verloren om het glucoseniveau onder controle te houden, ontwikkelden sommige muizen dieetgerelateerde diabetes type 2.

Om te controleren of deze effecten via het microbioom waren overgebracht herhaalde het team de experimenten op steriele muizen (geboren en opgegroeid zonder bacteriën in hun darmen) en constateerde geen van de effecten. Vervolgens transplanteerden ze feces vanuit de met emulgatoren behandelde muizen en stopten die in de dikke darmen van de steriele muizen, die allemaal dezelfde problemen ontwikkelden. Over het geheel genomen leverde dit onderzoek robuust bewijs dat in het geval van deze twee gangbare emulgatoren de schadelijke effecten te wijten zijn aan schade die aan het microbioom was aangericht.*

Volgens de conclusie van het artikel in *Nature* zouden emulgatoren in het dieet 'kunnen hebben bijgedragen aan de toename na het midden van de twintigste eeuw van inflammatoire darmziekten, metabool syndroom en andere chronische inflammatoire aandoeningen'.

Te veel eten kan worden gestimuleerd door voedingsadditieven die het microbioom veranderen en darmontsteking bevorderen. Muizen zijn natuurlijk geen mensen, maar het effect van verschillende bestanddelen van UPF op de delicate darmwand en het daaruit voortkomende effect op onze hersenen wordt wel steeds duidelijker.

* Om deze resultaten naar mensen te vertalen, zouden we ervan uit moeten gaan dat er een gemiddelde concentratie van ten minste 0,1 procent in het dieet zit dat voor sommige mensen, misschien zelfs de meeste mensen, kenmerkend is.

* * *

Emulgatoren zijn echter niet de enige UPF-additieven die ons microbioom aantasten. Maltodextrines* zijn synthetische ketens van suikermoleculen die meestal in UPF zitten. Ze geven textuur en een langere levensduur en lijken de beloning die we van voedsel krijgen te versterken, ondanks het feit dat ze amper smaak hebben. (Denk er maar aan dat ze werden gebruikt in Dana Smalls experimenten over hoe we voedsel leren verlangen.)

Op het eerste gezicht lijken maltodextrines redelijk onschuldig, maar in experimenten lijken ze cellulaire stress, schade aan het delicate darmslijmvlies, darmontstekingen en een verminderde immuunrespons op bacteriën te veroorzaken. Ze zijn ook in verband te brengen met de toename van chronische inflammatoire aandoeningen als de ziekte van Crohn en diabetes type 2. Onderzoeken op muizen hebben aangetoond dat maltodextrines *salmonella* en *E. coli* stimuleren om slijmlagen te vormen en het lichaamsslijm binnen te dringen.[25-28] Uit het bewijsmateriaal blijkt niet dat emulgatoren bij iedereen ontstekingen veroorzaken, maar wel dat als je een genetisch risico loopt op inflammatoire darmziekte, wat je helemaal niet weet, maltodextrine en emulgatoren dit aan het licht kunnen brengen.

En dan zijn er al die gommen. Xanthaangom is er een die we voortdurend consumeren. Het is een exopolysaccharide: een suikerachtig slijm dat wordt uitgescheiden door de bacterie *Xanthomonas campestris*, die zwarte rotting op groenten veroorzaakt.

De gom wordt gebruikt als verdikker, maar heeft een opmerkelijke eigenschap: als hij wordt geschud of gespoten wordt hij tijdelijk dunner en laat zich dus gemakkelijk schenken. Eenmaal weer in rust wordt hij dikker en kleverig. Hij wordt gebruikt in tandpasta, in drankjes voor mensen die moeite hebben met slikken en om boorsuspensie in de olie-industrie dikker te maken, aangezien hij vaste

* Maltodextrine werd uitgevonden in 1812, ging vervolgens verloren en werd herontdekt door een andere industriële chemicus, Fred C. Armbruster genaamd, die onder meer de jacht op pelsdieren als hobby had, en die parttime een ongediertebestrijdingsbedrijfje runde, Fred's Wildlife Nuisance Control.

stoffen in modder (en in sladressing) drijvend houdt, zodat ze gemakkelijker uit een oliebron kunnen worden gepompt.

Ik had aangenomen dat xanthaangom weerzinwekkend, maar onschadelijk was. Maar een onderzoeker genaamd Matthew Ostrowski van de faculteit Microbiologie en Immunologie van de University of Michigan bestudeerde nader wat xanthaangom met het lichaam doet.[29] Ostrowski ontdekte dat xanthaangom in feite voedsel is voor een nieuwe bacteriesoort. Afgaande op de populatiedata lijkt het erop dat de gom de kolonisatie van deze bacterie in miljarden mensen heeft gestimuleerd. Hij is compleet afwezig in mensen die hem niet eten – en die Ostrowski alleen kon vinden in afgelegen groepen jager-verzamelaars. Bovendien kun je, als je deze bacterie hebt, ook een andere nieuwe soort hebben die de afvalproducten van de eerste eet. De effecten van deze bacteriën worden nog niet begrepen, maar het is duidelijk dat xanthaangom een voedselketen creëert in de menselijke darm, en aangezien de bacteriën waarmee hij zich voedt baby's in een vroeg stadium kunnen koloniseren, zou hij ingrijpende effecten kunnen hebben op de ontwikkeling van het immuunsysteem.

De artikelen over het effect van verschillende additieven op het microbioom blijven zich opstapelen. Trehalose, een toegevoegde suiker die in 2000 in de VS veilig werd geacht, is in verband gebracht met uitbraken van de superbacterie *Clostridium difficile*. Uit onderzoek bij mensen blijkt dat veel van de veelgebruikte emulgatoren, waaronder glycerolstearaat, sorbitaanmonostearaat en carrageen, het niveau van heilzame bacteriën in de microbiotica van de darmen veranderen.[30-37]

In het licht hiervan zou je verwachten dat voedingsmiddelenbedrijven die stoffen niet gebruiken.

Maar als ze zo slecht zijn, hoe zijn ze dan in ons voedsel terechtgekomen?

IV

Maar daar heb ik toch al voor betaald?

15

Ontregelde lichamen

In juni 2017 informeerde een bedrijf uit Iowa, Corn Oil ONE – destijds CoPack Strategies genaamd – de FDA vrijwillig dat het van plan was een product genaamd 'COZ corn oil' op de markt te brengen.[1]

De FDA is de regelgevende instantie voor voedingsadditieven en medicijnen in de VS en was dus de juiste instantie om contact mee op te nemen. Elk medicijn dat je ooit hebt ingenomen is goedgekeurd door minstens één van een klein aantal als 'streng' te boek staande regelgevers als de FDA. Als je goedkeuring wilt krijgen voor een medicijn moet je een grote hoeveelheid data over tests op dieren en mensen overleggen, en de instantie en haar deskundigen vrije toegang verlenen tot alle onderzoeks- en productielocaties. Daarom kost het zoveel geld om goedkeuring te krijgen voor een medicijn – adequaat testen kan in de honderden miljoenen lopen.*

Ik veronderstelde dat voedingsadditieven in Amerika een soortgelijke procedure zouden moeten doorlopen, omdat ze door dezelfde federale instantie worden gereguleerd. En aangezien ik bekend was met de geruststellende stroperigheid van de bureaucratie in de regelgeving bij de farmaceutische industrie, veronderstelde ik ook dat ik de details van het proces wel zou begrijpen. Maar toen ik de website van

* De reden voor al dit toezicht en al deze bureaucratie is dat toen er nog niet zo'n streng toezicht was op de farmaceutische industrie, die er uitzonderlijk bedreven in bleek om data op geraffineerde wijze te manipuleren om kennelijke schadelijke effecten te minimaliseren en gunstige effecten te maximaliseren.[2]

de FDA opzocht en begon te lezen, ontdekte ik dat ik niets begreep van de eisen ten aanzien van testen of het indienen van gegevens. Ik begreep zelfs hun definitie van een additief niet. Dat leek een teken dat de FDA een complexe en gedetailleerde benadering hanteerde. Maar het leek me dat ik voor de zekerheid een paar deskundigen op het gebied van regelgeving ten aanzien van voedingsadditieven moest vragen het uit te leggen.

Maricel Maffini en Tom Neltner zijn twee van de auteurs van een artikel van 27 pagina's, gepubliceerd in 2011 onder de titel 'Wegwijs worden in de Amerikaanse regelgeving ten aanzien van voedingsadditieven'.[3] Hun namen duiken voortdurend op in prestigieuze tijdschriften boven artikelen die (spoiler alert) de aanzienlijke gaten in de Amerikaanse regelgeving ten aanzien van voeding aan de orde stellen.[4, 5] Ik sprak met hen alle twee afzonderlijk, maar ze vormen echt een dynamisch duo. Maffini is biochemicus en fysioloog en Neltner is scheikundig ingenieur en advocaat.

Ze hanteerden het voorbeeld van COZ-maïsolie om me de regelgeving ten aanzien van voedingsadditieven uit te leggen.

Je zou je net als ik kunnen afvragen waarom het bedrijf over zoiets goedaardigs als maïsolie bij de FDA moest informeren. Het is in Amerika een populaire bakolie die wordt geperst uit de kernen van maïs. Maar deze olie werd op een nieuwe manier vervaardigd.

Hij werd onttrokken aan de maïs-'pap' waarmee ethanol-biobrandstof voor auto's wordt geproduceerd. De pap bevat antibiotica en andere additieven en de 'distillers corn oil' (maïsolie) die eruit kan worden gewonnen was voorheen alleen toegestaan in veevoer. Het bedrijf wilde deze olie verder bewerken voor menselijke consumptie om de nettowinst van het bedrijf te vergroten.

Het extra bewerkingsproces en het feit dat het door mensen geconsumeerd zou worden betekenden dat het als een nieuw voedingsadditief moest worden beschouwd. Het bedrijf had de keuze uit drie manieren om het op de markt te brengen.

De eerste en meest rigoureuze optie zou zijn om bij de FDA een verzoek in te dienen voor een complete evaluatie van de nieuwe maïsolie en die formeel te laten opnemen als een voedingsadditief. Dat zou niet eenzelfde mate van controle vereisen als bij een nieuw medicijn, maar er zou een groot aantal data aan de FDA moeten worden voorgelegd. Dat proces zou jaren kunnen duren.

De eisen waaraan nieuwe ingrediënten moesten voldoen om formeel als voedingsadditief te worden goedgekeurd werden in de jaren vijftig vastgelegd, toen het Amerikaanse Congres zich steeds meer zorgen begon te maken over de veiligheid van honderden nieuwe, industrieel geproduceerde chemicaliën die de manier waarop Amerikanen voedsel teelden, verpakten, bewerkten en vervoerden compleet veranderden. In een rapport uit die tijd werd geschat dat op dat moment meer dan zevenhonderd chemicaliën in voeding in gebruik waren, waarvan van slechts ongeveer vierhonderd bekend was dat ze veilig waren. In het rapport stond: 'Vooraanstaande farmacologen, toxicologen, fysiologen en voedingsdeskundigen uitten de vrees dat veel van de chemicaliën die vandaag de dag aan voeding worden toegevoegd niet voldoende zijn getest om te kunnen vaststellen dat ze niet giftig zijn en wel geschikt voor gebruik in voedsel.'[6]

Dat had gisteren geschreven kunnen zijn. De wetenschappers van de jaren vijftig maakten zich niet zozeer zorgen over dingen die direct giftig waren, omdat daar relatief eenvoudig op getest kan worden. Ze maakten zich zorgen over 'stoffen die schadelijke effecten kunnen hebben nadat ze maanden- of jarenlang zijn gebruikt'.

We hebben redelijk goede tests om vast te stellen of moleculen kanker, geboorteafwijkingen en directe giftigheid veroorzaken, maar subtielere schade op lange termijn was – en is – veel moeilijker vast te stellen. Of een additief problemen kan veroorzaken die pas na jaren van blootstelling detecteerbaar zijn – depressie, toegenomen suïcidaliteit bij tieners, gewichtstoename bij jongvolwassenen, verminderde vruchtbaarheid, inflammatoire aandoeningen of stofwisselingsziekten zoals diabetes type 2 – is moeilijk te constateren.

In de jaren vijftig onderkende het Amerikaanse Congres de mogelijke verbanden tussen deze ziekten en voedingsadditieven en de uitdaging om dit te bewijzen. Het droeg de FDA op vooral te kijken naar het 'cumulatieve effect' van deze chemicaliën. 'Cumulatief' is hier een belangrijk woord.

Laten we de schildklierfunctie als voorbeeld nemen. We weten dat lage doses van veel chemicaliën die aan voedsel worden toegevoegd of in het voedsel terechtkomen via bestrijdingsmiddelen of de verpakking de schildklier kunnen aantasten. Polybroomdifenylethers, percholraat, organofosforbestrijdingsmiddelen, per- en polyfluoroalkyl-stoffen (PFAS), bisfenol A, nitraten en ortho-ftalaten kunnen allemaal verschillende aspecten van het schildklierhormoonsysteem verstoren. Een lage dosis van een van die chemicaliën kan onschuldig zijn, maar wat als ze allemaal in kleine doses aanwezig zijn in voedsel dat langere tijd wordt geconsumeerd?

Deze zorgen leidden in 1958 tot het Food Additives Amendment, dat de FDA de bevoegdheid leek te geven om rigoureuze regelgeving toe te passen op voedingsadditieven en uitgebreide tests te eisen om er zeker van te zijn dat ze veilig waren. Het moest mensen die kwetsbaar konden zijn beschermen. En dat is iedereen van ons die in de VS voedsel eet of heeft gegeten, maar vooral kinderen, die extra vatbaar zijn voor giftige stoffen in hun dieet – deels omdat ze nog in ontwikkeling zijn, deels omdat ze er waarschijnlijk langer aan blootgesteld zullen worden dan volwassenen, die er pas aan werden blootgesteld toen ze al halverwege hun leven waren, en deels omdat ze meer eten en drinken in verhouding tot hun omvang dan volwassenen.

Maar – en dit is een belangrijke 'maar' – het amendement stond een uitzondering toe op de term 'voedingsadditief'. Sommige stoffen moesten als 'algemeen erkend als veilig' worden beschouwd (generally recognized as safe, of GRAS), een aanduiding bedoeld om fabrikanten van alledaagse ingrediënten als azijn en tafelzout in de gelegenheid te stellen het langdurige controleproces op veiligheid te omzeilen als hun producten aan bewerkt voedsel worden toegevoegd.

Maar dit achterdeurtje werd vrijwel onmiddellijk door bedrijven gebruikt om de FDA helemaal te omzeilen. Honderden chemicaliën werden onmiddellijk aan de GRAS-lijst toegevoegd. Hoe sommige chemicaliën op de lijst terechtkwamen is niet duidelijk, want heel veel documenten worden vastgehouden door de bedrijven die het oorspronkelijke verzoek deden, terwijl de documentatie en de data die bij de regelgever werden ingediend niet zijn gepubliceerd.

Registratie van een nieuw additief als GRAS is de tweede optie die door de FDA wordt geboden, en het is de route die maïsolie ONE koos. Als je geen vernieuwing smorend gedoe met stapels datavereisten wilt, kun je vrijwillig een GRAS-vermelding aanvragen, de FDA een aantal data sturen, en hopelijk sturen ze je een brief terug dat ze verder geen vragen hebben. Poe!

Neltner stuurde me de tachtig pagina's tellende aanvraag van maïsolie ONE,[7] waarin werd beweerd dat de maïsolie veilig was op grond van twee ongepubliceerde onderzoeken en de mening van vier deskundigen die door het bedrijf bijeen waren geroepen. Ik bladerde de aanvraag door en mijn oog viel op een grafiek van de moleculaire structuur van maïsolie. Het is om verschillende redenen raar dat die erin stond, maar vooral omdat maïsolie geen moleculaire structuur heeft: het bestaat uit vele verschillende moleculen. Bovendien zag de grafiek er merkwaardig bekend uit. Ik diepte een leerboek farmacologie op. In plaats van de structuur van een olie had het bedrijf de moleculaire formule van een hiv-medicijn geplaatst, lopinavir geheten. Vermoedelijk per ongeluk. Maar het opnemen van de verkeerde moleculaire structuur is een aanwijzing dat dit niet een bedrijf is met het soort degelijke, gedetailleerde aanpak waar we op zouden hopen als ze de veiligheid van additieven in ons voedsel bepalen.

De FDA maakte zich ook zorgen en ontdekte nog andere grote gebreken in de GRAS-bepaling van het bedrijf. Zo gebruikte het een bewerkingshulpmiddel gemaakt door DuPont, FermaSure XL (chloorinedioxide) geheten, dat volgens een blog van Tom Neltner en een onlinepresentatie van DuPont door hen als GRAS op de markt wordt gebracht, ook al heeft de FDA in 2011 een GRAS-aanvraag afgewezen.[8, 9*]

Je zou denken dat de FDA op dit punt zou kunnen vragen om een inspectie van de locatie, ongeveer zoals dat bij een medicijnenproducent kan, maar in de praktijk kan de FDA dat niet doen als het bedrijf de derde geboden optie kiest, namelijk de FDA vragen te stoppen met het evalueren van het additief. Dit is wat maïsolie ONE deed toen de FDA het geleverde bewijs in twijfel trok. Maar dat het bedrijf de FDA vroeg de evaluatie van de olie te staken, betekende niet dat ze

* Het bedrijf stuurde drie GRAS-bepalingen in. Dit probleem rees bij de tweede, die bij de FDA nog meer vragen opriep, en het bedrijf verzocht hun de evaluatie van de olie te stoppen.

het idee om het in voedsel te bewerken moesten laten varen, dankzij een herinterpretatie door een aantal bedrijven van de oorspronkelijke GRAS-wet.

In de loop van de jaren zestig, zeventig en tachtig ontstond er een achterstand in de verwerking van de GRAS-aanvragen, en dus besloten de bedrijven hun eigen veiligheidsbeslissingen te nemen, in het geheim, zonder het de FDA te vertellen. In 1997 stelde de FDA dat er niets mis was met deze interpretatie van het amendement, en in 2016 maakten ze deze bepaling definitief, wat betekent dat die juridisch correct is.[10-12] Dit is bekend als zelfbeschikking. Dat klinkt bevestigend en positief, toch? Je kunt gewoon beslissen of je denkt dat je product veilig is en het vervolgens in voedsel stoppen.

Omdat dit zo ver af staat van de manier waarop medicijnen worden gereguleerd, moesten Maffini en Neltner mij dit een paar keer uitleggen. Als het bedrijf dat geld verdient aan een ingrediënt het niet eens is met de zorgen van de FDA en ervan overtuigd is dat zijn product GRAS is, dan kan het de aanvraag bij de FDA intrekken en de molecuul toch in het voedsel stoppen.

Het is niet bekend of COZ-maïsolie ooit in voedsel terecht is gekomen, maar niets weerhoudt maïsolie ONE ervan om COZ als veilig op de markt te brengen zolang de betrokken wetenschappers (dezelfde wetenschappers die de moleculaire structuur van maïsolie verwarden met die van een hiv-medicijn) daarvan overtuigd zijn. Volgens Neltner zou de FDA naar de fabriek of het hoofdkantoor van het bedrijf kunnen gaan voor onderzoek, maar er zijn geen aanwijzingen dat dat ook gebeurt. De maïsolie op je aanrecht, of vermeld als ingrediënt in je lunch, kan best zijn geproduceerd met behulp van een technologie die allerlei ongelicentieerde additieven en antibiotica erin laat zitten. Maar toch staat er niets anders op tafel dan 'maïsolie'.

Je kunt je afvragen of dit slechts één zeer extreem voorbeeld is. Ik vroeg me dat ook af en vroeg Neltner hoe vaak bedrijven gebruikmaken van dit achterdeurtje. Hoeveel moleculen via zelfbeschikking tot GRAS zijn gebombardeerd is niet bekend, aangezien de bedrijven die dit doen dat niet aan de FDA hoeven te melden. Sinds 2000 zijn er maar tien aanvragen bij de FDA binnengekomen voor volledige goedkeuring van een nieuwe stof. Er zijn sindsdien 766 nieuwe voedingschemicaliën aan de voedselvoorraad toegevoegd, wat betekent dat de andere 756 (of 98,7 procent) zelf zijn bepaald door de bedrijven die ze maken.[13]

Maffini en Neltner doorliepen deze aanvragen en ontdekten dat in maar één ervan de cumulatieve effecten van additieven op een zinvolle manier werden bekeken. In minder dan een kwart van de gevallen werd het aanbevolen voedingsonderzoek van een maand bij dieren uitgevoerd, en in minder dan 7 procent van de gevallen werd op ontwikkelings- en voortplantingseffecten getest. In de context van een dalende vruchtbaarheid in hogelonenlanden, waar de consumptie van additieven het hoogst is, is dat een ontstellend tekort aan informatie.*

Neltner schat dat er in de VS een overvloed van rond de tienduizend stoffen aan voedsel wordt toegevoegd. Maar omdat bedrijven zelf mogen bepalen, heeft zelfs de FDA geen complete lijst, en naar schatting zijn ongeveer duizend van deze stoffen in het geheim zelf bepaald.

Wat Maffini en Neltner me vertelden – dat er in de VS geen functionerende regelgeving bestaat die ervoor kan zorgen dat voedsel veilig is – leek zo bizar dat ik dacht dat ze overdreven. Ik belde voor de zekerheid Emily Broad Leib op. Zij is hoogleraar aan Harvard en oprichtend directeur van de Harvard Law School Food Law and Policy Clinic. Zij zei precies hetzelfde: dat het hele proces momenteel in wezen vrijwillig is.

Als hoogleraar rechten ziet zij deze maas in de wet als 'het dwarsbomen van de wil van het Congres', dat natuurlijk had geëist dat de

* Op dit punt aangeland heb je waarschijnlijk een heleboel redelijke vragen, zoals: 'Als een bedrijf zelfbeschikkend is, dan zal toch wel de eis bestaan om specifieke tests te doen?' Ik legde dit aan Neltner voor. 'Er is geen eis dat het bedrijf een specifieke test moet doen.' Neltner noemde dit 'op veronderstellingen gebaseerde' toxicologie. Het bedrijf kan zijn eigen wetenschappers naar het bewijsmateriaal laten kijken en laten beslissen dat het product GRAS is. 'Als er later problemen rijzen,' ging Neltner verder, 'zul je misschien nooit kunnen bewijzen dat dat aan dat specifieke additief lag, omdat ze niet allemaal op het etiket staan. Denk bijvoorbeeld aan maïsolie – hoe kom je ooit te weten hoe die is geproduceerd?'

FDA producten reguleerde. Aan de hand van het voorbeeld van transvetzuren illustreert Broad waarom zelfbeschikking een probleem is. Transvetzuren worden gemaakt als middels hydrogenatie van vloeibare plantaardige oliën nuttigere vaste oliën worden gemaakt. De FDA onderkende dat deze vetten elk jaar honderdduizenden hartaanvallen en tienduizenden sterfgevallen veroorzaakten. Toch duurde het nog tientallen jaren voordat ze in de VS uit het voedsel waren verwijderd (ondanks het feit dat de eerste zorgen al in de jaren vijftig waren gepubliceerd!), maar bij dat voorbeeld wisten we tenminste wat het waren. Broad Leib legde uit: 'Als transvetzuren door het bedrijf zelf waren goedgekeurd, waren ze nooit ergens op de radar verschenen. Niemand had ze in verband kunnen brengen met het toegenomen aantal hartaanvallen en sterfgevallen.'*

Smaken zijn weer een probleem apart. De Flavor and Extract Manufacturers Association (FEMA) is een brancheorganisatie waar ongeveer 120 bedrijven lid van zijn. Het heeft zijn eigen GRAS-bepalingsproces, onafhankelijk van de FDA. Bedrijven dienen GRAS-aanvragen in bij het deskundigenpanel van de organisatie en FEMA heeft bepaald dat meer dan 2600 smaakstoffen GRAS zijn. De smaakindustrie reguleert letterlijk zichzelf. Dat is een probleem.

Neem het geval van isoeugenol, een chemische stof die kan wor-

* Het loont de moeite om dit alles te bekijken vanuit het gezichtspunt van het FDA Office of Food Additive Safety, dat verantwoordelijk is voor de regelgeving ten aanzien van meer dan tienduizend chemicaliën en een miljardenindustrie – althans in theorie. Het kantoor heeft slechts honderd man personeel fulltime in dienst en heeft een jaarlijks budget van ongeveer 1 miljard dollar, wat een schijntje is in vergelijking met wat ze nodig hebben. Ze worden overstroomd door doorverwijzingen van GRAS-aanvragen. Het resultaat is dat het vanuit de FDA gezien aanvoelt als een regelgevingssysteem – ze kijken naar de data en het bewijsmateriaal en ze werken hard – maar dat het allemaal heel weinig, of niets voorstelt, omdat er geen zinvolle onafhankelijke regelgeving is. Wat chemicaliën in voedsel betreft maakt het wellicht geen verschil als de FDA iedereen naar huis stuurt en de afdeling sluit. Het zou misschien een eerlijker systeem zijn als de FDA dat daadwerkelijk deed en simpelweg zou zeggen dat de industrie maar voor zichzelf moet zorgen, en we het er maar op moeten wagen met de manier waarop ze zichzelf bewaken. Dit was tot op zekere hoogte de aanpak van de regering-Trump.

den gewonnen uit kruidnagel, basilicum en gardenia's en vaak als smaakstof wordt toegevoegd aan dranken, gom en gebakken producten. Het is door FEMA gecertificeerd als GRAS. Het Amerikaanse National Toxicology Program verrichtte een onderzoek omdat het een soortgelijke structuur heeft als bepaalde andere moleculen die kanker veroorzaken.[15] Dit onderzoek leverde 'duidelijke' aanwijzingen op dat isoeugenol leverkanker veroorzaakt bij muizen – 80 procent van de behandelde mannetjesmuizen had een levertumor.

Niettemin verklaarde FEMA dat isoeugenol GRAS was, omdat het 'een verschijnsel bij hoge doses was dat geen enkele relevantie had voor het vaststellen van het risico op kanker bij het gebruik van isoeugenol als smaakstof'. FEMA schatte de dagelijkse inname per capita van isoeugenol-smaakstoffen tweeduizend maal lager dan de Wereldgezondheidsorganisatie had gedaan (en die was dan nog lager dan wat er bij muizen was geobserveerd, maar de muizenexperimenten leverden een effect op dat van de doses afhankelijk was).[16]

Als je je hier als consument of burger zorgen over maakt, zijn je opties beperkt. Je zou een ingrediëntenbedrijf kunnen aanklagen, maar het zal moeilijk zijn om het verband aan te tonen, zelfs als je weet dat een ingrediënt erin zit, en dat weet je misschien niet. Neltner was er somber over: 'Het is vrijwel onmogelijk je een scenario voor te stellen waarin een consument wie dan ook verantwoordelijk kan stellen als er niet sprake is van onmiddellijk, aantoonbaar letsel. En dat zeg ik als advocaat.'

Als reactie op een van Maffini en Neltners onderzoeken waaruit bleek dat er over de meeste additieven geen data waren over een veilige maximale inname en toxiciteit bij herhaalde inname, verklaarde John Endres, wetenschappelijk hoofdfunctionaris van AIBMR Life Sciences, die bedrijven ondersteunt bij hun contacten met de FDA, dat ze geen enkel bewijs van schade konden geven. 'Waar zijn de lijken?' vroeg hij.[17]

De lijken kunnen natuurlijk overal om ons heen zijn. Stel je voor dat de cocktail van tienduizend chemicaliën in het Amerikaanse voedsel negatieve effecten heeft, maar dat die effecten zich indirect manifesteren in de loop van vele jaren – door bijvoorbeeld een verminderde vruchtbaarheid, gewichtstoename, angst, depressie of stofwisselingsziekten te veroorzaken. Die zijn allemaal toegenomen met onze inname van die chemicaliën, maar het is vrijwel onmogelijk oorzakelijkheid te bewijzen of weerleggen als de data zo beperkt zijn en de blootstelling zo algemeen is.

Al worden we niet allemaal in dezelfde mate blootgesteld, zoals Broad Leib uitlegde. Additieven verergeren ongelijkheid. Mensen die niet veel geld hebben om eten op tafel te zetten eten namelijk meestal de goedkoopste merken, oftewel vaak producten van kleinere bedrijven waarvan het waarschijnlijker is dat ze additieven gebruiken waarover ze zelf beslist hebben. En UPF vol met additieven is het enige toegankelijke voedsel voor veel gemeenschappen die wel de kennis en de wens hebben om beter te eten, maar simpelweg niet het geld.

'Het is een gigantisch voorbeeld van onrecht,' zei ze, 'vooral als je bedenkt wie er profiteert van het voedselsysteem: een klein aantal zeer rijke personen die profiteren ten koste van een groot aantal gemarginaliseerde personen – bevolkingsgroepen met een laag inkomen, inheemse bevolkingsgroepen, mensen van kleur.'

De situatie in Europa is iets beter. De EU hanteert een preventieve aanpak, houdt een database bij en publiceert alles. Ze evalueert additieven periodiek en proactief, maar het testen vertoont nog veel lacunes. Het is heel moeilijk om te testen op chronische effecten die door het microbioom worden overgebracht, dus die tests worden niet uitgevoerd. De woorden 'obesitas, 'dysbiose' en 'microbioom' zijn zo goed als afwezig in de rapporten van de Europese Autoriteit voor voedselveiligheid.

Er doet zich hier ook een ethische kwestie voor. Wereldwijd geven we ongeveer 2 miljard euro uit aan toxicologieonderzoeken, en doden we ongeveer 100 miljoen proefdieren.[18] Bij een enkele test over twee generaties op veiligheid bij de voortplanting kunnen wel duizend dieren worden gebruikt. Ik denk niet dat velen van ons vinden dat kleurstoffen in voedsel een goede reden zijn om zo'n groot aantal dieren te doden, maar het aantal dieren dat is gedood om de eventuele veiligheid van de additieven vast te stellen is niet op de verpakking terug te vinden.

Bovendien zijn we geen ratten van 70 kilo: we absorberen en verteren stoffen heel anders. Een aantal onderzoeken laat zien dat testen op dieren zich slecht naar mensen laat vertalen.

Ik geef toe dat ik zelf ook gebruikmaak van data over muizen en ratten om mijn eigen betoog te ondersteunen, maar er is wel een verschil: ik probeer het risico voor het leven te verminderen, terwijl de makers van voedselkleurstoffen proberen kleurstoffen te verkopen. Het is redelijk te zeggen dat een probleem bij een muis een aanwijzing kan zijn voor een mogelijk probleem bij een mens. Maar de afwezigheid van een probleem bij een muis maakt een additief nog niet veilig.

Het is raar en onlogisch dat we niet meer tests op mensen doen met additieven die, naar ons wordt verzekerd, veilig zijn voor mensen. Voorstellen in die richting worden door ethische commissies afgewezen of ze krijgen geen financiering. Misschien is er een gebrek aan vrijwilligers die bereid zijn een jaar lang een oplossing van 1 procent polysorbaat te drinken. Of misschien is het grootste probleem wel mensen te vinden die dit niet al doen als onderdeel van hun normale dieet.

Zoals het er nu voor staat, doet een heel klein aantal academici en activisten wat eigenlijk de taak is van de overheid: proberen de meest kwetsbare mensen te beschermen. Een advocaat als Emily Broad Leib zou veel meer geld verdienen als ze voor de voedingsmiddelenindustrie werkte. Ik vroeg haar of ze overwoog van partij te wisselen: 'Ik kan me niet voorstellen dat ik een baan zou hebben waarbij ik alleen geld verdiende en dingen erger maakte...' Ze viel stil en trok een vies gezicht, alsof ze er zelfs nog nooit aan had gedacht. 'Ik kan me moeilijk voorstellen hoe ik dat zou kunnen doen. Hoe kun je een graad in de rechten beter gebruiken dan door misstanden op te sporen en te proberen die recht te zetten?'

Ik stelde dezelfde vraag aan Neltner, die zei dat hij niet zoveel nadacht over hoeveel het hem heeft gekost in termen van gederfde inkomsten. 'Deze kwestie gaat ons ter harte. Maricel en ik werken al twaalf jaar samen als team – we laten niet los. We zijn als een pitbull. Nee, we zijn meer als een happende schildpad. Die laten nooit los!'

Het lijkt me duidelijk dat we zowel in Europa als in de VS een veel meer preventieve aanpak zouden moeten hanteren ten aanzien van de moleculen die we in ons voedsel stoppen. De bewijslast voor het aantonen van veiligheid op lange termijn zou moeten liggen bij de bedrijven die additieven maken en gebruiken. En we hebben veel meer onafhankelijk onderzoek nodig naar de subtiele invloed die deze moleculen op de lange duur op onze gezondheid hebben.

Waarom ligt de bewijslast bij maatschappelijke groepen, activisten en academici om aan te tonen dat de toevoeging van duizenden volledig synthetische nieuwe moleculen aan ons dieet schadelijk zou kunnen zijn? Dat is natuurlijk de omgekeerde wereld. Het feit dat activisten tijd en geld moeten spenderen om dit uit te zoeken is maar één van de manieren waarop we steeds weer extra betalen voor UPF – zoals ik zou ontdekken tijdens een reis naar Brazilië.

16

UPF vernietigt de traditionele diëten

Begin 2020 ging ik naar Brazilië. Ik werkte aan een (ook nu nog lopend) onderzoek van de babyvoedingsindustrie voor het *British Medical Journal* en de BBC. Onderdeel van het project was de effecten te bestuderen van de meest ambitieuze voedingsmarketingstrategie in de geschiedenis, uitgevoerd door Nestlé.

Nestlé is een Zwitserse multinational en het grootste voedselbewerkingsbedrijf ter wereld. In 2020 had het een omzet van iets meer dan 88 miljard euro – meer dan het bbp van de meeste landen. Nestlé heeft meer dan tweeduizend merken, variërend van wereldwijde iconen tot plaatselijke favorieten, en verkoopt zijn producten in 186 landen. In 2016 vond meer dan 40 procent van de verkopen van het bedrijf plaats in opkomende markten als Brazilië. Mark Schneider, directeur van Nestlé, zei dat jaar tegen investeerders: 'In een tijd dat [...] groei bescheidener is in gevestigde landen, denk ik dat een sterke positie in opkomende markten doorslaggevend kan zijn.'[1]

Het merendeel van de producten van Nestlé is UPF. Maar het bedrijf maakt ook huisdierenvoeding (een vorm van UPF), wat medische voeding (ook UPF) en mineraalwater, wat volgens mijn vrouw Dinah het ultieme UPF is – er zitten misschien geen flitsende additieven in, maar het neemt het goedkoopste ingrediënt op aarde en vermarkt dat agressief om geen andere reden dan financieel gewin.

Een sterke traditionele voedingscultuur is een uitdaging die de moderne voedingsmiddelenbedrijven moeten zien te overwinnen.

Vanwege de verzadiging van de markten in Europa en Noord-

Amerika en de groeiende weerstand met het oog op de volksgezondheid is Brazilië de afgelopen tien jaar voor Nestlé een doelmarkt geworden. Om toegang te krijgen tot de kwetsbaarste mensen van Brazilië experimenteerde Nestlé met het gebruik van nieuwe marketingtechnieken, met name in 'direct sales'. Daarbij gingen teams in bedrijfskleding in de sloppenwijken, waar een reguliere infrastructuur ontbreekt, van deur tot deur met karretjes beladen met puddingen, koekjes en verpakt voedsel.

Na een verslag in *The New York Times* in 2017[2] over deze praktijken werd de betreffende webpagina weggehaald. Maar op gearchiveerde pagina's* is te lezen dat Nestlé wat het deed beschreef als 'waarde toevoegen aan de samenleving',[3] met een netwerk van tweehonderd micro-distributeurs en zevenduizend verkoopsters die elke maand verrijkte Nestlé-producten verkochten aan zo'n 700.000 consumenten met lagere inkomens. Volgens Nestlé betekende dit dat 'deze gebieden niet alleen profiteren van nieuwe inkomsten, maar ook van producten verrijkt met vitamine A, ijzer en zink – de drie elementen die het meest ontbreken in het Braziliaanse dieet'.

Nestlé had ook plannen voor verdere uitbreiding. Volgens Felipe Barbosa, een toezichthouder, 'is de essentie van ons programma het bereiken van de armen. Dankzij het persoonlijke contact tussen verkoper en klant werkt het.'

Dat is de leveringskant van een systeem dat heel Brazilië beïnvloedt. Boeren worden aangemoedigd om in plaats van gewassen voor het levensonderhoud de grondstoffen voor UPF te gaan telen, zoals maïs, soja en suiker, en vervolgens wordt gelobbyd voor een beleid dat de UPF-bedrijven bevoordeelt.

Nestlé stelt dat sommige producten die aan de deur worden verkocht gezond zijn. Maar zelfs als we de eigen definitie van het bedrijf voor gezond voedsel voetstoots accepteren, dan nog waren de klanten volgens de huis-aan-huisverkopers alleen geïnteresseerd in zoetigheden: KitKats of yoghurt met bijna de maximale aanbevolen dagelijk-

* De Wayback Machine is een ongelooflijke informatiebron – ik doe elke maand een donatie. Hij ploegt door het internet en bewaart met grote regelmaat webpagina's, zodat ook materiaal dat door bedrijven wordt gewist toegankelijk blijft.

se hoeveelheid suiker in een enkele portie.

Toen ik in Brazilië was, wekte een gerucht dat ik had gehoord mijn nieuwsgierigheid. Het ging over een spectaculaire marketingactie die in 2010 door Nestlé zou zijn aangekondigd. Ik wist een oud persbericht te bemachtigen waarin het initiatief werd beschreven.[4]

Nestlé Até Você a Bordo (Nestlé neemt je aan boord) was een reusachtige drijvende supermarkt met elf man personeel, die vertrok uit Belém, de stad waar ik werkte, en honderden kilometers stroomopwaarts voer om 800.000 mensen in afgelegen gemeenschappen in het Amazonegebied te bedienen. Volgens het persbericht 'streeft Nestlé ernaar een nieuw handelskanaal te ontwikkelen dat afgelegen gemeenschappen in de noordelijke regio toegang biedt tot voeding, gezondheid en welzijn'.

Op de dag dat dat persbericht verscheen, werd op de website van Nestlé beweerd: 'Ons kerndoel is de kwaliteit van het leven van consumenten elke dag en overal te verbeteren door een smakelijker en gezonder assortiment aan eten en drinken te bieden en een gezonde leefstijl aan te moedigen.'

* * *

Belém, gesticht in 1616, is de op één na grootste stad in Noord-Brazilië en was het laatste stuk dat Portugal op de Fransen veroverde. Het ligt aan een baai net buiten de uitgestrekte Amazonedelta – een locatie die per ongeluk tot stand kwam. Het had eigenlijk aan de hoofdstroom van de Amazone moeten liggen om toezicht te houden op handelstochten. Maar volgens de plaatselijke legende is de rivier op dat punt zo uitgestrekt dat de stad op de verkeerde plek werd gebouwd. Hij ligt aan een kleinere rivier – al is 'klein' in deze context een relatieve term: vanaf beide oevers ziet de Pará eruit als een grote bruine zee.

Belém biedt plaats aan de Ver-o-peso, een van de grootste openluchtmarkten ter wereld.* Carlos Monteiro had me geadviseerd naar

* In de zeventiende eeuw, in de koloniale tijd, werden hier de belastingen die ver-

deze laatste buitenpost van het traditionele Braziliaanse dieet toe te gaan. Die staat aan het water, een vierkante kilometer marktkramen, overdekt door een verpieterende schuimtaart van tenten. Er zijn vette paarse açaibessen, cupuaçu-fruit, klein pupunha-fruit, gedroogde garnalen, zoute vis, maniokwortels, noten die nog in hun schil zitten – allemaal producten van het Amazonegebied. Aan de overkant van het water ligt een groene rand van wat wildernis lijkt te zijn.

Toen ik een dag vrij had, ging ik samen met een plaatselijke regelaar op zoek naar Nestlés drijvende supermarkt op de scheepswerven aan de zuidoever van de stad. We liepen over een onverhard pad tussen twee pakhuizen in de richting van een gammel dok op palen en daar was ze: de Terra Grande. Het was meer een aak dan een boot: twee verdiepingen bij het achterschip, met een brug die uitkeek over de 'supermarkt', een wit gebouw met een golfplatendak. Een recentelijk opnieuw geschilderd dek liep om het geheel heen.

Het leek erop dat we gewoon aan boord konden gaan. Waarom niet. We klommen en waadden over balken en kapotte steigers en half gezonken boten en roeiden met een roeibootje dat daar lag naar de Terra Grande. Vrijwel onmiddellijk gingen er sirenes af en begonnen honden woedend te blaffen. Geschrokken lachend sprongen we terug in de roeiboot en haastten ons terug naar de steiger. Een klein avontuur, maar wel verontrustend. Wie bewaakte de boot? Waarom zat er een alarm op en was hij omringd door honden? Op die vragen heb ik nog steeds geen antwoord.

De volgende dag nam ik een boot stroomopwaarts naar een aantal plekken waar de drijvende supermarkt meer dan tien jaar geleden zijn eerste producten heen had gebracht. We verlieten Belém midden op de ochtend in de brandende zon; de rivier kleurde oker en de bomen op de oever lichtten groen op. In een paar uur tijd staken we de baai over en voeren we tussen met bomen bedekte eilanden, waarna we in de hoofdstroom van de Pará terechtkwamen.

Onmiddellijk werden we omringd door zeewaardige container-

---

den geheven op alles wat uit het regenwoud afkomstig was voor de Portugese Kroon geïnd in het 'Casa do Haver-o-peso' – het 'huis dat het gewicht krijgt'. In de loop van drie eeuwen is dat samengetrokken tot Ver-o-peso.

schepen en tankers. Die behoren tot de grootste schepen in hun soort ter wereld, zo groot dat ze zich moeilijk in relatieve termen laten omschrijven zonder ze in stukken te verdelen. De brug aan de achterkant is zo groot als een kathedraal, acht verdiepingen hoog met torentjes vol antennes en masten. De scheepsromp is als een raamloze, omgevallen wolkenkrabber. Meer dan twintig van deze schepen werden geladen door transportarmen vanuit de graanterminal Ponta da Montanha, in de stad Barcarena, een van de grote havens waar sojabonen uit de Amazone worden geëxporteerd.

Dit is een belangrijke locatie voor UPF wereldwijd. In februari 2022 vestigde Archer-Daniels-Midland, een Amerikaans multinationaal voedselverwerkend en grondstoffen verhandelend bedrijf, een record in Barcarena met de grootste scheepslading sojabonen in de geschiedenis: 84.802 ton op een enkel schip.[5] Dat is vijftig olympische zwembaden vol sojabonen,[6] allemaal geladen in de ms Harvest Frost, die 237 meter lang is en veertig meter breed, en vervolgens naar Rotterdam gestuurd.

Brazilië is de grootste exporteur ter wereld van sojabonen, die voornamelijk worden gebruikt voor dierenvoer in China, Europa en de VS. In het VK worden veel kippen gevoerd met Braziliaanse soja. Door de enorme schaal van de teelt is soja goedkoop. Het is daarom een goede basis om UPF te maken. Volgens schattingen bevat meer dan 60 procent van al het bewerkte voedsel in het VK soja,[7] van ontbijtgranen en granenrepen tot koekjes, smeerkaas, snoepgoed, cake, pudding, jus, noedels, pasteien, soep, kruiden en nog veel meer. De enige keer dat je een hele sojaboon zult zien is in de vorm van edamamebonen (sojapeulen die worden geplukt voordat ze volledig rijp zijn en vervolgens in hun schil gekookt). Edamamebonen hebben een relatief hoog gehalte aan suiker en vrije aminozuren, wat ze een zoete umamismaak geeft.

Tenzij je edamamebonen of tofu eet is alle soja die je eet ultrabewerkt in meerdere fysieke en chemische stadia: geplet, gescheiden en geraffineerd in zijn verschillende delen kan het op voedingsetiketten staan als sojameel, gehydrolyseerd plantaardig eiwit, soja-eiwitisolaat, eiwitconcentraat, getextureerd plantaardig eiwit, plantaardige olie (simpel, volledig of gedeeltelijk gehydrogeneerd), plantensterolen of de emulgator lecithine. De vele gedaanten ervan geven een idee hoe waardevol hij is voor producenten.

Veel van de soja van Barcarena is afkomstig van boerderijen honderden kilometers verder naar het zuiden in de provincie Mato Grosso.[8] Je hebt waarschijnlijk wel foto's gezien van de ontbossing in Mato Grosso, ook al herken je de naam niet: maagdelijk regenwoud aan de ene kant van het beeld en dan een kaarsrechte lijn waar de sojavelden beginnen. In een verklaring over de recordbrekende verscheping van soja door Archer-Daniels-Midland zei Vitor Vinussa, de Zuid-Amerikaanse directeur logistiek van het bedrijf, enthousiast: 'Dit is zeker iets wat we vaker gaan doen.'

Terwijl wij de Pará overstaken, vormden zich stormwolken die dichterbij kwamen tot de rivier en de lucht samengeklonken leken. De duisternis verdichtte zich boven de tegenoverliggende oever en tegen de tijd dat we in Muaná arriveerden regende het zo hard dat de lucht meer vloeibaar dan gasvormig was. Muren van water doorweekten alles. We hadden er vijf uur over gedaan om hier te komen, in de stad die de zesde halte is op de drie weken durende tocht van Nestlés supermarktboot.

Toen we aanmeerden, moest ik onwillekeurig denken aan de ontwikkeling en exploitatie die de rivier de gemeenschappen aan zijn oevers had gebracht. Muaná is een charmante puinhoop van hutten, palmen, radiomasten en bakstenen gebouwen. Er wonen een paar duizend mensen en het is een centrum voor rond de veertigduizend mensen in de grotere gemeente Muaná. Ik sprak met kinderen en plaatselijke functionarissen, van wie er twee me opvielen vanwege hun beschrijvingen van de problemen die Nestlé had teweeggebracht.

Paula Costa Ferreira is hoofdonderwijzers van de plaatselijke school en heeft de levendigheid en het gezag die alle goede leraren eigen is. Ze herinnerde zich de Nestlé-boot heel goed: 'Hij kwam elke week, het was als een winkelcentrum in de stad. Hij was nieuw, en bleef lang open. De jongen mensen ontmoetten elkaar daar. Het eerste wat er gebeurde was dat hij de prijzen verlaagde tot onder de prijzen van de plaatselijke markt.'

In het complexe web van claims over de vermeende economische voordelen was dit niet een effect dat door Nestlé werd besproken in de persberichten of commentaren in de media. Nestlé zorgde wel voor werkgelegenheid voor een paar mensen, maar niet voor de inwoners van Muaná zelf. Intussen maakten de lage prijzen het leven moeilijker voor de lokale handelaren van volwaardige voeding. De winkel op de boot, begonnen als een luxe, werd een essentiële dienst.

Costa Ferreira vertelde me vervolgens over verschillende plaatselijke kinderen met diabetes type 2 (dieetgerelateerd). Ik dacht dat de vertaler zich vergiste, want de aanwezigheid op zich van kinderen met diabetes type 2 in zo'n kleine gemeenschap zou al verbijsterend zijn geweest. Er zouden nul gevallen moeten zijn. En kortgeleden waren er ook nul gevallen. Dit is iets wat in de statistieken van obesitas bij kinderen verborgen blijft. Het aandeel kinderen die voldoen aan de definitie van obesitas is op veel plekken met honderden procenten gestegen, maar het groeipercentage op de sterkst getroffen plekken is in wezen onbegrensd. Ik heb geen enkele aanwijzing kunnen vinden dat er in die delen van Brazilië kinderen met dieetgerelateerde diabetes waren voordat er ondernemingen verschenen als de Nestlé-boot.

Ik ging naar een kleine supermarkt in de stad, Fruteira Pomar, waar grote hoeveelheden traditioneel voedsel te krijgen waren – rijst, bonen, yam, papaja's, tomaten, uien – maar ook een assortiment UPF. De winkelier zei dat hij niet van Nestlé-producten had gehoord tot de boot arriveerde. Nu voelt hij zich verplicht de producten op voorraad te hebben, omdat de klanten ernaar beginnen te vragen. Of het nu de bedoeling was of niet, het heeft goed uitgepakt voor Nestlé: de kleinste winkels in de stad hebben nu voorraden Nestlé-producten, samen met ander UPF van andere fabrikanten, van de vloer tot aan het plafond.

Kerkelijke ngo's beginnen pogingen in het werk te stellen om de crisis in de volksgezondheid onder controle te krijgen. Lizete Novaes van de katholieke ngo Pastoral da Criança nam me mee naar een dorp in het buitengebied van Muaná dat bestond uit een lange rij kleine houten huisjes op palen in een moerasbos. Vanuit het oogpunt van volksgezondheid een ramp. De paden waren vlonders een paar meter boven de modder, waar de primitieve toiletten direct op loosden. Er was weinig stromend water. De mensen die er woonden, werkten voornamelijk voor een palmhartenbedrijf, deelde Novaes mij raadselachtig mede. 'Ze wonen hier omdat ze nergens anders heen kunnen.'

Ze nam me mee naar een jongen die Leo heette en die met zijn moeder in een piepklein huisje woonde, onderverdeeld in drie nog kleinere kamertjes. Leo was twaalf en had ernstige leerproblemen. Zijn BMI was rond de 45, waarmee hij in het VK tot de zwaarste 1 procent kinderen van zijn leeftijd zou horen.

We liepen onzeker over de vlonders naar een plaatselijke winkel, samen met Leo, die vrolijk was en glimlachte. We waren er in ongeveer twee minuten. Gezien de hitte was wel duidelijk waarom de winkel er baat bij had om UPF te verkopen: geen koeling nodig. Veel producten in de winkel waren door Nestlé geproduceerd. Leo's moeder zei dat ze hem er onmogelijk van kon weerhouden om naar de winkel toe te gaan: 'Soms zeg ik dat hij niet moet eten, maar hij houdt me voor de gek en gaat toch naar de winkel. Hij eet groenten, maar hij vindt ze niet lekker. Ik weet niet waarom, maar hij houdt alleen van junkfood.'

Leo scharrelde rond in de winkel en stapelde dingen op de toonbank op: chocoladekoekjes, aardbeienkoekjes, poedermelk, chips. Ik betaalde het allemaal.

Kolonisten, missionarissen, legers: allemaal hebben ze ontwikkeling gebruikt als een rechtvaardiging voor geweld in dit deel van de wereld. De voedingsmiddelenindustrie, oftewel 'Big Food', die naar een plaats als Muaná komt pleegt daar ook geweld, en trouwens overal ter wereld in termen van de schade die wordt aangericht aan lichamen en aan het milieu. Thuis in Londen lijkt het geweld minder in het oog te springen – misschien omdat het al zo lang zo normaal is. In Brazilië kon je zien hoe het werkte, hoe de verandering plaatsvond. Het was de levende realiteit van wat Monteiro in zijn data had gezien – het moment dat de Nestlé-boot voor het eerst aanmeerde. Zoals Novaes zei: 'De nieuwe producten die de boot meenam waren heel smakelijk, en toen begon iedereen gewoon zo te eten.'

Iedereen, van de winkeliers en Leo's moeder tot de onderwijzers en de mensen die voor de ngo's werken, is het erover eens: het begon allemaal met de boot. En bijna iedereen die we ontmoetten – Costa Ferreira, Novaes, Leo's moeder en Leo – had te kampen met obesitas.

* * *

De bedrijven die UPF maken, vervangen de traditionele diëten, zoals ze in Brazilië doen, of absorberen ze en maken ze na met nieuwe ingrediënten. Ik begon dit al vroeg tijdens mijn dieet te merken.

De dag nadat Emily Broad Leib, de hoogleraar voedingswetgeving aan Harvard, me vertelde over de ongelijkheid die door UPF wordt gecreëerd, probeerde ik me een KFC hot wings te laten smaken. Dit was een van de maaltijden waar ik me bij mijn UPF-dieet het meest op had verheugd. Ze waren een lievelingskostje uit mijn jeugd. Op woensdag na het sporten op school gingen Xand en ik altijd met de bus naar huis. We maakten onze moeder wijs dat de training vaak uitliep, zodat we laat konden thuiskomen zonder dat er vragen werden gesteld. En dus gingen we elke week via KFC.

Zelfs toen al wisten we dat die hot wings een speciaal product waren. Het deegomhulsel was een kurkdroge korst, bijna een schelp Als je dat brak, spatten de sappen uit de vochtige en malse kip die erin zat. Ze waren net kruidig genoeg om me de adem te benemen. Ze waren even begerenswaardig als welke drug ook en, heel belangrijk, ze waren streng verboden. Ik snap niet dat we nooit betrapt zijn als we overdekt met vet thuiskwamen en bij het avondeten geen hap meer door de keel kregen.

Ook als jongvolwassene bleef ik dol op hot wings, maar op zeker moment, toen ik tegen de veertig liep, liep mijn consumptie ervan door de combinatie van een echtgenote en een uitdijende buik terug tot nul. Dat voelde niet zozeer als een eigen beslissing als wel iets wat me werd opgelegd door berichten uit de hoek van de volksgezondheid, het feit dat ik arts en presentator van kindertelevisie was, bezorgdheid over het milieu en het feit dat mijn vrouw het vervelend vond dat ik ze at.

Maar nu kon ik mijn gang gaan. Ik móést hot wings eten. Het was wetenschappelijk onderzoek. Dus op een avond ging ik ervoor zitten: eindelijk kon ik er ten volle van genieten. Ze waren precies zoals ik me herinnerde, misschien zelfs nog beter: kruidiger, met knapperiger beslag en zelfs nog vochtigere en malsere kip. Maar mijn interpretatie van de zintuiglijke informatie was compleet anders. Net als zoveel andere producten waren de hot wings zeer onaangenaam geworden.

De Britse ingrediënten voor hot wings zijn niet online beschikbaar, maar ik wist al etend wel de Canadese op te sporen. Dat waren onder meer MSG, gemodificeerd maïszetmeel, deels gehydrogeneerde sojaolie en iets wat dimethylpolysiloxaan heette.

Dimethylpolysiloxaan, of het voedingsadditief E900, werd in 1969 voor het eerst door het Food Standards Agency geëvalueerd. Het wordt als antischuimmiddel in bakolie gebruikt ter bescherming van de makers.[9] Het wordt ook gebruikt voor de vlooienbestrijding, als haarconditioner en als glijmiddel. Uitgebreide experimenten op ratten hebben aangetoond dat het bij consumptie nauwelijks wordt geabsorbeerd en onveranderd in de ontlasting terechtkomt. Dimethylpolysiloxaan kan best veilig zijn. Het zou ook kunnen dat het subtiel schadelijk is op de lange termijn, door een mechanisme dat nog niet is ontdekt. Hoe dan ook, in de natuur komt het nergens voor. Wat het ook met het lichaam doet (of niet), we zijn het nooit eerder tegengekomen, en de evolutie heeft geen tijd gehad om het een plaats te geven.

Verontrustender dan de dimethylpolysiloxaan vond ik de afbeeldingen op de verpakking, waar ik als tiener nooit over had nagedacht. Een paar maanden na de moord op George Floyd door een politieagent uit Minneapolis, Derek Chauvin, at ik bij KFC. Iedereen had het over de Amerikaanse en Britse geschiedenis van de slavernij, en op de verpakking van mijn kip stond zo te zien een kolonel van de Confederatie.[10-12]

Ik herinnerde me een stuk uit *The Guardian* dat het gesprek over ras en gefrituurde kip in het VK net weer op gang had gebracht: 'Ik ben altijd dol geweest op gefrituurde kip. Maar ik schaamde me voor het racisme waarmee die omgeven was.'[13] Het stuk was geschreven door Melissa Thompson, een chef-kok, journalist en voedingshistoricus. In haar meest recente boek, *Motherland*, wordt de geschiedenis van Jamaicaans eten beschreven.

In dat stuk in *The Guardian* verweeft Thompson haar eigen ervaringen met racisme met de geschiedenis van gefrituurde kip:

Historisch gezien hadden kippen een speciale betekenis voor tot slaaf gemaakte Amerikanen, omdat ze het enige vee waren dat ze mochten houden. Zwart huishoudelijk personeel maakte gefrituurde kip klaar voor hun meester en later hun werkgever. En toen, na de afschaffing van de slavernij, verkochten vrouwen die bekendstonden als 'waiter carriers' door het open raam bakjes gefrituurde kip aan reizigers als de trein op een station stopte.

Maar hoewel deze zwarte koks en huisvrouwen in feite de uitvinders waren van wat als zuidelijk voedsel bekend kwam te staan, werd hun bijdrage uitgewist. De witte mensen gingen met de eer strijken, en zwarte mensen werden alleen als gulzige consumenten bespot en geparodieerd. Het is een van de schandelijkste voorbeelden van culturele diefstal.

Ik nam contact op met Thompson en vroeg haar over de verpakking van KFC. Ze benadrukte dat de keuken van het Amerikaanse Zuiden – zuidelijk eten, soul food – een creatie was van zwarte koks in een huiselijke omgeving. 'KFC is een bedrijf dat is gebaseerd op zwart vernuft, en toch wordt de zwarte identiteit niet vermeld of geprezen.'

Op de website van KFC staat een verhaal over 'The Colonel'. Hij werd geboren in 1890, ging als dertienjarige het huis uit om zijn fortuin te zoeken en nam in 1930 een pompstation over om vermoeide reizigers dezelfde gefrituurde kip te serveren die hij in zijn jeugd had gegeten. We weten niet zeker wie er toen voor hem kookte: misschien zijn moeder, misschien een huisbediende. Hoe dan ook, hij was waarschijnlijk niet de oorspronkelijke bedenker van het maal dat ik voor me had: het valt niet aan te nemen dat het oorspronkelijke recept deels gehydrogeneerde plantaardige olie, gemodificeerd maïszetmeel, kruidenextracten of MSG bevatte.

Thompson sprak ook over de bredere relatie tussen fastfoodketens die UPF verkopen en de zwarte gemeenschap in het VK. We bekeken samen een paar advertenties. In juli 2021 bracht McDonald's een korte video uit op Twitter waarop zes zwarte jongetjes in een park zaten te eten en veel lol hadden. Ik wist niet goed hoe ik daarop moest reageren. 'De reclame voor fastfood in dit land is beslist inclusief,' zei Thompson, 'en je wilt daar echt blij om zijn. Maar de reden dat die reclame inclusief is, is dat het een poging is voedsel aan de man te brengen dat niet gezond is voor mensen die toch al gemarginaliseerd zijn. In dat opzicht is het roofzuchtig.'

Geraffineerde marketingcampagnes richten zich op minderheidsgroepen zodat de raciale identiteit onlosmakelijk verbonden raakt met merken. Kritiek op die merken wordt dan kritiek op een cultuur, op ouderschap, op een kennelijke keuze. Voedsel dat ooit met trots deel uitmaakte van een culturele identiteit is overgenomen door transnationale ondernemingen en wordt nu steevast geassocieerd met een slechte gezondheid. Maar traditionele, zelf klaargemaakte gefrituurde kip zal de smaakpapillen op een heel andere manier beroeren dan de ultrabewerkte gefrituurde kip die in het VK overal te krijgen is.

* * *

Deze trend is wereldwijd. In zowat elk land op aarde zijn er KFC-zaken, alleen in Sub-Saharisch Afrika al meer dan 850: in Angola, Tanzania, Nigeria, Oeganda, Ghana enzovoort. Volgens ambtenaren van de volksgezondheid is voedsel als dat van KFC steeds vaker de voornaamste oorzaak van obesitas in Ghana, dat daar van minder dan 2 procent in 1980 is gestegen tot 13,6 procent nu.[14] Charles Agyemang, een Ghanese hoogleraar aan de Universiteit van Amsterdam, vertelde *The New York Times* dat in sommige delen van Ghana het eten van lokaal voedsel wordt afgekeurd. 'Mensen beschouwen het Europese type voedsel als beschaafd.'

Ashok Mohinani, wiens bedrijf eigenaar is van alle KFC-franchises in Ghana, zei tegen de krant dat 'we willen dat dit zich ontwikkelt tot het idee dat dit een merk voor dagelijks gebruik is'. Op de vraag of het niet ongezond was om zo vaak gefrituurde kip te eten, gaf een woordvoerster van KFC dit antwoord: 'Wij van KFC zijn trots op onze wereldberoemde, vers ter plaatse klaargemaakte gefrituurde kip en we zijn ervan overtuigd dat men ervan kan genieten als onderdeel van een uitgebalanceerd dieet en een gezonde leefstijl.' In een interview bij CNN ging Greg Creed, voormalig directeur van YUM! (KFC's moederbedrijf), nog een stapje verder en beweerde dat het 'zoveel veiliger is om in Ghana bij een KFC te eten dan, nou ja, zo ongeveer elke andere plek'.

Ghana is niet het enige land waar zich een enorme toename in het lichaamsgewicht voordoet. In 2017 waren over de hele wereld meer mensen met obesitas dan met een te laag gewicht. En hoewel de absolute aantallen mensen met obesitas in de VS, Australië en het VK schokkend zijn, is de toename van obesitas in andere landen percentueel veel hoger. Tussen 1980 en 2015 is het percentage mensen met obesitas in de VS en het VK iets meer dan verdubbeld. In China was de toename 800 procent. In Mali zelfs 1550 procent.*

Uit het bewijsmateriaal in Brazilië en andere landen wordt duidelijk dat de toename in westers fastfood (bijna allemaal UPF, natuurlijk) de kans op diabetes, hartkwalen en overlijden vergroot.[17] En in landen met lage- of middeninkomens is de infrastructuur van de volksgezondheid veel minder goed in staat om de groeiende behoefte aan medicijnen tegen diabetes en hoge bloeddruk bij te benen. Dat geldt waarschijnlijk vooral voor afgelegen of rurale gebieden als het Amazonegebied. Maar dat lijkt de UPF-bedrijven weinig te kunnen schelen – ontwikkelingslanden zijn tenslotte een belangrijke bron van omzet en groei. Overal ter wereld worden traditionele diëten vervangen door UPF als onderdeel van een mondiale voedingstransitie, en het draaiboek voor de beste manier om dit te doen werd ontwikkeld in plaatsen als Muaná.

* * *

Toen we na ons bezoek aan Muaná terugkwamen in Belém wist onze regelaar de manager van Nestlés supermarktboot op te sporen, een man genaamd Graciliano Silva Ramo. We liepen samen over het dok naast de Terra Grande in de invallende duisternis op mijn laatste

* Deze toename van het lichaamsgewicht weerspiegelt de verkoop van UPF. Uit data verzameld door marktonderzoeker Euromonitor blijkt dat de verkoop van koolzuurhoudende dranken in Latijns-Amerika sinds 2000 is verdubbeld, waarmee het de VS als markt is voorbijgestreefd. Wereldwijd groeide de verkoop van fastfood tussen 2011 en 2016 met 30 procent. In 2016 opende Domino's Pizza 1281 zaken, elke zeven uur één, bijna allemaal buiten de VS.[15] India heeft tegenwoordig bijna 1500 Domino-locaties.[16]

avond in de stad. Hij vertelde hoe hij de baan gekregen had, hoe hij 'betoverd' was geweest toen hij Nestlés voorstel voor de enige drijvende supermarkt ter wereld zag.

'Deze rivier was zeven jaar lang mijn thuis,' vertelde hij me. 'Ik was zo trots op mijn werk en op wat ik deed voor het project en de bevolking, een armlastige bevolking die destijds veel hulp nodig had, met name kwaliteitsvoedsel.

Maar,' ging hij verder, 'niet al het voedsel dat we naar de mensen brachten was voedzaam.'

De boot verkocht honderden verschillende producten, maar volgens Ramo (en volgens iedereen in de dorpen) verkochten KitKats het best. Hij zei dat ze een zeer grote voorraad moesten meenemen om de bevolking van Ribeirinhos – de mensen aan de rivieroevers – te bedienen.

Hij was erg ontdaan toen Nestlé de bootdienst annuleerde. Het was voor Ramo een levensvervulling geworden om de gemeenschappen langs de rivier enthousiast te maken en hij had dingen gezien die geen enkele gewone Braziliaanse stadsbewoner ooit zou zien. Hij had nooit de aangerichte schade gezien, de toenemende omvang van de kinderen, de kinderen met tandabcessen. Maar nu dacht hij er anders over: 'Dat was het grote probleem, en het blijft een groot probleem: het slechte dieet. De mensen aten slecht, ze aten geen gezond voedsel. En dus kregen ze gaatjes, en maagaandoeningen.'

Tegen de tijd dat hij dit allemaal zei was het bijna donker. De boot was een Trojaans paard. Het doel ervan was niet om voedsel te verschaffen maar om een markt te creëren. Als je eenmaal ijs en KitKats hebt, kun je niet meer terug.

17

Wat Pringles werkelijk kosten

Toen we samen met Andrea Pringles zaten te eten, herinnerde Xand zich iets terwijl hij het busje leegde: 'Was er niet ooit een rechtszaak waarin iemand probeerde te bewijzen dat Pringles zo weinig aardappel bevatten dat ze juridisch gezien geen aardappelchips zijn? Waarschijnlijk een sterk verhaal.'

Dat bleek echter niet het geval. Als je de dossiers van het British and Irish Legal Information Institute doorspit (en waarom zou je dat niet doen?), zul je ontdekken dat die zaak er wel degelijk is geweest. Misschien dankt het verhaal zijn legendarische status aan het feit dat het de fabrikanten van Pringles, Procter & Gamble (P&G), waren die probeerden te bewijzen dat er niet genoeg aardappel in zat om de benaming chips te verdienen.

Bijna alle bizarre rechtszaken rond voedsel die in het VK het nieuws halen, hebben betrekking op ons belastingstelsel, dat internationaal geldt als een van de meest complexe ter wereld. In het VK wordt op veel voedingsmiddelen VAT (btw) geheven, maar niet op dingen die als 'essentieel' worden beschouwd.* Volgens de Britse belastingwet is 'voedsel' niet onderhevig aan VAT, maar er is een hele lijst uitzonde-

* De kritiek op VAT is onder meer dat arme mensen er een veel groter deel van hun inkomen aan besteden dan rijke, en om dit tegen te gaan worden bepaalde essentiële goederen vrijgesteld van VAT (of, liever gezegd, krijgen een nultarief, wat hetzelfde is maar met een kleine juridische twist die alleen fiscale juristen begrijpen). VAT wordt geheven op alle luxegoederen.

ringen waarop wel belasting wordt geheven, en daarop zijn er nog uitzonderingen waarop geen belasting wordt geheven.

Het resultaat hiervan is constant gekibbel tussen voedingsmiddelenproducenten, die hun producten in het nultarief willen persen zodat ze het belastinggeld als winst voor zichzelf kunnen houden, en de Britse belasting- en douanedienst, die de extra belasting wil. De meest memorabele recente zaak ging over de vraag of een product genaamd McVitie's Jaffa Cake een cake of een koekje was.

Het cake-of-koekjesdilemma in de Britse wet laat zich wellicht het best aldus samenvatten: VAT wordt geheven op zoetigheden, met uitzondering van cake en koekjes, die basisvoedsel zijn, met uitzondering van koekjes met een laagje chocola, die luxeartikelen zijn, met uitzondering van peperkoekmannetjes met een laagje chocola, die als basisvoedsel gelden, ervan uitgaande dat ze alleen een paar chocoladevlekjes als ogen hebben. Peperkoekmannetjes met chocoladeknopen of -gordels zijn wettelijk gezien echter een luxeartikel. En wanneer de chocolade op een koekje in een laagje tussen twee koekjeshelften zit, zoals bij bourbon-koekjes, wordt er geen VAT geheven. Dat geldt ook voor mandvormige chocoladebiscuits.

Geen van de fiscale juristen met wie ik sprak kon me uitleggen waarom cakes met een laagje chocolade geen luxeartikel zijn, maar belastingtechnisch gezien zijn ze dat niet.

Dit betekent twee dingen. Ten eerste dat advocaten van koekjesfabrikanten een duidelijke mening hebben over de kleur ogen en staat van ontkleding van peperkoekmannetjes. Ten tweede, als een Jaffa Cake daadwerkelijk een koekje met een laagje chocola was, zou er VAT op worden geheven, maar niet als het een cake met een laagje chocola was. Uiteindelijk hoefde McVitie's de belasting niet te betalen.

In het geval van de Pringles is relevant aan de wetgeving dat op aardappelchips belasting wordt geheven maar op de meeste andere snacks niet. Toen dit in 1969 werd opgeschreven, was het de bedoeling van de overheid belasting te heffen op voedsel dat niet in de eerste plaats om de voedingswaarde werd gekocht: aardappelchips en noten waren op dat moment de enige hartige snacks. Maar bij het begin van de Pringles-rechtszaak in 2004 bevatten veel concurrenten van Pringles (zoals Doritos) geen aardappel en werd er dus geen belasting op geheven.

P&G was erop gebrand dat hun product als iets anders zou worden gecategoriseerd dan 'aardappelchips', zodat er geen VAT op zou worden geheven. Ze wilden gebruikmaken van een maas in de wet: als voor een product verdere toebereiding vereist is, ontloopt het de belasting – een uitzondering die vermoedelijk bestaat opdat gesneden aardappelen (geen luxeproduct) niet in de categorie terechtkomen waarop belasting wordt geheven. En zo begon een lange juridische strijd.

In 2004 bracht P&G een nieuw product op de markt, Pringles Dippers.[1] Die hadden een lepelvorm en waren iets dikker, zodat er een nieuwe serie dipsauzen mee opgeschept kon worden. P&G legde hun nieuwe product meteen voor aan een fiscale rechtbank, met de bewering dat dit dippen 'verdere toebereiding' vormde. De rechtbank ging daarin mee, oordeelde ten gunste van P&G en voegde daaraan toe dat Pringles Dippers geen aardappelchips waren omdat ze 'er niet op leken en niet het benodigde aardappelgehalte' hadden. Deze uitspraak legde het fundament voor de daaropvolgende door P&G aangespannen zaken, die liepen van 2007 tot 2009.[2-4]

De door P&G aangestelde advocaat was Roderick Cordara QC, die in Cambridge met glans was afgestudeerd in de rechten, en op wiens website aanbevelingen staan waaronder, toepasselijk genoeg, 'hongerig naar winst'. Cordara stelde dat Pringles vanwege de combinatie van een laag aardappelgehalte (rond de 40 procent) en het productieproces meer op cake leek. Cake is volgens de wet 'essentieel' voedsel en dus vrijgesteld van VAT.

Dit is hoe in het vonnis werd samengevat wat volgens Cordara de 'fundamentele kenmerken' van Pringles waren. Het is waarschijnlijk een van de eerlijkste beschrijvingen van industriële voedselbewerking die je zult lezen: 'In tegenstelling tot een chip wordt een Pringle niet gemaakt door een aardappel in plakjes te snijden en te bakken. Hij wordt gemaakt van deeg, zoals een cake of een koekje. Het deeg wordt in een gestandaardiseerde metalen vorm geduwd en vervolgens via een lopende band door het bakproces geleid [...] waardoor je een uniforme vorm, kleur en textuur krijgt.'

Er staan nog meer details in het vonnis: 'Het unieke kenmerk van de traditionele Pringles was dat bij het productieproces olie overal in de textuur van het product de ruimtes vult waar het water tijdens het bakken uit verdwijnt. Bij aardappelchips blijft het vet voornamelijk aan de oppervlakte.'

P&G ging tweemaal in beroep. In het vonnis uit 2008 stond dat traditionele Pringles vrijgesteld moesten worden van VAT – een grote overwinning voor het bedrijf, maar de Britse belasting- en douanedienst ging in 2009 tegen de uitspraak in beroep, en de voorzittende rechter, Lord Justice Jacob, oordeelde dat dit geen kwestie was die 'om een omslachtige, bijna geestdodende juridische analyse vraagt'.

Niettemin beslaat het vonnis vijftien pagina's en maakt duidelijk waarom beide zijden er zoveel energie in staken. Het begint op een shakespeareaanse toon: 'Zijn Pringles "net zoiets als aardappelchips en gemaakt van de aardappel?" Dat is de vraag. Van [dit oordeel] hangt nogal een hoop geld af – wel 100 miljoen pond voor het verleden en ongeveer 20 miljoen pond per jaar voor de toekomst.'

P&G beweerde dat het product een voldoende groot aardappelgehalte moest hebben om het 'aardappelachtig' te maken. Maar Jacob kon zich niet voorstellen dat de overheid aan iets de eis wilde stellen om die eigenschap te hebben. 'Het is een aristotelische vraag: heeft het product een "essentie van aardappel"?'

Nadat Jacob geciteerd had uit juridische teksten die teruggingen tot 1921, stelde hij dat je de vraag of Pringles van aardappel was gemaakt beter door een kind kunt laten beantwoorden dan door een voedingswetenschapper of een culinaire deskundige. 'Ik denk dat de meeste kinderen als je ze zou vragen of jellies met framboos erin van gelei "waren gemaakt", wel zo slim zouden zijn om "ja" te zeggen, ondanks de frambozen.'

Na jaren van juridische touwtrekkerij verloor P&G het laatste beroep. Pringles, oordeelde de rechtbank, *zijn* van aardappel gemaakt. Er is nog altijd VAT op van toepassing. De vraag of je het dippen van een chip in een saus 'verdere toebereiding' mocht noemen werd opgelost in 2005 in de zaak United Biscuits vs HMRC (De Britse belasting- en douanedienst), die ging over McCoy's Dips, waarbij een rechtbank oordeelde dat je dat in normaal Engels taalgebruik niet zo mocht noemen. In een vernietigend oordeel werd gesteld dat 'de koper van een product [van United Biscuit] niets anders moet doen dan een pak chips en een pot dipsaus openmaken. Hij kan de chips al of niet in de pot dopen. Het naar de mond brengen van de chip, al of niet met een tussenstop in de pot, wordt naar ons oordeel algemeen en correct omschreven als eten; het is geen toebereiding.'

Pringle Dippers zijn inmiddels niet meer verkrijgbaar. Toch vraag ik me af of de juridische strategie zo geraffineerd was en zo gericht op de lange termijn dat het bedrijf die hele serie producten lanceerde louter en alleen om het juridische precedent te scheppen dat in hun verschillende rechtszaken werd gebruikt. Natuurlijk, de 3,5 miljoen pond (3,9 miljoen euro) die werd besteed aan de marketing van Pringle Dippers zou snel worden terugverdiend als ze die VAT hadden weten te ontlopen. En hoewel het de Britse belasting- en douanedienst ongetwijfeld minder kost om die zaken aan te vechten dan om ze toe te geven, is het opmerkelijk dat ze die strijd überhaupt moeten aangaan.

Typ de naam van een van de pakweg tien bedrijven die het grootste deel van ons UPF maken in op een database en je vindt honderden van zulke zaken, de een nog vermakelijker dan de andere. En de Britse belasting- en douanedienst (die jou en mij vertegenwoordigt) verliest vaak; Doritos, Twiglets, Deltas, Skips, Cheeselets, Mignon Morceaux, Ripplins en Wheat Crunchies hebben allemaal een nultarief gekregen.

Het voelt alsof jij en ik deze snacks in feite subsidiëren. En we verdienen dat geld niet terug door de producten goedkoper te krijgen – als je naar de prijzen kijkt van alle snacks, blijkt daar niet uit of er belasting op wordt geheven of niet. Als een bedrijf de VAT niet betaalt, privatiseren ze in feite een publiek artikel.* Zelfs als je die snacks niet eet, lijk je er tweemaal voor te betalen: je betaalt de subsidie als er geen belasting op wordt geheven en je betaalt voor de advocaten die de Britse belasting- en douanedienst betaalt om QC's als Cordara te verslaan.

Die processen gaan de hele tijd maar door, een wapenwedloop met steeds duurdere advocaten en steeds ingewikkelder argumenten.

Kellogg's heeft onlangs de Britse overheid een proces aangedaan

* Ik vind die hele episode moeilijk te rijmen met de online bewering van de leiding van P&G dat het bedrijf 'altijd streeft om zijn kennis en ervaring in te zetten om het leven van consumenten te verbeteren'.

waarin het de rechtmatigheid aanvocht van nieuwe wetgeving die zou betekenen dat veel Kellogg's-producten niet meer gepromoot of op de meest prominente plekken in supermarkten geplaatst konden worden. Het bedrijf stelde dat we ontbijtgranen meestal met melk eten en dat we hun suikergehalte dus moesten beoordelen samen met de melk, wat het gewicht natuurlijk aanzienlijk zou verminderen.[5, 6] Kellogg's verloor, maar het kostte iedereen een hoop geld. Chris Silcock, directeur van de Britse tak van Kellogg's, zei dat ze teleurgesteld waren over het resultaat en dat bedrijven misschien 'hogere prijzen zouden gaan rekenen'.

Misschien ga je uiteindelijk meer voor ontbijtgranen betalen om de advocaten van Kellogg's te betalen en iets meer belasting om de advocaten van de Britse belastingdienst te betalen.

Ik zie het ontduiken van belasting als een onderdeel van ultrabewerking, zoals gedefinieerd door het NOVA-systeem en Monteiro. De juridische teams wier taak het is de belastingverplichtingen te verminderen om de winst te verhogen zijn een noodzakelijk stadium in het bewerken van het voedsel. Alle voedingsmiddelenbedrijven hebben ze. En het gaat niet altijd alleen over belastingen. Er zijn een aantal andere uitbestede kosten van UPF, die verband houden met Monteiro's oorspronkelijke definitie dat het doel van ultrabewerking is om uiterst winstgevende producten te maken. Ik wil me concentreren op de drie belangrijkste: vernietiging van het milieu (waaronder klimaatverandering en landgebruik), antibioticaresistentie en plasticvervuiling.

Ten eerste: het klimaat.

De mens heeft al heel lang substantiële invloed op het klimaat van de aarde, maar ons huidige voedselsysteem, gedreven door de vraag naar UPF, vernietigt het ecologische kapitaal veel sneller dan het kan herstellen.*

* In de 'nieuwe wereld' markeert 1492 het begin van de 'columbiaanse uitwisseling', een vreemd eufemisme dat handel en wederzijds profijt impliceert, in plaats van wat er werkelijk gebeurde – het begin van een periode die bekendstaat als het Grote Sterven, maar die je beter kunt omschrijven als het Grote Doden. Historici die de precolumbiaanse geschiedenis van Amerika bestuderen, beschrijven een

De impact van het huidige voedselsysteem is niet houdbaar voor de volgende paar decennia – laat staan voor de volgende paar millennia. De prijs voor het milieu is zo immens groot dat zelfs als we alle uitstoot van fossiele brandstoffen zouden stoppen, de uitstoot van het wereldwijde voedselsysteem alleen ons ruim boven de fatale 1,5 graad temperatuurstijging in 2100 zou brengen.[12] En al zal het verbouwen en verwerken van voedsel voor 8 miljard mensen altijd een impact

---

cyclus van moord, geweld en slavernij met Columbus als katalysator en voortgezet door latere Europeanen om de grondstoffen van het continent te exploiteren. De komst van de Europeanen bracht een golf van epidemische ziekten op gang: mazelen, pokken, builenpest en respiratoire virussen als griep.[7-9] Wetenschappers van uiteenlopende signatuur hebben samengewerkt om een ruwe schatting te maken van de bevolking kort na 1492. Collega's van het UCL hebben de totale bevolking van Noord-, Midden- en Zuid-Amerika in 1500 op rond de 60 miljoen geschat. Er waren bloeiende samenlevingen – in het Amazonegebied leefden wel 20 miljoen mensen, waar ze complexe landbouwsystemen hadden: ze verbouwden zoete aardappel, rijst, cassave, pinda's, chilipepers en maïs. Archeologische opgravingen hebben stenen heuvelterrassen, afwateringssystemen en verhoogde velden blootgelegd, en uitgebreide aanpassingen in het landschap met behulp van vuur, het verwijderen van niet-nuttige planten en verspreiding van zaden. Slechts honderd jaar na de komst van Columbus was het bevolkingsaantal gedaald naar 6 miljoen. De bevolkingsdaling van 90 procent had tot gevolg dat veel landbouwgrond weer bos werd. Op 56 miljoen hectare grond groeiden weer bomen, waarbij 7,4 miljard ton CO_2 aan de atmosfeer werd onttrokken. Volgens het team van het UCL kan deze herbebossing hebben geleid tot de 'kleine ijstijd', die in afbeeldingen van wintertaferelen in veel zeventiende-eeuwse schilderijen te zien is.[10, 11] Hetzelfde kan in Australië zijn gebeurd. Vroege menselijke populaties verbrandden vermoedelijk bossen om grasland te bevorderen, waar ze konden jagen, en misschien had dit invloed op de komst van de zomermoesson, zoals is gebeurd in Noord-Afrika in de voormalige moerassen die tegenwoordig de Sahara zijn. Dit zijn controversiële stellingen, en terecht, maar het lijkt erop dat zelfs oeroude samenlevingen een substantiële invloed konden uitoefenen op het wereldwijde weer, het klimaat en de geografie. Dat moet ons er niet van weerhouden om de kennis van inheemse volkeren te integreren in het voedings- en milieubeleid. De kennis van inheemse volkeren heeft praktische waarde, en inheemse volkeren hebben rechten op grondgebruik. Dit waren en zijn gemeenschappen die duizenden jaren duurzaam op dit land hebben geleefd. Niet dat ze helemaal geen impact hadden, maar ze hebben niet in minder dan een eeuw het fundamentele ecologische kapitaal aangetast.

op het milieu hebben, vooral UPF is de grote motor achter de uitstoot van CO_2 en de vernietiging van het milieu.

Als de huidige dieettrends doorgaan, zal de broeikasuitstoot van lege calorieën (calorieën zonder toegevoegde voedingswaarde) in 2050 naar schatting verdubbeld zijn. In Australië bijvoorbeeld draagt UPF naar schatting al meer dan een derde bij aan de totale dieetgerelateerde milieueffecten.*

Ik sprak af met Rob Percival, hoofd voedingsbeleid van de Soil Association, om inzicht te krijgen in de milieueffecten van UPF. Hij spreekt als een beleidsdeskundige met een graad in de filosofie (en dat is hij ook), en zijn lange haar, sikje en overmaatse gebreide trui geven hem iets van een surfer. Ik wilde weten hoeveel milieuschade specifiek aan UPF te wijten is in vergelijking met de productie van voedsel in het algemeen.

'De belangrijkste vraag,' zei hij, 'is niet "Wat is de CO_2-voetafdruk van een specifiek product?", maar "Welke voedingsmiddelen zouden we aantreffen in een voedselsysteem dat de klimaat- en natuurcrises zou helpen oplossen?"'

Volgens Percival roept UPF zeker vragen op over het milieu, maar de kwestie gaat veel dieper. Dat ons dieet zoveel UPF bevat is een symptoom van een verziekt voedselsysteem: 'Het huidige mondiale voedselsysteem is fundamenteel gericht op het produceren van zo veel mogelijk voedsel.'

Gegeven het feit dat we met heel velen zijn en dat veel mensen honger lijden, lijkt dat verstandig. Maar het heeft geleid tot perverse resultaten, legde Percival uit. Om deze hoeveelheid voedsel te kunnen produceren heeft de landbouwindustrie geïnvesteerd in een handvol hoogrenderende gewassen en producten,** steevast geteeld op land waar tropisch oerwoud zou moeten staan, met gebruikmaking van agrochemische middelen – meststoffen, bestrijdingsmiddelen, on-

* Meer specifiek: 35 procent van het watergebruik, 39 procent van het energieverbruik, 33 procent van koolstofdioxide-equivalenten en 35 procent van het grondgebruik.[13]

** Waaronder palmolie, soja-eiwit en sojaolie, suiker, tarwe, maïs, vlees, melk en eieren.

kruidverdelgers, en natuurlijk veel, heel veel fossiele brandstoffen. Met steun van overheidssubsidies heeft deze aanpak geleid tot een mondiale productie van basisgewassen en een afnemende voedseldiversiteit.

Willen die basisgewassen winstgevend zijn, dan moet er iets van worden gemaakt, en er zijn twee opties (of drie, als je biobrandstof meetelt): 'Je kunt de gewassen door een fabrieksmatig gekweekt dier heen halen om vlees te produceren, of ze verwerken tot agressief aan de man gebracht UPF.'

Specifiek voedsel telen voor specifieke gemeenschappen is een gedoe. Het is veel winstgevender om een klein aantal dingen te telen met maximale efficiëntie, en ze vervolgens te kleuren, van smaak te voorzien en te vermarkten als divers voedsel. Zoals we hebben gezien kan alles van kipnuggets tot ijs worden gemaakt van dezelfde basisvloeistoffen en -poeders.

'Fabrieksmatig kweken en UPF's zijn twee kanten van dezelfde industriële voedselmedaille,' zei Percival. 'En dan wordt heel veel van dat fabrieksmatig gekweekte vlees (maar niet alles) vervolgens tot UPF verwerkt.'

Het resultaat hiervan is dat van de duizenden verschillende plantensoorten en dierenrassen die sinds het ontstaan van de landbouw zijn gecultiveerd, slechts twaalf planten- en vijf diersoorten 75 procent van al het voedsel vormen dat op aarde wordt gegeten en weggegooid.[14-17]

En hoewel suiker vaak de schuld krijgt van de schadelijke effecten op de gezondheid, is een substantieel deel van de caloriebelasting van UPF afkomstig van geraffineerde plantaardige oliën. Plantaardige oliën zijn van een heel kleine bron van calorieën uitgegroeid tot de dominante brandstof in het mondiale dieet. Palmolie is momenteel de olie die we het meest eten en wordt steeds beruchter vanwege zijn impact op het milieu.

Sinds 1970 is meer dan de helft van het maagdelijke regenwoud in Indonesië vernietigd voor de oliepalm.[18, 19] Tussen 2015 en 2018 is 130.000 hectare ontgonnen om in Indonesië oliepalmen te kweken.[20] Dat is een gebied ongeveer zo groot als de provincie Utrecht. Zelfs als je er in een vliegtuig overheen zou vliegen, zou het zich in alle richtingen van horizon tot horizon uitstrekken. Je kunt het letterlijk niet in zijn geheel zien als je niet de ruimte in gaat. Dit werd bereikt met kettingzagen en hak- en brandtechnieken – de bodem van de jungle is brandbaar veen. De schaal van de CO_2 die hierbij vrijkomt is moeilijk te vatten. Op verschillende afzonderlijke dagen kwam er bij de branden in 2015 meer CO_2 vrij dan in de complete economie van de Verenigde Staten.[21]

Rond driekwart van de geproduceerde palmolie wordt gebruikt in UPF. De rest wordt gebruikt in zeep, scheerschuim, tandpasta, lippenstift en talloze andere huishoudelijke producten.[22] Naar mijn mening ís een product dat palmolie bevat UPF, en hetzelfde zou je kunnen zeggen van alle RBD-oliën (RBD staat voor geraffineerd, gebleekt, ontgeurd). Hieruit blijkt hoezeer ons voedselsysteem is gecorrumpeerd, want deze sterk bewerkte oliën gelden als simpele keukeningrediënten of NOVA-groep 2. En dan is er nog een afzonderlijke discussie over hun effect op de menselijke gezondheid, waarop ik hier niet zal ingaan.

Zelfs als je daar niet in meegaat, zul je moeilijk een product met palmolie kunnen vinden dat geen UPF is. Koudgeperste palmolie wordt in veel landen in de keuken gebruikt, maar het is nog iets heel anders dan de sterk gemodificeerde stof met behulp waarvan zoiets als chocoladepasta van Nutella wordt gemaakt.

Voor een grootschalige boycot zou je de oliën in UPF moeten vervangen door iets anders, en dit biedt de bedrijven de kans om met een efficiëntie-argument te schermen. Ze beweren dat palmolieplantages de meest efficiënte vorm van calorieproductie zijn omdat er tienmaal zoveel land nodig zou zijn om dezelfde hoeveelheid olie uit bijvoorbeeld kokospalmen te winnen, wat betekent dat we tienmaal zoveel regenwoud zouden moeten kappen.

Natuurlijk is dit argument in meerdere opzichten misleidend. Zo kunnen we in gematigde, niet-tropische klimaten andere bronnen van vet telen, zoals zonnebloemen. Dat neemt meer land in beslag, maar zal veel minder impact hebben op de uitstoot van CO_2. In de bodem in gematigde klimaten is veel minder CO_2 opgeslagen dan in bijvoorbeeld een veenmoeras op Borneo, en het land wordt al eeuwen, soms al duizenden jaren bewerkt, dus het draagt veel minder bij aan klimaatverandering dan het kappen van maagdelijk tropisch regenwoud om palmen te kweken.

Iets anders wat de industrie regelmatig beweert, is dat er zoiets is als duurzame palmolie. Maar aan de manier waarop we UPF produceren is niets duurzaams. Het woord 'duurzaam' heeft geen formele betekenis bij welke onafhankelijke instantie ook. Duurzaamheidscriteria worden voornamelijk vastgesteld door de industrie en in het algemeen betekent die aanduiding gewoon dat een boerderij die het teelt geen nieuw oerwoud mag ontginnen. Maar als het bos het jaar voor het indienen van de aanvraag van de aanduiding is gekapt, is er niets aan de hand.

En waarom eten we überhaupt palmolie uit Indonesië? Heel veel UPF is niet strikt noodzakelijk, dus het is grotendeels landverspilling om de grondstoffen ervoor op deze manier te telen. Geen van de UPF-snacks en luxegoederen zijn noodzakelijk voor het menselijk dieet, wat betekent dat de impact op het milieu grotendeels vermijdbaar is.

Bovendien is het huidige voedselsysteem niet efficiënt, zoals een team van voedingsingenieurs van Wageningen Universiteit besprak in een artikel uit 2016.[23] De auteurs benaderen dit probleem op twee vernuftige manieren. Ten eerste wijzen ze erop dat er veel minder energie in ons voedsel zit dan nodig is om het te maken. De mensen in de steentijd zouden niet hebben overleefd als ze ditzelfde bewerkingsniveau met de hand voor elkaar hadden moeten krijgen. De mechanisering brengt de illusie van energie-efficiëntie met zich mee, maar in feite is het niets meer dan kostenefficiëntie, mogelijk gemaakt met enorme hoeveelheden goedkope fossiele brandstof. Olie is goedkoop om dezelfde reden dat UPF goedkoop is: omdat we die volgens het Internationaal Monetair Fonds en een heleboel andere mensen met zijn allen subsidiëren door rond 5,6 biljoen (ja, biljoen) euro aan externe kosten te betalen, zoals gestegen kosten van de gezondheidszorg vanwege luchtvervuiling en de kosten van een veranderend klimaat.[24]

De tweede inefficiëntie die ze noemen is dat planten een enorme hoeveelheid potentieel voedzaam eiwit produceren, maar dat we daar amper iets van eten. In plaats daarvan voeren we het aan dieren.[25] Tot vrij recent waren dieren een manier om van plantaardig eiwit van lage kwaliteit (gras, bladeren, voedselafval en veevoer) eetbaar eiwit van hoge kwaliteit te maken. Maar de eisen van de intensieve landbouw, die vereist dat dieren snel worden gefokt, betekenen dat dieren tegenwoordig vrij voedzame planten te eten krijgen die mensen ook zouden kunnen eten.

Het is bekend dat vlees als voedingsbron minder koolstofefficiënt is dan planten. Bij de productie van 100 gram rundvlees wordt gemiddeld minstens 25 kilo CO_2 uitgestoten. Kip produceert met 4-5 kilo per 100 gram veel minder CO_2, maar we eten veel meer kip dan rundvlees. Tofu produceert per 100 gram 1,6 kilo CO_2, bonen 0,65 kilo en erwten 0,36 kilo. Sommige noten zijn zelfs na transport koolstofnegatief, omdat noten van bomen gewassen vervangen en CO_2 uit de lucht halen.[26]

Het is ook mogelijk rundvlees en kip op zo'n manier te produceren dat CO_2 wordt vastgelegd, en er zijn veel agro-ecologische systemen waarbij zonder chemische middelen wordt gewerkt en waarbij grazende en scharrelende dieren een gezonde bodem en natuurlijk kapitaal helpen opbouwen op een manier die het lokale en mondiale ecosysteem ondersteunt. Maar het is dubieus of met deze methoden voldoende vlees kan worden geproduceerd om te voldoen aan onze huidige, en nog groeiende eetlust.* Als we meer vlees blijven eten, zal daar meer tropisch oerwoud voor moeten worden vernietigd, wat dan weer pandemieën en klimaatverandering bevordert.

En de aard van UPF is nu eenmaal zodanig dat er in het productieproces meestal geen plaats is voor zorg voor het milieu of een hoge standaard van dierenwelzijn. De productie van UPF moedigt buitensporige consumptie van voedsel aan, en dat gaat onvermijdelijk ten koste van onze kennis van de oorsprong ervan. Als je vers rundvlees of verse kip koopt, staat meestal op de verpakking 'met gras gevoerd' of 'met maïs gevoerd'. Mensen willen vaak weten van welke boerderij het afkomstig is. Maar slechts heel weinig mensen vragen wat de kip

* Momenteel wordt rond 80 procent van de landbouwgrond in de wereld gebruikt om dieren te laten grazen of gewassen te produceren om dieren te voeren. Het gecombineerde gewicht van dieren die voor voedsel worden gefokt is momenteel tienmaal het gecombineerde gewicht van alle wilde zoogdieren en vogels tezamen.[27, 28]

in hun voorverpakte UPF-sandwich te eten heeft gekregen, al blijkt dat wel een belangrijke vraag te zijn.

Neem een sojaboon, een van de oudste gecultiveerde planten ter wereld. Traditioneel is soja niet algemeen als voedselgewas gebruikt, omdat het smerig smaakt en moeilijk verteert. Je kunt het fermenteren en er goed eiwit uit winnen in de vorm van tofu (of het vroeg oogsten voor edamame), maar het is voor de meeste mensen tot voor kort nooit een belangrijke bron van calorieën geweest.

Maar met ongeveer 42 procent eiwit is soja heel efficiënt om massaal dieren te voeren als het intensief wordt bewerkt met behulp van een heleboel fossiele brandstof. De peulen worden eerst geschud om stelen en vuil te verwijderen, dan gedroogd in enorme verwarmers, mechanisch gepeld, vervolgens met reusachtige rollers geplet tot kleine deeltjes, en ten slotte gerehydrateerd en tot vlokken gerold. Er wordt olie aan onttrokken met een brandbaar oplosmiddel, hexaan, en de vlokken kunnen aan dieren worden gevoerd of verder opgewarmd, gekoeld, fijngemalen, opgelost bij een pH-waarde van één en dan bij een andere waarde neergeslagen om 'eiwitisolaat' te maken, dat kan worden toegevoegd aan UPF voor grootverbruik, mondgevoel of om het product te kunnen vermarkten als eiwitrijk. Soja is een goed voorbeeld van de onderlinge afhankelijkheid van intensieve landbouw en de UPF-industrie. Zo'n 75 procent van de soja is voor dierenvoer, maar de markt voor sojaolie is ook uiterst lucratief – sojaolie komt in allerlei UPF terecht.[30]

Dit is geen efficiënte manier om van een plant voedsel te maken (in vergelijking met bijvoorbeeld het eten van de plant), maar het is goedkoop, zo goedkoop dat veel van het eiwit in soja aan kippen wordt gevoerd (en aan varkens en melkkoeien), die vervolgens worden gebruikt om UPF te maken.[31]

Kip is het populairste vlees. In het VK worden elk jaar rond 1 miljard kippen gefokt (vijftien op elke volwassene of kind – het dubbele van het wereldwijde gemiddelde), en 95 procent daarvan zijn snelgroeiende rassen die binnen intensief worden gefokt. Er lopen er vrijwel geen op het erf rond. En nu met de vogelgriep de kippen binnengehouden moeten worden, behoren scharrelkippen wellicht tot het verleden.

De beste manier om aan een kip geld te verdienen is er zo min mogelijk tijd aan te besteden. Als je een kip als huisdier houdt, leeft die ongeveer zes jaar. Maar voor 95 procent van de kippen die we eten is de tijd tussen geboorte en slacht slechts zes weken – minder dan 2 procent van hun natuurlijke levensduur. Scharrelkippen leven ongeveer acht weken, en biologische scharrelkippen ongeveer twaalf (daarom zijn ze duurder). Puur commercieel gezien zijn legbatterijen een groot succes gebleken: de reële kosten van kippen zijn vandaag de dag bijna drie keer zo laag als in de jaren zestig.[32]

Deze kippen krijgen een eiwitrijk dieet van wat vismeel en veel soja.

Elk jaar wordt in het VK 3 miljoen ton soja geïmporteerd, en het meeste daarvan heeft een milieuvernietiging teweeggebracht die het wereldwijde klimaat nu al beïnvloedt.[33-35]

Soja is als industrieel dierenvoer zo dominant dat de gemiddelde persoon in het VK of Europa rond de 61 kilo soja per jaar consumeert, voornamelijk in de vorm van dierlijke producten als kip, varkensvlees, zalm, kaas, melk en eieren.[36] Slechts 20 tot 30 procent van de geïmporteerde soja is 'gecertificeerd duurzaam' (en we hebben het er al over gehad hoe weinig dat betekent). Dus als je in het VK woont, is er een tennisbaan aan grond die in de tropen alleen voor jou soja produceert, en het meeste daarvan is afkomstig van plekken als Brazilië en Argentinië, waar de ecosystemen die het klimaat wereldwijd beïnvloeden worden vernietigd.*

Als de huidige trend zich voortzet, zal de wereldwijde vleesproductie de komende dertig jaar bijna verdubbelen, en dan zullen we een gebied nodig hebben zo groot als Europa om de soja en maïs te kunnen produceren waarmee we de dieren voeren.

* Sinds de jaren zestig is de helft van de Cerrado verloren gegaan aan de sojaproductie en begrazing door vee. De overzeese 'sojavoetafdruk' van het VK is een gebied zo groot als Wales – 1,7 miljoen hectare van voormalig regenwoud waar niet langer gordeldieren, miereneters, jaguars of mensen huizen die daar duizenden jaren hebben geleefd.[37] Op het niveau van één persoon geldt deze schaal van impact ook voor de VS (die een ongeveer vijfmaal zo grote bevolking heeft als het VK) en de meeste westerse economieën.

En bij vernietiging van habitat blijft het niet. Het gebruik van bestrijdingsmiddelen op soja in Noord- en Zuid-Amerika wordt in verband gebracht met geboorteafwijkingen en hogere kankercijfers onder de plaatselijke bevolking. In Argentinië is de sojaproductie sinds 1990 verviervoudigd terwijl het gebruik van onkruidverdelgers met de factor elf is gestegen. In deze gebieden is het aantal miskramen en geboorteafwijkingen toegenomen. In heel Argentinië wordt rond 20 procent van de sterfgevallen veroorzaakt door kanker, maar in deze gebieden is dat meer dan 30 procent.[38-40]

Die effecten lijken misschien ver weg, maar dat geldt niet voor de effecten op het klimaat wereldwijd. De voedselzekerheid die velen van ons genieten is het product van een productiesysteem dat de kosten laag heeft gehouden door ongecultiveerd land te vernietigen en niet te betalen voor de kosten van CO_2 in de atmosfeer. Ironisch genoeg zal die aanpak een enorme voedselonzekerheid creëren. Dat gebeurt al overal ter wereld, maar nergens directer dan in de delen van het Amazonegebied die ontbost zijn voor de sojateelt.

Voor regen in het binnenland moeten er bomen zijn. Regenwolken kunnen op zichzelf niet verder dan 400 kilometer vanaf de zee afleggen, dus voor regen in het midden van een continent – bijvoorbeeld de regen die het centrale oerwoud van de Amazone creëert – moet het bos tot aan de kust doorlopen. Ongeveer de helft van de regen die in het Amazonegebied valt, is afkomstig van de bomen. Zoals elke leerling aardrijkskunde weet, verdampt water vanuit de zee en valt vervolgens als regen op kustbossen. Die bomen 'ademen' waterdamp uit, waardoor nieuwe wolken worden gecreëerd die verder landinwaarts drijven in zogeheten 'vliegende rivieren'.

Zo bereikt water de soja- en maïsplantages in Centraal- en West-Brazilië, een cruciaal gegeven. Als je het bos vernietigt krijg je minder regen. Een onderzoek uit 2019 toonde aan dat het regenseizoen in de provincie Mato Grosso in tien jaar tijd een maand korter was geworden,[41-42] en dat veel van de grootste sojaboerderijen in Brazilië nu last hebben van de droogte die ze zelf hebben veroorzaakt.

Rivieren omleggen is niet mogelijk, want het rivierwater is afkomstig van regen.[43] Ten gevolge van hogere temperaturen en droogten is het zuidoostelijke Amazonegebied een bron van CO_2 geworden in plaats van een koolstofput, en volgens sommige schattingen produceert het Amazonegebied nu meer CO_2 dan het opslaat.[44, 45]

Dus de grootste bedreiging van de Braziliaanse landbouwindustrie is… de Braziliaanse landbouwindustrie.

Waarom maken we ons hier niet druk over? Deels omdat deze apocalyptische voedingsinformatie niet op de verpakking staat. Misschien is het gewoon lastig om je over elk ingrediënt op een lijst van dertig dingen af te vragen. Verpakking en verwerking creëren een afstand tussen de consument en het milieu.*

We vertrouwen erop dat de fabrikant goed heeft gekeken waar hij zijn kippen vandaan haalt. Dat is de macht van een merk. Maar als je denkt dat er bij een chiquer en dus duurder merk meer zorg is besteed aan het type kip in je UPF, dan heb je het mis.

In het voorjaar van 2022 werd in Cranswicks voedselverwerkende fabriek in Hull salmonella ontdekt tijdens een 'interne routine-inspectie'. Cranswick presenteert zichzelf als producent van 160 ton delicatesse-kip voor sandwiches en maaltijden. Salmonella presenteert zichzelf als een bacterie die diarree, koorts en maagkrampen veroorzaakt en elk jaar in het VK zo'n vijftig mensen doodt.

Meer dan honderd goedkopere merken werden teruggeroepen. Maar dat gold ook voor duurdere merken. Het hele spectrum van de Britse voedingsdetailhandel was vertegenwoordigd in de terugroepingen: Aldi, Tesco, Starbucks, Amazon, Waitrose, Sainsbury's, Jamie Oliver Deli by Shell, Co-op, M&S, Leon en Pret.

Als je een bedrijf bent dat een kipsandwich maakt, zou je wel gek zijn om meer dan het absolute minimum uit te geven aan de kip. Kip is kip. Bijna niemand denkt na over het vlees in zijn UPF, hoe het wordt behandeld en welke impact het op de planeet heeft.

Het bewerken zelf is zeer energie-intensief. Bij UPF kunnen er vele stadia van verhitten, vermalen, fijnhakken en hercombineren zijn met daartussenin nog transport. Er bestaat discussie of massageproduceerde 'batch cooking' efficiënt is. Het is waar dat het minder efficiënt

* Dit gebrek aan verbinding komt ook tot uiting in hoeveel we weggooien. Het VK is daar een redelijk typisch voorbeeld van: daar wordt ongeveer 25 procent van alle voedsel weggegooid.[46]

is als een miljoen mensen elk een aardappel koken op hun kookplaat dan wanneer een fabriek er een miljoen tegelijk kookt. Maar het is niet efficiënter als de fabriek ze heeft vermalen, gedehydrateerd, verpakt en vervolgens iedereen thuis toch weer kokend water toevoegt om ze te rehydrateren.

Veel UPF-producten bevatten ingrediënten uit vier of vijf continenten. In je lasagne of ijs kan palmolie uit Azië zitten, cacao uit Afrika, soja uit Zuid-Amerika, tarwe uit de VS, smaakstoffen uit Europa enzovoort. Veel van die ingrediënten worden meer dan eens verscheept – vanuit een boerderij in Zuid-Amerika naar een verwerkingsfabriek in Europa, vervolgens naar een fabriek voor secundaire bewerking en verpakking in een ander deel van Europa, dan naar de klanten, die misschien wel in Zuid-Amerika vlak naast de boerderij wonen.

Weet je nog dat er in Barcarena schuiten werden gevuld bestemd voor Europa? Het is bijna zeker dat in elk geval een deel van die soja uiteindelijk in Muaná terecht is gekomen. Dat is niet echt een argument voor efficiëntie.

We zouden ons ten minste een systeem kunnen voorstellen gebaseerd op agro-ecologische landbouw en de consumptie van een uiteenlopend scala aan vers en minimaal bewerkt volwaardig voedsel.[47] Zo'n systeem zou biodiversiteit bevorderen en heeft het vermogen om genoeg gezond voedsel te produceren voor een groeiende bevolking met een kleinere ecologische voetafdruk dan nu het geval is, wat heel positief zou zijn voor het klimaat. We zouden substantieel minder vlees moeten eten, maar het model toont aan dat het mogelijk is.[48-53] Met dit nieuwe, biologische systeem van landbouw zou vers en minimaal bewerkt volwaardig voedsel overvloediger verkrijgbaar zijn en mogelijk goedkoper. Maar in zo'n systeem zou niet worden gekozen voor de monoculturen die voor UPF nodig zijn en die zoveel schade aanrichten. Door het landbouwsysteem te herstellen zodat het duurzamer wordt, zouden de productiekosten van volwaardige voeding moeten dalen (zonder dat er op fossiele brandstoffen gebaseerde agrochemische middelen nodig zouden zijn) – en de kosten van UPF zouden stijgen. Voor UPF is de huidige destructieve landbouwmethode vereist, en het is het enige mogelijke product van dit systeem. Met een agro-ecologische benadering zouden we de voedselkwaliteit en

-diversiteit verbeteren en alle externe kosten van slechte gezondheid en klimaatverandering verminderen. Het is misschien een illusie om te denken dat het alle problemen zou oplossen, en het zou vrijwel zeker nieuwe problemen met zich meebrengen, maar die zouden in het niet vallen bij de gevolgen die het zou hebben als we het voedselsysteem niet veranderen.

Een andere existentiële bedreiging voor het menselijk leven veroorzaakt door UPF maar niet vermeld op de verpakking is antibioticaresistentie.

Suzi Shingler leidt zowat in haar eentje de Alliance to Save our Antibiotics, een ngo die ervoor probeert te zorgen dat je niet doodgaat als je een urineweginfectie of huidinfectie krijgt, want die zijn niet te behandelen met de bestaande antibiotica. Zelfs de behandeling van kleine infecties in de Britse ziekenhuizen (mijn dagelijks werk) wordt steeds moeilijker, omdat er zoveel resistentie voor antibiotica bestaat.*

Dat is zo omdat antibiotica een vast onderdeel zijn geworden van de zorg voor dieren, en de microben in de darmen van de dieren worden er resistent tegen. We maken ons al lang zorgen over artsen die 'te veel voorschrijven', of antibiotica geven voor virusinfecties (terwijl ze alleen nodig zijn voor bacteriële infecties). Maar dit vormt maar een onbeduidend klein deel van het gebruik van antibiotica. De plek waar we ze het meest gebruiken is bij grootschalige landbouwbedrijven, doorgaans om het chronische tekort aan dierenwelzijn te compenseren.

Er is geen 'biozekere' manier om dieren te fokken waarbij de resistente bacteriën in hun ontlasting ons niet bereiken. In de zuidelijke Verenigde Staten voeren intensieve varkensboerderijen ontlastingsafval af in 'varkenslagunes'. Die worden regelmatig verneveld door

* De genen die resistentie voor antibiotica veroorzaken zijn overal. Je vindt ze in bacteriën in diepe grotten die duizenden of zelfs miljoenen jaren geïsoleerd zijn geweest van de rest van de wereld. Die genen bestaan omdat micro-organismen voortdurend in conflict zijn met elkaar. Antibiotica zijn chemicaliën met behulp waarvan micro-organismen andere micro-organismen doden. In de aldus ontstane wapenwedloop hebben beide partijen in het conflict verdedigingen ontwikkeld, die leiden tot antibioticaresistentie.

tornado's of lopen na stormen over in de watervoorziening. Vliegen* brengen microben die boerderijen in en uit, en die microben worden in ons vlees aangetroffen.

Het wijdverbreide gebruik van antibiotica op boerderijen zou ertoe kunnen leiden dat we terugkeren naar een tijd waarin er geen effectieve antibiotica bestaan. Als je kind een arm breekt op een trampoline en een botschroef nodig heeft, zal dat bijna onmogelijk worden. Je zou geen chemotherapie kunnen krijgen voor de kanker die is veroorzaakt door het UPF dat je hebt gegeten omdat voor chemotherapie regelmatig antibiotica nodig zijn, omdat de therapie het immuunsysteem onderdrukt.[54-56] Een simpele urineweginfectie zou zich naar je nieren kunnen verspreiden en permanente schade veroorzaken. En dit gebeurt al. Public Health England meldde in 2018 meer dan 60.000 ernstige antibioticaresistente infecties.

Er is daarom in het VK en Europa een aantal beleidsbeslissingen genomen om het gebruik van antibiotica te beperken. Dat klinkt goed, maar hoewel de meeste Britse supermarkten een goed beleid hebben om het gebruik van antibiotica te beperken, heeft dat beleid meestal alleen betrekking op producten van het eigen merk, afkomstig uit het VK. Dus als je een stuk kip of rundvlees koopt in een Britse supermarkt, zal dat waarschijnlijk zeer beperkt zijn blootgesteld aan medisch belangrijke antibiotica. Maar met geïmporteerd vlees en bewerkt vlees in UPF is het een ander verhaal, met een veel laksere regelgeving. Ten tijde van dit schrijven passen alleen M&S en Iceland hun antibioticabeleid toe op al hun leveranciers. Dus terwijl de klanten één set van standaarden eisen – en tot op zekere hoogte krijgen – voor volwaardig voedsel, is UPF opnieuw een zeer grote uitzondering.

De derde externe kostenpost die ik wil aanstippen is hoe UPF het milieu schaadt door de productie en het gebruik van plastic. In 2020 werden Coca-Cola, PepsiCo en Nestlé in de jaarlijkse controle van

* Wetenschappers hebben gekeken naar resistentiegenen op bacteriën op de poten van vliegen die wegvliegen van industriële kippenboerderijen, waar zich soms wel 250.000 vogels op één locatie bevinden. De vliegen kunnen de gebouwen vrijelijk in- en uitvliegen en dragen resistente bacteriën met zich mee. Ze brengen al die resistente bacteriën in onze longen, op groentegewassen en in het drinkwater

Break Free From Plastic, uitgevoerd door 15.000 vrijwilligers over de hele wereld, voor het derde jaar op rij genoemd als de grootste plasticvervuilers ter wereld.[57] Coca-Colaflessen waren het meest aangetroffen plastic op stranden, bij rivieren, in parken en andere afvallocaties in 51 van de 55 onderzochte landen. Vorig jaar was het de vaakst weggegooide fles in 37 van 51 onderzochte landen.[58, 59]

In een rapport uit 2020 van het Tearfund werd geconcludeerd dat deze drie bedrijven, plus Unilever, in de ontwikkelingslanden miljarden producten blijven verkopen in flessen, zakjes en pakjes voor eenmalig gebruik, 'en ze doen dit ook al weten ze dat het afval in die context niet goed wordt beheerd; hun verpakkingen worden daarom vervuiling; en die vervuiling richt ernstige schade aan aan het milieu en aan de gezondheid'. Tearfund keek naar een steekproef van zes landen (China, India, de Filipijnen, Brazilië, Mexico en Nigeria) en concludeerde dat Coca-Cola 200.000 ton plasticafval creëert – oftewel ongeveer 8 miljard flessen – die elk jaar in alleen al die landen worden verbrand of gedumpt, genoeg om elke dag 33 voetbalvelden mee te vullen. Elk jaar produceert Coca-Cola wereldwijd 3 miljoen ton plasticafval, en we weten dat daarvan vrijwel niets wordt gerecycled.[60] Een verbijsterende 91 procent van al het plasticafval dat ooit is geproduceerd is niet gerecycled, en is verbrand, op de vuilnishoop beland of simpelweg in het milieu terechtgekomen.

In verklaringen bevestigen al deze bedrijven dat duurzaamheid en het milieu hun ter harte gaan.

Merkwaardig genoeg zou je als je kijkt naar de websites van die bedrijven, gaan geloven dat dit geen voedingsmiddelenbedrijven zijn, maar liefdadigheidsorganisaties die zich wijden aan het verbeteren van het milieu. Dit staat in juli 2022 op de website van Coca-Cola: 'Een wereld zonder afval creëren: de onderling verbonden wereldwijde uitdagingen van verpakkingsafval en klimaatverandering hebben dit tot een zwaartepunt voor ons bedrijf gemaakt, en we kijken heel kritisch naar de verpakkingen die we gebruiken en hoe we verandering kunnen bevorderen.'

V

Maar wat moet ik dan in vredesnaam doen?

18

UPF is ontworpen voor overconsumptie

Resumerend kunnen we zeggen dat dit de wetenschap is achter de manier waarop UPF het menselijk lichaam aantast:

- De vernietiging van de voedselmatrix door fysieke, chemische en thermische verwerking heeft tot gevolg dat UPF over het algemeen zacht is. Dit betekent dat je het snel eet, wat betekent dat je per minuut veel meer calorieën eet en geen vol gevoel hebt tot lang nadat je klaar bent met eten. Het kan ook de omvang en dichtheid van de gezichtsbeenderen verkleinen, met gebitsproblemen als gevolg.
- UPF heeft doorgaans een zeer hoge caloriedichtheid omdat het droog is, en een hoog vet- en suikergehalte en laag vezelgehalte, waardoor je per hap meer calorieën binnenkrijgt.
- Het vervangt divers volwaardig voedsel op het dieet, met name onder groepen met lage inkomens. En UPF zelf heeft vaak onvoldoende voedingsstoffen, wat wellicht ook bijdraagt aan overconsumptie.
- De discrepantie tussen de smaaksignalen uit de mond en de voedingswaarde in bepaalde vormen van UPF verandert de stofwisseling en de eetlust op manieren waar we nog lang niet alles van begrijpen, maar die overconsumptie lijken te bevorderen.
- UPF is verslavend, wat betekent dat sommige mensen onvermijdelijk tot schranspartijen vervallen.
- De emulgatoren, conserveermiddelen, het gemodificeerde zetmeel en andere additieven brengen schade toe aan het microbioom, waardoor inflammatoire bacteriën kunnen gedijen en de darmen kunnen gaan lekken.

- Het gemak, de lage prijs en de marketing van UPF stimuleren ons om constant en gedachteloos te eten, wat leidt tot meer snacken, minder kauwen, sneller eten, toegenomen consumptie en tandbederf.
- Door de additieven en de fysieke bewerking tast UPF ons verzadigingssysteem direct aan. Andere additieven kunnen onze hersenen en endocriene functie aantasten, en het plastic van de verpakking kan de vruchtbaarheid beïnvloeden.
- De productiemethoden die voor UPF worden gehanteerd vereisen dure subsidies en veroorzaken vernietiging van het milieu, CO_2-uitstoot en plasticvervuiling, waar we allemaal schade van ondervinden.

Deze wetenschappelijke argumenten zijn belangrijk, en mensen wie de volksgezondheid ter harte gaat kunnen er hun bewering dat UPF een probleem is waarnaar gekeken moet worden hard mee maken. Maar ik ben bang dat deze argumenten geen werkelijke verandering zullen bewerkstelligen, want de industrie reageert er alleen maar op met nog meer bewerking.

Dat doet ze al: als emulgatoren het microbioom schaden, voegen we nog wat meer probiotica toe. Als het voedsel te zacht is, meer gom erbij. Als het te rijk is aan energie, doen we er wat zoetstoffen bij. De reactie op ultrabewerking is hyperbewerking, ook bekend onder de term herformulering.

Dat is een heel nuttige strategie voor de industrie, want het vertraagt de discussie over waarschuwingen op de UPF-verpakkingen. Maar om twee redenen zal herformulering niet werken.

Ten eerste zijn veel ultrabewerkte producten die momenteel wereldwijd dieetgerelateerde ziekten veroorzaken al geherformuleerd. We herformuleren UPF al veertig jaar. Veertig jaar geleden viel de vervanging van vet door suiker samen met de grootste toename in obesitas. Twintig jaar geleden had de opkomst van de anti-koolhydratenbeweging geen invloed op de stijgende obesitascijfers. Kunstmatige zoetstoffen zijn herformulering. Al die gommen die vet vervangen: dat is herformulering.

Bijna alles wat je eet is geherformuleerd, maar de plannen worden nog steeds groter. De Archer-Daniels-Midland Company (oftewel ADM; omzet rond 80 miljard euro) maakt ingrediënten die in verband worden gebracht met schade aan het microbioom (emulgatoren, stabilisatoren en gemodificeerd zetmeel), maar ook enzymen, prebiotica en postbiotica, en verkoopt daarnaast gepersonaliseerde microbioomdiensten. ADM voorspelt dat de markt voor supplementen om de gezondheid van ons microbioom te verbeteren in 2026 tot 8,5 miljard euro zal zijn gestegen. Waarom zou een bedrijf de emulgatoren verwijderen als je een probiotisch poeder én een emulgator kunt toevoegen?

Maar de voornaamste reden waarom ik niet denk dat we UPF zo kunnen herformuleren dat het beter voor ons is, is dat het is ontworpen om in de grootst mogelijke hoeveelheden te worden gekocht en geconsumeerd. En een voedingsmiddel dat minder wordt geconsumeerd zal nooit zo goed verkopen als een voedingsmiddel dat meer wordt geconsumeerd.*

Er zijn heel wat volksgezondheidsdeskundigen, kinderartsen en voedingsdeskundigen die dit denken, maar wij zitten niet in de industrie. Dus ik legde mijn oor te luisteren bij mensen van binnen de industrie.

In veel academische artikelen die ik las ging het niet over een voedselvoorzieningsketen; eerder over een 'waardevoorzieningsketen' of voedingswaardeketen. En ik begon in te zien dat ik weliswaar de ervaring heb dat voedsel mij wordt geleverd, maar dat ook een stroom van mijn eigen geld in tegengestelde richting vloeit. Die vloeit door de ingrediëntenbedrijven en de bewerkingsbedrijven net zoals elektronen stromen door de eiwitten op de mitochondriën. Elke bewerkingslaag heeft de bedoeling wat extra geld te persen uit die vaak gesubsidieerde gewassen van slechte kwaliteit.

Zo is de menselijke markt voor maïskolven heel klein, maar je

* Sommige mensen denken dat omdat mensen met een toegenomen percentage lichaamsvet meer eten, het in het belang van de voedselbedrijven is dat wij zwaarder worden. Maar ik betwijfel of er bij die bedrijven dat soort gesprekken worden gevoerd. De focus ligt op het volgende kwartaal, niet op de eetlust van de toekomst.

kunt meer geld verdienen door van de maïs maïsstroop met een hoog fructosegehalte te maken, het basisingrediënt van de meeste dranken met een smaakje en een additief in zowat elk product, van barbecuesaus tot appeltaart uit de diepvries. Maïs stroomt de ene kant op langs de bewerkingsketen en geld stroomt in de andere richting terug. Deze bewerkingslagen vergroten het scala aan mogelijke producten die je van maïs kunt maken. Ze verlengen de levensduur, veranderen het smaakprofiel en herformuleren op zo'n manier dat ze een veel bredere groep consumenten aanspreken dan die ene persoon die bij de avondmaaltijd een maïskolf eet. Na het ultrabewerkingsproces kan de maïs op elk moment van de dag of de nacht worden gegeten door sporters, kinderen, zwangere vrouwen, drukbezette forenzen of mensen die iets lekkers willen.

Melk heeft minder toegevoegde waarde dan babyvoeding, yoghurt en ijs. Mensen kunnen maar een beperkt aantal tomaten op, maar als je er ketchup van maakt, of pizza met tomatensaus, krijg je een enorme markt.

Er is de illusie van voedselvoorziening, maar het is in de eerste plaats een geldstroom die een steeds toenemende complexiteit van bewerking stimuleert.

Ik wilde deze geldstroom volgen en onderweg inzicht proberen te krijgen in de prikkels. Maakten bedrijven voedsel dat bedoeld was om overmatig geconsumeerd te worden? En, ook een belangrijke vraag, konden bedrijven ervoor kiezen om anders te werk te gaan?

Ik begon bij de laatste persoon die geld ontvangt als een UPF-artikel wordt verkocht: een boer. Eddie Rixon was zijn koeien weer aan het voeren toen ik hem sprak, op een koude, winderige dag, en rode wouwen scheerden boven ons hoofd. Je wordt niet rijk als je zoals Eddie een boer bent, al heeft hij nog geluk omdat hij eigenaar is van zijn land. Tegen de tijd dat het geld Eddie bereikt, is er niet veel meer over. Boeren ontvangen gemiddeld 27 procent van de consumentenbesteding aan voedsel dat thuis wordt geconsumeerd en een veel lager percentage van voedsel dat buitenshuis wordt geconsumeerd.[1]

Rundvlees produceren is iets anders dan een merkproduct maken. Als je een merk hebt, gaan de mensen het kopen en kun je er veel meer voor vragen. Eddie maakt een gebruiksartikel, zodat zijn product inwisselbaar is voor het product van iemand anders. 'De prijs wordt bepaald door de markt,' zei hij. 'Als ik meer geld vraag omdat mijn kosten zijn gestegen, kunnen de supermarkten het rundvlees ergens anders vandaan halen. Je ontkomt er niet aan dat je wordt afgeknepen.'

Eddie heeft een extra scherp inzicht omdat hij in elk stadium van de voedselketen heeft gewerkt. Voordat hij boer werd, was hij inkoper voor Waitrose, en hij heeft bij Kellogg's gewerkt als verkoopvertegenwoordiger net toen ze een nieuwe snack op de markt brachten: de Nutri-Grainreep. Hij reisde rond en verkocht de nieuwe repen aan supermarkten in het zuiden van Engeland, en hij kreeg een bonus als hij bepaalde targets haalde.

Ik zocht de ingrediënten op van een Nutri-Grainreep, terwijl Eddie zakken met een mineraalmengsel in de laadbak van zijn Land Rover laadde. Die bevatten glucosesiroop, glycerol, citroenzuur, invertsuikerstroop, palmolie, dextrose, fructose, methylcellulose (net zo'n molecuul als carboxymethylcellulose, waar de darmen van knaagdieren van gingen bloeden bij microbioom-onderzoeken) en sojalecithine. Ook zit er wat appelpuree, vruchtenconcentraat en bloem in.

Dacht Eddie dat die gezond waren? 'Ze vertelden ons dat de repen gezonder waren in vergelijking met andere ontbijtopties bij een levensmiddelenzaak, zoals een Mars. Dat zeiden we tegen de mensen van de supermarkten, om ze over te halen ze te kopen,' zei hij. 'Wat ik geloofde is irrelevant.'

Dus Eddie verkocht de repen aan de supermarkt. En hoe meer repen de supermarkt kocht, hoe lager de prijs werd – ze kregen prikkels om meer te kopen en dus meer te verkopen. Als de supermarkt de repen eenmaal had gekocht, zaten ze eraan vast en moesten ze het product agressief aan de man brengen. Eddies baas kon intussen rekenen op teams van Eddies om zo veel mogelijk te verkopen. Iedereen in de simpele waardeketen van Nutri-Grain heeft maar één prikkel: zoveel repen verkopen als je kunt. Niemand in het systeem van de mensen die de reep ontwikkelden tot aan de mensen die hem verkochten, kon zich afvragen of je er misschien minder moest verkopen. En zou het ertoe doen als ze dat wel deden? Kellogg's is verwikkeld in een wapenwedloop met andere bedrijven die soortgelijke nieuwe repen verkopen met soortgelijke gezondheidsclaims, en allemaal azen ze op de plek in de winkel die maximale verkoop garandeert. Als Kellogg's zou besluiten stelling te nemen, zou die plek onmiddellijk worden ingenomen door een ander product van een ander bedrijf.

Paul Hart vertelde me hetzelfde over zijn tijd bij Unilever op de ijsafdeling. Het draaide daar begrijpelijkerwijs om ijs, niet om de volksgezondheid. De taak van zijn team was om de zintuiglijke en smaakervaring te verbeteren, en er was ook een niet-aflatende druk om de kosten laag te houden. Paul vertelde me hoe het was om samen te werken met enkele van de grootste vernieuwers op ijsgebied. Gary Binley was een deskundige op het gebied van spuitkoppen en beluchting en bedacht voortdurend nieuwe manieren om bevroren schuim in verschillende vormen en lagen te extruderen. 'IJs is niet nieuw of beschermd,' legde Paul uit. 'Als je concurrerend wilt blijven, vereist de ijswapenwedloop voortdurende ontwikkeling.'

Paul had duidelijk grote bewondering voor deze wetenschappers, en als ik naar Binleys lijst van spuitkoppenpatenten keek, begreep ik wel waarom.[2] Dit team had enkele van de belangrijkste ijsproducten van mijn generatie geproduceerd, waaronder Viennetta en Twisters. 'Een Twister is een buitengewoon complexe spiraalvormige constructie,' zei Paul bewonderend. 'En het team dacht alleen maar aan de producten.'* Genialiteit kan vele vormen aannemen.

Paul vertelde me over de smaakpanels waarvan ze gebruikmaakten om hun voedingsmiddelen te ontwikkelen. Er waren twee typen. Ten eerste waren er de deskundigenpanels. Paul maakte jarenlang deel uit van een panel dat vetarme spreads proefde. Hij kende alle spreads en hoe die zich gedroegen. Bij dit panel ging het niet zozeer om persoonlijke voorkeur als om een objectieve beschrijving – de menselijke mond als middel om de verschillende variabelen te analyseren. 'Je maakte sterdiagrammen met alle verschillende variabelen van een product: korreligheid, zoutheid, knapperigheid, moutigheid, gebran-

* Volgens Paul Hart werd Patrick Dunphy, een smaakwetenschapper, op een ochtend wakker en vroeg zich af of ze de margarinetechnologie konden aanpassen, waarbij water wordt geëmulgeerd in vet, voor een hydraterende lipstick. 'Hij kwam met LipSpa!' vertelde Paul me. 'Acht pond per stuk! Om je lippen te bevochtigen.'

de tonen, viscositeit enzovoort,' zei hij. Van daaruit gingen de producten naar consumentenpanels. Al deze informatie ging weer terug naar het lab voor de verdere ontwikkeling van het product.

Tegen 'slechte' voedingsmiddelenbedrijven tekeergaan begint minder verstandig te klinken als je het bekijkt vanuit het perspectief van Eddie en Paul.

Ik volgde het geld verder stroomopwaarts naar Robert Plowman, die bij Citigroup werkt, een Amerikaanse multinationale investeringsbank, waar hij hoofd consumentenproducten is voor Europa, het Midden-Oosten en Afrika. Hij helpt bedrijven hun strategische ambities te verwezenlijken door kapitaal aan te trekken en elkaar te kopen en te verkopen, en richt zich 'vooral op de waardeketen van voedsel en ingrediënten'.

Als je eenmaal begint in te zien dat het bij ultrabewerking om het toevoegen van waarde gaat, ga je ook begrijpen dat er niet alleen emulgatoren worden toegevoegd. Ook advocaten, consultants en bankiers als Plowman halen meerwaarde uit het geld dat we voor UPF betalen. Plowman praat zo vloeiend dat er in een gesprek van meer dan een uur geen enkele 'eh...' valt. Hij kleedt zich ook als iemand zonder 'eh'.

Ik vroeg hem de voedingsmiddelenindustrie uit te leggen. 'Er bestaat niet echt een scherp gedefinieerde voedingsmiddelenindustrie zoals er een vliegtuigbouwindustrie is, met een klein aantal grote spelers,' zei hij. 'De voedingsmiddelenindustrie is een uitgebreid en gecompliceerd ecosysteem – met honderdduizenden voedselproducenten in alle soorten en maten. Sommige delen van de industrie, zoals chocolade, zijn meer één groot geheel, maar in het algemeen zijn er veel verschillende spelers over de hele wereld.'

De industrie is echter gelaagd. Boeren, waaronder zowel grote agrarische bedrijven als kleine boeren moeten worden verstaan, verkopen hun gewassen en dieren direct aan de voedingsmiddelenproducenten of, vaker, aan een primaire verwerkingsindustrie. In deze laag zitten grote agrarische bedrijven waar je waarschijnlijk nog nooit van hebt gehoord: het eerdergenoemde ADM, Bunge Limited (40 miljard euro), Cargill Corporation (107 miljard) en Louis Dreyfus Company BV (34 miljard). Deze vier bedrijven (de ABCD's) uit de VS en

Europa gaan over het grootste deel van de wereldwijde handel in graan.

Andere grote spelers, zoals Olam International (47 miljard euro) en Wilmar International Limited (47 miljard), zijn in Azië gevestigd. Sommige hiervan zijn gespecialiseerd in 'verticale voedingswaren' zoals tarwe, rijst, plantaardige oliën, chocolade, suiker, koffie en vlees, terwijl andere voedsel maken (gemodificeerd zetmeel, huisdierenvoeding, glucosestroop), goederen verhandelen, kopen en distribueren (zoals palmolie), hun eigen vee fokken en zelfs afdelingen voor financiële dienstverlening hebben. Dit zijn de bedrijven die van die zeventien basisingrediënten pasta's, poeders en oliën maken die worden gebruikt als basismaterialen voor de vervaardiging van UPF.

De volgende laag daarboven is de wereld van de ingrediënten met toegevoegde waarde, die additieven maken voor structuren, smaakstoffen enzovoort. Zij produceren veel van de additieven die in UPF worden gestopt om claims op de verpakking te kunnen zetten als 'caloriearm', 'vetarm' of 'minder suiker', en die een langere levensduur en een betere smaak geven en het product gemakkelijker eetbaar maken.

Volgens Robert wordt de voedingsmiddelenindustrie al tientallen jaren bepaald door 'megatrends', zoals hij ze noemt, waarbij het vooral gaat om de vraag vanuit de consument naar voedingsproducten die goed smaken, gemakkelijk zijn en waar geven voor je geld. 'Bovendien willen we sommige producten die gezonder zijn en sommige die gewoon lekker zijn,' zei hij. 'En natuurlijk zijn consumenten steeds bezorgder over een ethische en duurzame grondstofproductie. Dus de industrie is erop gebrand om aan al die behoeften te voldoen.'

De bedrijven in de laag daarboven kopen materialen van de primaire verwerkers en de ingrediëntenbedrijven en ultrabewerken die tot UPF. Deze multinationals, middelgrote bedrijven en start-ups verkopen dan uiteindelijk aan de winkeliers die je kent.

Plowman was bot over de prikkels. 'Elk bedrijf probeert het juiste te doen, voor het milieu en qua duurzaamheid, maar het zijn ook gewoon bedrijven die geld moeten verdienen. De financiële markten en grote investeerders hechten waarde aan groei, marges, cashflow en dividenden. Directeuren van beursgenoteerde bedrijven worden beoordeeld aan de hand van de resultaten die ze leveren en de hoogte van het aandeel.'

Resultaten als milieu- en duurzaamheidsdoelen? 'Investeerders beoordelen bedrijven steeds meer aan de hand van milieu-, sociale en bestuurscriteria (Environmental, Social en Governance – ESG) en de betaling van directeuren wordt steeds meer verbonden aan ESG-doelen,' zei Plowman. Maar de markt is meer gefocust op de financiële resultaten: 'Zaken als de groei van de verkoop, ontwikkeling van marges en groei van verdiensten. En dat is trouwens in elke industrie zo.'

Dat is natuurlijk waar, en het geeft de voedingsmiddelenbedrijven twee keuzes. Ze kunnen 'premiumiseren' en hetzelfde aantal eenheden voor meer geld verkopen, of ze kunnen vaker meer eenheden aan meer mensen verkopen. In de wapenwedloop om geld in het bedrijfsleven doet elk bedrijf al die dingen tegelijk, en zo snel mogelijk.

Ik vroeg Plowman of het de vastgestelde formule van UPF is om zo veel mogelijk gekocht en geconsumeerd te worden. 'Al deze bedrijven lanceren en verbeteren voortdurend producten, en natuurlijk hopen ze dat ze meer zullen verkopen,' antwoordde hij. Aan de eis tot groei van het bedrijf wordt op verschillende manieren voldaan: bevolkingsgroei, het betreden van nieuwe markten, het marktaandeel van anderen overnemen, 'en, ja, doordat bestaande consumenten meer uitgeven. Veel mensen in de voedingsmiddelenindustrie ontlenen hun prikkel aan verkoopdoelen, zoals in de meeste bedrijfstakken het geval is.'

Plowman denkt dat het heel moeilijk is voor bedrijven om het probleem van de volksgezondheid in hun eentje aan te pakken. 'Het zou heel moeilijk zijn voor één bedrijf om te zeggen: "We gaan dit probleem te lijf,"' legde hij uit. 'Niet één bedrijf is zo groot. Het zou ze te veel kosten en uiteindelijk zou het geen verschil maken. De verkeersregels moeten door overheden worden bepaald. En uiteindelijk is het bedrijfsleven er heel goed in om daarop te reageren. Denk aan de suikertaks die in 2018 in het VK werd opgelegd aan de frisdrankindustrie – die heeft geleid tot een enorme daling in de geconsumeerde hoeveelheid suiker in frisdranken.'

Iedereen op elk niveau van de voedingsmiddelenindustrie met wie ik sprak was het erover eens: regelgeving moet van buitenaf komen. En dat hoeft de economie niet te schaden. Velen verwezen naar de meest gereguleerde sectoren, zoals de farmaceutische en de tabaksindustrie, die ook tot de meest winstgevende behoren.

Plowman raadde me aan te gaan praten met een managementconsultant die is gespecialiseerd in voedsel. Deze persoon wilde niet bij naam worden genoemd omdat dit zijn/haar persoonlijke meningen zijn en hij/zij vrijuit wilde praten. Hij/zij besprak opgewekt grote brokken informatie, allemaal netjes geordend en eenvoudig genoeg om voor mij begrijpelijk te zijn.

Ik vroeg hem/haar of voedselfabrikanten wellicht producten zouden ontwikkelen die tot overmatige consumptie leiden omdat die meer geld opleveren – bijvoorbeeld, als een bedrijf twee formules van een ontbijtgraan uitprobeert en constateert dat mensen bij tests 5 procent meer eten van een daarvan, wordt die dan op de markt gebracht? 'Nou...' – de consultant aarzelde, als een onderwijzer die de klas heeft verzekerd dat er geen domme vragen bestaan en vervolgens de stomst mogelijke vraag krijgt – '... als je een bedrijf bent dat ontbijtgranen verkoopt, dan is het goed om meer ontbijtgranen te verkopen. Absoluut.'

Vervolgens regelde Plowman een gesprek voor me met Ibrahim Najafi. Die is CEO van het op één na grootste ijsbedrijf van het VK, Froneri, een joint venture van Nestlé en PAI, een Franse investeringsmaatschappij. Ik begon in de buurt te komen van de bron van de geldstroom, een heel eind verwijderd van het gedruppel dat Eddie bereikt. Najafi heeft een PhD in de techniek en is opgegroeid in Irak. Je zult niet snel iemand vinden met meer passie voor zijn werk. 'Het is mijn taak om mensen blij te maken. Wat hebben we het getroffen: we maken ijs, we verkopen ijs, we eten ijs, en we worden ervoor betaald. En dat noemen we dan werk.'

Het klonk inderdaad leuk, maar ik wilde weten wat hem bewoog. 'We hebben eigenaars,' zei hij, 'maar de andere aandeelhouders – al zijn ze dat misschien niet in financiële zin – zijn onze consumenten, want die stemmen echt met hun portemonnee. Zij moeten tevreden zijn.' Deze eis om de consument tevreden te stellen werd door iedereen in deze bedrijfstak benadrukt. Vanuit het perspectief van de volksgezondheid mag de industrie haar producten dan opdringen aan de mensen, binnen de industrie hebben ze eerder het idee dat ze tegemoetkomen aan de vraag.

Najafi vertelde over zijn jeugd in Irak, hoe zijn moeder thuis ijs maakte: 'Ze gebruikte eieren, suiker, echte room, echte vanille. Wij doen hetzelfde, maar op grotere schaal.' Die bewering raakt de kern van de definitie van UPF, die een duidelijk onderscheid zou maken tussen het door moeder gemaakte ijs van Najafi en bijna al het commercieel verkrijgbare ijs. Ik informeerde naar de producten met het grootste aantal toevoegingen, waaronder emulgatoren, stabilisatoren en smaakstoffen. Najafi legde uit – niet onredelijk – dat Froneri een aantal verschillende producten maakt: 'Neem bijvoorbeeld het ijs van Kelly's, en vergelijk dat met het ijs dat je thuis maakt; dat lijkt heel veel op elkaar.' Ik liep de ingrediëntenlijst van Kelly's na. Die lijst begon met 'volle melk uit Cornwall, clotted cream, suiker', maar er stonden ook emulgatoren en stabilisatoren op. 'Die gebruiken we omdat met eieren werken moeilijk en duur is en het echt belangrijk is om tot de juiste prijs te komen.' Dit argument kreeg meer gewicht door een recente salmonella-uitbraak in het VK.

We spraken over de verspreiding van UPF. Ik realiseer me dat ijs in zekere zin iets is waarbij het publiek een redelijk juist beeld heeft van de effecten. Najafi had opmerkelijk weinig moeite met mijn gedachten over regulering en etikettering en had progressieve opvattingen over voorlichting op het gebied van volksgezondheid, met name voor mensen met lage inkomens en migrantenpopulaties. 'Onderwijs is nodig, vanaf jonge leeftijd, en de overheid moet daar de verantwoordelijkheid voor nemen.'

Ik was er echt van overtuigd dat zijn klanten en de kwaliteit van zijn producten Najafi oprecht ter harte gingen. Maar wordt met het ijs van Kelly's iets fundamenteel anders beoogd dan met het ijs van zijn moeder? Dat is moeilijk na te gaan. Het zijn allebei zoete traktaties bedoeld om vreugde te brengen. Maar ik denk dat er bij het ijs van Kelly's ook nog sprake is van een financiële doelstelling, een verplichting wellicht. Najafi's moeder kon besluiten het aanbod te beperken, maar als het aankomt op minder verkopen zit Najafi waarschijnlijk even vast als Eddie Rixon toen hij bij Kellogg's werkte. Als Najafi de productie wil beperken is hij verantwoording schuldig aan zijn directie, die op haar beurt verantwoording schuldig is aan de aandeelhouders.

Dit is het probleem waar elk bedrijf dat minder UPF wil verkopen mee wordt geconfronteerd: ze zijn verantwoording schuldig aan hun eigenaars. De meeste grote voedingsmiddelenbedrijven zijn publiek eigendom – iedereen kan een stukje kopen. En dit betekent dat een aanzienlijk stuk van elk bedrijf het eigendom is van een paar heel grote fondsen zoals BlackRock, Vanguard of Fidelity. Tezamen hebben deze bedrijven meer dan 19 biljoen euro in beheer. Ik belde een senior investeerder bij een grote vermogensbeheerder over transnationale voedingsmiddelenbedrijven. 'Die bedrijven hebben niet echt controle over hun bedrijfsmodel,' vertelde die me, en noemde daarbij Danone als voorbeeld.

Institutionele investeerders bezitten een aanzienlijk percentage van Danone. 'Als iemand bij Danone voorstelt minder voedsel te verkopen vanwege het milieu en de volksgezondheid,' zei de investeerder, 'dan zal hij niet ver komen in vergelijking met iemand die een manier bedenkt om meer voedsel te verkopen, wat grof gezegd gelijkstaat aan meer geld.' De investeerder legde uit dat er ook manieren waren om minder voedsel te verkopen voor meer geld, maar bij grote bedrijven zijn al die opties al onderzocht. De prijzen zijn zo hoog als de markt aankan en de productie-efficiëntie is ook al tot het maximum opgevoerd. 'Je moet enorme massa's verkopen aan enorme aantallen mensen,' ging de investeerder verder. 'Daarom zijn lage- en middeninkomenslanden zo belangrijk, omdat we in de VS en het VK wel zo'n beetje verzadigd zijn.'

Dat lijkt voor veel mensen zo klaar als een klontje, maar dat was het niet voor Emmanuel Faber, de voormalige directeur van Danone. Faber was het gezicht van het bedrijf wat betreft de ESG-(milieu-, sociale en bestuurs)doelen. Hij werd geprezen door Mark Carney, voormalig bestuurder van de Bank of Engeland, tijdens diens Reith-lezing voor de BBC over bedrijven die niet-monetaire waarde creëren. Faber leidde een revolutie bij Danone, dat het eerste bedrijf werd dat het primaat van de aandeelhouders inwisselde voor andere doelstellingen als bescherming van het milieu, hun werknemers en de leveranciers. Faber verklaarde dat hij 'het standbeeld van Milton Friedman van zijn voetstuk had gehaald', doelend op de econoom en Nobelprijswinnaar die in 1970 een baanbrekend essay schreef getiteld 'De maatschappelijke verantwoordelijkheid van het bedrijfsleven is zijn winsten te vergroten'.[3] De raad van bestuur was het echter niet eens met Fabers plannen. Bluebell Capital lanceerde een publieke campagne en Faber raakte in maart 2021 zijn baan kwijt.

Andere pogingen tot activistisch investeren die grote publieke bijval kregen, zijn gestagneerd toen duidelijk werd dat het de investeerders geld zou kosten. BlackRock heeft zich duidelijk uitgesproken voor duurzaam investeren, maar is er vervolgens toch niet toe overgegaan van bedrijven te eisen dat ze klimaatvoorstellen openbaar maakten.[4, 5] De reden was simpel: tot BlackRocks klanten behoren publieke en private pensioenfondsen, overheden, verzekeringsmaatschappijen, fondsen, universiteiten, liefdadigheidsorganisaties en uiteindelijk ook jij en ik, of we nu individuele investeerders zijn of een deel van ons pensioen in hun fondsen hebben. BlackRock is verplicht duurzame financiële prestaties op lange termijn te leveren. Als je het nuchter bekijkt, eisen we van voedingsmiddelenbedrijven allemaal een groei die het kappen van het Amazonewoud noodzakelijk maakt – althans diegenen van ons die een pensioen hebben, want pensioenfondsen zijn gebaseerd op het idee van groei. Er zijn voorstellen om te desinvesteren in voedingsmiddelenbedrijven, maar dat gaat waarschijnlijk niet werken. Desinvestering heeft meestal geen invloed van betekenis op de prijs van een aandeel,[6] omdat er altijd wel iemand bereid is om een aandeel te kopen waarop een dividend wordt uitgekeerd. De inkomenstoevoer afsnijden is de enige reële manier om het gedrag van bedrijven te veranderen.

Ik informeerde hierover bij de opgewekte managementconsultant. 'In de loop van 250 jaar is er een ongelooflijke prestatie geleverd op het gebied van het verschaffen van voldoende voedsel, en daar ligt vooral het winstmotief aan ten grondslag,' zei hij. 'Dus je kunt daar fantastische dingen mee bereiken.' Maar volgens hem zijn al die externe kosten een probleem: 'De prikkels in het systeem zijn, kort en goed, om meer te produceren en te verkopen. Het is aan de overheid om regels in te stellen die de markten reguleren die zichzelf niet corrigeren. Zelfregulering zal waarschijnlijk niet veel zoden aan de dijk zetten. Bedrijven zijn naar hun aard commerciële organisaties. De prikkel is vooral om heel hard na te denken over de volgende zes en twaalf maanden.'

Dat betekent dat de vraag naar UPF omlaag moet, en daarvoor is een beleid nodig om de reclame voor bewerkt voedsel en junkfood te verminderen: 'Promotie stimuleert overmatige consumptie, dus als je obesitas wilt verminderen, is het vanzelfsprekend dat je je daarop richt.'

Een paar dagen nadat we elkaar gesproken hadden, zette de Britse regering een rem op precies die reclames waar de managementconsultant het over had: twee-halen-een-betalen voor producten met veel vet, zout en suiker.

Iedereen met wie ik sprak in de voedingsmiddelenindustrie voelde zich klem zitten tussen concurrerende krachten die veel sterker waren dan zij individueel waren. Consumenten zeggen wel dat ze gezonde producten willen, maar ze blijven UPF kopen. De supermarkten – en natuurlijk de aandeelhouders – dicteren wat ze verkopen.

Het idee dat bedrijven bestaan om geld te verdienen, en alleen daarom, lijkt voor sommige mensen zo voor de hand te liggen dat het niet eens gezegd hoeft te worden. Maar er bestaat echt verwarring over in bedrijven, en bij mensen als Mark Carney, die duidelijk het idee had dat Danone andere keuzes zou kunnen maken.

In een toespraak was Ahmet Bozer, voormalig directeur van de Coca-Cola Corporation, duidelijk over het doel van zijn bedrijf. Hij had het erover hoe voor een merk dat de wereld toch al veroverd leek te hebben nog meer groei kon worden gecreëerd: 'Omdat de helft van de wereldbevolking de afgelopen dertig dagen geen Coke heeft gedronken en er 600 miljoen tieners zijn die de afgelopen week geen Coke hebben gehad, geloven wij dat er nog bruisende kansen liggen.'

Prachtig, de opgewekte botheid van dit citaat. Totdat iedereen minstens één Coke per dag drinkt, zijn er kansen voor groei – en zelfs dan zou blijken dat één Coke niet genoeg is. Bij morele kritiek op Coca-Cola worden de verplichtingen vergeten die het bedrijf heeft: dit moeten ze doen tot de wet van ze eist dat ze iets anders doen.

Realistische oplossingen kunnen alleen ontstaan vanuit het inzicht dat wat een bedrijf ook zegt, het maar één doelstelling heeft, een doelstelling die al de andere bedrijven aftroeft. Alle grote bedrijven die jouw voedsel maken, wijden een belangrijk deel van hun website aan hun maatschappelijke en ecologische projecten – en die zijn er ook echt. Ze zijn prima voor de reputatie. Maar geen van deze projecten mag het creëren van waarde voor de aandeelhouders in de weg staan.

Dit ene specifieke doel maakt heel veel tegenstrijdige dingen die bedrijven doen begrijpelijk, zoals oplossingen verkopen voor de problemen die ze zelf hebben veroorzaakt. Zo begaf Nestlé zich in 2006 op de gewichtsbeheersingsmarkt (of eerder: *aan de andere kant* van de gewichtsbeheersingsmarkt) door het afvalmerk Jenny Craig op te kopen.[7]* Peter Brabeck-Letmathe, destijds bestuursvoorzitter en directeur van Nestlé, zei dat het een belangrijke stap was in Nestlés transformatie tot een 'voedings-, gezondheids- en welzijnsbedrijf dat gewichtsbeheersing als een sleutelcompetentie beschouwt'.**

In het kader hiervan produceert Nestlé een assortiment UPF onder de naam Lean Cuisine. Dit is de ingrediëntenlijst van de gegrilde kip en groenten van Lean Cuisine: '=gekookte rigatonipasta (water, durumtarwegriesmeel, tarwegluten), water, gekookte gekruide kip (witvleeskip, water, soja-eiwitisolaat, gemodificeerde maïs en tapiocazetmeel, maïsmalotodextrine, zout, natriumfosfaat, kruiden), tomaten in sap (bevat citroenzuur [acidulant], calciumchloride), gele courgette, broccoli, wortelen, Parmezaanse en Romanokaas (van melk), gemodificeerd maïszetmeel, uien, ciderazijn, tomatenpasta, zout, suiker, knoflookpuree, sojaolie, olijfolie, bruine suiker, gistextract, basilicum, oregano, kaliumchloride, smaakstoffen, specerijen.

Persoonlijk vind ik het moeilijk te geloven dat een bedrijf dat profiteert van cycli van aankomen en afvallen een product zou kunnen

* Jenny Craig beweerde op haar website dat 'nieuw onderzoek gepubliceerd in het wetenschappelijke tijdschrift *Nature* aantoont dat personen die ons meest effectieve dieet ooit volgen, met onze revolutionaire Recharge Bar, verbazend veel gewicht kunnen verliezen en een lager bloedsuikergehalte bereiken'.[8] Het onderzoek was niet in *Nature* gepubliceerd – het was gepubliceerd in het *International Journal of Obesity*, dat ook enkele van de door Coca-Cola gefinancierde conclusies publiceerde die ik eerder noemde. Gênant genoeg is dat een tijdschrift van de *Nature*-groep, maar het is alsof je je Skoda een Bentley noemt omdat ze eigendom zijn van hetzelfde moederbedrijf.

** Jenny Craig werd in 2013 verkocht voor een niet bekendgemaakt bedrag, als onderdeel van een breder streven om te desinvesteren in merken die het minder goed deden.[9]

maken waarmee dit probleem verleden tijd is.

Naast oplossingen voor gewichtsproblemen heeft Nestlé ook een belang ontwikkeld in medicijnen om dieetgerelateerde ziekten te behandelen. Nutrition Science Partners Limited is een 50/50 samenwerkingsverband tussen Nestlé Health Science en de farmaceutische en gezondheidszorggroep ChiMed. Nutrition Science Partners concentreert zich op de gezondheid van maag en darmen, en breidt in de toekomst wellicht uit naar stofwisselingsziekten en hersenaandoeningen.[10] In 2011 kocht Nestlé ook Prometheus Laboratories, dat zich specialiseert in diagnostiek en gelicentieerde specialistische geneesmiddelen voor de gastro-enterologie. Prometheus Laboratories helpt misschien ook nu al bepaalde gezondheidsproblemen te diagnosticeren die worden veroorzaakt door het voedingssysteem waar ze zelf deel van uitmaken.

Op het moment dat ik dit schrijf overweegt Nestlé kennelijk Haleon op te kopen, de afdeling consumentengezondheid van de farmaceutische gigant GSK,[11] die op zijn website verkondigt: 'Onze producten voor een gezonde spijsvertering hebben voor miljoenen mensen wereldwijd een weldadige uitwerking. We hebben een portfolio van vertrouwde, marktleidende merken, waaronder Eno en Tums, met een sterke traditie in de behandeling van maagzuur, zure oprispingen en maagklachten.'

Danone heeft intussen honderden dochterondernemingen, waaronder minstens twee die farmaceutische bedrijven lijken te zijn.[12*]

Het is niet moeilijk voor te stellen dat binnen voedingsmiddelenbedrijven het idee heerst dat deze projecten – astma-inhalers, community farming enzovoort – goed doen, ook al dragen andere delen van dezelfde entiteit misschien bij aan ziekten en milieuvernietiging. Misschien dacht Nestlé goed te doen toen het de Amazone op voer.

* Mijn persoonlijke favoriete voorbeeld van een bedrijf dat een probleem veroorzaakt waarvoor ze ook een oplossing verkopen is Philip Morris, het grootste tabaksbedrijf ter wereld. In juli 2021 kwam Philip Morris de aankoop overeen van de Vectura Group voor 1,25 miljard euro – een bedrijf dat zijn omzet van 230 miljoen euro vooral haalde uit een portfolio van producten waarmee aan roken gerelateerde ziekten worden behandeld.

In een artikel in *The New York Times* in 2017 wordt Sean Westcott, destijds hoofd voedselonderzoek en -ontwikkeling bij Nestlé, geciteerd met de uitspraak dat obesitas een onverwacht neveneffect was van het breed verkrijgbaar maken van goedkoop voedsel: 'We hadden niet verwacht dat het zo'n impact zou hebben.'

Het is echter verrassend dat een bedrijf dat zich presenteert als een organisatie met een grote deskundigheid op het gebied van voeding niet zou kunnen voorzien dat met een boot vol met UPF de Amazone op varen naar afgelegen gemeenschappen zonder een volksgezondheidsinfrastructuur zou kunnen leiden tot obesitas en tandbederf.

Hele secties van Nestlé zijn gewijd aan de verkoop van producten op de armste plekken op aarde. Er is bijvoorbeeld een afdeling genaamd Nestlé Central and West Africa Region, die producten verkoopt in Angola, Benin, Burkina Faso, Kameroen, Kaapverdië, de Centraal-Afrikaanse Republiek, Tsjaad, Congo, Ivoorkust, de Democratische Republiek Congo, Equatoriaal-Guinea, Gabon, Gambia, Ghana, Guinee-Bissau, Guinee, Liberia, Mauritanië, Niger, Sao Tomé en Príncipe, Senegal, Sierra Leone en Togo.

Alle grote voedingsmiddelenbedrijven verkopen producten in deze streken en breiden hun groei uit. Artsen blijven zich erover verbazen dat je vrijwel overal op aarde een koude Coke kunt kopen, maar dat het een enorm probleem is om een vaccin koel genoeg te houden om het van een fabriek naar een kind te krijgen.

De bedrijven die ons voedsel maken hebben geen keus ten aanzien van het voedsel dat ze maken en de manier waarop ze het maken. Velen van ons hebben niet de keus om het al of niet te kopen. Maar er zijn twee groepen die iets andere keuzes kunnen maken om een betere situatie te creëren: overheden en de medische stand – waaronder artsen, verplegers, volksgezondheidswetenschappers, voedingsdeskundigen en alle anderen die hebben getekend voor één enkel doel: voor mensen zorgen.

Bij die mensen vinden we in het volgende hoofdstuk enkele oplossingen.

19

Wat we de overheid kunnen vragen

Carlos Monteiro vertelde me over zijn tijd op de medische faculteit midden jaren zeventig. Zijn vrouw was ook student geneeskunde en ze gingen samen naar colleges over babyvoeding. Ze was zwanger van hun eerste dochter, dus de informatie leek voor hen misschien memorabeler dan voor mij toen ik twintig jaar later soortgelijke colleges volgde. Monteiro wist zelfs de naam van de docent nog. 'Hij heette Oswaldo Ballarin.'

Naast Carlos' vrouw waren verschillende andere studenten en jonge artsen op de faculteit zwanger, en elke maand kregen ze allemaal een pakketje benodigdheden toegestuurd: luiers en flesvoeding. Toen zijn dochter werd geboren gaven ze haar korte tijd borstvoeding maar vervolgens schakelden ze over op de flesvoeding die ze hadden gekregen. Monteiro vertelde me dat dit normaal was: 'Zelfs in de afgelegen dalen waar ik ondervoeding onderzocht, schreven vrouwen zich bij de voedingscentra in voor flesvoeding.'

Een paar jaar later ging hij naar New York om te studeren. Hij ontmoette er een Brits echtpaar, Derrick en Patrice Jelliffe, kinderartsen die ondervoeding bij baby's onderzochten. In een reeks artikelen hadden ze de agressieve marketingpraktijken van de babyvoedingsindustrie onder lage-inkomensgroepen nauwkeurig gedocumenteerd, met speciale aandacht voor Nestlé. Verkoopvertegenwoordigers zonder enige certificering of opleiding werden aangekleed als 'mothercraft-verpleegkundigen'. Ze adviseerden beïnvloedbare nieuwbakken moeders over de voordelen van flesvoeding en promootten die op een manier die sindsdien in verband is gebracht met duizenden vermijdbare sterfgevallen.[1]

Nestlé en enkele andere producenten van babyvoeding waren hiermee in feite vierdubbel strafbaar.

Ten eerste wordt zelfs flesvoeding die met schoon water is gemaakt in verband gebracht met een toegenomen risico van een dodelijke infectie,[2-5] waarschijnlijk vanwege de effecten op het microbioom van de baby. Ten tweede verkocht Nestlé de flesvoeding in gemeenschappen waar de mogelijkheid om onbesmette voeding te produceren praktisch nul was.[6] In deze lage-inkomenssettings hadden ouders gewoonlijk maar één fles en geen mogelijkheid om die schoon te maken, en moesten ze rivier- of bronwater gebruiken dat door het riool was vervuild; bovendien waren ze laaggeletterd, wat betekende dat ze moeite hadden om de voeding op de juiste manier klaar te maken.

Ten derde werden de eerste monsters voor weinig geld of zelfs voor niets gegeven, maar als de moeder stopte met borstvoeding ging de prijs omhoog, wat tot nog meer armoede leidde en het kind en diens broers en zusjes in gevaar bracht. In Oost-Afrika zou het bijvoorbeeld een derde van het salaris van een arbeider kosten om een baby behoorlijk te voeden.

Ten slotte leek het erop dat de moeders de flesvoeding aanlengden om geld uit te sparen, zodat de baby's, die vaak toch al aan de diarree waren, ondervoed raakten: 'Onder die omstandigheden worden bijna homeopathische hoeveelheden melk toegediend met grote hoeveelheden bacteriën; resultaat daarvan is verhongering en diarree, die te vaak tot de dood leiden.'[7, 8]

De Jelliffes tekenden voorbeelden op van producenten van babyvoeding die borstvoeding voorstelden als 'achterlijk en ontoereikend', en bedachten in 1972 de frase 'commerciogene ondervoeding' – ondervoeding veroorzaakt door bedrijven.[9] De hedendaagse obesitas is ook een commerciogene ziekte.

Er volgden verslagen in de pers. Op de omslag van het augustusnummer van het tijdschrift *New Internationalist* in 1973 stond een foto van het graf van een Zambiaanse baby. Een zuigfles en een leeg melkpoederblikje waren door de moeder op het graf geplaatst.[10, 11]

In 1977 was Nestlé, de grootste fabrikant, het doelwit van een wereldwijde boycot door ngo's. Dit was voor senator Ted Kennedy, voorzitter van de subcommissie gezondheid in de senaat, aanleiding om te eisen dat vertegenwoordigers van de grote producenten van babymelk voor het Congres zouden getuigen.

Monteiro volgde deze hoorzittingen samen met de Jelliffes. Een van de eersten die getuigden was de voorzitter van de afdeling van Nestlé in Brazilië, dr. Oswaldo Ballarin, dezelfde arts die Monteiro en diens vrouw les had gegeven. 'De pakketjes babyvoeding die we ontvingen waren van Nestlé,' zei Monteiro. 'Ze hadden de namen en gegevens van alle artsen in opleiding en inwoners via Ballarin gekregen.'

De hoorzittingen waren rampzalig voor Nestlé. Ballarin verklaarde dat het weliswaar een slechte beslissing zou zijn om producten aan de man te brengen in streken met laaggeletterdheid en zonder betrouwbare toegang tot hygiënisch water, maar dat het buiten de verantwoordelijkheid van Nestlé viel om zich bezig te houden met deze kwesties en de sterfgevallen die eruit voortvloeiden. Over de boycot zei hij dat dat een aanval was op het economische systeem van de vrije wereld. Kennedy wees erop dat Ballarin verkeerd had begrepen wat een vrije markt betekent. Een boycot is uiteraard een belangrijk en erkend middel in elk vrijemarktsysteem.

Het schandaal leidde tot een beleidsdocument dat bekend kwam te staan als The Code. Het was geschreven door activisten en de Wereldgezondheidsorganisatie en het gaf richtlijnen over de verkoop van babyvoeding.

Het was een slimme aanpak. Belasting heffen op flesvoeding of deze verbieden zou heel schadelijk zijn geweest. Flesvoeding is UPF, maar een unieke vorm van UPF omdat het een essentieel voedingsmiddel is (al kunnen sommige andere typen UPF essentieel worden in contexten waarin ze de enige betaalbare en verkrijgbare bron van calorieën zijn). Mensen hebben het recht deze voeding te gebruiken en moeten daar ook de vrijheid toe hebben. Dit betekent dat flesvoeding goedkoop moet zijn, van hoge kwaliteit en breed verkrijgbaar. Mensen hebben ook recht op juiste informatie over de voor- en nadelen van de verschillende manieren om een kind te voeden, wat ook het recht inhoudt om niet te worden blootgesteld aan misleidende claims.

Nestlé herstelde zijn reputatie in zoverre dat George Clooney vond dat hij de zijne op het spel kon zetten door reclame te maken voor Nespresso. Maar gevaarlijke marketingtechnieken van het type dat door de Jelliffes begin jaren zeventig werd beschreven zijn nog steeds aan de orde van de dag.

Het marketingbudget van de babyvoedingsindustrie is met zo'n 3 tot 5 miljard euro per jaar onvoorstelbaar hoog – vergelijkbaar met de totale jaarlijkse exploitatiebegroting van de Wereldgezondheidsorganisatie. Deze uitgaven door de industrie betekenen dat de markt voor babyvoeding en opvolgmelk achtmaal sneller groeit dan de wereldbevolking. In 1998 had de markt een omvang van minder dan 15 miljard euro. Nu is dat meer dan 52 miljard.[12] Gevolg is dat meer dan 60 procent van de baby's jonger dan zes maanden in een lage-inkomenssetting flesvoeding krijgt.[13] Dit heeft een rampzalig effect op de cijfers van longontsteking en diarree – wereldwijd de grootste besmettelijke moordenaars van kinderen.

In een verslag in *The Lancet* wordt geschat dat meer dan 800.000 sterfgevallen bij kinderen in lage- en middeninkomenslanden konden worden voorkomen als borstvoeding bijna universeel was.[14] Dat is rond de 15 procent van alle sterfgevallen bij baby's in die landen. In China, India, Indonesië, Mexico en Nigeria is het gebruik van flesvoeding in verband gebracht met meer dan 236.000 sterfgevallen bij kinderen per jaar.[15, 16] De verkoop van flesvoeding beperken zou de meest effectieve ingreep zijn om sterfgevallen onder kinderen jonger dan vijf jaar te voorkomen.[17]

Een van de meest zorgwekkende statistieken is dat de markt niet alleen groter wordt omdat meer kinderen flesvoeding krijgen. De verkoop is toegenomen omdat elk kind meer drinkt. In 2008 dronk een kind gemiddeld 5,5 kilo per jaar, maar nu drinkt het bijna 8 kilo, een toename van meer dan 40 procent.[18] Dat ligt aan de marketing of aan nieuwe ingrediënten die flesvoeding hypersmakelijk maken

Een team uit Cambridge constateerde dat veel ouders hun baby's veel meer flesvoeding gaven dan nodig was. Melk lost natuurlijk alle problemen op – huilen, doorkomende tandjes, enzovoort – en dus consumeerden de baby's honderden calorieën per dag meer dan werd aanbevolen door de Wereldgezondheidsorganisatie. Baby's werden zo overvoerd dat sommige wel een liter flesvoeding per dag dronken. De ouders gingen met die baby's naar de huisarts vanwege symptomen als huilen, druk gedrag en overgeven, en werden dan gediagnosticeerd met allergie of reflux, waarna ze dure, gespecialiseerde flesvoeding kregen voorgeschreven. Maar als de ouders de hoeveelheid flesvoeding terugbrachten naar de aanbevolen hoeveelheid, verdwenen deze symptomen bij veel baby's.[19-22]

Niemand gooit poedermelk weg, dus het is big business als je een heel smakelijk type hebt dat snel wordt geconsumeerd. Gevolg is dat baby's die flesvoeding krijgen veel sneller aankomen dan baby's die borstvoeding krijgen. Als ouder weet ik hoe bevredigend dit kan voelen, maar het is niet gezond.

Er is ook andere, subtielere marketing. Bob Boyle is een pediatrische allergieconsultant bij het Imperial College in Londen. Hij bestudeert allergieën bij kinderen en onderzoekt daarnaast claims die over pakketten worden gemaakt. Volgens de UK Food Standards Agency,[23] de Japanese Society of Allergology,[24] de Australasian Guideline[25] en de American Academy of Paediatrics[26] is er geen bewijs dat specialistische flesvoeding allergie voorkomt, en toch beweerde Danone Nutricia op grond van een van Boyles onderzoeken dat 'klinisch was bewezen' dat hun prebiotisch aangevulde flesvoeding eczeem meer dan 50 procent verminderde bij baby's met een familiegeschiedenis van allergie, ondanks het feit dat zijn onderzoek een tegenovergestelde conclusie trok.

Deze claims zijn schadelijk omdat ze het gebruik van dure flesvoeding aanmoedigen bij kinderen die die niet nodig hebben.

Ik deed in 2018 een onderzoek naar de babyvoedingsindustrie,[27] waarbij de marketing aan het licht kwam van een diagnose van koemelkallergie, zelfs bij baby's die uitsluitend borstvoeding kregen. De symptomen om de allergie te diagnosticeren waren zo breed dat het eigenlijk ondoenlijk was om niet elk kind afzonderlijk te diagnosticeren (huiduitslag, prikkelbaarheid, diarree, kolieken enzovoort), en moeders die borstvoeding gaven werden aangemoedigd geen zuivel meer te gebruiken. Dit werpt een extra barrière op bij een toch al moeilijke taak en maakt het voor vrouwen die borstvoeding willen geven lastiger om dat te doen.

Het onderzoek bracht ook aan het licht hoezeer de medische stand in de greep is van de industrie. De babyvoedingsindustrie financiert het basisonderzoek, ze financiert de auteurs van de landelijke voedingsrichtlijnen, ze financiert de beroepsverenigingen (waaronder tot voor kort het Royal College of Paediatrics and Child Health) en ze financiert de liefdadigheidsorganisaties en websites die de patiënten van informatie voorzien. Toen ik de toenmalige voorzitter van het Royal College of Paediatrics and Child Health interviewde, stond ze op het punt toe te treden tot het wetenschappelijke bestuur van Nestlé.

Dit is een enorm probleem. Als een gezin vrijelijk en met de beste informatie besluit flesvoeding te gebruiken, is dat een goede keuze in een land als het VK. Maar in het VK heeft de invloed van de industrie op elk aspect van babyvoeding tot gevolg dat er voor vrouwen die borstvoeding willen geven obstakels zijn en gebrek aan steun. Al enkele generaties lang behoren de borstvoedingscijfers in het VK tot de laagste ter wereld. Amy Brown is hoogleraar Volksgezondheid in Swansea. Ze legde uit dat als van de zussen of moeder of artsen of verloskundigen of wijkverpleegsters van een vrouw niemand zelf borstvoeding geeft, dit een omgeving creëert waarin het echt moeilijk is om borstvoeding te geven – en dubbel zo moeilijk als alle voorlichting die ze hebben gekregen door de babyvoedingsindustrie is gesponsord.

Maar hoe een baby wordt gevoed heeft bredere implicaties dan alleen voor de gezondheid. Brown legde uit dat het om vele redenen belangrijk kan zijn voor vrouwen om liever borstvoeding dan flesvoeding te geven, zoals bescherming van hun eigen gezondheid, religie of de manier waarop ze het liefst voor haar baby zorgt. 'Als dat niet kan, kan dat de kans verhogen op postnatale depressie, die veel minder voorkomt bij vrouwen die wel de borst geven.' Bij vrouwen die stoppen met borstvoeding voordat ze dat willen, komt postnatale depressie veel meer voor dan bij vrouwen die hun kinderen voeden zoals ze dat willen, en als ze met Brown spreken, gebruiken ze woorden als 'trauma' en 'rouw'.[28]

Het huidige klimaat in het VK is stigmatiserend voor alle moeders en de marketing is schadelijk voor iedereen, vooral voor degenen die gemengde of flesvoeding proberen en die misschien het gevoel hebben dat ze geld moeten uitgeven aan duurdere producten die niet effectief zijn voor de problemen die ze beweren op te lossen.

Je hebt misschien gemerkt dat dit geen boek is dat de wonderen van 'echt' voedsel prijst, en zo is dit ook geen hoofdstuk over de voordelen van één bepaalde manier om een kind te voeden.* Ik heb zelf als baby flesvoeding gehad, zoals de meeste in 1978 in Londen geboren baby's. Mijn moeder maakte de juiste keuze voor ons gezin. Ze had een tweeling en een carrière, en dus ging ze snel weer aan het werk en creëerde zo de financiële zekerheid die mij in mijn eigen leven zoveel vrijheid heeft gegeven. Dus het kan me niet schelen hoe verzorgers hun kinderen voeden, als ze ze maar veilig voeden. Veel olympische kampioenen en Nobelprijswinnaars hebben als baby flesvoeding gekregen.

Maar de discussies die losbrandden na de sterfgevallen bij kinderen over de hele wereld in de jaren zestig en zeventig als gevolg van deze marketingtechnieken, bieden een model voor hoe je kunt denken over beleid rond UPF in het algemeen. Flesvoeding is het UPF waar de meeste haken en ogen aan zitten, en dus een goed beginpunt.

Het verhaal van de marketing van flesvoeding levert twee belangrijke beleidsideeën op voor de aanpak van de regelgeving rond NOVA-voedsel klasse 4.

Ten eerste moeten de mensen die beleid maken of informeren niet direct of indirect geld van de voedingsmiddelenindustrie ontvangen.

* Hier een voetnoot over het beste onafhankelijke bewijs rond voeding, maar als je dat (vaak nogal grimmige) stadium van de opvoeding voorbij bent kun je deze overslaan. Er zijn veel uitstekende onafhankelijke onderzoeken waarin baby's worden vergeleken die nooit, deels of uitsluitend borstvoeding krijgen. In elk land wordt flesvoeding in verband gebracht met een aanzienlijk verhoogd sterfterisico in het algemeen en sterfte door diarree en longontsteking,[29] obesitas en diabetes type 2,[30] otitis media,[31] beetanomalie,[32] astma[33] en wiegendood.[34] Kinderen die geen borstvoeding krijgen laten ook aanzienlijk lagere IQ-scores zien, zelfs als je rekening houdt met het IQ van de moeder.[35] Flesvoeding tast de gezondheid van de moeder vooral aan vanwege het ontbreken van de beschermende effecten van borstvoeding tegen eierstokkanker, borstkanker en diabetes type 2.[36]

Ten tweede kun je rechten en vrijheid het best versterken door marketing te beperken.

Laten we eerst kijken naar de rol van de industrie bij beleidsvorming. Het is duidelijk dat de babyvoedingsindustrie een belangenconflict heeft als ze het beleid rond babyvoeding wil beïnvloeden. Er zijn wat overlappende belangen (bijvoorbeeld een goed product maken dat veilig is), maar het doel van de bedrijven is om geld te verdienen met flesvoeding, en dat botst met de behoeften van baby's over de hele wereld, of ze nu borstvoeding of flesvoeding krijgen.

Het weghalen van deze invloed is de belangrijkste stap. Het is heel simpel om een waslijst te maken van beleidsinitiatieven die de gezondheid bevorderen, maar dat kan niet in samenwerking met de industrie.

Beleidsmakers, en daar vallen ook artsen en wetenschappers onder, moeten zichzelf als regelgevers zien.

Obesitas en alle dieetgerelateerde ziekten zijn commerciogeen – net als de ziekten die worden veroorzaakt door ongepaste marketing van babyvoeding wereldwijd. Dat betekent dat degenen die de door deze bedrijven aangerichte schade willen beperken er een antagonistische relatie mee moeten hebben.

Dat betekent niet dat de voedingsmiddelenindustrie inherent immoreel is of dat beleidsmakers niet met de industrie moeten praten. Maar ik denk dat het wel betekent dat niemand er geld aan zou moeten verdienen. En de huidige situatie in de VS en het VK zit daar ver vanaf.

In het VK is de UPF-industrie sterk verstrengeld met het voedingsbeleid. Daarom heeft geen van de zeshonderd beleidsvoorstellen die ik in de inleiding vermeldde gewerkt.

Helen Crawley onderstreepte dit tegenover mij. Ze is een bescheiden maar uiterst invloedrijke figuur in het voedselbeleid; al bijna veertig jaar bepleit ze betere voedingsstandaarden voor kwetsbare groepen in het VK en bestrijdt ze belangenverstrengeling. De vrijwilligersorganisatie die ze heeft opgezet, First Steps Nutrition Trust, pleit er al vele jaren voor om UPF in het dieet van zwangere vrouwen, baby's en jonge kinderen te vermijden. 'Je denkt misschien dat beleid wordt geschreven door politici,' verklaarde Crawley, 'maar de details worden vaak uitgewerkt door speciale belangengroepen – met name vrijwilligersorganisaties en ngo's en beroepsgroepen die professionals in de gezondheidszorg vertegenwoordigen.'

Naar een aantal van deze organisaties wordt door de overheid geluisterd, waaronder de British Nutrition Foundation. De British Nutrition Foundation is een 'publieksgerichte vrijwilligersorganisatie die bestaat om mensen, opvoeders en organisaties toegang te bieden tot betrouwbare informatie over voeding.' Ze beschrijft zichzelf als een 'klankbord voor beleidsontwikkeling'[37] dat overeenkomsten heeft gesloten met talrijke overheidsdepartementen, met de focus op voedingspolitiek, communicatie en voorlichting over schoolvoeding. Leden van deze organisatie hebben zitting in overheidsadviesgroepen. De British Nutrition Foundation wordt gefinancierd door zowat elk bedrijf dat je kunt bedenken, zoals Coca-Cola, Nestlé, Mondelēz, PepsiCo, Mars, Danone, Kerry en Cargill.[38]

Een soortgelijke situatie bestaat in de VS, waar werd ontdekt dat de Academy of Nutrition and Dietetics, die diëtisten opleidt en helpt een landelijk voedingsbeleid vormgeven, intensieve banden heeft met de voedingsmiddelenindustrie. In een verslag in het collegiaal getoetste tijdschrift *Public Health Nutrition* bleek dat de organisatie meer dan 4 miljard dollar aannam van voedingsmiddelenbedrijven en brancheverenigingen, waaronder Coca-Cola, PepsiCo, Nestlé, Hershey, Kellogg's en Conagra.[39] En dat was dan alleen nog maar tussen 2011 en 2017. Daarnaast hadden ze een aanzienlijk belang in UPF-bedrijven, bijvoorbeeld meer dan een miljoen dollar in aandelen in PepsiCo, Nestlé en J.M. Smucker.[40]

Aan de andere kant van de Atlantische Oceaan heeft Diabetes UK Boots, Tesco en Abbott als bedrijfspartners.[41] Cancer Research UK wordt gefinancierd door Compass, Roadchef, Slimming World, Tesco en Warburtons.[42] De British Heart Foundation ontvangt geld van Tesco.[43] De British Dietetic Association heeft Abbott, Danone en Quorn als huidige strategische partners, en wordt ondersteund door andere voedingsmiddelenbedrijven.[44]

Het Centre for Social Justice schreef een rapport over obesitasbeleid waarin fysieke activiteit en sport werden aangemerkt als 'van fundamenteel belang voor de aanpak van de obesitascrisis' en er werd opgemerkt dat 'de voedsel- en drankenindustrie moet samenwerken met de overheid en maatschappelijke organisaties om een einde te maken aan obesitas bij kinderen'. Dat was zeker niet allemaal onzin, het was enkel gezellig en op samenwerking gericht – wellicht niet verrassend, gezien het feit dat het rapport werd gesponsord door Danone en Asda. Een van de auteurs vertelde in vertrouwen dat de sponsors hadden verzocht de formuleringen rond reclamecampagnes af te zwakken.

Het is zo, zó normaal om met de industrie samen te werken en er financiering van te ontvangen dat veel van deze groepen zich er niet eens volledig van bewust zijn hoe samenwerking met bedrijven die UPF maken en verkopen 'healthwashing', het gezonder laten lijken van producten dan ze werkelijk zijn, mogelijk maakt. Het is een gouden kans voor het bedrijf om publiciteit te krijgen voor hun zwakke beloftes en vertragingstactieken in hun strijd om er met 'vrijwillige' maatregelen van af te komen. Organisaties die geld aannemen van bijvoorbeeld Coca-Cola en beweren obesitas te bestrijden zijn simpelweg verlengstukken van de marketingafdeling van Coca-Cola.

In het VK zijn de grenzen tussen voedselactivisme en de UPF-industrie ook heel vaag.

Jamie Oliver is al bijna twintig jaar een van de meest vooraanstaande voedingsactivisten van het VK en voert campagne voor betere schoolmaaltijden, beter voedingsonderwijs en meer recentelijk om een einde te maken aan twee-halen-een-betalenreclames voor junkfood.

Hij voert campagne voor een halvering van het aantal kinderen met obesitas in 2030 en maakt momenteel deel uit van een consortium van financiers die geld steken in een vrijwilligersorganisatie die Bite Back 2030 heet en die tot doel heeft jonge mensen te stimuleren ongepaste voedselmarketing te bestrijden en zich actief te bemoeien met het Britse obesitasbeleid.

Ik heb Jamie Oliver ontmoet en met veel mensen van Bite Back 2030 samengewerkt. Ik twijfel er niet aan dat het hun doel is de gezondheid van kinderen te verbeteren, en velen die Oliver hebben ontmoet en met hem hebben samengewerkt zullen zijn inzet voor de gezondheid van kinderen bevestigen.* Toch baarde wat ik bij een jeugdtop van Bite Back 2030 in oktober 2021 zag me zorgen.

Oliver was daar met een panel van enthousiaste jeugdige activisten, van wie ik er velen heb leren kennen en respecteren. Naast de jeugdactivisten waren Paula MacKenzie, de toenmalige directeur van KFC UK, Alessandra Bellini, hoofd klantendienst van Tesco, de directeur van Deliveroo en nog veel meer bobo's uit de voedingsmiddelenindustrie aanwezig.

Het gesprek tijdens de top was een mix van enthousiaste maar vage beloftes, waarbij het gevoel heerste dat alle aanwezigen hetzelfde doel nastreefden. De jonge mensen deden een aantal krachtige uitspraken, maar ik had het gevoel dat de industrie meer baat had bij het evenement. Het inzicht dat de belangen van bijvoorbeeld KFC en die van de bestrijders van obesitas niet dezelfde zijn en ook niet kunnen zijn, ontbrak. KFC verklaarde heel overtuigend dat het ze aan het hart gaat, en dat is ook vast en zeker zo, maar de eigenaars van het bedrijf eisen dat het een heleboel UPF verkoopt. In de strijd tegen obesitas kan KFC geen partner zijn.

Bite Back 2030 heeft ook iets gelanceerd wat een 'voedselsystemenversneller' wordt genoemd en waarmee het een samenwerking is aangegaan met KFC, Tesco, Costa Coffee, Danone, Deliveroo, Innocent, de Jamie Oliver Group en Compass Group/Chartwells UK. Jonge campagnevoerders worden aan elk bedrijf gekoppeld om de topmanagers te helpen beter inzicht te krijgen in wat de consumenten nu echt willen van hun producten.

James Toop, directeur van Bite Back 2030, zei: 'Elk kind heeft het recht op toegang tot betaalbaar en voedzaam voedsel, dus ik ben blij dat deze acht organisaties zich opwerpen om voorop te lopen in deze verandering. Tezamen vertegenwoordigen ze de winkel- en eetgewoonten van het land, dus het is geweldig dat de vasthoudende jonge campagnevoerders van Bite Back met hen zullen samenwerken om de voedselsystemen van de toekomst vorm te geven.'

* Zoals dr. Helen Crawley, die jarenlang met Oliver heeft samengewerkt en diens goede bedoelingen tegenover mij benadrukte.

Dat is een zeer enthousiaste steunbetuiging aan bepaalde bedrijven die volgens mij niet in staat zullen zijn om ook maar iets van belang te doen, om de redenen die zijn toegelicht door Robert Plowman en Eddie Rixon.

De jeugdtop zelf was georganiseerd door Tortoise Media, die nauw samenwerkt met bedrijfspartners als McDonald's en Unilever, en net een 'index voor beter eten' heeft gelanceerd. Tortoise Media maakt gebruik van een groot aantal bronnen om 106 verschillende indicatoren vast te stellen die aangeven hoe goed bedrijven 'werkelijk doen wat ze beloven' op terreinen als milieu, betaalbaarheid, voeding en financiële duurzaamheid. Tortoise zegt dat de index voor beter eten tot doel heeft 'de machthebbers ter verantwoording te roepen' en 'een licht te laten schijnen op enkele van de beste en slechtste praktijken binnen de voedingsmiddelenindustrie'.

Tot verrassing van velen van ons in de wereld van babyvoeding staat Nestlé op deze index bovenaan. Unilever staat derde (en heeft ooit eerste gestaan) op de 'Responsibility 100 index' van Tortoise, die kijkt naar bedrijven die op sleutelgebieden als duurzaamheid, maatschappelijke verantwoordelijkheid en ethiek het best scoren.

Deze ranglijsten laten zich moeilijk rijmen met een aantal aantijgingen tegen deze bedrijven met betrekking tot gezondheid en milieu. Zo werd in een rapport van Greenpeace uit 2019 beweerd dat van de dertig producenten die het meest in verband konden worden gebracht met branden in Indonesië, Nestlé bij 28 ervan heeft ingekocht en Unilever bij minstens 27.[45] Voor andere voorbeelden: zie de voorgaande hoofdstukken.

Oliver zelf zit ook tot over zijn oren in de voedingsmiddelenindustrie. Zijn bedrijf maakt UPF (zij het vrij marginale artikelen, maar desalniettemin UPF door de aanwezigheid van smaakstoffen) en verdient geld aan UPF-producenten en -verkopers, Tesco en Shell, waar dranken als Cherry Coke, Dr Pepper en Fanta en snacks als chips met de smaak van Walker's Max Kentucky Fried Chicken deel uitmaken van zijn 'deli-range'-maaltijden.

Dit gevoel dat de industrie een partner kan zijn in het terugdringen van obesitas bij kinderen en dat de industrie kan helpen het activisme te financieren zonder dat dat activisme daardoor wordt gecompromitteerd, lijkt nergens te worden aangevochten.

Niemand is van mening dat Philip Morris de artsen zou moeten financieren die onderzoek ontwikkelen of roken schadelijk is. Niemand is van mening dat tabakswetgeving moet worden geschreven door vrijwilligersorganisaties die worden gefinancierd door British American Tobacco. Waarom zou het op gezondheid gerichte voedselbeleid anders moeten zijn?

De industrie van de tafel weren zal een culturele verschuiving vergen voordat er wetgeving kan veranderen. Naarmate het inzicht zich verspreidt dat de UPF-bedrijven even verantwoordelijk zijn voor dieetgerelateerde ziekten als de tabaksindustrie voor aan roken gerelateerde ziekten, zal het geleidelijk aan beschamend worden voor activisten om samen te werken met deze industrie. Natuurlijk, je kunt geen landelijk voedselbeleid ontwikkelen zonder met de industrie in gesprek te gaan. Maar je kunt er wel voor zorgen dat geen van de mensen die het beleid schrijven en ontwikkelen geld ontvangen van de industrie die ze willen reguleren. De relatie mag niet de vorm aannemen van een partnerschap.

Naast het verbreken van de banden met de industrie zijn er nog een paar specifieke beleidsmaatregelen de moeite van het overwegen waard.

Chili behoort tot de landen met de hoogste obesitascijfers ter wereld: driekwart van de volwassenen heeft last van overgewicht of obesitas. Overheidsfunctionarissen maken zich vooral zorgen over de obesitascijfers bij kinderen, die tot de hoogste ter wereld behoren: meer dan de helft van de zesjarigen is te zwaar of obees.

In 2016 voerde Chili een aantal beleidsmaatregelen door waarin marketing werd beperkt en zwarte achthoekige labels verplicht werden gesteld op voedsel en dranken met een hoog energie-, suiker-, natrium- en verzadigd-vetgehalte. Deze voedingsmiddelen werden ook verboden op scholen en er werd zwaar belasting op geheven.[46]

Door deze beleidsmaatregelen verdwenen de traktaties uit de Kinder Surprise-eieren en de tekenfilmfiguren waaronder Tony de Tijger en Cheetos' Chester Cheetah van de verpakking. PepsiCo, de maker van Cheetos, en Kellogg's, de producent van Frosted Flakes (in Nederland bekend als Frosties), hebben een proces aangespannen met het argument dat de regelgeving inbreuk maakt op hun intellectuele eigendom, maar op het moment dat dit wordt geschreven staan Tony en Chester niet op de verpakking.*

Als je het mij op de man af vraagt: ik vind niet dat het beleid tot doel moet hebben dat mensen minder UPF gaan eten. Dat is niet de taak van politici. Ik wil me evenmin als Xand laten vertellen wat ik moet doen.

Ik heb heus geen morele opvatting over het eten van UPF. Geen van mijn vrienden gelooft dat, maar het is echt waar. Het maakt me niet uit hoe je jezelf of je kind voedt. Het doel moet zijn dat je leeft in een wereld waarin je echte keuzes hebt en de vrijheid om die te maken.

Het NOVA-classificatiesysteem is niet de perfecte manier om te kijken naar het voedsel dat dieetgerelateerde ziekten en vernietiging van het milieu veroorzaakt; er is geen perfecte classificatie. Mijn ervaring is dat het systeem alle specifieke voedingsmiddelen benoemt waar zovelen van ons moeilijk af kunnen blijven en althans voor mensen die er de middelen voor hebben de horizon van mogelijke maaltijden verbreedt.

Dit is wat er met Xand gebeurde toen hij besloot een dieet van 80 procent UPF uit te proberen om te zien of hij zo van UPF af kon komen.

* * *

Xand belde vanuit Costa Coffee op de eerste dag van zijn dieet. Hij nam een saucijzenbroodje. Een speciale: 'Ik wil weten of ik die mag eten. Is calciumcarbonaat UPF?'

Ik krijg nu de hele tijd dit soort telefoontjes van vrienden. Dat is niet echt verrassend. Heel veel Britse snacks hebben 'clean labels' – zoals die lasagnes waar ik Maria Laura da Costa over vroeg. En ik

* Na het verbod op Kinder Surprise beweerde een manager van Ferrero dat het stuk speelgoed geen promotieartikel was maar een 'intrinsiek onderdeel van de traktatie', terwijl de Italiaanse ambassadeur in Chili een minister van Volksgezondheid beschuldigde van 'voedselterrorisme'.[47]

zei tegen Xand dat de calciumcarbonaat zijn saucijzenbroodje niet tot UPF maakte. Het telt niet als een 'funky' ingrediënt omdat het wettelijk aan de meeste witte bloem wordt toegevoegd. Het is krijt.

Maar toch las hij ook de rest van de ingrediënten voor. 'Varkensvlees, tarwebloem (incl. calciumcarbonaat, ijzer, niacine, thiamine), ongezouten boter, uien, aardappelen, gepasteuriseerd ei, zout, wittewijnazijn, raapzaadolie, gemalen specerijen (zwarte peper, witte peper, nootmuskaat), koriander, peterselie, salie, gedroogde tijm, gist, gebroken zwarte peper. Het kan geen kwaad, toch?'

Ik hoorde de mensen achter hem geïrriteerd raken terwijl hij me naar het gepasteuriseerde ei vroeg: 'Dát heb ik niet in mijn keuken.' Om fair te zijn tegenover Xand: ik heb de hele tijd dit soort debatten met mezelf. De NOVA-classificatie heeft me gedwongen het doel van het voedsel de hele tijd in overweging te nemen. Is dit gemaakt in een omgeving die onverschillig is voor mijn gezondheid? Maakt het deel uit van een voedselsysteem dat klimaatverandering en obesitas veroorzaakt? Kende hij het ontwerpproces van het saucijzenbroodje? Was dit geproduceerd met behulp van een systeem gericht op het in grote hoeveelheden verstouwen van voedsel? Was het zacht? Calorierijk?

Ik vertelde hem over zachtheid en caloriedichtheid, en hij las de calorieën voor. Het broodje bevatte 294 calorieën per 100 gram – iets meer dan een Big Mac, ongeveer hetzelfde als frietjes van McDonald's. Is het zacht? Op de verpakking stond geen meetwaarde, maar hij vond van wel.

Als je het mij vraagt, is de M&S Best Ever Sausage Roll (die bij Costa verkrijgbaar is) een voedingsmiddel dat het interne systeem dat de energie-inname regelt ondergraaft. Ik denk dat het dat misschien iets minder doet dan sommige andere saucijzenbroodjes met meer ingrediënten. Greggs omschrijft zijn saucijzenbroodjes als 'het lievelingskostje van het land': 'Deze Britse klassieker is gemaakt van gekruid worstvlees verpakt in lagen knapperig, gouden bladerdeeg en een grote dosis TLC. En dat is alles. Geen slimme twist. Geen geheim ingrediënt.'

Er zitten zo'n veertig ingrediënten in de saucijzenbroodjes van Greggs die in IJsland worden verkocht, waaronder mono- en diacetylwijnsteenzuur van mono- en diglyceriden van vetzuren en carboxymethylcellulose.

Het is lastig een experiment te bedenken waarin je deze twee producten tegenover elkaar kunt zetten. Daar zouden grote aantallen vrijwilligers voor nodig zijn en het verschil zou heel klein kunnen blijken te zijn.

Xand besloot ergens anders heen te gaan voor een saucijzenbroodje dat beslist UPF was.

En toen, op dag drie, stopte Xand met het eten van UPF, en hij heeft niet meer omgekeken.

20

Wat je moet doen als je wilt stoppen met het eten van UPF

Als je persoonlijk wilt stoppen met het eten van UPF, dan kun je proberen wat Xand en ik hebben gedaan: volg een paar dagen een dieet van 80 procent UPF. Je hoeft het geen vier weken vol te houden. Probeer het uit. Worstel ermee. Misschien zit je voor een shepherd's pie of een bord lasagne die zich op het randje van de NOVA 4-definitie bevindt, met misschien maar een klein beetje specerijenextract of wat dextrose, en probeer je erachter te komen of dit UPF is. En je zult begrijpen wat Maria Laura da Costa Louzada bedoelde met illusie-eten. Je zult in wat goedkope chocola bijten of in pittige chips en Fernanda Rauber in je oor horen fluisteren: 'Dit is geen eten. Het is een industrieel geproduceerde eetbare substantie.'

Als je voor jezelf kunt toegeven dat er bij jou sprake is van verslaving, kun je online op zoek gaan naar de Yale Food Addiction Scale-test. Als je denkt dat je verslaafd bent, probeer dan hulp te krijgen – van een vriend of familielid of van je huisarts.

Misschien kies je ervoor wel wat UPF te blijven eten maar je verre te houden van de probleemproducten. Misschien herken je kwetsbare momenten en voedingsmiddelen, dus zal een UPF-sandwich eten als lunch met een vriend niet tot een schranspartij leiden, terwijl de kans daarop groter is als je alleen thuis chips eet omdat je honger hebt.

Misschien vind je het veel makkelijker om helemaal geen UPF te eten. Xand en ik vinden dit de beste benadering. Onze relatie ermee was een verslaving, en onthouding was voor ons de enige oplossing. Xand stopte met UPF en raakte in een paar maanden zo'n twintig kilo kwijt. Hij onthoudt zich volledig. Geen uitzonderingen, nooit.

En vergeet niet dat UPF maar een substantie is, een voertuig voor andere problemen. Er zijn vaak redenen waarom we het eten. Dat zijn vaak dezelfde redenen waarom zovelen van ons worstelen met verslavingen aan andere substanties. Misschien moet je een paar van die andere problemen oplossen voordat je UPF te lijf kunt gaan. Misschien weet je wel wat die problemen zijn. Ook hier weer: zoek hulp.

Als je stopt met UPF eten, zul je toch iets moeten eten, dat zal je meer kosten dan tijd en geld. Voor mensen met een smalle beurs zijn er kookboeken in overvloed, maar twee auteurs beveel ik met name aan: Allegra McEvedy en Jack Monroe. Hun recepten zijn goedkoop, eenvoudig en heerlijk. Een maaltijd klaarmaken zal een gedoe zijn, maar je wel verbinden met een lange keten van mensen met weinig tijd die lang genoeg in leven zijn gebleven om jou te maken.

Je zult misschien niet veel afvallen. Ik zei aan het begin dat dit geen boek is om af te vallen. Barry Smith stopte met UPF nadat we hadden samengewerkt aan de podcast die voorafging aan dit boek (*Addicted to Food*). Zijn studenten begonnen hem paleo-Barry te noemen, waarmee ze uitdrukten dat ons voedselsysteem zo gebroken is dat het eten van normaal voedsel je tot een soort eigenaardige dieetfreak maakt. In elk geval dacht hij, nu hij UPF vaarwel had gezegd, dat hij zoveel kaas, boter en echt brood kon eten als hij wilde. Maar mannen van mijn en Barry's leeftijd konden al lang voor de uitvinding van maltodextrine gewichtsproblemen krijgen. Hij ontdekte al snel dat hij zijn consumptie van kaas moest matigen.

Wij zijn niet alleen vanwege het voedsel dat we eten ultrabewerkte mensen. Veel andere producten die we kopen zijn bewerkt om overmatige consumptie te stimuleren: onze telefoons en apps, onze kleren, onze sociale media, onze spelletjes en televisie. Soms kan het lijken of die veel meer nemen dan ze geven. De eis tot groei en de schade die het ons lichaam en onze planeet toebrengt maken zozeer deel uit van het weefsel van onze wereld dat ze bijna onzichtbaar zijn. Je zou kunnen ontdekken dat onthouding van een aantal van die andere producten ook helpt.

Ten slotte: zorg ervoor dat jij het zelf bent die dit wilt. Wat er ook gebeurt, straf jezelf niet, maar neem gerust contact op en laat me weten hoe het gaat.

Noten

Inleiding

1 Jacobs, F.M.J., Greenberg, D., Nguyen, N., e.a. 'An evolutionary arms race between KRAB zinc-finger genes *ZNF91/93* and *SVA/L1* retrotransposons'. *Nature* 2014; 516: p. 242-245.

2 Villarreal, L. *Viruses and the Evolution of Life*. Londen: ASM Press, 2005.

3 Hauge, H.S. 'Anomalies on Alaskan wolf skulls'. 1985. Beschikbaar op: http://www.adfg.alaska.gov/static/home/library/pdfs/wildlife/research_pdfs/anomalies_alaskan_wolf_skulls.pdf.

4 Mech, L.D., en Nelson, M.E. 'Evidence of prey-caused mortality in three wolves'. *The American Midland Naturalist* 1990; 123: p. 207-208.

5 Rauber, F., Chang, K., Vamos, E.P., e.a. 'Ultra-processed food consumption and risk of obesity: a prospective cohort study of UK Biobank'. *European Journal of Nutrition* 2020; 60: p. 2169-2180.

6 Chang, K., Khandpur, N., Neri, D., e.a. 'Association between childhood consumption of ultraprocessed food and adiposity trajectories in the Avon Longitudinal Study of Parents and Children birth cohort'. *JAMA Pediatrics* 2021; 175: p. e211573.

7 Baraldi, L.G., Martinez Steele, E., Canella, D.S., e.a. 'Consumption of ultra-processed foods and associated sociodemographic factors in the USA between 2007 and 2012: evidence from a nationally representative cross-sectional study'. *BMJ Open* 2018; 8: p. e020574.

8 Rodgers, A., Woodward, A., Swinburn, B., en Dietz, W.H. 'Prevalence trends tell us what did not precipitate the US obesity epidemic'. *Lancet Public Health*. 2018 apr; 3(4): p. e162-163.

9 Theis, D.R.Z., White, M. 'Is obesity policy in England fit for purpose? Analysis of government strategies and policies, 1992-2020'. *The Milbank Quarterly* 2021; 99: p. 126-170.

10 Cole, T. Persoonlijke communicatie. 2022.
11 'NCD Risk Factor Collaboration. Height and body-mass index trajectories of school-aged children and adolescents from 1985 to 2019 in 200 countries and territories: a pooled analysis of 2181 population-based studies with 65 million participants.' *Lancet* 2020; 396: p. 1511-1524.
12 National Food Strategy. National food strategy (onafhankelijke review): the plan. 2021. Beschikbaar op: https://assets.publishing.service.gov.uk/government/uploads/system/uploads/attachment_data/file/1025825/national-food-strategy-the-plan.pdf.
13 Britse regering. Obesitasstatistieken. 2022. Beschikbaar op: https://researchbriefings.files.parliament.uk/documents/SN03336/SN03336.pdf
14 Hiscock, R., Bauld, L., Amos, A., en Platt, S. 'Smoking and socioeconomic status in England: the rise of the never smoker and the disadvantaged smoker'. *Journal of Public Health* 2012; 34: p. 390-396.

1 Waarom zit er bacterieel slijm in mijn ijs? De uitvinding van UPF

1 Avison, Z. 'Why UK consumers spend 8% of their money on food'. 2020. Beschikbaar op: https://ahdb.org.uk/news/consumer-insightwhy-uk-consumers-spend-8-of-their-money-on-food
2 Office for National Statistics. 'Living costs and food survey'. 2017. Beschikbaar op: https://www.ons.gov.uk/peoplepopulationandcommunity/personalandhouseholdfinances/incomeandwealth/methodologies/livingcostsandfoodsurvey.
3 Scott, C., Sutherland, J., en Taylor, A. 'Affordability of the UK's Eatwell Guide. 2018. Beschikbaar op: https://foodfoundation.org.uk/sites/default/files/2021–10/Affordability-of-the-Eatwell-Guide_Final_Web-Version.pdf.
4 BeMiller, J.N. 'One hundred years of commercial food carbohydrates in the United States'. *Journal of Agricultural and Food Chemistry* 2009; 57: p. 8125-8129.
5 Centre for Industrial Rheology. 'Hellman's [sic] *vs* Heinz: mayonnaise fat reduction rheology'. Beschikbaar op: https://www.rheologylab.com/articles/food/fat-replacement/.
6 di Lernia, S., en Gallinaro, M. 'The date and context of neolithic rock art in the Sahara: engravings and ceremonial monuments from Messak Settafet (south-west Libya)'. *Antiquity* 2010; 84: p. 954-975.
7 di Lernia, S., en Gallinaro, M., 2010.
8 Dunne, J., Evershed, R.P., Salque, M., e.a. 'First dairying in green Saharan Africa in the fifth millennium BC'. *Nature* 2012; 486: p. 390-394.
9 Evershed, R.P., Davey Smith, G., Roffet-Salque, M., e.a. 'Dairying, diseases and the evolution of lactase persistence in Europe'. *Nature* 2022; 608: p. 336-345.

10 List, G.R. 'Hippolyte Mège (1817-1880)'. *Inform* 2006; 17: p. 264.
11 Rupp, R. 'The butter wars: when margarine was pink'. 2014. Beschikbaar op: https://www.nationalgeographic.com/people-and-culture/food/the-plate/2014/08/13/the-butter-wars-when-margarine-was-pink/.
12 Khosrova, E. *Butter: A Rich History*. Londen: Appetite by Random House, 2016.
13 McGee, H. *On Food and Cooking: The Science and Lore of the Kitchen* (herziene editie). Londen: Scribner, 2007.
14 Snodgrass, K. 'Margarine as a butter substitute'. *Oil & Fat Industries*, 1931; 8: p. 153.
15 SCRAN. 'Whale oil uses'. 2002. Beschikbaar op: http://www.scran.ac.uk/packs/exhibitions/learning_materials/webs/40/margarine.htm.
16 Nixon, H.C. 'The rise of the American cottonseed oil industry'. *Journal of Political Economy* 1930; 38: p. 73-85.

2 Doe mij maar vijf schaaltjes Coco Pops: de ontdekking van UPF

1 Monteiro, C.A., Cannon, G., Lawrence, M., e.a. 'Ultra-processed foods, diet quality, and health using the NOVA classification system'. Rome: Voedsel- en landbouworganisatie van de Verenigde Naties, 2019.
2 Ioannidis, J.P.A. 'Why most published research findings are false'. *PLoS Medicine* 2005; 2: p. e124.
3 Rauber, F., da Costa Louzada, M.L., Steele, E.M., e.a. 'Ultra-processed food consumption and chronic non-communicable diseases-related dietary nutrient profile in the UK (2008-2014)'. *Nutrients* 2018; 10: p. 587.
4 Rauber e.a., 2020.
5 Chang e.a., 2021.
6 Rauber, F., Steele, E.M., da Costa Louzada, M.L., e.a. 'Ultra-processed food consumption and indicators of obesity in the United Kingdom population (2008-2016)'. *PLoS One* 2020; 15: p. e0232676.
7 Martínez Steele, E., Juul, F., Neri, D., Rauber, F., Monteiro, C.A. 'Dietary share of ultra-processed foods and metabolic syndrome in the US adult population'. *Preventive Medicine* 2019; 125: p. 40-48.
8 Public Health England. Annex A: The 2018 review of the UK Nutrient Profiling Model. 2018. Beschikbaar op: https://assets.publishing.service.gov.uk/government/uploads/system/uploads/attachment_data/file/694145/Annex__A_the_2018_review_of_the_UK_nutrient_profiling_model.pdf.
9 Levy-Costa, R.B., Sichieri, R., dos Santos Pontes, N., e.a. 'Household food availability in Brazil: distribution and trends (1974-2003)'. *Revista de Saúde Pública* 2005; 39: p. 530-540.

10 Pollan, M. 'Unhappy meals'. 2007. Beschikbaar op: https://www.nytimes.com/2007/01/28/magazine/28nutritionism.t.html.
11 Rutjes, A.W., Denton, D.A., Di Nisio, M., e.a. 'Vitamin and mineral supplementation for maintaining cognitive function in cognitively healthy people in mid and late life'. *Cochrane Database of Systematic Reviews* 2018; 12: CD011906.
12 Singal, M., Banh, H.L., en Allan, G.M. 'Daily multivitamins to reduce mortality, cardiovascular disease, and cancer'. *Canadian Family Physician* 2013; 59: p. 847.
13 Officer, C.E. 'Antioxidant supplements for prevention of mortality in healthy participants and patients with various diseases'. *Cochrane Database of Systematic Reviews* 2012; 3: CD007176.
14 Snowdon, C. 'What is "ultra-processed food"?' 2022. Beschikbaar op: https://velvetgloveironfist.blogspot.com/2022/01/what-is-ultra-processed-food.html.
15 'Your Fat Friend. The bizarre and racist history of the BMI'. 2019. Beschikbaar op: https://elemental.medium.com/the-bizarre-and-racist-history-ofthe-bmi-7d8dc2aa33bb.

3 Natuurlijk, 'ultrabewerkt voedsel' klinkt slecht, maar is het echt een probleem?

1 Hall, K.D., Sacks, G., Chandramohan, D., e.a. 'Quantification of the effect of energy imbalance on bodyweight'. *Lancet* 2011; 378: p. 826-837.
2 Fothergill, E., Guo, J., Howard, L., e.a. 'Diet versus exercise in "The Biggest Loser" weight loss competition'. *Obesity* 2013; 21: p. 957-959.
3 Hall, K.D., Ayuketah, A., Brychta, R., e.a. 'Ultra-processed diets cause excess calorie intake and weight gain: an inpatient randomized controlled trial of ad libitum food intake'. *Cellular Metabolism* 2019; 30: p. 67-77.
4 Martini, D., Godos, J., Bonaccio, M, e.a. 'Ultra-processed foods and nutritional dietary profile: a meta-analysis of nationally representative samples'. *Nutrients* 2021; 13: p. 3390.
5 'October 28. Health inequalities and obesity'. 2020. Beschikbaar op: https://www.rcplondon.ac.uk/news/health-inequalitiesand-obesity.
6 Fiolet, T., Srour, B., Sellem, L., e.a. 'Consumption of ultra-processed foods and cancer risk: results from NutriNet-Santé prospective cohort'. *British Medical Journal* 2018; 360: p. k322.
7 Zhong, G-C., Gu, H-T., Peng,Y., e.a. 'Association of ultra-processed food consumption with cardiovascular mortality in the US population: long-term results from a large prospective multicenter study'. *International Journal of Behavioral Nutrition and Physical Activity* 2021; 18: p. 21.
8 Schnabel, L., Kesse-Guyot, E., Allès, B., e.a. 'Association between ultraprocessed food consumption and risk of mortality among middle-aged adults in

France'. *JAMA Internal Medicine* 2019; 179: p. 490-498.

9 Rico-Campà, A., Martínez-González, M.A., Alvarez-Alvarez, I., e.a. 'Association between consumption of ultra-processed foods and all cause mortality: SUN prospective cohort study'. *British Medical Journal* 2019; 365: p. l1949.

10 Kim, H., Hu, E.A., en Rebholz, C.M. 'Ultra-processed food intake and mortality in the USA: results from the Third National Health and Nutrition Examination Survey (NHANES III, 1988-1994)'. *Public Health Nutrition* 2019; 22: p. 1777-1785.

11 Bonaccio, M., Di Castelnuovo, A., Costanzo, S., e.a. 'Ultra-processed food consumption is associated with increased risk of all-cause and cardiovascular mortality in the Moli-sani Study'. *American Journal of Clinical Nutrition* 2021; 113: p. 446-455.

12 Chen, X., Chu, J., Hu, W., e.a. 'Associations of ultra-processed food consumption with cardiovascular disease and all-cause mortality: UK Biobank'. *European Journal of Public Health* 2022; 32: p. 779-785.

13 Bonaccio e.a., 2021.

14 Kim e.a., 2021.

15 Srour, B., Fezeu, L.K., Kesse-Guyot, E., e.a. 'Ultra-processed food intake and risk of cardiovascular disease: prospective cohort study (Nutri-Net-Santé)'. *British Medical Journal* 2019; 365: p. l1451.

16 Fiolet e.a., 2018.

17 Llavero-Valero, M., Martín, J.E.-S., Martínez-González, M.A., e.a. 'Ultraprocessed foods and type-2 diabetes risk in the SUN project: a prospective cohort study'. *Clinical Nutrition* 2021; 40: p. 2817-2824.

18 Srour, B., Fezeu, L.K., Kesse-Guyot, E., e.a. 'Ultraprocessed food consumption and risk of type 2 diabetes among participants of the NutriNet-Santé prospective cohort'. *JAMA Internal Medicine* 2020; 180: p. 283-291.

19 Jardim, M.Z., Costa, B.V.d.L., Pessoa, M.C., e.a. 'Ultra-processed foods increase noncommunicable chronic disease risk'. *Nutrition Research* 2021; 95: p. 19-34.

20 Silva Meneguelli, T., Viana Hinkelmann, J., Hermsdorff, H.H.M., e.a. 'Food consumption by degree of processing and cardiometabolic risk: a systematic review'. *International Journal of Food Sciences and Nutrition* 2020; 71: p. 678-692.

21 De Mendonça, R.D., Lopes, A.C.S., Pimenta, A.M., e.a. 'Ultra-processed food consumption and the incidence of hypertension in a Mediterranean cohort: the Seguimiento Universidad de Navarra Project'. *American Journal of Hypertension* 2017; 30: p. 358-366.

22 Zhang, S., Gan, S., Zhang, Q., e.a. 'Ultra-processed food consumption and the risk of non-alcoholic fatty liver disease in the Tianjin Chronic Low-Grade Systemic Inflammation and Health Cohort Study'. *International Journal of Epidemiology* 2021; 51: p. 237-249.

23 Narula, N., Wong, E.C.L., Dehghan, M., e.a. 'Association of ultra-processed food intake with risk of inflammatory bowel disease: prospective cohort study'. *British Medical Journal* 2021; 374: p. n1554.
24 Lo, C-H., Khandpur, N., Rossato, S., e.a. 'Ultra-processed foods and risk of Crohn's disease and ulcerative colitis: a prospective cohort study'. *Clinical Gastroenterology and Hepatology* 2022; 20: p. 1323-1337.
25 Gómez-Donoso, C., Sánchez-Villegas, A., Martínez-González, M.A., e.a. 'Ultra-processed food consumption and the incidence of depression in a Mediterranean cohort: the SUN project'. *European Journal of Nutrition* 2020; 59: p. 1093-1103.
26 Schnabel, L., Buscail, C., Sabate, J-M., e.a. 'Association between ultra-processed food consumption and functional gastrointestinal disorders: results from the French NutriNet-Santé cohort'. *American Journal of Gastroenterology* 2018; 113: p. 1217-1228.
27 Zhang, S., Gu, Y., Rayamajhi, S., e.a. 'Ultra-processed food intake is associated with grip strength decline in middle-aged and older adults: a prospective analysis of the TCLSIH study'. *European Journal of Nutrition* 2022; 61: p. 1331-1341.
28 Schnabel e.a., 2018.
29 Li, H., Li, S., Yang, H., e.a. 'Association of ultraprocessed food consumption with risk of dementia: a prospective cohort study'. *Neurology* 2022; 99: p. e1056-66.
30 Li e.a., 2022.
31 Bonaccio e.a., 2021.
32 Kim e.a., 2019.
33 Chen e.a., 2022.
34 Rico-Campà e.a., 2019.
35 Romero Ferreiro, C., Lora Pablos, D., en Gómez de la Cámara, A. 'Two dimensions of nutritional value: Nutri-Score and NOVA'. *Nutrients* 2021; 13(8).
36 Gibney, M.J., Forde, C.G., Mullally, D., en Gibney, E.R. 'Ultra-processed foods in human health: a critical appraisal'. *American Journal of Clinical Nutrition* 2017; 106: p. 717-724.
37 Tobias, D.K., en Hall, K.D. 'Eliminate or reformulate ultra-processed foods? Biological mechanisms matter'. *Cell Metabolism* 2021; 33: p. 2314-2315.
38 Corrigendum op *The American Journal of Clinical Nutrition*, Jaargang 107, nummer 3, maart 2018, p. 482-483. Beschikbaar op: https://academic.oup.com/ajcn/article/107/3/482/4939379.
39 Jones, J.M. 'Food processing: criteria for dietary guidance and public health?' *Proceedings of the Nutrition Society* 2019; 78: p. 4-18.
40 Knorr, D., en Watzke, H. 'Food processing at a crossroad'. *Frontiers in Nutrition* 2019; 6: p. 85.
41 Sadler, C.R., Grassby, T., Hart, K., e.a. '"Even we are confused": a thematic analysis of professionals' perceptions of processed foods and challenges for

communication'. *Frontiers in Nutrition* 2022; 9: p. 826162.

42 Flacco, M.E., Manzoli, L., Boccia, S., e.a. 'Head-to-head randomized trials are mostly industry sponsored and almost always favor the industry sponsor'. *Journal of Clinical Epidemiology* 2015; 68: p. 811-820.

43 Stamatakis, E., Weiler, R., en Ioannidis, J.P.A. 'Undue industry influences that distort healthcare research, strategy, expenditure and practice: a review'. *European Journal of Clinical Investigation* 2013; 43: p. 469-475.

44 Ioannidis, J.P.A. 'Evidence-based medicine has been hijacked: a report to David Sackett'. *Journal of Clinical Epidemiology* 2016; 73: p. 82-86.

45 Fabbri, A., Lai, A., Grundy, Q., en Bero, L.A. 'The influence of industry sponsorship on the research agenda: a scoping review'. *American Journal of Public Health* 2018; 108: p. e9-16.

46 Lundh, A., Lexchin, J., Mintzes, B., e.a. 'Industry sponsorship and research outcome'. *Cochrane Database of Systematic Reviews* 2017; 2: p. MR000033.

47 Rasmussen, K., Bero, L., Redberg, R., e.a. 'Collaboration between academics and industry in clinical trials: cross sectional study of publications and survey of lead academic authors'. *British Medical Journal* 2018; 363: p. 3654.

4 (Ik kan niet geloven dat het geen) steenkoolboter is: het ultieme UPF

1 Engelberg, S., Gordon, M.R. 'Germans accused of helping Libya build nerve gas plant'. 1989. Beschikbaar op: https://www.nytimes.com/1989/01/01/world/germans-accused-of-helping-libya-build-nerve-gas-plant.html.

2 'Second Wiki. Arthur Imhausen'. 2007 [geciteerd 21 maart 2022]. Beschikbaar op: https://second.wiki/wiki/arthur_imhausen.

3 Maier, E. 'Coal – in liquid form'. 2016. Beschikbaar op: https://www.mpg.de/10856815/S004_Flashback_078-079.pdf.

4 Imhausen, A. 'Die Fettsäure-Synthese und ihre Bedeutung für die Sicherung der deutschen Fettversorgung'. *Kolloid-Zeitschrift* 1943; 103: p. 105-108.

5 Imhausen, A., 1943.

6 Barona, J.L. *From Hunger to Malnutrition: The Political Economy of Scientific Knowledge in Europe, 1918-1960*. Pieterlen, Zwitserland: Peter Lang AG, 2012.

7 Evonik. 'Arthur Imhausen, chemist and entrepreneur'. 2020. Beschikbaar op: https://history.evonik.com/en/personalities/imhausen-arthur.

8 Maier, 2016.

9 Dockrell, M. 'Clearing up some myths around e-cigarettes'. 2018. Beschikbaar op: https://ukhsa.blog.gov.uk/2018/02/20/clearing-up-some-mythsaround-e-cigarettes/.

10 Kopper, C. 'Helmut Maier, Chemiker im "Dritten Reich". Die Deutsche Chemische Gesellschaft und der Verein Deutscher Chemiker im NSHerr-

schaftsapparat. Im Auftrag der Gesellschaft Deutscher Chemiker. Weinheim, Wiley-VCH 2015'. *Historische Zeitschrift* 2017; 305: p. 269-270.
11 Cornberg, J.N.M.S.F. von. 'Willkür in der Willkür: Befreiungen von den antisemitischen Nürnberger Gesetzen'. *Vierteljahrshefte für Zeitgeschichte* 1998; 46: p. 143-187.
12 Cornberg, von, 1998.
13 Stolberg-Wernigerode, O. *Neue Deutsche Biographie*. Berlin: Duncker & Humblot, 1974.
14 Emessen, T.R. *Aus Görings Schreibtisch ein Dokumentenfund*. Dortmund: Historisches Kabinett, Allgemeiner Deutscher Verlag, 1947.
15 Breitman, R. *The Architect of Genocide: Himmler and the Final Solution*. New York: Alfred A. Knopf, 1991.
16 Imhausen, A., 1943.
17 Proctor, R. *The Nazi War on Cancer*. Princeton: Princeton University Press, 2000.
18 British Intelligence Objectives Sub-Committee. Beschikbaar op: http://www.fischer-tropsch.org/primary_documents/gvt_reports/BIOS/biostoc.htm.
19 Floessner, O. *Synthetische Fette Beitraege zur Ernaehrungsphysiologie*. Leipzig: Barth, 1948.
20 British Intelligence Objectives Sub-Committee. 'Synthetic Fatty Acids and Detergents'. Beschikbaar op: http://www.fischer-tropsch.org/primary_documents/gvt_reports/BIOS/bios_1722htm/bios_1722_htm_sec14.htm
21 Kraut, H. 'The physiological value of synthetic fats'. *British Journal of Nutrition* 1949; 3: p. 355-358.
22 '*The Eagle Valley Enterprise*. Butter is made by Germans from coal'. 1946. Beschikbaar op: https://www.coloradohistoricnewspapers.org/?a=d&d=EVE19460906-01.2.29&e=-------en-20--1--img-txIN%7ctxCO%7ctxTA--------0------
23 Thompson, J. 'Butter from coal: The Grafic Laboratory of Popular Science'. *Chicago Daily Tribune* 1946; C2.
24 'Historische Kommission für Westfalen. Ingenieure im Ruhrgebiet Rheinisch-Westfälische Wirtschaftsbiographien'. Jaargang 17. Aschendorff; 2019.
25 Evonik, 2020.
26 Andrews, E.L. 'The business world; IG Farben: a lingering relic of the Nazi years. 1999'. Beschikbaar op: https://www.nytimes.com/1999/05/02/business/the-business-world-ig-farben-a-lingering-relic-of-the-nazi-years.html.
27 Marek, M. 'Norbert Wollheim gegen IG Farben'. 2012. Beschikbaar op: https://www.dw.com/de/norbert-wollheim-gegen-ig-farben/a-16373141.
28 Johnson, J.A. 'Corporate morality in the Third Reich'. 2009. Beschikbaar op: https://www.sciencehistory.org/distillations/corporate-moralityin-the-third-reich.
29 Andrews, 1999.

30 Marek, 2012.
31 Johnson, 2009.
32 Staunton, D. 'Holocaust survivors protest at IG Farben meeting'. 1999. Beschikbaar op: https://www.irishtimes.com/news/holocaustsurvivors-protest-at-ig-farben-meeting-1.218051.
33 *Der Spiegel.* 'IG-Farben-Insolvenz: Ehemalige Zwangsarbeiter gehen leer aus'. 2003. Beschikbaar op: https://www.spiegel.de/wirtschaft/ig-farben-insolvenz-ehemalige-zwangsarbeiter-gehen-leer-ausa-273365.html.
34 'Charles J. Former Zyklon-B maker goes bust'. 2003. Beschikbaar op: http://news.bbc.co.uk/1/hi/business/3257403.stm.
35 *Der Spiegel*, 2003.
36 *Der Spiegel.* 'Die Schweizer Konten waren alle abgeräumt'. 1993. Beschikbaar op: https://www-spiegel-de.translate.goog/politik/die-schweizerkonten-waren-alle-abgeraeumt-a-e59c3df1-0002-0001-0000-000009286542.
37 *Der Spiegel.* 'Zwanzig Minuten Kohlenklau'. 1947. Beschikbaar op: https://www.spiegel.de/politik/zwanzig-minuten-kohlenklau-a-9896e990-0002-0001-0000-000041123785?context=issue
38 Daepp M.I.G., Hamilton, M.J., e.a. 'The mortality of companies'. *Journal of the Royal Society Interface* 2015; 12: 20150120.
39 Strotz, L.C., Simões, M., Girard, M.G., e.a. 'Getting somewhere with the Red Queen: chasing a biologically modern definition of the hypothesis'. *Biology Letters* 2018; 14: 20170734.
40 Valen, L. van. 'Extinction of taxa and Van Valen's law (reply)'. *Nature* 1975; 257: 515-16.
41 Valen, L. van. 'A new evolutionary law'. *Evolutionary Theory* 1973; 1: p. 1-30.
42 Valen, L. van. 'The Red Queen'. *American Naturalist* 1977; 111: p. 809-810.
43 Kraut, 1949.

5 De drie tijdperken van eten

1 Bell, E.A., Boehnke, P., Harrison, T.M., e.a. 'Potentially biogenic carbon preserved in a 4.1-billion-year-old zircon'. *Proceedings of the National Academy of Sciences USA* 2015; 112: p. 14518-14521.
2 Bell e.a., 2015.
3 Alleon, J., Bernard, S., Le Guillo, C., e.a. 'Chemical nature of the 3.4 Ga Strelley Pool microfossils'. *Geochemical Perspectives Letters* 2018; 7: p. 37-42.
4 Cavalazzi, B., Lemelle, L., Simionovici, A., e.a. 'Cellular remains in a ~3.42-billion-year-old subseafloor hydrothermal environment'. *Science Advances* 2021; 7: p. abf3963.
5 Dodd, M.S., Papineau, D., Grenne, T., e.a. 'Evidence for early life in Earth's oldest hydrothermal vent precipitates'. *Nature* 2017; 543: p. 60-64.

6 Gramling, C. 'Hints of oldest fossil life found in Greenland rocks'. 2016. Beschikbaar op: http://www.sciencemag.org/news/2016/08/hintsoldest-fossil-life-found-greenland-rocks.
7 Li, W., Beard, B.L., Johnson, C.M. 'Biologically recycled continental iron is a major component in banded iron formations'. *Proceedings of the National Academy of Sciences USA* 2015; 112: p. 8193-8198.
8 Haugaard, R., Pecoits, E., Lalonde, S., e.a. 'The Joffre banded iron formation, Hamersley Group, Western Australia: assessing the palaeoenvironment through detailed petrology and chemostratigraphy'. *Precambrian Research* 2016; 273: p. 12-37.
9 Powell, H. 'Fertilizing the ocean with iron'. 2022. Beschikbaar op: https://www.whoi.edu/oceanus/feature/fertilizing-the-ocean-withiron/
10 Retallack, G.J. 'First evidence for locomotion in the Ediacara biota from the 565 Ma Mistaken Point Formation, Newfoundland: COMMENT'. *Geology* 2010; 38: p. e223.
11 Chen, Z., Zhou, C., Meyer, M., e.a. 'Trace fossil evidence for Ediacaran bilaterian animals with complex behaviors'. *Precambrian Research* 2013; 224: p. 690-701.
12 Retallack, 2010.
13 Peterson, K.J., Cotton, J.A., Gehling, J.G., e.a. 'The Ediacaran emergence of bilaterians: congruence between the genetic and the geological fossil records'. *Philosophical Transactions of the Royal Society B* 2008; 363: p. 1435-1443.
14 Weidenbach, K. *Rock Star: The Story of Reg Sprigg – an Outback Legend*. Kensington: East Street Publications, 2008.
15 Weidenbach, 2008.
16 Mote, T., Villalba, J.J., en Provenza, F.D. 'Foraging sequence influences the ability of lambs to consume foods containing tannins and terpenes'. *Behavioral Education for Human, Animal, Vegetation, and Ecosystem Management* 2008; 113: p. 57-68.
17 Villalba, J.J., Provenza, F.D., en Manteca, X. 'Links between ruminants' food preference and their welfare'. *Animal* 2010; 4: p. 1240-1247.
18 Provenza, F. *Nourishment: What Animals Can Teach Us about Rediscovering Our Nutritional Wisdom*. Hartford, VT: Chelsea Green Publishing, 2018.
19 Mote e.a., 2008.
20 Hoste, H., Meza-Ocampos, G., Marchand, S., e.a. 'Use of agro-industrial by-products containing tannins for the integrated control of gastrointestinal nematodes in ruminants'. *Parasite* 2022; 29: p.10.
21 Boback, S.M., Cox, C.L., Ott, B.D., e.a. 'Cooking and grinding reduces the cost of meat digestion'. *Comparative Biochemistry & Physiology* 2007; 148: p. 651-666.
22 Furness, J.B., en Bravo, D.M. 'Humans as cucinivores: comparisons with other species'. *Journal of Comparative Physiology B* 2015; 185: p. 825-834.

23 Zink, K.D., Lieberman, D.E., en Lucas, P.W. 'Food material properties and early hominin processing techniques'. *Journal of Human Evolution* 2014; 77: p. 155-166.
24 Stevens, C.E., Hume, I.D., *Comparative Physiology of the Vertebrate Digestive System*. Cambridge: Cambridge University Press, 2004.
25 Koebnick, C., Strassner, C., Hoffmann, I., e.a. 'Consequences of a longterm raw food diet on body weight and menstruation: results of a questionnaire survey'. *Annals of Nutrition and Metabolism* 1999; 43: p. 69-79.
26 *Scientific American*. 'The inventor of saccharin. 1886'. Beschikbaar op: https://web.archive.org/web/20170314015912/https:/books.google.com/books?id=f4I9AQAAIAAJ&pg=PA36#v=onepage&q&f=false.
27 Brown, H.T., en Morris, G.H. 'On the non-crystallisable products of the action of diastase upon starch'. *Journal of the Chemical Society, Transactions* 1885; 47: p. 527-570.
28 Mepham, B. 'Food additives: an ethical evaluation'. *British Medical Bulletin* 2011; 99: p. 7-23.
29 Powers, G. 'Infant feeding. Historical background and modern practice'. *Journal of the American Medical Association* 1935; 105: p. 753-761.
30 Scheindlin, B. '"Take one more bite for me": Clara Davis and the feeding of young children'. *Gastronomica* 2005; 5: p. 65-69.
31 Davis, C.M. 'Self-regulation of diet in childhood'. *Health Education Journal* 1947; 5: p. 37-40.
32 Scheindlin, 2005.

6 Hoe ons lichaam werkelijk calorieën beheert

1 Chusyd, D.E., Nagy, T.R., Golzarri-Arroyo, L., e.a. 'Adiposity, reproductive and metabolic health, and activity levels in zoo Asian elephant (*Elephas maximus*)'. *Journal of Experimental Biology* 2021; 224: jeb219543.
2 Pontzer, H., Brown, M.H., Raichlen, D.A., e.a. 'Metabolic acceleration and the evolution of human brain size and life history'. *Nature* 2016; 533: p. 390-392.
3 Pontzer, H., Raichlen, D.A., Wood, B.M., Mabulla, A.Z.P., Racette, S.E., en Marlowe, F.W. 'Hunter-gatherer energetics and human obesity'. *PLoS One* 2012; 7: p. e40503.
4 Klimentidis, Y.C., Beasley, T.M., Lin H-Y., e.a. 'Canaries in the coal mine: a cross-species analysis of the plurality of obesity epidemics'. *Proceedings of the Royal Society B* 2011; 278: p. 1626-1632.
5 *ABC News*. 'Is "Big Food's" big money influencing the science of nutrition?' 2011. Beschikbaar op: https://abcnews.go.com/US/bigfood-money-accused-influencing-science/story?id=13845186
6 Saul, S. 'Obesity Researcher Quits Over New York Menu Fight'. *The New York*

Times [Internet]. 2008 Mar 3 [geciteerd 28 februari 2022]; Beschikbaar op: https://www.nytimes.com/2008/03/03/business/03cnd-obese.html
7 McDermott, L. 'Self-representation in upper paleolithic female figurines'. *Current Anthropology* 1996; 37: p. 227-275.
8 Michalopoulos, A., Tzelepis, G., en Geroulanos, S. 'Morbid obesity and hypersomnolence in several members of an ancient royal family'. *Thorax* 2003; 58: p. 281-282.
9 Buchwald, H. 'A brief history of obesity: truths and illusions'. 2018. Beschikbaar op: https://www.clinicaloncology.com/Current-Practice/Article/07-18/A-Brief-History-of-Obesity-Truths-and-Illusions/51221.
10 O'Rahilly, S. 'Harveian Oration 2016: some observations on the causes and consequences of obesity'. *Clinical Medicine* 2016; 16: p. 551-564.
11 Corbyn, Z. 'Could "young" blood stop us getting old?' 2020. Beschikbaar op: https://amp.theguardian.com/society/2020/feb/02/could-youngblood-stop-us-getting-old-transfusions-experiments-mice-plasma.
12 Kosoff, M. 'Peter Thiel wants to inject himself with young people's blood'. 2016. Beschikbaar op: https://www.vanityfair.com/news/2016/08/peter-thiel-wants-to-inject-himself-with-young-peoples-blood.
13 Hervey, G.R. 'The effects of lesions in the hypothalamus in parabiotic rats'. *J Physiol.* 1959 Mrt 3;145(2): p. 336-352.
14 Paz-Filho, G., Mastronardi, C., Delibasi, T., e.a. 'Congenital leptin deficiency: diagnosis and effects of leptin replacement therapy'. *Arquivos Brasileiros de Endocrinologia & Metabologia* 2010; 54: p. 690-697.
15 Murray, E.A., Wise, S.P., en Rhodes, S.E.V. 'What can different brains do with reward?' In: Gottfried, J.A., redacteur. *Neurobiology of Sensation and Reward.* Boca Raton, Fl: C.R.C. Press/Taylor & Francis, 2012.
16 Hall, K.D., Farooqi, I.S., Friedman, J.M., e.a. 'The energy balance model of obesity: beyond calories in, calories out'. *American Journal of Clinical Nutrition* 2022; 115: p. 1243-1254.

7 Waarom niet suiker het probleem is...

1 Petersen, M.C, en Shulman, G.I. 'Mechanisms of insulin action and insulin resistance'. *Physiological Reviews* 2018; 98: p. 2133-2223.
2 Liebman, Bonnie/Center for Science in the Public Interest. 'Big Fat Lies – The Truth About the Atkins Diet'. Nutrition Action [Internet]. 2002 nov; 29. Beschikbaar op: https://cspinet.org/sites/default/files/attachment/bigfatlies.pdf.
3 Hall, K.D., Chen, K.Y., Guo, J., e.a. 'Energy expenditure and body composition changes after an isocaloric ketogenic diet in overweight and obese men'. *American Journal of Clinical Nutrition* 2016; 104: p. 324-333.
4 Hall, K.D. 'A review of the carbohydrate-insulin model of obesity'. *European*

Journal of Clinical Nutrition 2017; 71: p. 323-326.
5 Gardner, C.D., Trepanowski, J.F., Del Gobbo, L.C., e.a. 'Effect of low-fat vs low-carbohydrate diet on 12-month weight loss in overweight adults and the association with genotype pattern or insulin secretion: the DIETFITS randomized clinical trial'. *Journal of the American Medical Association* 2018; 319: p. 667-679.
6 'Low-fat diet compared to low-carb diet' [Internet]. National Institutes of Health (NIH). 2021 [geciteerd 4 september 2022]. Beschikbaar op: https://www.nih.gov/news-events/nih-research-matters/low-fat-diet-comparedlow-carb-diet.
7 Hall, K.D., Guo, J., Courville, A.B., e.a. 'Effect of a plant-based, low-fat diet versus an animal-based, ketogenic diet on ad libitum energy intake'. *Nature Medicine* 2021; 27: p. 344-353.
8 Foster, G.D., Wyatt, H.R., Hill, J.O., e.a. 'A randomized trial of a low-carbohydrate diet for obesity'. *New England Journal of Medicine* 2003; 348: p. 2082-2090.
9 Ebbeling, C.B., Feldman, H.A., Klein, G.L., e.a. 'Effects of a low carbohydrate diet on energy expenditure during weight loss maintenance: randomized trial'. *British Medical Journal* 2018; 363: p. k4583.
10 Hall, K.D., Guom J., en Speakman, J.R. 'Do low-carbohydrate diets increase energy expenditure?' *International Journal of Obesity* 2019; 43: p. 2350-2354.
11 Martin-McGill, K.J., Bresnahan, R., en Levy, R.G. 'Ketogenic diets for drugresistant Epilepsy'. *Cochrane Database of Systematic Reviews* 2020; 6: p. cd001903.
12 Mintz, S.W. *Sweetness and Power: The Place of Sugar in Modern History*. Londen: Penguin Publishing Group, 1985.
13 Hardy, K., Brand-Miller, J., Brown, K.D., e.a. 'The importance of dietary carbohydrate in human evolution'. *Quarterly Review of Biology* 2015; 90: p. 251-268.
14 Soares, S., Amaral, J.S., Oliveira, M.B.P.P., en Mafra, I. 'A comprehensive review on the main honey authentication issues: production and origin'. *Comprehensive Reviews in Food Science and Food Safety* 2017; 16: p. 1072-1100.
15 Sammataro, D., en Weiss, M. 'Comparison of productivity of colonies of honey bees, *Apis mellifera*, supplemented with sucrose or high fructose corn syrup'. *Journal of Insect Science* 2013; 13: p. 19.
16 Marlowe, F.W., Berbesque, J.C., Wood, B., e.a. 'Honey, Hadza, hunter-gatherers, and human evolution'. *Journal of Human Evolution* 2014; 71: p. 119-128.
17 Reddy, A., Norris, D.F., Momeni, S.S., e.a. 'The pH of beverages in the United States'. *Journal of the American Dental Association* 2016; 147: p. 255-263.
18 Public Health England. 'Child oral health: applying All Our Health'. 2022. Beschikbaar op: https://www.gov.uk/government/publications/child-oral-health-applying-all-our-health/child-oral-health-applyingall-our-health.
19 Public Health England. 'National Dental Epidemiology Programme for Eng-

land: oral health survey of five-year-old children'. 2017. Beschikbaar op: https://assets.publishing.service.gov.uk/government/uploads/system/uploads/attachment_data/file/768368/NDEP_for_England_OH_Survey_5yr_2017_Report.pdf.
20 Touger-Decker, R., en van Loveren, C. 'Sugars and dental caries'. *American Journal of Clinical Nutrition* 2003; 78: p. 881S-92S.
21 Towle, I., Irish, J.D., Sabbi, K.H., e.a. 'Dental caries in wild primates: interproximal cavities on anterior teeth'. *American Journal of Primatology* 2022; 84: p. e23349.
22 Grine, F.E., Gwinnett, A.J., en Oaks, J.H. 'Early hominid dental pathology: interproximal caries in 1.5 million-year-old *Paranthropus robustus* from Swartkrans'. *Archives of Oral Biology* 1990; 35: p. 381-386.
23 Coppa, A., Bondioli, L., Cucina, A., e.a. 'Palaeontology: early neolithic tradition of dentistry'. *Nature* 2006; 440: p. 755-756.
24 Coppa e.a., 2006.
25 Waldron, T. 'Dental disease'. In: *Palaeopathology*. Cambridge: Cambridge University Press, 2008: p. 236-248.
26 Oxilia, G., Peresani, M., Romandini, M., e.a. 'Earliest evidence of dental caries manipulation in the late upper palaeolithic'. *Scientific Reports* 2015; 5: p. 12150.
27 Adler, C.J., Dobney, K., Weyrich, L.S., Kaidonis, J., Walker, A.W., Haak, W., e.a. 'Sequencing ancient calcified dental plaque shows changes in oral microbiota with dietary shifts of the neolithic and industrial revolutions'. *Nature Genetics* 2013; 45: p. 450-455.

8 … of gebrek aan lichaamsbeweging

1 Hill, J.O., Wyatt, H.R., Peters, J.C. 'The importance of energy balance'. *European Endocrinology* 2013; 9: p. 111-115.
2 Hill, J.O., Wyatt, H.R., en Peters, J.C. 'Energy balance and obesity'. *Circulation* 2012; 126: p. 126-132.
3 Webber, J. 'Energy balance in obesity'. *Proceedings of the Nutrition Society* 2003; 62: p. 539-543.
4 Hill, J.O. 'Understanding and addressing the epidemic of obesity: an energy balance perspective'. *Endocrine Reviews* 2006; 27: p. 750-761.
5 Shook, R.P., Blair, S.N., Duperly, J., e.a. 'What is causing the worldwide rise in body weight?' *European Journal of Endocrinology* 2014; 10: p. 136-144.
6 Hand, G.A., Blair, S.N. 'Energy flux and its role in obesity and metabolic disease'. *European Endocrinology* 2014; 10: p. 131-135.
7 Tudor-Locke, C., Craig, C.L., Brown, W.J., e.a. 'How many steps/day are enough? For adults'. *International Journal of Behavioral Nutrition and Physical Activity* 2011; 8: p. 79.

8 Katzmarzyk, P.T., Barreira,T.V., Broyles, S.T., e.a. 'Relationship between lifestyle behaviors and obesity in children ages 9-11: results from a 12-country study'. *Obesity* 2015; 23: p. 1696-1702.
9 Griffith, R., Lluberas, R., en Lührmann, M. 'Gluttony and sloth? Calories, labor market activity and the rise of obesity'. *Journal of the European Economic Association* 2016; 14: p. 1253-1286.
10 Snowdon, C. 'The fat lie'. 2014. Beschikbaar op: ttps://papers.ssrn.com/abstract=3903961.
11 Ladabaum, U., Mannalithara, A., Myer, P.A., e.a. 'Obesity, abdominal obesity, physical activity, and caloric intake in US adults: 1988 to 2010'. *American Journal of Medicine* 2014; 127: p. 717-727.
12 Church, T.S., Thomas, D.M., Tudor-Locke, C., e.a. 'Trends over 5 decades in US occupation-related physical activity and their associations with obesity'. *PLoS One* 2011; 6: p. e19657.
13 Hill e.a., 2012.
14 Shook e.a., 2014.
15 Katzmarzyk e.a., 2015.
16 Lindsay, C. 'A century of labour market change: 1900 to 2000'. 2003. Beschikbaar op: http://www.ons.gov.uk/ons/rel/lms/labour-markettrends–discontinued-/volume-111–no-3/a-century-of-labour-marketchange-1900-to-2000.pdf.
17 Office for National Statistics. 'Long-term trends in UK employment: 1861 to 2018'. 2019. Beschikbaar op: https://www.ons.gov.uk/economy/nationalaccounts/uksectoraccounts/compendium/economicreview/april2019/longtermtrendsinukemployment1861to2018.
18 British Heart Foundation. 'Physical activity statistics 2012'. Londen: British Heart Foundation, 2017.
19 Church e.a., 2011.
20 Fox, M. 'Mo Farah – base training (typical week)'. Beschikbaar op: https // www.sweatelite.co/mo-farah-base-training-typical-week/.
21 Dennehy, C. 'The surprisingly simple training of the world's fastest marathoner'. 2021. Beschikbaar op: https://www.outsideonline.com/health/running/eliud-kipchoge-marathon-workout-trainingprinciples/.
22 Snowdon, 2014.
23 Department for Environment, Food & Rural Affairs. 'Family Food 2012'. 2013. Beschikbaar op: https://www.gov.uk/government/statistics/family-food-2012.24.
24 Harper, H., en Hallsworth, M. 'Counting calories: how under-reporting can explain the apparent fall in calorie intake'. 2016. Beschikbaar op: https://www.bi.team/wp-content/uploads/2016/08/16-07-12-Counting-Clories-Final.pdf.
25 Lennox, A., Bluck, L., Page, P., Pell, D., Cole, D., Ziauddeen, N., e.a. 'Appendix X Misreporting in the National Diet and Nutrition Survey Rolling Programme (NDNS RP): summary of results and their interpretation' [Internet].

[geciteerd 6 september 2022]. Beschikbaar op: https://www.food.gov.uk/sites/default/files/media/document/ndns-appendix-x.pdf.
26 Church e.a., 2011.
27 Harper, H., en Hallsworth, M. 'Counting calories: how under-reporting can explain the apparent fall in calorie intake'. 2016. Beschikbaar op: https://www.bi.team/wp-content/uploads/2016/08/16-07-12-Counting-Calories-Final.pdf.
28 Health and Social Care Information Centre. 'Health Survey for England – 2012'. 2013. Beschikbaar op: https://digital.nhs.uk/dataand-information/publications/statistical/health-survey-for-england/health-survey-for-england-2012.
29 NielsenIQ. 'The power of snacking'. 2018. Beschikbaar op: https://nielseniq.com/global/en/insights/report/2018/the-power-ofsnacking/.
30 Nielsen. 'Snack attack: what consumers are reaching for around the world'. Beschikbaar op: https://www.nielsen.com/wp-content/uploads/sites/2/2019/04/nielsen-global-snacking-report-september-2014.pdf.
31 Bee, C., Meyer, B., en Sullivan, J.X. 'The validity of consumption data: are the Consumer Expenditure Interview and Diary Surveys informative?' 2012. Beschikbaar op: https://EconPapers.repec.org/RePEc:nbr:nberwo:18308.
32 Office for National Statistics. 'Survey sampling for Family Food'. 2015. Beschikbaar op: https://assets.publishing.service.gov.uk/government/uploads/system/uploads/attachment_data/file/486047/familyfoodmethod-sampling-17dec15.pdf.
33 Bean, C. 'Independent review of UK economic statistics: final report'. 2016. Beschikbaar op: https://www.gov.uk/government/publications/independent-review-of-uk-economic-statistics-final-report.
34 Barrett, G., Levell, P., en Milligan, K. 'A comparison of micro and macro expenditure measures across countries using differing survey methods'. In: Carroll, C.D., Crossley, T.F., en Sabelhaus, J. (red.). *Improving the Measurement of Consumer Expenditures*. Chicago, IL: University of Chicago Press, 2015: p. 263-286.
35 Meyer, B.D., Mok, W.K.C., en Sullivan, J.X. 'Household surveys in crisis'. *Journal of Economic Perspectives* 2015; 29: p. 199-226.
36 British Heart Foundation. 'Portion distortion'. 2013. Beschikbaar op: https://www.bhf.org.uk/what-we-do/news-from-the-bhf/newsarchive/2013/october/portion-distortion.
37 Waste and Resources Action Programme. 'Household food and drink waste in the United Kingdom 2012'. 2013. Beschikbaar op: https://wrap.org.uk/resources/report/household-food-and-drink-waste-unitedkingdom-2012.
38 Dray, S. 'Food waste in the UK'. 2021. Beschikbaar op: https://lordslibrary.parliament.uk/food-waste-in-the-uk/.
39 Kantar. 'Consumer panels'. 2022. Beschikbaar op: https://www.kantarworldpanel.com/id/About-us/consumer-panels.
40 Pontzer e.a., 2012.

41 Ebersole, K.E., Dugas, L.R., e.a. 'Energy expenditure and adiposity in Nigerian and African-American women. *Obesity* 2008; 16: p. 2148-2154.
42 Pontzer e.a., 2016.
43 Pontzer, H. 'Energy constraint as a novel mechanism linking exercise and health'. *Physiology* 2018; 33: 384-393.
44 Pontzer, H., Yamada, Y., Sagayama, H., e.a. 'Daily energy expenditure through the human life course'. *Science* 2021; 373: p. 808-812.
45 Kraft, T.S., Venkataraman, V.V., Wallace, I.J., e.a. 'The energetics of uniquely human subsistence strategies'. *Science* 2021; 374: p. eabf0130.
46 Ferro-Luzzi, A., en Martino, L. 'Obesity and physical activity'. *Ciba Foundation Symposium* 1996; 201: p. 207-221; bespreking 221-227.
47 Luke, A., Dugas, L.R., Ebersole, K., e.a. 'Energy expenditure does not predict weight change in either Nigerian or African American women'. *American Journal of Clinical Nutrition* 2009; 89: p. 169-176.
48 Dugas, L.R., Harders, R., Merrill, S., e.a. 'Energy expenditure in adults living in developing compared with industrialized countries: a meta-analysis of doubly labeled water studies'. *American Journal of Clinical Nutrition* 2011; 93: p. 427-441.
49 Pontzer, H. 'The crown joules: energetics, ecology, and evolution in humans and other primates'. *Evolutionary Anthropology* 2017; 26: p. 12-24.
50 Pontzer, H., Durazo-Arvizu, R., Dugas, L.R., e.a. 'Constrained total energy expenditure and metabolic adaptation to physical activity in adult humans'. *Current Biology* 2016; 26: p. 410-417.
51 Pontzer, H., Raichlen, D.A., Gordon, A.D., e.a. 'Primate energy expenditure and life history'. *Proceedings of the National Academy of Sciences USA* 2014; 111: p. 1433-1437.
52 Bilici, S., Saglam, F., Beyhan, Y., Barut-Uyar, B., Dikmen, D., Goktas, Z., e.a. 'Energy expenditure and nutritional status of coal miners: a crosssectional study'. *Archives of Environmental & Occupational Health* 2016; 71: p. 293-299.
53 Ellison, P.T. 'Energetics and reproductive effort'. *American Journal of Human Biology* 2003; 15: p. 342-351.
54 Ellison, P.T., en Lager, C. 'Moderate recreational running is associated with lowered salivary progesterone profiles in women'. *American Journal of Ostetrics and Gynecology* 1986; 154: p. 1000-1003.
55 Pontzer, H. 'Energy constraint as a novel mechanism linking exercise and health'. *Physiology* 2018; 33: p. 384-393.
56 Nabkasorn, C., Miyai, N., Sootmongkol, A., e.a. 'Effects of physical exercise on depression, neuroendocrine stress hormones and physiological fitness in adolescent females with depressive symptoms'. *European Journal of Public Health* 2006; 16: p. 179-184.
57 @TateLyleSugars. 'Come along to the #IEA #ThinkTent for steaming porridge & Lyle's Golden Syrup & to discuss global trade: producers vs. consumers –

where does the balance lie?' 2 oktober 2018. Beschikbaar op: https://twitter.com/tatelylesugars/status/1047037066952028166.
58 Institute of Economic Affairs. 'After Brexit, building a global free trade environment'. 2016. Beschikbaar op: https://iea.org.uk/events/exiting-the-eu-reclaiming-trade-sovereignty/.
59 Lee, I.-M., Shiroma, E.J., Lobelo, F., Puska, P., Blair, S.N., Katzmarzyk, P.T., e.a. 'Effect of physical inactivity on major non-communicable diseases worldwide: an analysis of burden of disease and life expectancy'. *Lancet* 2012; 380: p. 219-229.
60 Church e.a., 2011.
61 Hill e.a., 2012.
62 Wood, B., Ruskin, G., en Sacks, G. 'How Coca-Cola shaped the international congress on physical activity and public health: an analysis of email exchanges between 2012 and 2014'. *International Journal of Environmental Research and Public Health* 2020; 17: p. 8996.
63 Serôdio, P.M., McKee, M., en Stuckler, D. 'Coca-Cola – a model of transparency in research partnerships? A network analysis of Coca-Cola's research funding (2008-2016)'. *Public Health Nutrition* 2018; 21: p. 1594-1607.
64 O'Connor, A. 'Coca-Cola funds scientists who shift blame for obesity away from bad diets'. 2015. Beschikbaar op: https://well.blogs.nytimes.com/2015/08/09/coca-cola-funds-scientists-who-shift-blame-for-obesityaway-from-bad-diets/.
65 Wood e.a., 2020.
66 O'Connor e.a., 2015.
67 Serôdio e.a., 2018.
68 Serôdio e.a., 2018.
69 Coca-Cola. 'Transparency Research Report'. 2022. Beschikbaar op: https://www.coca-colacompany.com/content/dam/journey/us/en/policies/pdf/research-and-studies/transparency-research-report.pdf.
70 Botkin, J.R. 'Should failure to disclose significant financial conflicts of interest be considered research misconduct?' *Journal of the American Medical Association* 2018; 320: p. 2307-2308.
71 Anderson, T.S., Dave, S., Good, C.B., e.a. 'Academic medical center leadership on pharmaceutical company boards of directors'. *Journal of the American Medical Association* 2014; 311: p. 1353-1355.
72 Coca-Cola. 'Exercise is the best medicine'. 2009. Beschikbaar op: https://investors.coca-colacompany.com/news-events/pressreleases/detail/392/exercise-is-the-best-medicine.
73 Flacco, M.E., Manzoli, L., Boccia, S., e.a. 'Head-to-head randomized trials are mostly industry sponsored and almost always favor the industry sponsor'. *Journal of Clinical Epidemiology* 2015; 68: p. 811-820.
74 Stamatakis, E., Weiler, R., en Ioannidis, J.P.A. 'Undue industry influences

that distort healthcare research, strategy, expenditure and practice: a review'. *European Journal of Clinical Investigation* 2013; 43: p. 469-475.
75 Ioannidis, J.P.A. 'Evidence-based medicine has been hijacked: a report to David Sackett'. *Journal of Clinical Epidemiology* 2016; 73: p. 82-86.
76 Fabbri, A., Lai, A., Grundy, Q., en Bero, L.A. 'The influence of industry sponsorship on the research agenda: a scoping review'. *American Journal of Public Health* 2018; 108: p. e9-16.
77 Lundh e.a., 2017.
78 Rasmussen, K., Bero, L., Redberg, R., e.a. 'Collaboration between academics and industry in clinical trials: cross sectional study of publications and survey of lead academic authors'. *British Medical Journal* 2018; 363: p. 3654.
79 Bes-Rastrollo, M., Schulzem, M.B., Ruiz-Canela, M., e.a. 'Financial conflicts of interest and reporting bias regarding the association between sugar-sweetened beverages and weight gain: a systematic review of systematic reviews'. *PLoS Medicine* 2013; 10: p. e1001578.
80 Serôdio e.a., 2018.
81 Serôdio e.a., 2018. 'Driehonderdnegenentachtig artikelen, gepubliceerd in 169 verschillende tijdschriften en geschreven door 907 onderzoekers, vermelden financiering door de Coca-Cola Company. Maar de transparantielijsten van Coca-Cola zijn allesbehalve compleet. Nadat we er de uitkomsten van een enquête in hadden verwerkt, leverde ons onderzoek 471 auteurs op, corresponderend met 128 artikelen, wier namen niet op de lijsten van Coca-Cola staan, maar die in hun artikelen wel aangeven dat ze geld van Coca-Cola hebben gehad.'
82 Leme, A.C.B., Ferrari, G., Fisberg, R.M., e.a. 'Co-occurrence and clustering of sedentary behaviors, diet, sugar-sweetened beverages, and alcohol intake among adolescents and adults: the Latin American Nutrition and Health Study (ELANS)'. *Nutrients* 2021; 13: p.1809.

9 ... of gebrek aan wilskracht

1 14 februari 2021. Beschikbaar op: https://twitter.com/matthewsyed/status/1360913923340394499.
2 Cooksey-Stowers, K., Schwartz, M.B., en Brownell, K.D. 'Food swamps predict obesity rates better than food deserts in the United States'. *International Journal of Environmental Research and Public Health* 2017; 14: p. 1366.
3 National Food Strategy, 2021.
4 National Food Strategy, 2021.
5 Folkvord, F., Anschütz, D.J., Wiers, R.W., e.a. 'The role of attentional bias in the effect of food advertising on actual food intake among children'. *Appetite* 2015; 84: p. 251-258.
6 Harris, J.L., Speers, S.E., Schwartz, M.B., e.a. 'US food company branded ad-

vergames on the internet: children's exposure and effects on snack consumption'. *Journal of Children and Media* 2012; 6: p. 51-68.
7 Folkvord, F., Anschütz, D.J., Buijzen, M., e.a. 'The effect of playing advergames that promote energy-dense snacks or fruit on actual food intake among children'. *American Journal of Clinical Nutrition* 2013; 97: p. 239-245.
8 Harris, J.L., Bargh, J.A., en Brownell, K.D. 'Priming effects of television food advertising on eating behavior'. *Health Psychology* 2009; 28: p. 404-413.
9 Boyland, E., McGale, L., Maden, M., e.a. 'Association of food and nonalcoholic beverage marketing with children and adolescents' eating behaviors and health: a systematic review and meta-analysis'. *JAMA Pediatrics* 2022; 176: p. e221037.
10 Laraia, B.A., Leak, T.M., Tester, J.M., e.a. 'Biobehavioral factors that shape nutrition in low-income populations: a narrative review'. *American Journal of Preventive Medicine* 2017; 52: p. S118-126.
11 Adam, T.C., en Epel, E.S. 'Stress, eating and the reward system'. *Physiology & Behavior* 2007; 9: p. 449-458.
12 Schrempft, S., van Jaarsveld, C.H.M., Fisher, A., e.a. 'Variation in the heritability of child body mass index by obesogenic home environment'. *JAMA Pediatrics* 2018; 172: p. 1153-1160.
13 Schrempft, S., e.a., 2018.
14 Baraldi, L.G., Martinez Steele, E., Canella, D.S., e.a. 'Consumption of ultra-processed foods and associated sociodemographic factors in the USA between 2007 and 2012: evidence from a nationally representative cross-sectional study'. *BMJ Open* 2018; 8: p. e020574.
15 Leung, C.W., Fulay, A.P., Parnarouskis, L., e.a. 'Food insecurity and ultra-processed food consumption: the modifying role of participation in the Supplemental Nutrition Assistance Program (SNAP)'. *American Journal of Clinical Nutrition* 2022; 116: p. 197-205.
16 Marchese, L., Livingstone, K.M., Woods, J.L., e.a. 'Ultra-processed food consumption, socio-demographics and diet quality in Australian adults'. *Public Health Nutrition* 2022; 25: p. 94-104.
17 Mischel, W., Shoda, Y., Rodriguez, M.I. 'Delay of gratification in children'. *Science* 1989; 244: p. 933-938.
18 Mischel, W., Ebbesen, E.B., en Zeiss, A.R. 'Cognitive and attentional mechanisms in delay of gratification'. *Journal of Personality and Social Psychology* 1972; 21: p. 204-218.
19 Watts, T.W., Duncan, G.J., Quan, H. 'Revisiting the marshmallow test: a conceptual replication investigating links between early delay of gratification and later outcomes'. *Psychological Science* 2018; 29: p. 1159-1177.
20 Watts e.a., 2018.
21 Falk, A., Kosse, F., en Pinger, P. 'Re-revisiting the marshmallow test: a direct comparison of studies by Shoda, Mischel, and Peake (1990) and Watts,

Duncan, and Quan (2018)'. *Psychological Science* 2020; 31: p. 100-104.
22 Evans, G.W., en English, K. 'The environment of poverty: multiple stressor exposure, psychophysiological stress, and socioemotional adjustment'. *Child Development* 2002; 73: p. 1238-1248.
23 Sturge-Apple, M.L., Suor, J.H., Davies, P.T., e.a. 'Vagal tone and children's delay of gratification: differential sensitivity in resource-poor and resource-rich environments'. *Psychological Science* 2016; 27: p. 885-893.
24 Kidd, C., Palmeri, H., en Aslin, R.N. 'Rational snacking: young children's decision-making on the marshmallow task is moderated by beliefs about environmental reliability'. *Cognition* 2013; 126: p. 109-114.
25 Raver, C.C., Jones, S.M., Li-Grining, C., e.a. 'CSRP's impact on lowincome preschoolers' preacademic skills: self-regulation as a mediating mechanism'. *Child Development* 2011; 82: p. 362-378.
26 *The Economist*. 'Desire delayed: Walter Mischel on the test that became his life's work'. 2014. Beschikbaar op: https://www.economist.com/books-and-arts/2014/10/11/desire-delayed.
27 Gill, D. 'New study disavows marshmallow test's predictive powers'. 2021. Beschikbaar op: https://anderson-review.ucla.edu/new-study-disavows-marshmallowtests-predictive-powers/.

10 Hoe UPF onze hersenen hackt

1 Library of Congress. 'Who "invented" the TV dinner?' 2019. Beschikbaar op: https://www.loc.gov/everyday-mysteries/food-and-nutrition/item/who-invented-the-tv-dinner/.
2 Lynch, B. 'Understanding opportunities in the chilled ready meals category in the UK'. 2021. Beschikbaar op: https://www.bordbia.ie/industry/news/food-alerts/2020/understanding-opportunities-inthe-chilled-ready-meals-category-in-the-uk/.
3 Frings, D., Albery, I.P., Moss, A.C., e.a. 'Comparison of Allen Carr's Easyway programme with a specialist behavioural and pharmacological smoking cessation support service: a randomized controlled trial'. *Addiction* 2020; 115: p. 977-985.
4 Carr, A., en Dicey, J. *Allen Carr's Easy Way to Quit Smoking Without Willpower – Includes Quit Vaping: The Best-selling Quit Smoking Method Updated for the 2020s*. Londen: Arcturus, 2020.
5 Keogan, S., Li, S., en Clancy, L. 'Allen Carr's Easyway to Stop Smoking – a randomised clinical trial'. *Tobacco Control* 2019; 28: p. 414-419.
6 Wereldgezondheidsorganisatie. 'Allen Carr's Easyway'. 2021. Beschikbaar op: https://www.who.int/campaigns/world-no-tobacco-day/2021/quitting-toolkit/allen-carr-s-easyway.

7 Fletcher, P.C., en Kenny, P.J. 'Food addiction: a valid concept?' *Neuropsychopharmacology* 2018; 43: p. 2506-2513.
8 Fletcher & Kenny, 2018.
9 Polk, S.E., Schulte, E.M., Furman, C.R., e.a. 'Wanting and liking: separable components in problematic eating behavior?' *Appetite* 2017; 115: p. 45-53.
10 Morales, I., en Berridge, K.C. '"Liking" and "wanting" in eating and food reward: brain mechanisms and clinical implications'. *Physiology & Behavior* 2020; 227: p. 113152.
11 Ellin, A. 'I was powerless over Diet Coke'. 2021. Beschikbaar op: https:// www.nytimes.com/2021/08/11/well/eat/diet-coke-addiction.html.
12 Fletcher & Kenny, 2018.
13 Hebebrand, J., Albayrak, Ö., Adan, R., e.a. '"Eating addiction", rather than "food addiction", better captures addictive-like eating behavior'. *Neuroscience & Biobehavioral Reviews*; 47: p. 295-306.
14 Polk e.a., 2017.
15 Gearhardt, A.N., en Schulte, E.M. 'Is food addictive? A review of the science'. *Annual Review of Nutrition* 2021; 41: p. 387-410.
16 Schulte, E.M., Sonneville, K.R., en Gearhardt, A.N. 'Subjective experiences of highly processed food consumption in individuals with food addiction'. *Psychology of Addictive Behaviors* 2019; 33: p. 144-153.
17 Schulte, E.M., Avena, N.M., en Gearhardt, A.N. 'Which foods may be addictive? The roles of processing, fat content, and glycemic load'. *PLoS One* 2015; 10: p. e0117959.
18 Allison, S., en Timmerman, G.M. 'Anatomy of a binge: food environment and characteristics of nonpurge binge episodes'. *Eating Behaviors* 2007; 8: p. 31-38.
19 Tanofsky-Kraff, M., McDuffie, J.R., e.a. 'Laboratory assessment of the food intake of children and adolescents with loss of control eating'. *American Journal of Clinical Nutrition* 2009; 89: p. 738-745.
20 Grant, B.F., Goldstein, R.B., Saha, T.D., e.a. 'Epidemiology of DSM-5 alcohol use disorder: results from the national epidemiologic survey on alcohol and related conditions III'. *JAMA Psychiatry* 2015; 72: p. 757-766.
21 Martin, C.B., Herrick, K.A., Sarafrazi, N., en Ogden, C.L. 'Attempts to lose weight among adults in the United States, 2013-2016'. *National Center for Health Statistics Data Brief* 2018; 313: p. 1-8.
22 Grant e.a., 2015.
23 Lopez-Quintero, C., de los Cobos, J.P., Hasin, D.S., e.a. 'Probability and predictors of transition from first use to dependence on nicotine, alcohol, cannabis, and cocaine: results of the National Epidemiologic Survey on Alcohol and Related Conditions (NESARC)'. *Drug and Alcohol Dependence* 2011; 115: p. 120-130.
24 Volkow, N.D., Wang, G-J., Fowler, J.S., e.a. 'Overlapping neuronal circuits in addiction and obesity: evidence of systems pathology'. *Philosophical Transactions of the Royal Society B* 2008; 363: p. 3191-3200.

25 Volkow, N.D., Wang, G.J., Fowler, J.S., e.a. 'Food and drug reward: overlapping circuits in human obesity and addiction'. *Current Topics in Behavioral Neurosciences* 2012; 11: p. 1-24.
26 Afshin, A., Sur, P.J., Fay, K.A., e.a. 'Health effects of dietary risks in 195 countries, 1990-2017: a systematic analysis for the Global Burden of Disease Study 2017'. *Lancet* 2019; 393: p. 1958-72.

11 UPF is voorgekauwd

1 Haber, G.B., Heaton, K.W., Murphy, D., Burroughs, L.F. 'Depletion and disruption of dietary fibre. Effects on satiety, plasma-glucose, and serum-insulin'. *Lancet* 1977; 2: p. 679-682.
2 Ungoed-Thomas, J. 'An honest crust? Craft bakeries rise up against "sourfaux" bread'. 2022. Beschikbaar op: https://amp.theguardian.com/food/2022/apr/23/fake-bake-uk-government-steps-in-over-sourfauxthreat-to-craft-bakers.
3 Dodson, T.B., Susarla, S.M. 'Impacted wisdom teeth'. 2014. *BMJ Clinical Evidence*, p. 1302.
4 Corruccini, R.S. *How Anthropology Informs the Orthodontic Diagnosis of Malocclusion's Causes*. Londen: Edwin Mellen Press, 1999.
5 Lieberman, D. *The Story of the Human Body: Evolution, Health and Disease*. Londen: Penguin Books, 2011.
6 Corruccini, R.S. 'Australian aboriginal tooth succession, interproximal attrition, and Begg's theory'. *American Journal of Orthodontics and Dentofacial Orthopedics* 1990; 97: p. 349-357.
7 Corruccini, R.S. 'An epidemiologic transition in dental occlusion in world populations'. *American Journal of Orthodontics* 1984; 86: p. 419-426.
8 Lieberman, D.E., Krovitz, G.E., Yates, F.W., e.a. 'Effects of food processing on masticatory strain and craniofacial growth in a retrognathic face'. *Journal of Human Evolution* 2004; 46: p. 655-677.
9 BBC News. '*Mary Rose* skeletons studied by Swansea sports scientists'. 2012. Beschikbaar op: https://www.bbc.co.uk/news/uk-wales-17309665.
10 Ingervall, B., Bitsanis, E. 'A pilot study of the effect of masticatory muscle training on facial growth in long-face children'. *European Journal of Orthodontics* 1987 feb; 9(1): p. 15-23.
11 *Business Insider*. 'There's a very simple reason why McDonald's hamburgers don't rot'. 2017. Beschikbaar op: https://www.businessinsider.com/why-mcdonalds-hamburgers-dont-rot-2016-12.
12 Rolls, B.J. 'The relationship between dietary energy density and energy intake'. *Physiology & Behavior* 2009; 97: p. 609-615.
13 Bell, E.A., Castellanos, V.H., Pelkman, C.L., e.a. 'Energy density of foods affects energy intake in normal-weight women'. *American Journal of Clinical Nutrition* 1998; 67: p. 412-420.

14 Rolls, B.J., Cunningham, P.M., en Diktas, H.E. 'Properties of ultraprocessed foods that can drive excess intake'. *Nutrition Today* 2020; 55: p. 109.
15 Bell e.a., 1998.
16 Rolls e.a., 2020.
17 Ohkuma, T., Hirakawa, Y., Nakamura, U., e.a. 'Association between eating rate and obesity: a systematic review and meta-analysis'. *International Journal of Obesity* 2015; 39: p. 1589-1596.
18 Graaf, C. de. 'Texture and satiation: the role of oro-sensory exposure time'. *Physiology & Behavior* 2012; 107: p. 496-501.
19 Wee, M.S.M., Goh, A.T., Stieger, M., e.a. 'Correlation of instrumental texture properties from textural profile analysis (TPA) with eating behaviours and macronutrient composition for a wide range of solid foods'. *Food & Function* 2018; 9: p. 5301-5312.
20 Zhu, Y., Hsu, W.H., en Hollis, J.H. 'Increasing the number of masticatory cycles is associated with reduced appetite and altered postprandial plasma concentrations of gut hormones, insulin and glucose'. *British Journal of Nutrition* 2013; 110: p. 384-390.
21 Fogel, A., Goh, A.T., Fries, L.R., e.a. 'A description of an "obesogenic" eating style that promotes higher energy intake and is associated with greater adiposity in 4.5-year-old children: results from the GUSTO cohort'. *Physiology & Behavior* 2017; 176: p. 107-116.
22 Llewellyn, C.H., Jaarsveld, C.H.M. van, Boniface, D., e.a. 'Eating rate is a heritable phenotype related to weight in children'. *American Journal of Clinical Nutrition* 2008; 88: p. 1560-1566.
23 Wijk, R.A. de, Zijlstra, N., Mars, M., e.a. 'The effects of food viscosity on bite size, bite effort and food intake'. *Physiology & Behavior* 2008; 95: p. 527-532.
24 Forde, C.G., Mars, M., en Graaf, K. de. 'Ultra-processing or oral processing? A role for energy density and eating rate in moderating energy intake from processed foods'. *Current Developments in Nutrition* 2020; 4: p. nzaa019.
25 Bell e.a., 1998.
26 Gearhardt & Schulte, 2021.

12 UPF ruikt vreemd

1 Morrot, G., Brochet, F., en Dubourdieu, D. 'The color of odors'. *Brain and Language* 2001; 79: p. 309-320.
2 Brochet, F. 'Chemical object representation in the field of consciousness'. Beschikbaar op: https://web.archive.org/web/20070928231853if_/http://www.academie-amorim.com/us/laureat_2001/brochet.pdf.
3 Bushdid, C., Magnasco, M.O., Vosshall, L.B., e.a. 'Humans can discriminate more than 1 trillion olfactory stimuli'. *Science* 2014; 343: p. 1370-1372.

4 McGann, J.P. 'Poor human olfaction is a 19th-century myth'. *Science* 2017; 356: p. eaam7263.

5 Sclafani, A. 'Oral and postoral determinants of food reward'. *Physiology & Behavior* 2004; 81: p. 773-779.

6 Araujo, I.E. de, Lin, T., Veldhuizen, M.G., e.a. 'Metabolic regulation of brain response to food cues'. *Current Biology* 2013; 23: p. 878-883.

7 Holman, E.W. 'Immediate and delayed reinforcers for flavor preferences in rats'. *Learning and Motivation* 1975; 6: p. 91-100.

8 Holman, G.L. 'Intragastric reinforcement effect'. *Journal of Comparative and Physiological Psychology* 1969; 69: p. 432-441.

9 Mennella, J.A., Jagnow, C.P., en Beauchamp, G.K. 'Prenatal and postnatal flavor learning by human infants'. *Pediatrics* 2001; 107: p. E88.

10 Barabási, A-L., Menichetti, G., en Loscalzo, J. 'The unmapped chemical complexity of our diet'. *Nature Food* 2020; 1: p. 33-37.

11 Holliday, R.J., en Helfter, J. *A Holistic Vet's Prescription for a Healthy Herd: A Guide to Livestock Nutrition, Free-choice Minerals, and Holistic Cattle Care.* Greeley: Acres USA, 2014.

12 Scrinis, G. 'Reframing malnutrition in all its forms: a critique of the tripartite classification of malnutrition'. *Global Food Security* 2020; 26: p. 100396.

13 Scrinis, G. 'Ultra-processed foods and the corporate capture of nutrition – an essay by Gyorgy Scrinis'. *British Medical Journal* 2020; 371: p. m4601.

14 Elizabeth, L., Machado, P., Zinocker, M., e.a. 'Ultra-processed foods and health outcomes: a narrative review'. *Nutrients* 2020; 12: p. 1955.

15 Reardon, T., Tschirley, D., Liverpool-Tasie, L.S.O., e.a. 'The processed food revolution in African food systems and the double burden of malnutrition'. Global Food Security 2021; 28: p. 100466.

16 Swinburn, B.A., Kraak, V.I., Allender, S., Atkins, V.J., Baker, P.I., Bogard, J.R., e.a. 'The global syndemic of obesity, undernutrition, and climate change: the *Lancet* Commission report'. *Lancet* 2019; 393: p. 791-846.

17 National Food Strategy, 2021.

18 OECDiLibrary. 'Obesity Among Children'. 2019. Beschikbaar op: https://www.oecd-ilibrary.org/sites/health_glance_eur-2018-26-en/index.html?itemId=/content/component/health_glance_eur-2018-26-en.

19 Enserink, M. 'Did natural selection make the Dutch the tallest people on the planet?' 2015. Beschikbaar op: https://www.science.org/content/article/did-natural-selection-make-dutch-tallest-peopleplanet.

20 Haines, G. 'Why are the Dutch so tall?' 2020. Beschikbaar op: https://www.bbc.com/travel/article/20200823-why-are-the-dutch-sotall#:~:text=A%20land%20of%20giants%2C%20the,cm%20and%20163.5cm%20respectively.

21 García, O.P., Long, K.Z., en Rosado, J.L. 'Impact of micronutrient deficiencies on obesity'. *Nutrition Review* 2009; 67: p. 559-572.

13 UPF smaakt raar

1 Chandrashekar, J., Kuhn, C., Oka, Y., e.a. 'The cells and peripheral representation of sodium taste in mice'. *Nature* 2010; 464: p. 297-301.

2 Breslin, P.A.S. 'An evolutionary perspective on food and human taste'. *Current Biology* 2013; 23: p. R409-418.

3 Keast, R.S.J., en Breslin, P.A.S. 'An overview of binary taste-taste interactions'. *Food Quality and Preference* 2003; 14: p. 111-124.

4 Henquin, J.-C. 'Do pancreatic β cells "taste" nutrients to secrete insulin?' *Science Signaling* 2012; 5: p. e36.

5 Behrens, M., en Meyerhof, W. 'Gustatory and extragustatory functions of mammalian taste receptors'. *Physiology & Behavior* 2011; 105: p. 4-13.

6 Chandrashekar e.a., 2010.

7 Breslin, 2013.

8 Breslin, 2013.

9 Breslin, 2013.

10 Coca-Cola. 'Does Coca-Cola contain cocaine?' 2020. Beschikbaar op: https://www.coca-cola.co.uk/our-business/faqs/does-coca-cola-containcocaine.

11 Tucker, K.L., Morita, K., Qiao, N., Hannan, M.T., Cupples, L.A., Kiel, D.P. 'Colas, but not other carbonated beverages, are associated with low bone mineral density in older women: The Framingham Osteoporosis Study'. *American Journal of Clinical Nutrition* 2006; 84: p. 936-942.

12 Veldhuizen, M.G., Babbs, R.K., Patel, B., e.a. 'Integration of sweet taste and metabolism determines carbohydrate reward'. *Current Biology* 2017; 27: p. 2476-2485.

13 Lopez, O., Jacobs, A. 'In towns with little water, Coca-Cola is everywhere. So is diabetes'. 2018. Beschikbaar op: https://www.nytimes.com/2018/07/14/world/americas/mexico-coca-cola-diabetes.html.

14 Imamura, F., O'Connor, L., Ye, Z., e.a. 'Consumption of sugar sweetened beverages, artificially sweetened beverages, and fruit juice and incidence of type 2 diabetes: systematic review, meta-analysis, and estimation of population attributable fraction'. *British Medical Journal* 2015; 351: p. h3576.

15 Fowler, S.P., Williams, K., Resendez, R.G., e.a. 'Fueling the obesity epidemic? Artificially sweetened beverage use and long-term weight gain'. *Obesity* 2008; 16: p. 1894-1900.

16 Fowler, S.P.G. 'Low-calorie sweetener use and energy balance: results from experimental studies in animals, and large-scale prospective studies in humans'. *Physiology & Behavior* 2016; 164: p. 517-523.

17 Nettleton, J.A., Lutsey, P.L., Wang, Y., e.a. 'Diet soda intake and risk of incident metabolic syndrome and type 2 diabetes in the Multi-Ethnic Study of Atherosclerosis (MESA)'. *Diabetes Care* 2009; 32: p. 688-694.

18 Gallagher, A.M., Ashwell, M., Halford, J.C.G., e.a. 'Low-calorie sweeteners in

the human diet: scientific evidence, recommendations, challenges and future needs. A symposium report from the FENS 2019 conference'. *Journal of Nutritional Science* 2021; 10: p. e7.
19 Tate, D.F., Turner-McGrievy, G., Lyons, E., e.a. 'Replacing caloric beverages with water or diet beverages for weight loss in adults: main results of the Choose Healthy Options Consciously Everyday (CHOICE) randomized clinical trial'. *American Journal of Clinical Nutrition* 2012; 95: p. 555-563.
20 Miller, P.E., en Perez, V. 'Low-calorie sweeteners and body weight and composition: a meta-analysis of randomized controlled trials and prospective cohort studies'. *American Journal of Clinical Nutrition* 2014; 100: p. 765-777.
21 Tate e.a., 2012.
22 Sylvetsky, A.C., Figueroa, J., Zimmerman, T., e.a. 'Consumption of low-calorie sweetened beverages is associated with higher total energy and sugar intake among children, NHANES 2011-2016'. *Pediatric Obesity* 2019; 14: p.e12535.
23 Dalenberg, J.R., Patel, B.P., Denis, R., e.a. 'Short-term consumption of sucralose with, but not without, carbohydrate impairs neural and metabolic sensitivity to sugar in humans'. *Cellular Metabolism* 2020; 31: p. 493-502.
24 Swithers, S.E., Sample, C.H., Davidson, T.L. 'Adverse effects of high-intensity sweeteners on energy intake and weight control in male and obesity-prone female rats'. *Behavioral Neuroscience* 2013; 127: p. 262-274.
25 Onaolapo, A.Y., Onaolapo, O.J. 'Food additives, food and the concept of "food addiction": is stimulation of the brain reward circuit by food sufficient to trigger addiction?' *Pathophysiology* 2018; 25: p. 263-276.
26 Bartolotto, C. 'Does consuming sugar and artificial sweeteners change taste preferences?' *Permanente Journal* 2015; 19: p. 81-84.
27 Rodriguez-Palacios, A., Harding, A., Menghini, P., e.a. 'The artificial sweetener Splenda promotes gut *Proteobacteria*, dysbiosis, and myeloperoxidase reactivity in Crohn's disease-like ileitis'. *Inflammatory Bowel Disease* 2018; 24: p. 1005-1020.
28 de-la-Cruz, M., Millán-Aldaco, D., Soriano-Nava, D.M., e.a. 'The artificial sweetener Splenda intake promotes changes in expression of c-Fos and NeuN in hypothalamus and hippocampus of rats'. *Brain Research* 2018; 1700: p. 181-189.
29 Suez, J., Korem, T., Zeevi, D., e.a. 'Artificial sweeteners induce glucose intolerance by altering the gut microbiota'. *Nature* 2014; 514: p. 181-186.
30 HM Treasury. 'Soft drinks industry levy comes into effect'. 2018. Beschikbaar op: https://www.gov.uk/government/news/soft-drinks-industry-levycomes-into-effect.
31 Pell, D., Mytton, O., Penney, T.L., e.a. 'Changes in soft drinks purchased by British households associated with the UK soft drinks industry levy: controlled interrupted time series analysis'. *British Medical Journal* 2021; 372: p. n254
32 First Steps Nutrition Trust, 2019.

33 First Steps Nutrition Trust, 2019.
34 Breslin, 2013.

14 Additievenangst

1 Wood, Z. 'Pret A Manger censured over natural sandwich ingredients claim'. 2018. Beschikbaar op: http://www.theguardian.com/business/2018/apr/18/pret-a-manger-censured-over-natural-sandwich-ingredients-claim.
2 Sustain. 'Pret's progress'. 2018. Beschikbaar op: https://www.sustainweb.org/news/dec18_pret_progress/.
3 JAB Holding Company. Jaarverslag 2020. 2021. Beschikbaar op: https://www.jabholco.com/documents/2/FY20_JAB_Holding_Company_Sarl_Consolidated_Financial_Statements.pdf.
4 Appelbaum, B. 'Bagels and war crimes'. 2019. Beschikbaar op: https://www.nytimes.com/2019/03/27/opinion/bagels-war-crimes-nazireimann.html.
5 Bennhold, K. 'Germany's second-richest family discovers a dark Nazi past'. 2019. Beschikbaar op: https://www.nytimes.com/2019/03/25/world/europe/nazi-laborers-jab-holding.html.
6 Kiewel, M. '33 Milliarden Euro reich: die Nazi-Vergangenheit der Calgon-Familie'. 2019. Beschikbaar op: https://www.bild.de/bild-plus/politik/inland/politik-inland/33-milliarden-euro-reich-die-nazivergangenheit-der-calgon-familie-60835802,view=conversionToLogin.Bild.html.
7 Rising, D. 'Family who owns Krispy Kreme, Panera, Peet's Coffee acknowledges Nazi past'. 2019. Beschikbaar op: https://www.nbcbayarea.com/news/national-international/family-that-owns-krispy-kremepanera-peets-coffee-acknowledges-nazi-past/159805/.
8 McCann, D., Barrett, A., Cooper, A., e.a. 'Food additives and hyperactive behaviour in 3-year-old and 8/9-year-old children in the community: a randomized, double-blinded, placebo-controlled trial'. *Lancet* 2007; 370: p. 1560-1567.
9 Neltner, T.G., Kulkarni, N.R., Alger, H.M., e.a. 'Navigating the US food additive regulatory program'. *Comprehensive Reviews in Food Science and Food Safety* 2011; 10: p. 342-368.
10 Naimi, S., Viennois, E., Gewirtz, A.T., e.a. 'Direct impact of commonly used dietary emulsifiers on human gut microbiota'. *Microbiome* 2021; 9: p. 66.
11 Richey Levine, A., Picoraro, J.A., Dorfzaun, S., e.a. 'Emulsifiers and intestinal health: an introduction'. *Journal of Pediatric Gastroenterology and Nutrition* 2022; 74: p. 314-319.
12 Dupont Nutrition and Biosciences. 'Panodan DATEM: emulsifier for efficient processing and fat reduction'. Beschikbaar op: https://www.dupontnutritionandbiosciences.com/products/panodan.html.
13 Environmental Protection Agency. 'Lifetime health advisories and health

effects support documents for perfluorooctanoic acid and perfluorooctane sulfonate'. 2016. Beschikbaar op: https://www.regulations.gov/document/EPA-HQ-OW-2014-0138-0037.
14 Rich, N. 'The lawyer who became DuPont's worst nightmare'. 2016. Beschikbaar op: https://www.nytimes.com/2016/01/10/magazine/the-lawyer-who-became-duponts-worst-nightmare.html.
15 Rich, 2016.
16 Morgenson, G., en Mendell, D. 'How DuPont may avoid paying to clean up a toxic "forever chemical"'. 2020. Beschikbaar op: https://www.nbcnews.com/health/cancer/how-dupont-may-avoid-paying-clean-toxic-foreverchemical-n1138766.
17 Morgenson & Mendell, 2020.
18 Sevelsted, A., Stokholm, J., Bønnelykke, K., e.a. 'Cesarean section and chronic immune disorders'. *Pediatrics* 2015; 135: p. e92-98.
19 Nickerson, K.P., Homer, C.R., Kessler, S.P., e.a. 'The dietary polysaccharide maltodextrin promotes *Salmonella* survival and mucosal colonization in mice'. *PLoS One* 2014; 9: p. e101789.
20 Bäckhed, F., Fraser, C.M., Ringel, Y., e.a. 'Defining a healthy human gut microbiome: current concepts, future directions, and clinical applications'. *Cell Host & Microbe* 2012; 12: p. 611-622.
21 Dinan, T.G., Stilling, R.M., Stanton, C., Cryan, J.F. 'Collective unconscious: how gut microbes shape human behavior'. *Journal of Psychiatric Research* 2015; 63: p. 1-9.
22 Gilbert, J.A., Blaser, M.J., Caporaso, J.G., e.a. 'Current understanding of the human microbiome'. *Nature Medicine* 2018; 24: p. 392-400.
23 Holder, M.K., Peters, N.V., Whylings, J., e.a. 'Dietary emulsifiers consumption alters anxiety-like and social-related behaviors in mice in a sex-dependent manner'. *Scientific Reports* 2019; 9: p. 172.
24 Chassaing, B., Koren, O., Goodrich, J.K., e.a. 'Dietary emulsifiers impact the mouse gut microbiota promoting colitis and metabolic syndrome'. *Nature* 2015; 519: p. 92-96.
25 Nickerson e.a., 2014.
26 Nickerson, K.P., en McDonald, C. 'Crohn's disease-associated adherentinvasive *Escherichia coli* adhesion is enhanced by exposure to the ubiquitous dietary polysaccharide maltodextrin'. *PLoS One* 2012; 7: p. e52132.
27 Arnold, A.R., en Chassaing, B. 'Maltodextrin, modern stressor of the intestinal environment'. *Cellular and Molecular Gastroenterology and Hepatology* 2019; 7: p. 475-476.
28 Hofman, D.L., Buul, V.J. van, en Brouns, F.J.P.H. 'Nutrition, health, and regulatory aspects of digestible maltodextrins'. *Critical Reviews in Food Science and Nutrition* 2016; 56: p. 2091-2100.
29 Ostrowski, M.P., La Rosa, S.L., Kunath, B.J., e.a. 'The food additive xanthan

gum drives adaptation of the human gut microbiota'. *bioRxiv* (preprint) 2021. DOI:10.1101/2021.06.02.446819.
30 Rodriguez-Palacios e.a., 2018.
31 Naimi e.a., 2021.
32 Nickerson e.a., 2014.
33 Chassaing e.a., 2015.
34 Nickerson & McDonald, 2012.
35 Arnold & Chassaing, 2019.
36 Nair, D.V.T., Paudel, D., Prakash, D., e.a. 'Food additive guar gum aggravates colonic inflammation in experimental models of inflammatory bowel disease'. *Current Developments in Nutrition* 2021; 5: p. 1142.
37 Roberts, C.L., Keita, A.V., Duncan, S.H., e.a. 'Translocation of Crohn's disease *Escherichia coli* across M-cells: contrasting effects of soluble plant fibres and emulsifiers'. *Gut* 2010; 59: p. 1331-1339.

15 Ontregelde lichamen

1 Maffini, M., Neltner, T. 'Broken GRAS: a scary maze of questions a corn oil producer couldn't answer'. 2022. Beschikbaar op: http://blogs.edf.org/health/2022/03/25/broken-gras-a-scary-maze-of-questions-acorn-oil-producer-couldnt-answer/.
2 Goldacre, B. *Bad Pharma: How Medicine is Broken, And How We Can Fix It.* Londen: HarperCollins, 2012.
3 Neltner e.a., 2011.
4 Maffini, M.V., Neltner, T.G., en Vogel, S. 'We are what we eat: regulatory gaps in the United States that put our health at risk'. *PLoS Biology* 2017; 15: p. e2003578.
5 Neltner, T.G., Alger, H.M., O'Reilly, J.T., e.a. 'Conflicts of interest in approvals of additives to food determined to be generally recognized as safe: out of balance'. *JAMA Internal Medicine* 2013; 173: p. 2032-2036.
6 Delaney, J.J. 'Investigation of the use of chemicals in food products'. 1951. Beschikbaar op: https://aseh.org/resources/Documents/Delaney-Investigation.. Use%20of%20Chemicals%20in%20Foods-1.3.51.pdf
7 Corn Oil ONE. FDA GRAS 704 Corn Oil Zero 1st Application. Beschikbaar op: https://www.fda.gov/media/107554/download.
8 Maffini & Neltner, 2022.
9 Okull, D. 'Stabilized chlorine dioxide in fuel ethanol fermentation: efficacy, mechanisms and residuals'. 2019. Beschikbaar op: https://distillersgrains.org/wp-content/uploads/2019/05/5-Okull-Stabilized-Chlorine-Dioxide-Fuel-Ethanol-Fermentation.pdf
10 Maffini & Neltner, 2022.

11 Neltner e.a., 2011.
12 Maffini e.a., 2017.
13 Backhaus, O., en Benesh, M. 'EWG analysis: Almost all new food chemicals greenlighted by industry, not the FDA'. 2022. Beschikbaar op: https://www.ewg.org/news-insights/news/2022/04/ewg-analysisalmost-all-new-food-chemicals-greenlighted-industry-not-fda.
14 Neltner, T.G., Alger, H.M., Leonard, J.E., e.a. 'Data gaps in toxicity testing of chemicals allowed in food in the United States'. *Reproductive Toxicology* 2013; 42: p. 85-94.
15 US National Toxicology Program. 'NTP technical report on the toxicology and carcinogenesis studies of isoeugenol (CAS no. 97-54-1) in F344/N rats and B6C3F1 mice'. 2010. Beschikbaar op: https://ntp.niehs.nih.gov/ntp/htdocs/lt_rpts/tr551.pdf?utm_source=direct&utm_medium=prod&utm_campaign=ntpgolinks&utm_term=tr551.
16 Nicole, W. 'Secret ingredients: who knows what's in your food?' *Environmental Health Perspectives* 2013; 121: p. A126-133.
17 Watson, E. 'Where are the dead bodies? Toxicology experts hit back at latest attack on food additive safety system'. 2013. Beschikbaar op: https://www.beveragedaily.com/Article/2013/08/15/Where-are-thedead-bodies-Toxicology-experts-hit-back-at-latest-attack-on-foodadditive-safety-system.
18 Hartung, T. 'Toxicology for the twenty-first century'. *Nature* 2009; 460: p. 208-212.

16 UPF vernietigt de traditionele diëten

1 Nestlé. '2016 full year results conference call transcript'. 2017.Beschikbaar op: https://www.nestle.com/sites/default/files/asset-library/documents/investors/transcripts/2016-full-year-results-investor-calltranscript.pdf.
2 Jacobs, A., en Richtel, M. 'How big business got Brazil hooked on junk food'. 2017. Beschikbaar op: https://www.nytimes.com/interactive/2017/09/16/health/brazil-obesity-nestle.html.
3 Nestlé. 'Door-to-door sales of fortified products'. 2015. Beschikbaar op: https://web.archive.org/web/20150923094209/https://www.nestle.com/csv/case-studies/allcasestudies/door-to-doorsalesoffortifiedproducts,brazil.
4 Nestlé. 'Nestlé launches first floating supermarket in the Brazilian north region'. 2010. Beschikbaar op: https://www.nestle.com/sites/default/files/asset-library/documents/media/press-release/2010-february/nestl%C3%A9%20brazil%20press%20release%20-%20a%20bordo.pdf.
5 Figueiredo, N. 'ADM sets record for single soybean shipment from northern Brazil'. 2022. Beschikbaar op: https://www.reuters.com/business/energy/adm-sets-record-single-soybean-shipment-northernbrazil-2022-02-22/.

6 'Weight to Volume conversions for select substances and materials' [Internet]. [geciteerd 8 mei 2022]. Beschikbaar op: https://www.aqua-calc.com/calculate/weight-to-volume.
7 Lawrence, F. 'Should we worry about soya in our food?' 2006. Beschikbaar op: http://www.theguardian.com/news/2006/jul/25/food.foodanddrink.
8 '*Dry Cargo International.* Barcarena now handling export soya'. 2015. Beschikbaar op: https://www.drycargomag.com/barcarenanow-handling-export-soya.
9 EFSA Panel on Food Additives and Flavourings. 'Re-evaluation of dimethyl polysiloxane (E 900) as a food additive'. *EFSA Journal* 2020; 18: p. e06107.
10 Hall, A.B., Huff, C., en Kuriwaki, S. 'Wealth, slaveownership, and fighting for the Confederacy: an empirical study of the American Civil War'. *American Political Science Review* 2019; 113: p. 658-673.
11 Eskridge, L. 'After 150 years, we still ask: why "this cruel war?"' 2011. Beschikbaar op: https://web.archive.org/web/20110201183505/http://www.cantondailyledger.com/topstories/x1868081570/After-150-yearswe-still-ask-Why-this-cruel-war.
12 Gallagher, G. 'Remembering the Civil War'. 2011. Beschikbaar op: https://www.c-span.org/video/?298125-1/remembering-civil-war.
13 Thompson, M. 'I've always loved fried chicken. But the racism surrounding it shamed me'. *The Guardian* [Internet]. 13 okt. 2020 [geciteerd 9 mei 2022]. Beschikbaar op: http://www.theguardian.com/food/2020/oct/13/ivealways-loved-fried-chicken-but-the-racism-surrounding-it-shamed-me.
14 Searcey, D., en Richtel, M. 'Obesity was rising as Ghana embraced fastfood. Then came KFC'. 2017. Beschikbaar op: https://www.nytimes.com/2017/10/02/health/ghana-kfc-obesity.html.
15 Domino's Pizza. Jaarverslag 2016. 2016. Beschikbaar op: https://ir.dominos.com/static-files/315497fc-5e31-42f9-8beb-f182d9282f21.
16 Statista. 'Number of Domino's Pizza outlets in India from 2006 to 2021'. 2022. Beschikbaar op: https://www.statista.com/statistics/277347/number-of-dominos-pizza-stores-india/.
17 Odegaard A.O., Koh, W.P., Yuan, J.-M., e.a. 'Western-style fast food intake and cardiometabolic risk in an Eastern country'. *Circulation* 2012; 126: p. 182-188.

17 Wat Pringles werkelijk kosten

1 Monckton Chambers. 'Regular Pringles – once you pop (open VATA 1994, Schedule 8, Group 1, Excepted Item 5), the fun doesn't stop!' 2007. Beschikbaar op: https://www.monckton.com/wp-content/uploads/2008/11/Procter-GamblePringlesAug07AM.pdf.
2 Monckton Chambers, 2007.

3 British and Irish Legal Information Institute Tribunal. 'Procter & Gamble (UK) v Revenue & Customs [2007] UKVAT V20205'. 2007. Beschikbaar op: https://www.bailii.org/cgi-bin/format.cgi?doc=/uk/cases/UKVAT/2007/V20205.html.
4 British and Irish Legal Information Institute Tribunal. 'Revenue & Customs v Procter & Gamble UK EWCA Civ 407'. 2009. Beschikbaar op: https://www.bailii.org/cgi-bin/format.cgi?doc=/ew/cases/EWCA/Civ/2009/407.html&query=(18381)
5 Hansen, J. 'Kellogg's is taking the government to court over putting milk in cereal'. 2022. Beschikbaar op: https://london.eater.com/23044506/kelloggs-breakfast-cereal-milk-suing-government-coco-pops-frosties.
6 Sweney, M. 'Kellogg's to challenge new UK rules for high-sugar cereals in court'. 2022. Beschikbaar op: https://amp.theguardian.com/ business/2022/apr/27/kelloggs-court-challenge-new-uk-rules-high-sugar-cereals.
7 Cook, S.F., en Borah, W. *Essays in Population History: Mexico and California*. Berkeley, CA: University of California Press, 1979.
8 Denevan, W.M., en Lovell, W.G. *The Native Population of the Americas in 1492*. Madison, WI: University of Wisconsin Press, 1992.
9 Nunn, N., en Qian, N. 'The Columbian Exchange: a history of disease, food, and ideas'. *Journal of Economic Perspectives* 2010; 24: p. 163-188.
10 Marshall, M., 'Climate crisis: what lessons can we learn from the last great cooling-off period?' 2022. Beschikbaar op: theguardian.com/environment/2022/may/09/climate-crisis-lessons-to-learn-from-thelittle-ice-age-cooling.
11 Koch, A., Brierley, C., Maslin, M.M., e.a. 'Earth system impacts of the European arrival and Great Dying in the Americas after 1492'. *Quaternary Science Reviews* 2019; 207: p. 13-36.
12 Clark, M.A., Domingo, M.G.G., Colgan, K., e.a. 'Global food system emissions could preclude achieving the 1.5° and 2°C climate change targets'. *Science* 2020; 370: p. 705-708.
13 Anastasioua, K., Baker, P., en Hadjikakou, M. 'A conceptual framework for understanding the environmental impacts of ultra-processed foods and implications for sustainable food systems'. *Journal of Cleaner Production* 2022; 368: p. 133155.
14 Soil Association. 'Ultra-processed planet: the impact of ultra-processed diets on climate, nature and health (and what to do about it)'. 2021. Beschikbaar op: https://www.soilassociation.org/media/23032/ultraprocessed-planet-final.pdf.
15 National Food Strategy, 2021.
16 Fardet, A., en Rock, E. 'Perspective: reductionist nutrition research has meaning only within the framework of holistic and ethical thinking'. *Advances in Nutrition* 2018; 9: p. 655-670.
17 International Food Policy Research Institute. 'Women: The key to food security'. 1995. Beschikbaar op: https://www.ifpri.org/publication/women-key-food-security.

18 Wilson, B. 'The irreplaceable'. 2022. Beschikbaar op: https://www.lrb.co.uk/the-paper/v44/n12/bee-wilson/the-irreplaceable.
19 Edwards, R.B., Naylor, R.L., Higgins, M.M., e.a. 'Causes of Indonesia's forest fires'. *World Development* 2020; 127: p. 104717.
20 Greenpeace International. 'The final countdown'. 2018. Beschikbaar op: https://www.greenpeace.org/international/publication/18455/thefinal-countdown-forests-indonesia-palm-oil/.
21 Edwards e.a., 2020.
22 Pearce, F. 'UK animal feed helping to destroy Asian rainforest, study shows'. 2011. Beschikbaar op: https://www.theguardian.com/environment/2011/may/09/pet-food-asian-rainforest.
23 Goot, A.J. van der, Pelgrom, P.J.M., Berghout, J.A.M., e.a. 'Concepts for further sustainable production of foods'. *Journal of Food Engineering* 2016; 168: p. 42-51.
24 International Monetary Fund. Fossil fuel subsidies. 2019. Beschikbaar op: https://www.imf.org/en/Topics/climate-change/energysubsidies.
25 Goot, van der, e.a., 2016.
26 National Food Strategy, 2021.
27 Rosane, O. 'Humans and big ag livestock now account for 96 percent of mammal biomass'. 2018. Beschikbaar op: https://www.ecowatch.com/biomass-humans-animals-2571413930.html.
28 Bar-On, Y.M., Phillips, R., en Milo, R. 'The biomass distribution on Earth'. *Proceedings of the National Academy of Sciences* 2018; 25: p. 6506-6511.
29 Monteiro, C.A., Moubarac, J-C., Bertazzi Levy, R., e.a. 'Household availability of ultra-processed foods and obesity in nineteen European countries'. *Public Health Nutrition* 2018; 21: p. 18-26.
30 Lawrence, 2006.
31 Ritchie, H., en Roser, M. 'Soy'. 2021. Beschikbaar op https://ourworldindata.org/soy.
32 National Food Strategy, 2021.
33 Lawrence, 2006.
34 Cliff, C. 'Intensively farmed chicken: the effect on deforestation, environment and climate change'. 2021. Beschikbaar op: https://www.soilassociation.org/blogs/2021/august/4/intensively-farmed-chickenand-its-effect-on-the-environment-and-climate-change/.
35 Worldwide Fund For Nature. 'Riskier business: the UK's overseas land footprint'. 2020. Beschikbaar op: https://www.wwf.org.uk/sites/default/files/2020-07/RiskierBusiness_July2020_V7_0.pdf.
36 Worldwide Fund for Nature. 'Appetite for Destruction'. 2017. Beschikbaar op: https://www.wwf.org.uk/sites/default/files/2017-11/WWF_AppetiteForDestruction_Full_Report_Web_0.pdf.
37 Soil Association. 'Peak poultry – briefing for policy makers'. 2022. Beschik-

baar op: https://www.soilassociation.org/media/22930/peakpoultry-briefing-for-policy-makers.pdf.
38 Worldwide Fund for Nature, 2017.
39 Soil Association, 2022.
40 Friends of the Earth Europe. 'Meat atlas: facts and figures about the animals we eat'. Beschikbaar op: https://friendsoftheearth.eu/wpcontent/uploads/2014/01/foee_hbf_meatatlas_jan2014.pdf.
41 Leite-Filho, A.T., Costa, M.H., en Fu, R. 'The southern Amazon rainy season: the role of deforestation and its interactions with large-scale mechanisms'. *International Journal of Climatology* 2020; 40: p. 2328-2341.
42 Butt, N., de Oliveira, P.A., en Costa, M.H. 'Evidence that deforestation affects the onset of the rainy season in Rondonia, Brazil'. *Journal of Geophysical Research* 2011; 116: p. D11120.
43 Gustavo Faleiros, M.A. 'Agro-suicide: Amazon deforestation hits Brazil's soy producers'. 2020. Beschikbaar op: https://dialogochino.net/en/agriculture/37887-agri-suicide-amazon-deforestation-hits-rain-brazilssoy-producers/.
44 Gatti, L.V., Basso, L.S., Miller, J.B., e.a. 'Amazonia as a carbon source linked to deforestation and climate change'. *Nature* 2021; 595: p. 388-393.
45 Carrington, D. 'Amazon rainforest now emitting more CO_2 than it absorbs'. 2021. Beschikbaar op: https://amp.theguardian.com/environment/2021/jul/14/amazon-rainforest-now-emitting-more-co2-than-it-absorbs.
46 Tilman, D., en Clark, M. 'Global diets link environmental sustainability and human health'. *Nature* 2014; 515: p. 518-522.
47 Soil Association, 2021.
48 International Assessment of Agricultural Knowledge, Science, Technology for Development. 'Agriculture at a crossroads – global report'. 2009. Beschikbaar op: https://wedocs.unep.org/handle/20.500.11822/8590.
49 Poux, X., en Aubert, P.-M. 'An agroecological Europe in 2050: multifunctional agriculture for healthy eating. Findings from the Ten Years For Agroecology (TYFA) modelling exercise'. 2018. Beschikbaar op: https://www.soilassociation.org/media/18074/iddri-study-tyfa.pdf.
50 Aubert, P.-M., Schwoob, M.-H., en Poux, X. 'Agroecology and carbon neutrality: what are the issues?' 2019. Beschikbaar op: https://www.soilassociation.org/media/18564/iddri-agroecology-and-carbonneutrality-what-are-the-issues.pdf
51 Poux, X., Schiavo, M., en Aubert, P.-M. 'Modelling an agroecological UK in 2050 – findings from TYFAREGIO'. 2021. Beschikbaar op: https://www.iddri.org/sites/default/files/PDF/Publications/Catalogue%20Iddri/Etude/202111-ST1021-TYFA%20UK_0.pdf.
52 Röös, E., Mayer, A., Muller, A., e.a. 'Agroecological practices in combination with healthy diets can help meet EU food system policy targets'. *Science of the Total Environment* 2022; 847: p. 157612.

53 Muller, A., Schader, C., El-Hage Scialabba, N., e.a. 'Strategies for feeding the world more sustainably with organic agriculture'. *Nature Communications* 2017; 8: p. 1290.
54 Fiolet e.a., 2018.
55 Chen, X., Zhang, Z., Yang, H., e.a. 'Consumption of ultra-processed foods and health outcomes: a systematic review of epidemiological studies'. *Nutrition Journal* 2020; 19: p. 86.
56 Dicken & Batterham, 2021.
57 Break Free From Plastic. Global brand audit report 2020. 2020. Beschikbaar op: https://www.breakfreefromplastic.org/globalbrandauditreport2020/?utm_medium=email&utm_source=getresponse&utm_content=LIVE%3A+Plastic+Polluters+Brand+Audit+Report+%26+Invitation+to+Press+Briefing&utm_campaign=Breakfreefromplastic+Membership+Master+List.
58 Laville, S. 'Report reveals "massive plastic pollution footprint" of drinks firms'. 2020. Beschikbaar op: https://amp.theguardian.com/environment/2020/mar/31/report-reveals-massive-plastic-pollution-footprint-of-drinks-firms.
59 McVeigh, K. 'Coca-Cola, Pepsi and Nestlé named top plastic polluters for third year in a row'. 2020. Beschikbaar op: https://amp.theguardian.com/environment/2020/dec/07/coca-cola-pepsi-and-nestle-namedtop-plastic-polluters-for-third-year-in-a-row.
60 Laville, S. 'Coca-Cola admits it produces 3m tonnes of plastic packaging a year'. 2019. Beschikbaar op: https://www.theguardian.com/business/2019/mar/14/coca-cola-admits-it-produces-3m-tonnes-ofplastic-packaging-a-year.
61 Geyer, R., Jambeck, J.R., en Law, K.L. 'Production, use, and fate of all plastics ever made'. *Scientific Advances* 2017; 3: p. e1700782.

18 UPF is ontworpen voor overconsumptie

1 Yi, J., Meemken, E.-M., Mazariegos-Anastassiou, V., e.a. 'Post-farmgate food value chains make up most of consumer food expenditures globally'. *Nature Food* 2021; 2: p. 417-425.
2 Justia Patents. 'Patents by inventors Gary Norman Binley'. 2022. Beschikbaar op: https://patents.justia.com/inventor/gary-norman-binley.
3 Friedman, M. 'A Friedman doctrine – the social responsibility of business is to increase its profits'. 1970. Beschikbaar op: https://www.nytimes.com/1970/09/13/archives/a-friedman-doctrine-the-socialresponsibility-of-business-is-to.html.
4 Sorkin, A.R., Giang, V., Gandel, S., e.a. 'The pushback on ESG investing'. 2022. Beschikbaar op: https://www.nytimes.com/2022/05/11/business/dealbook/esg-investing-pushback.html.
5 BlackRock. '2022 climate-related shareholder proposals more prescriptive than

2021'. 2022. Beschikbaar op: https://www.blackrock.com/corporate/literature/publication/commentary-bis-approach-shareholderproposals.pdf.
6 MacAskill, W. 'Does divestment work?' 2015. Beschikbaar op: https://www.newyorker.com/business/currency/does-divestment-work.
7 Nestlé. 'Nestlé enters weight management market – Jenny Craig acquisition enhances group's nutrition, health and wellness dimension'. 2006. Beschikbaar op: https://www.nestle.com/media/pressreleases/allpressreleases/weight-managementmarketjennycraig-19jun06.
8 Jenny Craig. 'Jenny Craig Meals & Nutrition'. 2022. Beschikbaar op: https // www.jennycraig.com/nutrition-mission.
9 Reuters. 'Nestlé sells most of Jenny Craig to private equity firm'. CNBC. 2013. Beschikbaar op: https://www.cnbc.com/2013/11/07/nestle-sells-most-of-jenny-craig-to-private-equity-firm.html.
10 Nestlé. 'Acquisitions, partnerships & joint ventures'. 2022. Beschikbaar op: https://www.nestle.com/investors/overview/mergers-and-acquisitions/nestle-health-science-acquisitions.
11 Kirchfeld, A., David, R., en Nair, D. 'Nestle eyed biggest-ever deal in aborted move for GSK unit'. 2022. Beschikbaar op: https://www.bloomberg.com/news/articles/2022-05-25/nestle-eyed-biggest-ever-deal-in-abortedmove-for-gsk-consumer.
12 Danone. 'Danone's subsidiaries and equity holdings as of December 31, 2020'. Beschikbaar op: https://www.danone.com/content/dam/danone-corp/danone-com/investors/danone-at-a-glance/List%20of%20subsidiairies%202020.pdf.
13 Ralph, A. 'Philip Morris buys respiratory drugs company Vectura for £1bn'. 2022. Beschikbaar op: https://www.thetimes.co.uk/article/philip-morris-buys-respiratory-drugs-company-vectura-for-1bn-9mfts7jxq.

19 Wat we de overheid kunnen vragen

1 War on Want. 'The baby killer'. 1974. Beschikbaar op: http://archive.babymilkaction.org/pdfs/babykiller.pdf.
2 Quigley, M.A., en Carson, C. 'Breastfeeding in the 21st century'. *Lancet* 2016; 387: p. 2087-2088.
3 Stoltz, T., Jones, A., Rogers, L., e.a. '51 donor milk in the NICU: a community pediatrics perspective'. *Paediatrics & Child Health* 2021; 26: p. e36-e36.
4 Lucas, A., en Cole, T.J. 'Breast milk and neonatal necrotising enterocolitis'. *Lancet* 1990; 336: p. 1519-1523.
5 Johns Hopkins Medical Institutions. 'Formula-fed preemies at higher risk for dangerous GI condition than babies who get donor milk'. 2011. Beschikbaar op: https://www.sciencedaily.com/releases/2011/04/110430171122.htm.
6 Jelliffe, D.B. 'Commerciogenic malnutrition?' *Nutrition Reviews* 1972; 30: p. 199-205.

7 Jelliffe, 1972.
8 War on Want, 1979.
9 Jelliffe, 1972.
10 *New Internationalist.* 'Action now on baby foods'. 1973. Beschikbaar op: https://newint.org/features/1973/08/01/baby-food-action-editorial.
11 Fitzpatrick, I. 'Nestléd in controversy'. *New Internationalist.* 2010. Beschikbaar op: https://newint.org/columns/applause/2010/10/01/nestle-baby-milk-campaign.
12 UNICEF. 'Research on marketing and the code'. 2022. Beschikbaar op: https://www.unicef.org.uk/babyfriendly/news-and-research/babyfriendly-research/research-on-marketing-and-the-code/.
13 Save the Children. 'Don't push it: why the formula industry must clean up its act'. 2018. Beschikbaar op: https://resourcecentre.savethechildren.net/pdf/dont-push-it.pdf/.
14 Quigley & Carson, 2016.
15 Lamberti, L.M., Zakarija-Grković, I., Fischer Walker, C.L., e.a. 'Breastfeeding for reducing the risk of pneumonia morbidity and mortality in children under two: a systematic literature review and meta-analysis'. *BMC Public Health* 2013; 13: p. S18.
16 Global Breastfeeding Collective. 'Nurturing the health and wealth of nations: the investment case for breastfeeding'. Beschikbaar op: https://www.globalbreastfeedingcollective.org/media/426/file/The%20investment%20case%20for%20breastfeeding.pdf.
17 Quigley & Carson, 2016.
18 Baker, P., Smith, J., Salmon, L., e.a. 'Global trends and patterns of commercial milk-based formula sales: is an unprecedented infant and young child feeding transition underway?' *Public Health Nutrition* 2016; 19: p. 2540-2550.
19 Forsyth, B.W., McCarthy, P.L., en Leventhal, J.M. 'Problems of early infancy, formula changes, and mothers' beliefs about their infants'. *Journal of Pediatrics* 1985; 106: p. 1012-1017.
20 Polack, F.P., Khan, N., en Maisels, M.J. 'Changing partners: the dance of infant formula changes'. *Clinical Pediatrics* 1999; 38: p. 703-708.
21 Lakshman, R., Ogilvie, D., en Ong, K.K. 'Mothers' experiences of bottlefeeding: a systematic review of qualitative and quantitative studies'. *Archives of Disease in Childhood* 2009; 94: p. 596-601.
22 Lakshman, R. 'Establishing a healthy growth trajectory from birth: the Baby Milk trial'. Beschikbaar op: https://heeoe.hee.nhs.uk/sites/default/files/docustore/baby_milk_trial_results18april17.pdf.
23 UK Food Standards Agency. 'Statement on the role of hydrolysed cows' milk formulae in influencing the development of atopic outcomes and autoimmune disease'. Beschikbaar op: https://cot.food.gov.uk/sites/default/files/finalstatement-hydrolysedformula.pdf.

24 'Japanese guidelines for food allergy 2017'. *Allergology* Int. 2017 apr; 66(2): p. 248-264.
25 'The Australasian Society of Clinical Immunology and Allergy infant feeding for allergy prevention guidelines'. *Medical Journal of Australia* 2019, feb; 210(2): p. 89-93 doi: 10.5694/mja2.12102.
26 'The Effects of Early Nutritional Interventions on the Development of Atopic Disease in Infants and Children: The Role of Maternal Dietary Restriction, Breastfeeding, Hydrolyzed Formulas, and Timing of Introduction of Allergenic Complementary Foods'. *Pediatrics* 2019; 143: p. e20190281.
27 Tulleken, C. van. 'Overdiagnosis and industry influence: how cow's milk protein allergy is extending the reach of infant formula manufacturers'. *British Medical Journal* 2018; 363: p. k5056.
28 Brown, A. *Why Breastfeeding Grief and Trauma Matter.* Londen: Pinter & Martin, 2019.
29 Sankar, M.J., Sinha, B., Chowdhury, R., e.a. 'Optimal breastfeeding practices and infant and child mortality: a systematic review and meta-analysis'. *Acta Paediatrica* 2015; 104: p. 3-13.
30 Horta, B.L., Loret de Mola, C., Victora, C.G. 'Long-term consequences of breastfeeding on cholesterol, obesity, systolic blood pressure and type 2 diabetes: a systematic review and meta-analysis'. *Acta Paediatrica* 2015; 104: p. 30-37.
31 Bowatte, G., Tham, R., Allen, K.J., e.a. 'Breastfeeding and childhood acute otitis media: a systematic review and meta-analysis'. *Acta Paediatrica* 2015; 104: p. 85-95.
32 Victora, C.G., Bahl, R., Barros, A.J.D., e.a. 'Breastfeeding in the 21st century: epidemiology, mechanisms, and lifelong effect'. *Lancet* 2017; 387: p. 475-490.
33 Lodge, C.J., Tan, D.J., Lau, M.X.Z., e.a. 'Breastfeeding and asthma and allergies: a systematic review and meta-analysis'. *Acta Paediatrica* 2015; 104: p. 38-53.
34 Thompson, J.M.D., Tanabe, K., Moon, R.Y., e.a. 'Duration of breastfeeding and risk of SIDS: an individual participant data meta-analysis'. *Pediatrics* 2017; 140: p. e20171324.
35 Horta, B.L., Loret de Mola, C., en Victora, C.G. 'Breastfeeding and intelligence: a systematic review and meta-analysis'. *Acta Paediatrica* 2015; 104: p. 14-29.
36 Baker e.a., 2016.
37 British Nutrition Foundation. 'What we do'. 2022. Beschikbaar op: https // www.nutrition.org.uk/our-work/what-we-do/.
38 British Nutrition Foundation. 'Current members'. 2022. Beschikbaar op https://www.nutrition.org.uk/our-work/support-what-we-do/corporate-partnerships/current-members/.
39 Carriedo, A., Pinsky, I., Crosbie, E., e.a. 'The corporate capture of the nutrition profession in the USA: the case of the Academy of Nutrition and Dietetics'. *Public Health Nutrition* 2022; 25: p. 3568-3582.
40 O'Connor, A. 'Group shaping nutrition policy earned millions from junk

food makers'. 2022. Beschikbaar op: https://www.washingtonpost.com/wellness/2022/10/24/nutrition-academy-processed-food-companydonations/.
41 Diabetes UK. Our current partners. 2022. Beschikbaar op: https://www.diabetes.org.uk/get_involved/corporate/acknowledgements/partners.
42 Cancer Research UK. 'About our corporate partnership programme'. 2022. Beschikbaar op: https://www.cancerresearchuk.org/get-involved/become-a-partner/about-our-corporate-partnership-programme.
43 British Heart Foundation. 'Our current partners'. 2022. Beschikbaar op: https://www.bhf.org.uk/how-you-can-help/corporate-partnerships/our-corporate-partners.
44 The Association of UK Dietitians. BDA corporate members. 2022. Beschikbaar op: https://www.bda.uk.com/news-campaigns/workwith-us/commercialwork/bda-corporate-members.html.
45 Greenpeace International. 'Top consumer companies' palm oil sustainability claims go up in flames'. 2019. Beschikbaar op: https://www.greenpeace.org/international/press-release/25675/burningthehouse/.
46 Taillie, L.S., Reyes, M., Colchero, M.A., e.a. 'An evaluation of Chile's law of food labeling and advertising on sugar-sweetened beverage purchases from 2015 to 2017: a before-and-after study'. *PLoS Medicine* 2020; 17: p. e1003015.
47 Jacobs, A. 'In sweeping war on obesity, Chile slays Tony the Tiger'. 2018. Beschikbaar op: https://www.nytimes.com/2018/02/07/health/obesitychile-sugar-regulations.html.
48 Reyes, M., Garmendia, M.L., Olivares, S., e.a. 'Development of the Chilean front-of-package food warning label'. *BMC Public Health* 2019; 19: p. 906.

Dankbetuiging

Ik ben in maar één ding echt goed: ik kan me omringen met mensen die veel competenter zijn dan ikzelf. Dat is van cruciaal belang gebleken, want ik heb het schrijven van dit boek enorm onderschat en ik heb een hoop hulp van een hoop mensen nodig gehad om het voor elkaar te krijgen.

Dit is een lijst, in willekeurige volgorde, van de mensen zonder wie dit boek er niet zou zijn geweest, mensen zonder wie het boek veel slechter zou zijn geweest, en mensen en plekken die me hebben gesteund en me in staat hebben gesteld dit boek te schrijven.

Mijn moeder Kit en mijn vader Anthony. Mam en pap noem ik als eerste, niet alleen vanwege de logica van de biologie, maar omdat ze mijn leven lang een omgeving voor mij (en mijn broers) hebben gecreëerd waar alles mogelijk lijkt. Mam is ook de beste kok die ik ken en is professioneel redacteur geweest, zodat ze me ook letterlijk heeft geholpen dit boek en veel van de ideeën erin te creëren.

Ik heb drie absurd begaafde redacteuren gehad die commentaren op de tweede conceptversie terugstuurden die zo gedegen waren dat ze bijna 20 procent van de lengte van het uiteindelijke boek besloegen. Helen Conford van Cornerstone Press heeft de stress veroorzaakt door mijn gemiste deadlines geabsorbeerd als een koolstofstaaf in een splijtingsreactor... zozeer zelfs dat ik er pas veel later achter kwam dat er überhaupt sprake was van stress. Ze is soms meedogenloos, altijd onvoorspelbaar, uitzonderlijk grappig en absoluut de beste redacteur die ik me had kunnen wensen.

Melanie Tortoroli van WW Norton in de VS en Rick Meier bij Knopf in Canada verpakten hun broodnodige en briljante kritiek met zoveel warmte en humor dat ik er bijna van genoot om alle problemen te verhelpen. Hun enthousiasme voor een vroege conceptversie hield me op de been.

Het team van Cornerstone Press heeft me boven verwachting gesteund. Mijn publicist Etty Eastwood heeft onvermoeibaar gewerkt om de ideeën in dit boek bij zo veel mogelijk mensen te krijgen. Claire Bush en Charlotte Bush (geen familie van elkaar) hebben met respectievelijk marketing en publiciteit heldendaden verricht. Matt Waterson van de verkoopafdeling en Penny Liechti van de rechtenafdeling hebben gezorgd dat mijn boek de lezer kon bereiken. Joanna Taylor overzag het redactieproces en Odhran O'Donoghue deed de eindredactie tot een detailniveau dat soms vernederend was maar absoluut noodzakelijk. Als er nog fouten in zitten, komen ze uiteraard voor mijn rekening.

Zoë Waldie van RCW is de best denkbare literaire agent. In elk stadium was ze een vriendin, een mentor en een gids, van de grote beslissingen over de structuur en de contracten tot de plaatsing van de komma's. Het boek zou er niet zijn geweest zonder haar of het team van RCW.

Met Miranda Chadwick was ik al bevriend voordat ze mij ging vertegenwoordigen. Ook zonder haar zou het boek niet hebben bestaan. Ze is zonder meer de beste agent die ik zou kunnen hebben, en de reden dat ik een carrière heb. Jamie Slattery is de yin van haar yang, en zonder hem zou geen enkel aspect van mijn leven functioneren. Samen zijn ze twee van de belangrijkste mensen in mijn leven.

James Browning (of 'Bames', zoals Sasha zegt) is door Zoë naar me toe gestuurd om me bij te staan met het voorstel, en een jaar later voelt het alsof hij familie is. Hij is week in, week uit als redacteur/ raadgever opgetreden en heeft me geholpen het verschil te begrijpen tussen een boek en een serie losse feitelijke uitspraken.

Alexander Greene is al zolang ik me kan herinneren mijn maat en heeft nooit geaarzeld in zijn enthousiasme en steun voor dit hele idee. Op zijn boerderij in Italië wordt het beste voedsel verkocht dat je ooit zult eten. Ga naar https://potentino.com/.

Lizzie Bolton was degene die me de artikelen over UPF te lezen gaf – ze is mede het brein achter veel van mijn BBC-documentaires, waaronder *What Are We Feeding Our Kids?*, het programma over UPF dat het dieetexperiment in dit boek heeft gefilmd. Het boek zou er niet zijn geweest zonder haar of Dominique Walker (die de voortreffelijke uitvoerend producent is van het merendeel van mijn documentaires), Jack Bootle (die ze nu ontwikkelt, produceert en er opdracht toe geeft), of Tom McDonald (die me jarenlang bij de BBC begeleidde). De BBC wordt niet commercieel gefinancierd en heeft een moedig team eigen commissarissen en juristen die me jarenlang onbevreesd hebben bijgestaan in uitzendingen over commerciële gezondheidsdeterminanten. We mogen ons allemaal gelukkig prijzen dat de BBC bestaat.

Helen Crawley is deskundige op het gebied van voedselbeleid, was een van mijn deskundige proeflezers en is misschien wel mijn meest betrouwbare bron voor elk aspect van voedsel, van de details van het wetenschappelijke bewijsmateriaal ten aanzien van voeding tot de manier waarop beleid tot stand komt. Ze is briljant.

Carlos Monteiro en zijn team ruimden enorm veel tijd voor me in en gaven veel advies, met name Carlos zelf, Fernanda Rauber, Geoffrey Cannon (die urenlang sprak en me een enorme hoeveelheid waardevol onderzoek stuurde), Maria Laura da Costa Louzada, Gyorgy Scrinis en Jean-Claude Moubarac.

Rob Percival en Helen Browning van de Soil Association. Rob lijkt zowat alwetend over bijna elk aspect van het probleem. Helen gaf me de eerste en nog steeds duidelijkste verklaring van de economie van basislevensmiddelen die ik ooit gekregen heb. Nadat ik met hen had gesproken had ik het voor het eerst echt 'door'.

Toen ik met schrijven begon, interviewde ik Dolly Theis als iemand met een diep inzicht in de theorie en de politiek van voedsel en het beleid eromheen, en ook zij behoort nu tot mijn familie. Bij veel van de ideeën in dit boek heeft zij een centrale rol gespeeld, met name de ideeën in het laatste hoofdstuk over de weg vooruit.

Andrew en Claire Cavey zijn twee van mijn dierbaarste vrienden en ik heb ze over elk woord in het boek lastiggevallen. Andrews heeft een hekel aan slappe argumentatie, wat je woedend kan maken maar ook een van zijn beste eigenschappen is.

Giles Yeo is fantastisch en heeft me meer beïnvloed dan hij ooit zal weten. Koop zijn boeken – *Gene Eating* en *Why Calories Don't Count* – en lees ze.

Melissa Thomson heeft me veel meer over voedsel en geschiedenis en cultuur verteld dan ik in het boek kon opnemen. Koop haar boek *Motherland: A Jamaican Cookbook*.

Aubrey Gordon presenteert de podcast *Maintenance Phase*, een aanrader voor iedereen die geïnteresseerd is in wetenschap, gezondheid, gewicht en de mensheid. Ze gaf geweldig advies over hoe je het over gewicht kon hebben zonder te stigmatiseren. Haar boeken *What We Don't Talk About When We Talk About Fat* en *'You Just Need to Lose Weight': And 19 Other Myths About Fat People* zijn essentieel.

Bij het UCL heeft Rachel Batterham zich bij vele projecten een goede vriendin en mentor getoond. Sam Dicken, Janine Makarondis en Claudia Gandini Wheeler-Kingshott hebben meer aan dit boek en andere projecten bijgedragen dan ze beseffen.

Bee Wilson heeft in *The Guardian* het beste verslag over UPF geschreven dat ik ooit heb gelezen (ik kreeg het van Lizzie Bolton). Ik mag me gelukkig prijzen met zo'n vriendin. Ze gaf me doordachte commentaren op sommige ideeën en heeft me voorgesteld aan Naomi Alderman, die me vertelde hoe ik kritiek kon accepteren en hoe geld werkt.

Kevin Hall ruimde enorm veel tijd voor me in en hield me (grotendeels!) binnen de grenzen van het bewijs.

Chris Snowdon was heel gul met zijn tijd en argumenten. We zijn het over heel veel eens, en ik hoop dat er nog eens een dag komt dat hij weggaat bij het Institute of Economic Affairs en zijn aanzienlijke talenten wijdt aan het streven om de wereld voor iedereen een betere plek te maken.

In Muaná, Brazilië – Paula Costa Ferreira, Lizete Novaes van de katholieke zielzorg da Criança, Graciliano Silva Ramo en Leo en zijn gezin. Tristan Quinn regisseerde het Braziliaanse gedeelte van de BBC-documentaire *What Are We Feeding Our Kids?* Alasdair Livingston was de voortreffelijke cameraman en Tom Bell hield alles bij elkaar.

Paul Hart spoorde me op en zorgde ervoor dat ik niet te ver uit de bocht schoot. Hij las de tekst welwillend na en droeg enorm veel technische en ethische deskundigheid bij. Hij en Sharon bezorgden me vaak meer plezier in het onderzoek.

Gary Taubes: ik ben het misschien niet met hem eens over insuline, maar ik heb met veel plezier met hem gesproken en bewonderde hem aan het eind van ons gesprek meer dan bij het begin.

Barry Smith belichtte een heel nieuw gebied van de filosofie en de neurowetenschap waar ik nog nooit over had nagedacht, en waardoor ik beter ging begrijpen hoe UPF inwerkt op het lichaam en de hersenen. Hij heeft heel genereus een enorm aantal ideeën bijgedragen.

Clare Llewellyn bestudeert tweelingen bij het UCL en heeft uitermate belangrijk werk verricht met de beschrijving van de relaties tussen genen en de omgeving. Gesprekken met haar en haar onderzoek in het algemeen behoren tot de belangrijkste concepten in het boek.

Anthony Farder vertelde me over de voedingsmatrix en verfijnde de manier waarop ik wetenschappelijke problemen benader.

Suzi Shingler leidt de Alliance to Save our Antibiotics en helpt ons allemaal in leven houden.

Ben Scheindlin vertelde me uitgebreid over Clara Davis, evenals de Canadese journalist Stephen Strauss, die jarenlang alles wat hij maar over haar kon vinden probeerde te achterhalen. Het was ongelooflijk genereus van Stephen om zijn onderzoek met mij te delen, plus nog allerlei andere informatie over voeding.

Matt Bosworth gaf in een vroeg stadium uiterst waardevol en angstaanjagend juridisch advies (gratis!).

Tom Neltner en Maricel Maffini werken bij en samen met de Environmental Defense Fund en proberen de FDA rekenschap te laten geven over voedingsadditieven. Ze zijn echte bijters. Emily Broad Leib van Harvard werkt aan dezelfde kwestie en ook haar beschouw ik als een bijtertje, in de beste zin van het woord: ze hielp me begrijpen dat additieven niet op ons allemaal dezelfde invloed hebben.

Sarah Finer is de helft van een tweeling, een vriendin, een arts en een wetenschapper die mijn denken in de loop van vele jaren en vele gesprekken heeft helpen vormen.

Ik had het geluk een groot aantal verdraagzame en deskundige leraren te hebben op de faculteit geneeskunde, maar vooral Huw Dorkins en Paul Dennis hebben me gesteund en meer bijgedragen aan mijn daaropvolgende carrière dan ze zich zelf kunnen voorstellen.

Sharon Newson: wat ik over Sharon in de tekst nog niet heb gezegd is hoezeer ze mij van gedachten heeft laten veranderen over aspecten van obesitas en onze kijk op gewicht. Ik heb lange tijd geprobeerd haar in de verkeerde richting te duwen, voordat zij mij in de juiste richting begon te duwen. Ze is een ware deskundige en een fijne kameraad.

Eddie Rixon gaf mij af en aan briljante uitleg over het boerenbedrijf en de voedselindustrie, terwijl *Operation Ouch!* zijn boerderij overnam.

Tim Cole van het UCL trok zoveel tijd uit om uit te leggen hoe subtiel maar daarom niet minder zeker mensen het bij het verkeerde eind hebben als ze beweren dat obesitas bij kinderen een mythe is. Een geweldige, inspirerende man.

David Biller heeft de alwetendheid over alle dingen van een bankier en maakte me iets minder naïef; bovendien bracht hij me in contact met deskundigen als Robert Plowman, de anonieme managementconsultant, en Ibrahim Najafi. Deze bijdragers hadden niets te winnen (en veel te verliezen) door met mij te spreken en waren ongelooflijk genereus met hun tijd en kennis.

Patti Rundall begrijpt de wapenwedloop tussen voedingsmiddelenbedrijven beter dan wie ook en beschermt kinderen overal ter wereld op een geweldige manier tegen roofzuchtige marketing; ze is een grote, niet-aflatende inspiratie. Haar invloed is op elke bladzijde van dit boek zichtbaar.

Ik ben echt trots op mijn samenwerking met het hele team van UNICEF UK, beroepsmatig en als ondersteuner – met name Katherine Shats, Grainne Moloney, Claire Quarrell en Jessica Gray.

Deskundigen en collega's van de Wereldgezondheidsorganisatie hebben geholpen bij veel van het academische werk dat aan dit boek voorafging, en ik ben er trots op met hen samen te werken, met Nigel Rollins, Tony Waterston, Larry Grummer-Strawn, Nina Chad en Anna Gruending en anderen.

Victoria Kent en Sarah Halpin verfijnden veel ideeën over UPF en hebben veel niet-UPF voor me klaargemaakt. Vic legde me investeren en geld uit op een manier die zelfs ik kon begrijpen.

Het team van de National Food Strategy heeft me heel wat keren gevoed en veel van wat er in dit boek wordt besproken mede bepaald. Tamsin Cooper en Henry (en Jemima) Dimbleby hebben me echt geleerd hoe ik dit onderwerp kon benaderen. Daarom wordt er in dit boek zo vaak naar hun plan verwezen.

Jo Rowntree, Phully Beaumont, Richard Berry en Hester Cant maakten de podcast *Addicted to Food*, die aan dit boek voorafging. Ze zijn allemaal geweldig en zetten me sterker aan het denken over voedsel dan ik ooit eerder had gedaan.

Dank ook aan Marion Nestle, Phil Baker, Nicole Avena, Sadaf Farooqi, Andrea Sella, Mélissa Mialon, Bob Boyle, Gordon Hamilton en zijn hele familie en Sudan Jebb (in onze vele documentaires samen heeft Susan me ongelooflijk goed bijgestaan).

De wetenschappers, activisten en clinici die een veel lager salaris accepteren om hun leven te wijden aan het verminderen van ongelijkheid en te proberen de wereld een betere en prettigere plek te maken om in te leven, voor iedereen, ook voor mij en mijn kinderen. Het is altijd gemakkelijker om het geld van Coca-Cola aan te nemen.

Iedereen van het Hospital for Tropical Diseases (maar met name Sarah Logan, Phil Gothard en Mike Brown) heeft mij geholpen om van mijn beroepsleven een succes te maken. Ik heb het geluk bij een ziekenhuis van wereldklasse te werken, het UCLH, omringd door mensen die me steunen en uitdagen, en me bovendien de flexibiliteit toestaan om een carrière na te streven naast mijn ziekenhuiswerk.

De mensen met wie ik elke week werk zijn een voortdurende bron van inspiratie, briljante mensen in elk opzicht. Anna Checkley, Anna Last en Nicky Longley wil ik speciaal vermelden.

Het is geen verrassing dat het communicatieteam van het UCLH een centrale rol speelt in de overlapping tussen mijn klinische, academische en televisiewerk, met name Rachel Maybank, Sharon Spiteri en Michaela Keating.

Het is een voorrecht arts te zijn bij de NHS, en de mensen van wie ik het meest leer zijn mijn patiënten, die me hebben geleerd dat het bij wat we eten veel meer gaat om onze omgeving dan om onze verlangens. De NHS is een van de laatste bolwerken tegen de commerciële krachten die nu de belangrijkste oorzaak ter wereld zijn van vroegtijdig overlijden. Als we de gezondheidszorg privatiseren en toestaan dat ze werken met dezelfde prikkels als de voedsel- en tabaksindustrie, verliezen we iets wat nooit meer opgebouwd kan worden. Dat is een reëel en zeer urgent gevaar.

Ik ben het UCL dankbaar dat het me een academisch thuis heeft gegeven, plus een enorme vrijheid. Greg Towers en Richard Milne haalden me over een doctorsgraad te halen, en hun manier om de wereld te onderzoeken beïnvloedt alles wat ik doe. Ze hebben allebei vroege conceptversies gelezen en waren erg behulpzaam.

Het *British Medical Journal* (met name Rebecca Coombes, Fi Godlee, Kamran Abbasi, Jennifer Richardson en Peter Doshi) ondersteunt mijn academische werk al vele jaren. Meer dan dat: het heeft op zijn eigen publicaties gereageerd door sponsoring vanuit de babyvoedingsindustrie te weigeren. Ik ben er altijd ongelooflijk trots op om erin te publiceren.

Julian Marks van Barfoots heeft zijn tijd en kennis uiterst genereus ter beschikking gesteld en alles over groenten en fruit perfect uitgelegd. Mijn vriend Nick Seddon heeft me althans enigszins duidelijk kunnen maken hoe overheid en beleid functioneren.

Dank ook aan de hele familie Sheldrake, maar vooral aan Merlin, die me uitlegde hoe je een boek schrijft: 'Het is net een feestje – iedereen moet weten waar de toiletten zijn en iedereen moet iets te drinken krijgen.' April Smith en Jackie Dalton houden de hele zaak thuis voor ons draaiende. Elke Maier stuurde me uiterst waardevol onderzoek over steenkoolboter. Adam Rutherford, Hannah Fry, Mark Schatzker, Gin Drinkers van Oak Room, dr. Ronx, Amy Brown, Henry en Nicola Byam-Cook, Margaret McCartney, Ralph Woodling (die me over elektronen en chemie vertelde), Layal Liverpool, Eszter Vamos, Dev Sharma, Christina Adane, Jamie Oliver, Nicki Whiteman, Vicki Cooper, Monika Ghosh, de SBWAG, Zeba Lowe en Dan Brocklebank (nog een oude vriend die geld begrijpt en dat goed kan uitleggen). Rosie Haines (eigenaar van de pub Scolt Head en de pizzeria Sweet Thursday, mijn beste en enige bronnen van non-UPF-fastfood), Andreas Wesemann (die me over economie vertelde en me lui denken verweet). Alasdair Cant herstelde mijn verstandhouding met mijn broer en deed me inzien dat verandering eisen niet de beste manier is om die te bereiken. Het team van *Operation Ouch!* is als familie en heeft wekenlang nuttige gesprekken over UPF doorstaan.

Ik heb een geweldige schoonmoeder, Christine, die mij, Dinah en mijn dochters voortdurend inspireert. Mijn computer rust op haar proefschrift, dus dit boek is letterlijk gebaseerd op haar werk (en ze heeft op de best mogelijke manier een enorme invloed op mijn gedrag in het algemeen).

Mijn broers en schoonzussen (Ryan, Chid, Martha en Leah) zijn fantastisch en ik heb ongelooflijk veel geluk met hen als familie.

Mijn broers, Xand en J (Bratty), zijn mijn beste vrienden en ik doe niets zonder het eerst tot vervelens toe met hen allebei te bespreken. Hun mening weegt zwaarder dan die van wie ook, afgezien van (in dit geval) die van Helen Conford. Xand, mijn tweelingbroer, gaf vorm aan de centrale stelling gedurende tien jaar van fysieke gevechten en schreeuwende ruzies, die hij uiteindelijk heeft gewonnen. J is de lijm die Xand en mij samenbindt.

Mijn perfecte neefje Julian beseft waarschijnlijk niet hoezeer hij Xand en mij aan het denken zet over heel veel dingen in dit boek.

Mijn twee dochters zijn de enigen in deze dankbetuiging die geen enkele belangstelling voor dit boek hebben. Ze zijn allebei enthousiaste consumenten van UPF en afgezien van hun weinig verrassende bereidwillige deelname aan veel eettests is hun bijdrage uitsluitend negatief geweest.

Ten slotte mijn vrouw Dinah, die verantwoordelijk is voor alles wat goed is in mijn leven. Ze heeft een hekel aan dit soort dingen, maar ze is de beste persoon die ik ooit heb ontmoet.

Register